黃錦鋐　注譯

新譯莊子讀本

三民書局

刊印古籍今注新譯叢書緣起

劉振強

人類歷史發展，每至偏執一端，往而不返的關頭，總有一股新興的反本運動繼起，要求回顧過往的源頭，從中汲取新生的創造力量。孔子所謂的述而不作，溫故知新，以及西方文藝復興所強調的再生精神，都體現了創造源頭這股日新不竭的力量。古典之所以重要，古籍之所以不可不讀，正在這層尋本與啟示的意義上。處於現代世界而倡言讀古書，並不是迷信傳統，更不是故步自封；而是當我們愈懂得聆聽來自根源的聲音，我們就愈懂得如何向歷史追問，也就愈能夠清醒正對當世的苦厄。要擴大心量，冥契古今心靈，會通宇宙精神，不能不由學會讀古書這一層根本的工夫做起。

基於這樣的想法，本局自草創以來，即懷著注譯傳統重要典籍的理想，由第一部的四書做起，希望藉由文字障礙的掃除，幫助有心的讀者，打開禁錮於古老話語中的豐沛寶藏。我們工作的原則是「兼取諸家，直注明解」。一方面熔鑄眾說，擇善而從；一方面也力求明白可喻，達到學術普及化的要求。叢書自陸續出刊以來，頗受各界的喜愛，使我們得到很大的鼓勵，也有信心繼續推廣這項工作。隨著海峽兩岸的交流，我們注譯的成員，也由臺灣各大學的教授，擴及大陸各有專長的學者。陣容的充實，使我們有更多的資源，整理更多樣化的古籍。兼採經、史、子、集四部的要典，重拾對通才器識的重視，將是我們進一步工作的目標。

古籍的注譯，固然是一件繁難的工作，但其實也只是整個工作的開端而已，最後的完成與意義的賦予，全賴讀者的閱讀與自得自證。我們期望這項工作能有助於為世界文化的未來匯流，注入一股源頭活水；也希望各界博雅君子不吝指正，讓我們的步伐能夠更堅穩地走下去。

序

前人認為《莊子》是衰世的書，所以研究《莊子》的，都是在衰世的時候。近錢賓四先生也有此語。惟莊子雖處衰世，其奮志救世之心，實如孔、顏。孔子、顏回也都有出世的思想，孔子曾對顏回說：「用之則行，舍之則藏，唯我與爾有是夫。」（《論語・述而》）但是用孔子、顏回的行為還不能說明莊子的本真。孔子、顏回是把入世和出世截然的劃開，所以進退有度；莊子則是入世和出世的綜合，所以無跡可尋。看他像出世，又像是入世，其實他既不是入世，也不是出世。他自己曾說：「周將處乎材與不材之間，材與不材之間，似之而非也，故未免乎累。」（〈山木〉）因此他要「乘道德而浮游」。所以後人看莊子，遠望似是，逼取便非，不容易說明他的本真。因為莊子已經把他的生命鎔鑄在無窮的宇宙之中，說他是宇宙中任何一體都可以，鼠肝蟲臂，雞彈牛馬，聽從你便，我們要如何去稱說他呢？孔子和顏回處衰微之世，還可以「舍之則藏」，而莊子難道是處於行既不可得，藏又不可能的時代嗎？所以憤而想御六氣之辯，以遊無窮的嗎？假使是這樣的話，我不禁又為莊子悲傷了。如則，《莊子》豈但是衰世的書呢！

本書只是準備給初學《莊子》的青年朋友們參考用的，所以其中沒有什麼玄冥奧旨，但為求其通俗易曉，難免有許多地方走了樣，這也是翻譯語體的過程中不可避免的一件事。從前吾鄉先賢林竹溪先生曾說：「讀《莊子》有五難。是必精於《語》、《孟》、《中庸》、《大學》等書，見理素定，識文字血脈，知禪宗解數，具此眼目，而後知其言意。」（見《莊子口義・序》）以後章學誠曾批評歸有光：「取《史記》之文，五色標誌，以示義法，後世通人，如聞其事，必竊笑之。」（見《文史通義・文理》）現在我拿至難的書，求為至淺的文字，恐怕不要等待通人來譏笑了。不過，道不逃物。即使是至淺至陋的文字，也是大道存身的地方，假使能夠捨棄糟粕，不執筌蹄，也是不難自探玄珠的。

本書參考引述前人及時賢的著述很多，因為不是什麼學術著作，且有時為了行文方便起見，不能一一列舉，特此聲明。並望海內外博雅君子，賜予教正之。

黃錦鋐

民國六十一年秋謹序

新譯莊子讀本 目次

外篇

雜篇

導讀

一、莊子的生平

㈠籍貫

莊子，名周，字子休。《史記》列傳記載他的生平，只有二百多字，現在抄在下面：

莊子者，蒙人也，名周。周嘗為蒙漆園吏，與梁惠王、齊宣王同時。其學無所不闚，然其本歸於老子之言。故其著書十餘萬言，大抵率寓言也。作〈漁父〉、〈盜跖〉、〈胠篋〉，以詆訿孔子之徒，以明老子之術。畏累虛亢桑子之屬，皆空語無事實。然善屬書離辭，指事類情，用剽剝儒墨，雖當世宿學，不能自解免也。其言洸洋自恣以適己，故自王公大人不能器之。楚威王聞莊周賢，使使厚幣迎之，許以為相，莊周笑謂楚使曰：「千金，重利；卿相，尊位也。子獨不見郊祀之犧牛乎？養食之數歲，衣以文繡，以入太廟。當是之時，雖欲為孤豚，豈可得乎？子亟去，無汙我。我寧遊戲汙瀆之中以自快，無為有國者所羈，終身不仕，以快吾意焉！」

莊子是一個像謎樣的人物，小說家說他字子休，王樹榮說他字子沐，就是孟子所稱的子莫。蔡子民先生又說莊周就是楊朱❶。雖然未必就是，但正可以說明他像謎一樣的人物。他的名字像謎，他的人生也像謎，就是連他的籍貫也是個謎。司馬遷只說他是蒙人。裴駰《集解》引《地理志》說：「蒙縣屬梁國。」司馬貞《索隱》引劉向《別錄》說是：「宋之蒙人。」《呂氏春秋》高誘注也說是「宋之蒙人」。那麼，到底他是宋的蒙人呢？還是梁的蒙人呢？根據《左傳・莊公十二年》說：「秋，宋萬弒閔公于蒙澤。」杜預注：「蒙澤，宋地也，梁國有蒙縣。」竹添光鴻說：「今河南歸德府商邱縣北有蒙澤，莊子蒙人，即此地。」照杜預及竹添光鴻的意見，蒙是宋地，而且特別指明「莊子蒙人，即此地」。但是根據《讀史方輿紀要》說：「蒙城也稱大蒙城，在河南歸德府東北四十里之地，《左傳・襄公廿七年》宋公及諸侯之大夫盟於蒙門之外，就是這個地方。又有蒙澤，在府城東北卅五里。《左傳・莊公十二年》，宋萬弒閔公於蒙澤，就是這個地方。」並未說明莊子的老家就是在這個地方，可見杜預及竹添光鴻的意見並不可靠。莊子真正的老家，應該是在歸德府南廿五里的地方，那

❶ 見王樹榮及蔡孑民先生之說，《古史辨》第六冊，第三七一頁（臺灣明倫版）。

地方叫小蒙城。據《府志》上說，其中有漆園。莊周嘗為漆園吏，城亦名漆邱（見《讀史方輿紀要》卷五十引）。至於梁玉繩引《瞥丘箚記》及《石企齋書》所說的「漆園在曹州」，那是因為蒙澤城一度也屬曹州，是古代的貫國（應該是貫國），和商邱很近。《讀史方輿紀要》曹縣蒙澤城條下說：「曹南山之陽，旁有蒙城，又有漆園城。《一統志》：『在今縣西北五十里。』《括地志》：『漆園故城在冤句縣北十七里，莊周嘗為漆園吏是也。』」（見《讀史方輿紀要》卷卅一、卷五十）可見歸德府南廿五里遠的小蒙城和冤句縣北十七里的蒙澤是一個地方，不過因為歷代地理區域變遷，後人所據資料不同，因此記述互異。就像是蒙這個地方，也稱蒙澤，也叫蒙縣，也有叫蒙澤城一樣的，是因為歷代區域名稱改變的緣故。春秋時只稱蒙澤，不叫蒙縣。稱為蒙縣，那是漢以後的事了。北魏所設置的蒙郡，就是現在安徽的蒙城縣。據《讀史方輿紀要》的記載，鳳陽縣轄有濠水，叫做濠梁，也叫做石濠梁，現在叫九虹橋，因為橋有九梁，故名。但並未說明與莊子、惠施觀魚有關，後人稱為觀魚臺，大概是出於附會。現在所稱的蒙澤縣，那是隋唐時所設置，就是現在的山東曹縣（以上參見《歷代地理志韻編今釋》及《中國古今地名大辭典》等書）。地名相似，時代變遷，因此說法就不一了。總而言之，莊周是河南商邱縣南二十五里小蒙城的人，是可以確定的。

至於蒙地是屬宋？還是屬梁？這也是基於時代變遷的因素，蒙地本來是屬於宋國。宋被滅，楚、魏、齊把宋國瓜分了。蒙地因屬魏國。莊子出生時，蒙地還是宋的版圖，但當莊子去世後，宋地已被楚、魏、齊瓜分了。所以朱子說：「莊子自是楚人。」（《朱子語類》卷一百廿五）陸德明說：「莊子者，姓莊，名周，梁國蒙人也。」《隋書・經籍志》說：「《莊子》廿卷，下注云，梁漆園吏莊周撰。」是以莊周屬梁人。劉向《別錄》、《漢書・藝文志》、《戰國策》高誘注都認為莊周是宋人。在宋沒有滅亡時說莊子是宋人。就宋滅亡以後的時間說，莊子是楚人也好，魏人也好，都沒有爭執的必要了。

(二)莊子的生卒年

莊子的生卒年，也是後世議論沒有決定的問題。《史記》說莊子和梁惠王、齊宣王同時，梁惠王就是魏惠王。其元年當周烈王六年（西元前三七〇年），馬夷初〈莊子年表〉據《史記》定惠王卅六年（西元前三三五年）卒，子襄王立。莊萬壽君則據《竹書紀年》定惠王在位五十二年，自周烈王六年（西元前三七〇年）至慎靚王二年（西元前三一九年）。按雷學琪〈竹書紀年考證〉說：「《史記》誤以魏襄王卒於此年（按即慎靚王二年）。襄王之後，又誤增哀王一代，荀氏、和氏（按即荀勗及和嶠）據《世本》皆謂魏無哀王，蓋史遷誤以惠王之十六年為襄王之世，以襄王之廿三年為哀王之世，因襄、哀相似，故淆亂而多增一代也。《世本》曰：『惠王生襄王嗣，襄王生昭王。』而〈趙世家〉謂魏哀王名嗣，可知史遷誤以襄名哀矣。」至齊宣王，《史記》說他在位十九年，從周顯王廿七年（西元前三四二年）到四十五年（西元前三二四年）。《史記》又說：「楚威王聞莊周賢，使使厚幣迎之。」楚威王在位十一年，根據《史記》是從周顯王卅年（西元前三三九年）到顯王四十年（西元前三二九年）。根據《史記》的記載，從梁惠王即位的那一年開始，到齊宣王逝世時為止，也就是自周烈王六年（西元前三七〇年）到周顯王四十五年（西元前三二四年），總共四十七年，莊子應該和這一段時間內的人同時。但一般的推理，所謂同時，不能以惠王即位的那一年算起，還應該要早一點。現在假定莊子比惠王即位早十年出生（西元前三八〇年），楚威王聘莊子為相的時間，據焦竑說是顯王卅年（西元前三三九年）。莊子那年是四十二歲左右，也很合理，不過資料不足，只是推測而已。有人以《莊子》書中的人物，來說明莊子的生卒時代。但是《莊子》書中，都是假設的寓言，所引歷史人物，往往不顧事實之有無如何，不過假借其人的名字以發表自己的意見罷了。所以也並不可靠，茲不具引。茲綜列近人對莊子生卒年之意見，以見其大略。

莊子生卒年異說表

主張者	生年	卒年	所見書刊	備註
胡適		西元前二七五年左右	中國哲學史大綱上卷	
錢穆	西元前三五九年間	西元前二八九至前二七九年間	先秦諸子繫年	
葉國慶	西元前三六〇年左右	西元前二九〇年左右	莊子研究	

胡哲敷	西元前三八〇年左右	西元前二八六年左右	老莊哲學	
郎擎霄	西元前三九〇至前三七〇年	西元前三二七至前二九〇年	莊子學案	
林語堂		西元前二七五年（周赧王四十年）	英譯莊子序	
鄔昆如	西元前三六九年	西元前二八六年	莊子與古希臘哲學中的道	
馬夷初	西元前三七〇年（周烈王六年）	西元前二九五年（周赧王廿年）	莊子年表	
聞一多	西元前三七五年（周烈王元年）	西元前二九五年（周赧王廿年）	新月第二卷第九期（民國十八年出版）	
陳元德	約西元前三五〇年	約西元前二七〇年	中國古代哲學史	
莊萬壽	西元前三七〇年前後	西元前三〇〇年前後	莊子學述	
張成秋	約西元前三七〇年	約西元前三〇〇年	莊子篇目考	與莊萬壽莊子學述同
梁啟超	西元前三七〇年左右	西元前三一〇至前三〇〇年	先秦學術表	
佚名	約西元前三七〇年	約西元前二七五年	莊周哲學之辯證觀	綜合郎擎霄、梁啟超、胡適之說
佚名	約西元前三九八年（周安王四年）	約西元前三〇九年（周赧王六年）	莊子新傳（中日文化月刊三卷一期）	

㈢莊子的個性

莊子的個性，與當時的現實社會距離很遠，他所說的話，不一定有人欣賞，所以他只好用寓言、重言、卮言。朱熹說他，只在僻處自說，是很中肯的批評，他自己也是希望獨與天地精神相往來，不與世俗相處，雖然這樣，他卻是一個至情的人。我們看他和惠施的爭辯，可以說已經到了感情將要破裂的地步，但當惠施死後，他又痛惜起來，《莊子》中記載一段經過惠施墳墓的故事：

莊子送葬，經過惠施的墳墓，回頭對後面隨從的人說：「郢地方有人把石灰塗在鼻尖，像蒼蠅翼那樣薄，讓匠石砍掉，匠石轉動斧頭像風那麼快，隨手砍去，把石灰砍掉，而鼻尖沒有損傷，郢人站在那裡面不改色。宋元君聽到了，命匠石說：『試對我做看看。』匠石說：『我是曾經做過，但那是需要有對手的，我的對手已經死很久了。』自從惠子死了以後，我就沒有對手了，我沒有可以談話的對象了。」（〈徐无鬼〉）

從這一段故事中，可以看出莊子對惠施的感情，一種哀痛朋友死亡的淒涼落寞的情懷，躍然紙上，我們能說他沒有情感嗎？

莊子的情感，是對天地間的至情，而不是個人的私情，他看整個宇宙，都是充滿生機，天地間的一草一木，甚至一塊石頭，一具髑髏，都是有生命的東西。對它們都能夠發生情感，也因為他對萬物都有感情，所以對萬物就沒有厭惡、愛憎、是非的觀念，對任何物體都一視同仁，物我之間，沒有什麼差別，既然沒有差別，那就不必要加以感情上的區分，所以就變成無情，其實莊子的無情，正是他對於宇宙的大感情。

莊子的一生都是貧窮的，但是他並不求富貴，這大概和他的驕傲個性有關。他曾向監河侯借貸，借不到而發了一頓脾氣。但當楚威王派使者聘他為相的時候，他又很戲劇性的拒絕了。說是願意做一隻曳尾泥土中的活烏龜，不願做榮貴留骨廟堂的死神龜。這無異是把當時做官的人比做尸位素餐的活死人。莊子這種高傲輕視富貴而又潑辣諷刺的態度，就是對國君也不例外。

據說：「有一天，莊子穿了一件補帄過的大褂，拖著沒有後跟的破鞋，去看魏王。魏王說：『先生為什麼這麼狼狽呢？』莊子說：『我是貧窮，不是狼狽。讀書人不能躬行道德，那才是狼狽，穿破衣服鞋子，是貧窮而已。這所謂沒有遇到好時代呀！王你沒有看到那爬樹的猴子嗎？當牠在大樹上面，手拉著樹枝，神氣得不得了，即使像后羿、逢蒙那麼善射，也射不到牠。但當處在有棘的壞樹上時，縮著身子不敢正視，行動恐懼發抖，這並不是猴子的筋骨有甚麼不便，而是所處的情勢不便，不能施展牠的才能呀！我現在處在國君昏庸、臣下叛亂的時代裡，要想不狼狽，怎麼可能呢？』」

這無異當面把魏王罵了一頓。莊子這種輕視富貴的個性，一方面固然是由於當時環境的刺激，另一方面也是由於天賦的稟性。

據說宋國有個曹商，宋王派他出使到秦國去。秦王很喜歡他，賜他隨從車輛一百乘。回來宋國，遇到莊子，誇耀的說：「如果住在窮閭陋巷，面黃肌瘦，忍受貧窮，這是我的短處。如果是出使異國，讓萬乘國君動容，而得到百乘車輛，這是我的特長。」莊子聽了，毫不在意的說：「我聽說秦王有腫毒的毛病，命醫生醫治，凡是能夠破膿消腫的給車一乘，用舌頭舐痔瘡的給五乘，治療越下，給車子越多。你難道是替秦王治療痔瘡的嗎？為什麼得到這麼多車子呢？」莊子就是這樣的幽默，這樣的不屑富貴。《淮南子》書裡面還說過：「惠施有隨從車輛百乘，經過孟諸，莊子正在釣魚，看見了，把魚都拋棄了。」這充分可以說明他那天生的不求富貴的個性。

莊子的性格是屬於純真坦白的一型，他認為人類之所以有糾紛，是由於缺乏坦誠，因此巧詐機變的事，屢出不窮。〈天地〉中描述他反對機巧的一段故事說：

子貢到南方的楚國去，回到晉國，經過漢水南面的地方，看見一個老丈人正在園裏種菜。打通一條隧道到井邊，抱著甕盛水而灌溉，用力很多得到的功效很少，子貢看見了就說：「有抽水的機器，一天可以灌溉約百畝的菜園，用力很少而得到的功效卻很多，先生為什麼不用呢？」灌園老人抬頭看了看子貢問說：「是怎麼用的呢？」子貢回答說：「鑿木的一端使用機械，使它後面重而前面輕，提水就像抽水，水就像滾沸的樣子，很快的湧出來了，這種機器稱為槔。」灌園老人聽了，變臉色笑笑的說：「我聽老師說過，使用機械的必定會應用機械的方法去處理事務，用機械的方法處理事務，必定有機謀巧變的心思，胸中有了機謀巧變的心思，就破壞了本然純白的天性，破壞了本然純靜坦白的天性，就會心神不定，心神不安定的人，離天機就遠了。我並不是不知道用機械，而是認為這樣做，是羞恥的事，而不肯去做罷了。」

從這一段故事，我們可以明白，莊子的不用機心，是因為恐怕破壞了純潔的本性。反過來說，莊子之所以能不用機心，也是由於他具有純白坦誠的本性啊！

莊子是情感的，也是理智的。他知道「生也有涯，知也無涯」，所以不以有限的生命去強求無限的知識，但並不是說莊子否定知識的價值，而是主張「知止其所不知」，他認為一個不知道知識範圍的廣大無垠，而整天爭論你是他非，這無異像是「朝三暮四」的猴子。莊子是坦誠的，所以他樂觀知命，不用智謀去做破壞自然的事。荀子批評莊子「蔽於天而不知人」，並不了解莊子的個性。不過，要了解莊子的性格，也並不容易。從〈齊物論〉的「莊周夢為蝴蝶」的故事來看，莊子似乎是一個翩翩超出塵世的佳公子；從〈至樂〉的「莊子妻死，箕踞鼓盆而歌」的情形看來，他又是一個曠達不羈的名士；從與曹商對話的經過看，他又是一個幽默諷刺的能手。總而言之，莊子的個性，讓人猜不著他到底是屬甚麼型的，他有時沉靜，有時潑辣，有時高傲，有時偏激，……他的性格是多方面的，他的興趣也是多方面的。從《莊子》書中來看莊子，真是五顏十色，目不暇給，令人捉摸不定。因此要評論莊子實在是件困難的事，即使有說到時，轉眼又不是了。所以要了解莊子，只有自己去體會，別人是說不來的。正像錢賓四先生說的：「莊周他那一卮水，幾千年來人喝著，太淡了，又像太冽了，總解不了渴。反而覺得這一卮水，千變萬化的，好像有種種的怪味。儘喝著會愈愛喝，但仍解不了人的渴。」但是，畢竟莊周的那卮水是可以解渴的。所以他又說：「你若不信，何妨也拿莊周那卮子到口裡來嚐一嚐，看是怎樣的呢？」

二、莊子書的考證

㈠前言

莊子的書，《漢書・藝文志》記錄有五十二篇，其中內篇七、外篇廿八、雜篇十四、解說三。據《經典釋文・序錄》說是由淮南王的門下客編定的。晉司馬彪及孟氏都替它作注，就是那個本子。以後其他諸家，像崔譔注是十卷廿七篇，內篇七、外篇廿。向秀注是廿六篇，都沒有雜篇，這許多本子，都已經失傳了，不能夠了解其中篇章的次第，現在所傳的，只有郭象的本子，共十卷卅三篇，其中內篇七、外篇十五、雜篇十一❷，日本高山寺卷子本有郭

❷ 今傳本郭氏注《莊子》十卷三十三篇，《晉書・經籍志》稱三十卷目一卷。唐成玄英〈疏序〉則稱郭象《莊子注》三十篇。

象的〈後序〉，說是經過刪節，合併篇章❸，因此比〈藝文志〉所著錄的少了十九篇。根據上面所記述，《莊子》分為內、外、雜篇，大概是在魏晉六朝的時候，不是原書本來面目。《史記・莊子列傳》，也只是說他著書十餘萬言，並沒有分篇的記述。陸長庚說：「按《漢書・藝文志》《莊子》五十二篇，《唐書》四十卷，就是現在通行於世的本子，今篇卷既不相同，而世代遼遠，不能看到古人的全書。」❹陸氏所說，世代遼遠，不能看到古人全書。可

---

❸ 日本高山寺卷子本〈後序〉說：「夫學者尚（狩野直喜謂尚當作當，王叔岷謂尚當古通）以成性易知為德，不以能政（武內義雄謂政當作攻）異端為貴也。然莊子閎才命世，誠多英文偉詞，正言若反，故一曲之士（《釋文・序錄》引士作才），不能暢其弘旨，而妄竄奇說。若閼亦（武內云：閼亦《釋文》作閼奕，《困學紀聞》所輯《莊子》佚文中有「閼弈之隸與殷翼之孫，遏氏之子相謀」一條，《文選》顏延年詩注引有閼奕篇首之語，《釋文》作閼奕似是也。王曰：《白帖》二，《天中記》七，亦並引閼弈篇首之文，但作閼亦，非誤字，古奕亦通。）意循（《釋文》作意脩，循脩形近易訛）之首，尾言（《釋文》作危言。《釋文》襲郭語，似應作危言，今作危言者，蓋形似而誤歟）遊易（《釋文》作游鳧）子胥之篇，凡諸巧雜若此之類，十分有三，或牽之令近，或遷之令誕，或似《山海經》，或似《夢書》（《釋文》似作類，《夢書》作《占夢書》），或出《淮南》，或辯形名，而參之高韻，龍蛇並御，且辭氣鄙背，竟無深澳（澳與奧通），而徒難知，以因後蒙（武內云：因為困之誤）今沉滯乎失流（武內云：乎字恐衍），豈所求《莊子》之意哉，故皆略而不存。今唯哉取其長達（武內云：今唯哉乃今唯裁之譌）致全乎大體者，為三十三篇者（武內云：者乃焉之誤）。」

❹ 見《南華真經副墨》，原文為：「按《漢書・藝文志》『《莊子》五十二篇』、《唐書》『四十卷』，即今行於世者。今篇卷既不同，而世代遼遠，不復得見古人之全書，姑準郭本定為三十三篇，而〈讓王〉、〈盜跖〉、〈說劍〉、〈漁父〉亦從其贗入云。」

見《莊子》自漢代到魏晉，其中不知有多少次失而復集，集而復失。所以郭子玄說：「偏見的人，妄自竄入奇異的學說，像閼奕、意脩的題目，危言、游鳧、子胥的篇章，其中奇巧雜亂的，大概有十分之三。」❺郭氏所說，自可相信。因此《莊子》原書的面目，內容篇章的真偽，是很難了解的一件事。宋代蘇子瞻疑〈盜跖〉、〈漁父〉、〈讓王〉、〈說劍〉四篇不是莊子所作。並且說：「莊子是幫助孔子的，事實如此而文章卻不是這樣，是表面攻擊而暗中相助。雖然讚美孔子，正面說的大概沒有好多。然而批評孔子的，未嘗不隱約表現他的寄意。至於批評天下道術從墨翟、禽滑釐、彭蒙、慎到、田駢、關尹與老子之徒，以及他本身，都以為是一家而已，而孔子並沒有在內，推崇孔子可以說是至極了。然而曾經懷疑〈盜跖〉、〈漁父〉像是真的攻擊孔子，至於〈讓王〉、〈說劍〉，都是膚淺鄙俗，不合義理。」❻清姚際恆也贊同〈盜跖〉等四篇是後人偽作，只是不同意蘇氏陽擠陰助的說法❼。自從蘇子瞻認

---

❺ 見《釋文・序錄》。原文為：「一曲之才，妄竄奇說，若閼奕意脩之首，危言游鳧子胥之篇，凡諸巧雜，十分之三。」

❻ 見〈莊子祠堂記〉。原文為：「余以為莊子蓋助孔子者，……故莊子之言皆實予而文不予，陽擠而陰助之，其正言蓋無幾，至於詆訾孔子，未嘗不微見其意。其論天下道術，自墨翟、禽滑釐、彭蒙、慎到、田駢、關尹、老聃之徒，以至於其身，皆以為一家，而孔子不與，其尊之也至矣。然余嘗疑〈盜跖〉、〈漁父〉，則若真詆孔子者，至於〈讓王〉、〈說劍〉皆淺陋不入於道。」

❼ 姚氏語見〈古今偽書考〉。原文為：「蘇氏兄弟本溺二氏，其學不純，故為此詖淫之辭。蘇之疑此四篇是也，其用意誤耳。余之疑與蘇同，而用意不同。莊子訾孔，餘尚蘊藉，此則直斥嫚罵，便無義味，而文辭俚淺，令人厭觀，此其所以為偽也。」

為《莊子》有偽作之後，懷疑《莊子》偽作的學者，一天多一天，計有：

(1)羅勉道道藏本《南華真經・逍遙遊》篇注，其原文為：

《莊子》五十二篇，郭象固已辨其巧雜，十分有三。今所存卅三篇，東坡蘇氏又黜〈讓王〉、〈盜跖〉、〈說劍〉、〈漁父〉，而以〈列禦寇〉接〈寓言〉之末，合為一篇，其說精矣！然愚尚謂〈刻意〉、〈繕性〉，亦復膚淺非真，宜定為廿六篇。

(2)明宋濂〈諸子辨〉亦說：

〈盜跖〉、〈漁父〉、〈讓王〉、〈說劍〉諸篇，不類前後文，疑後人所勦入。

(3)明代吾鄉莆田先賢鄭瑗的《井觀瑣言》也說如此。其原文為：

古史謂《莊子》〈讓王〉、〈盜跖〉、〈說劍〉諸篇，皆後人攙入者，今考其文字體製，信然。如〈盜跖〉之作，非惟不類先秦文，並不類西漢人文字。然自太史公以前即有之，則有不可曉者，嘗觀其前，如〈馬蹄〉、〈胠篋〉諸篇，文意亦凡近。視〈逍遙遊〉、〈大宗師〉諸篇，殊不相侔。竊意但其內七篇是莊氏本書，其外、雜篇等廿六篇，或是其徒所述，因以附之。大抵《莊子》非一手所為也。

(4)王先謙《莊子集解・駢拇》篇注引蘇輿的意見，其原文為：

〈駢拇〉下四篇，多釋《老子》之義，周雖悅老風，自命固絕高，觀〈天下〉篇可見。四篇於申老外，別無精義，蓋學莊者緣老為之，且文氣直衍，無所發明，亦不類內篇汪洋俶詭。王氏夫之、姚氏鼐皆疑外篇不出莊子，最為有見。

以後各家或辨《莊子》之偽，或辨《莊子》之真，其說甚多，茲分別綜述如後：

(二)內　篇

內七篇自古以來，都以為是莊子所手著，但近人也頗有懷疑的，像王叔岷先生《莊子校釋・序》說：「至於外、雜篇，昔賢多疑為偽作，然今本內、外、雜篇之名，實定於郭氏，則內篇未必盡可信，外、雜篇未必盡可疑。」近人更進一步，舉出許多事證，說明《莊子》內篇不是莊子的作品。其理由大致有下列諸點：

(1)司馬遷《史記》只提到莊子作〈漁父〉、〈盜跖〉、〈胠篋〉以詆訾孔子之徒，沒有提到內篇是莊子所作。

(2)荀子批評莊子「蔽於天而不知人」，司馬遷所說的「剽剝儒墨」，都和內篇沒有關連。相反的，倒是外篇的〈天道〉、〈天地〉、〈天運〉各篇和「天」有關連。外、雜篇的內容和「剽剝儒墨」有密切的關係。

(3)《莊子》外篇都是以一篇開頭的兩個字作為題目，從時代上看，內篇就應該比外篇晚出。

(4)《莊子》分內、外篇是起於兩漢。兩漢習慣，圖讖之類的書，一般統稱為內，和這些學問有關的稱內學，都是在漢代編輯。內篇七篇，應該是後期莊學，表示與莊周哲學不同。

(5)《莊子》內七篇從篇名到內容，都帶有漢代宗教神學方術的特色。〈齊物論〉內的「至人神矣，大澤焚而不能熱，河漢沍而不能寒，疾雷破山風振海而不能驚。若然者，乘雲氣，騎日月，而遊乎四海之外。死生無變於己，而況利害之端乎」，和《史記・秦始皇本紀》的「真人者，入水不濡，入火不熱，陵雲氣，與天地長久」這幾句話很相似，由此可見〈齊物論〉是秦漢時的作品❽。

不過這五點理由，並不能證明《莊子》內篇不是莊子所自作，理由為：

(1)就司馬遷〈莊子列傳〉中沒有提到內篇是莊子的作品來說，我們知道司馬遷寫作《史記》的動機，是恥沒世而文采不表於後世，是注重文采，並不很注重史實，而且〈莊子列傳〉僅有二百卅五個字，只能提到大概，不能對莊子著述作詳細的考證，所以司馬遷〈莊子列傳〉

❽ 見近人〈莊子探源〉。

所記述，不能作為《莊子》內篇不是莊子作品的憑證。

(2)荀子批評莊子「蔽于天而不知人」，和《莊子》內七篇的內容上也很有密切的關係。如〈養生主〉的「依乎天理」，〈人間世〉的「託不得已而養中」，〈德充符〉的「常因自然而不益生」等，都與荀子所批評的蔽于天意思相合。而且荀子批評莊子「蔽于天而不知人」的話，也是抽象的說法，並不是很肯定的意思。所以荀子這句話不能證明《莊子》內篇不是莊子的作品。

(3)就題目的涵義說，題目可以涵蓋全文意思的文章，並不能作為晚出的證明。在戰國時代的許多著作，像《孫子兵法》的〈用間〉、〈謀攻〉等都是以義名篇，其他如商鞅、公孫龍子、屈原等的著作，題目與內容的涵義都有關連，《孟子》只是一個例外。憑這一點不能肯定《莊子》內篇為晚出。

(4)篇分內、外，不從兩漢開始，像《管子》的「經言、外言、內言」，《韓非子》的「內儲說、外儲說」，都有內、外的字樣。《莊子》分內、外篇，不足以說明是漢代的作品。

(5)神仙的傳說，不是秦漢的時候才產生的，屈原的作品，已經充滿了神仙之說，這是眾所周知的事實，而且《莊子》外篇也有神仙的言論，像〈在宥〉的「廣成子謂黃帝曰」一段，都是說神仙方術的事。〈達生〉也說：「至人潛行不窒，蹈火不熱，行乎萬物之上而不慄。」這與〈齊物論〉所說的神人並沒有什麼差異。由此可見內篇並非漢代作品（參見近人《莊子研究》）。

懷疑內篇不是莊子的作品，還有胡芝薪的〈莊子考證〉。胡氏認為〈人間世〉都是用故事所組成，並且都是儒家的思想，跟莊子的學說相違背。其中稱孔子或為仲尼或為夫子，所以定為漢儒的作品❾。

近人葉國慶，則從體裁、意義、思想等各方面，說明〈人間世〉不是莊周的作品。這個觀念，大概是受唐蘭的影響。唐蘭在〈老聃的姓名和時代考〉那篇文章中，也附帶談到《莊子》書的真偽❿，唐氏認為：「《莊子》分內、外、雜篇是劉向刪出重複的時候決定的。因此一般人認為《莊子》內七篇是真的《莊子》書，不過是承用劉向的意見而已。其實並沒有內篇一定是真和外篇、雜篇一定是假的證據。」與唐蘭同時的，還有錢玄同、顧頡剛等人都有相似的看法，不過沒有肯定的意見，就像顧頡剛所說的：「《莊子》的真偽要去考明白它確是很難，因為它的文字太『詼詭』了，不容易摸出一個頭緒來。」⓫可見說《莊子》內篇不是莊子的作品，是有困難的。大多數的學者都認為《莊子》內七篇是莊子的作品。羅根澤在〈莊子外雜篇探源〉中，雖然對內篇並沒有加以肯定是莊子所自作，但言外之意也認為《莊子》內篇是莊子的作品，這是可以理解的。

我們看《莊子》內篇，可以說是一個完整的哲學體系，自〈逍遙遊〉以至〈應帝王〉；

❾ 見民國二十六年《文學年報》第三期。

❿ 文見《古史辨》第四冊，第三四一頁至三四四頁（臺灣明倫出版社重印本）。

⓫ 見《古史辨》第一冊，第二八四頁。

由至人之无己到外則應帝而王，無論內容條理，都是一貫而成的。褚伯秀說：

> 內篇始於〈逍遙遊〉，終於〈應帝王〉者，學道之要，在反求諸己，無適非樂，然後外觀萬物，理無不齊。物齊而己可忘，己忘而養生之主得矣！養生所以善己，應物所以善物，皆在德以充之，充則萬物符契宗之為師，大宗師之本立矣！措諸治道也何難？內則為聖為神，外則應帝應王。斯道之所以斂之一身，不為有餘，散之天下，不為不足也。⑫

林西仲也說：

> 〈逍遙遊〉言人心多忸於小成，而貴於大；〈齊物論〉言人心多泥於己見，而貴於虛；〈養生主〉言人心多役於外應，而貴於順；〈人間世〉則入世之法，〈德充符〉則出世之法，〈大宗師〉則內而可聖，〈應帝王〉則外而可王。此七篇分著之義也。然人心惟大故能虛，惟虛故能順，入世而後出世，內聖而後外王，此又內七篇相同之理也。⑬

像這些都可以說明內七篇是莊子一貫的思想見解，近人蔣復璁先生也以為內七篇是莊子所自

---

⑫ 見《莊子翼引》。

⑬ 見《莊子因》。

著。認為內篇的標題，都具有深意，可以概括全篇的大旨。以理推論，內篇必不與外、雜篇同時，應該在其前面。而文字汪洋詼詭，氣勢銜接，義理的泓深，才思的精闢，不是莊子不能夠寫出來。他說：

> 七篇之文，分之則篇明一義，合之則首尾相承。逍遙取譬於鯤鵬，以自贊其逍遙，若全書之總冒。齊物論泯是非而均物我，掃蕩一切，為立論之前趨，或明養生之道，或論涉世之方，或著至德之符；其體維何？以大道為宗師；其用維何？以帝王為格致。所謂本末兼該，體用具足，以成其一家之言者也。

這些意見，自羅勉道以來，一線相承，沒有異議，即使疑古如錢玄同，辨偽像顧頡剛，也沒有敢說內篇不是莊子的作品。雖然，內七篇中，也有後人摻雜片段進去的文字，這大概是可以肯定的[14]。

(三)外　篇

關於《莊子》內篇是莊子所自著，已見上述，至於《莊子》外、雜篇的文字，後人一致

---

[14] 唐蘭說：「內篇〈人間世〉、〈德充符〉、〈大宗師〉對孔子皆稱仲尼，獨〈大宗師〉子桑戶死一章稱孔子，可見此章乃另一人作。」（見〈老聃的姓名和時代考〉一文）

的意見，都認為不是出於一人的手筆。但卻是重要的莊學論文集，也是從《莊子》到《淮南子》之間的道家思想的橋樑。關於這一點，劉汝霖和羅根澤都有精闢的見解。劉汝霖說：

《莊子》一書，不止莊子一人之思想，包括自莊子以至淮南王時之道家思想。

又說：

研究《莊子》，應視作自莊子至淮南王時道家思想之總集，非一人亦非一時之思想。⑮

羅根澤也說：

《淮南子》的編著是在公元前一六四至一二二年，距莊子之卒已一百七八十年。那麼，道家的系統，照一般人的敘述，則莊子以後即戛然而止，一直斷絕了二百年，到劉安才平地一聲雷，異軍突起，重整了道家的旗鼓，真成了怪現象了。我敢說在莊子以後，劉安以前，道家必在蓬蓬勃勃的發展。⑯

⑮ 劉汝霖之說見《周秦諸子考》。

⑯ 羅根澤認為〈天下〉或是莊子所作，故除外，因此說二十五篇。見〈莊子外雜篇探源〉。文刊《清華學報》第十九期。後收臺灣泰順書局《諸子考索》書中。以下所引均見是書。

羅根澤認為自《莊子》到《淮南子》這一段道家蓬勃的發展的材料，除了《管子》的〈心術〉上、下及〈白心〉等篇，《韓非子》的〈解老〉、〈喻老〉二篇以外，就是《莊子》的外、雜二十五篇。所以《莊子》外、雜篇，不但是莊子學說的繼承，而且是填補道家思想真空時代的重要文獻，劉、羅二氏的見解是可以相信的。不過其中也有莊子的意見，不全是後學者的所作，茲分述如次：

駢拇、馬蹄

這兩篇文字一致，著作時代也相同，很像是一個人的作品，在內容方面說思想也一致，如〈駢拇〉說：

> 夫小惑易方，大惑易性，何以知其然邪？自虞氏招仁義以撓天下也，天下莫不奔命於仁義，是非以仁義易其性與？故嘗試論之，自三代以下者，天下莫不以物易其性矣。小人則以身殉利，士則以身殉名，大夫則以身殉家，聖人則以身殉天下。故此數子者，事業不同，名聲異號，其於傷性以身為殉，一也。

〈馬蹄〉說：

> 夫馬，陸居則食草飲水，喜則交頸相磨，怒則分背相踶。馬知已此矣。夫加之以衡扼，齊

之以月題，而馬知介倪闉扼鷙曼詭銜竊轡。故馬之知而能至盜者，伯樂之罪也。

〈駢拇〉和〈馬蹄〉所敘述的，都是不以外物傷害本性的思想，外物是人為，本性則屬於天然。換句話說，也就是不以人害天。這種思想在內篇到處可見。和莊子思想是有直接的關係。至於〈駢拇〉所說的「自三代以下」這句話，在《莊子》中凡四見，兩次出現在〈駢拇〉，一見於〈胠篋〉，一見於〈在宥〉，三代一詞，胡芝薪解釋為周以後⑰，是戰國時語。以證明〈駢拇〉、〈馬蹄〉、〈胠篋〉三篇的作者就是莊子。這種說法，似近乎武斷，他所說的思想一貫，也不是事實，不過〈胠篋〉是闡述解釋《道德經》的思想，大概是老子學派的門人所作，〈駢拇〉和〈馬蹄〉，恐是和莊子有直接關係的人所作的，這可從其思想和內篇思想一致的情形來證明。羅根澤先生以〈駢拇〉、〈馬蹄〉、〈胠篋〉、〈在宥〉為一組，恐怕是因為這四篇都提到了「三代」這個詞的緣故。從內容方面來說，是不很確當的。

胠篋、在宥

這兩篇大概是老子學派的門人所作。篇中極力反對「聖人」、「仁義」，和莊了的思想不盡相合。並且都是解釋《道德經》的思想。例如〈胠篋〉說：

⑰ 見〈莊子考證〉，文刊民國二十六年《文學年報》第三期。

故曰，脣竭則齒寒，魯酒薄而邯鄲圍，聖人生而大盜起。掊擊聖人，縱舍盜賊，而天下始治矣。夫川竭而谷虛，丘夷而淵實。聖人已死，則大盜不起，天下平而無故矣。

〈在宥〉也同樣是闡述老子的思想，如：

崔瞿問於老聃曰：「不治天下，安臧人心？」老聃曰：「汝愼無攖人心，人心排下而進上，上下囚殺，淖約柔乎剛強。廉劌彫琢，其熱焦火，其寒凝冰。其疾俛仰之間而再撫四海之外，其居也淵而靜，其動也縣而天。僨驕而不可係者，其唯人心乎？……故曰：『絕聖棄知，而天下大治。』」

這一段很明顯的是在闡發老子的思想。與〈胠篋〉的：

故曰：「魚不可脫於淵，國之利器不可以示人。」彼聖人者，天下之利器也，非所以明天下也。故絕聖棄知，大盜乃止；擿玉毀珠，小盜不起；焚符破璽，而民朴鄙；掊斗折衡，而民不爭；殫殘天下之聖法，而民始可與論議。

不單是思想上兩篇都一致，就是在行文的形式上兩篇也步驟相同，都是用問答的形式來表達自己的意見。可見這兩篇可能是一個人所作，而且是老子的後人。至於著述的時間，從語氣來看，是比較激烈的一派。我們知道戰國時諸子紛爭，各是其所是，各非其所非，堅執己見，不肯相下，羅根澤先生推定為戰國末年。姚鼐說：「〈胠篋〉篇是先秦時文字，此人蓋有慨於始皇，故言最憤激。」⑱姚氏說有慨於始皇，未必就是。但說是秦作品，可以說是正確的。

不過〈在宥〉篇幅較其餘三篇（〈駢拇〉、〈馬蹄〉、〈胠篋〉）為長，問題也比較複雜，其中有與莊子思想似者，如：

> 世俗之人，皆喜人之同乎己，而惡人之異於己也。同於己而欲之，異於己而不欲者，以出乎眾為心也……。

和最後一段的：

> 賤而不可不任者，物也；卑而不可不因者，民也；匿而不可不為者，事也；麤而不可不陳者，法也；遠而不可不居者，義也；親而不可不廣者，仁也；節而不可不積者，禮也；中而不可不高者，德也；一而不可不易者，道也；神而不可不為者，天也；故聖人觀於天而不助，成於德而不累，出於道而不謀，會於仁而不恃，薄於義而不積，應於禮而不諱，接

⑱ 見《莊子章義》。

於事而不辭，齊於法而不亂，恃於民而不輕，因於物而不去。

這兩段文字，武內義雄認為：「釋文未引崔、向、司馬之注，此二章必是郭象以雜篇之文附加在此篇者。」⑲錢賓四先生也同意這種說法。在此之前，宣穎也有同樣的意見。不過，既是郭象以雜篇之文附加此篇，〈在宥〉固不是莊子手筆，是道家之徒所作，那麼，這兩段雜篇之文，到底是誰的手筆呢？看這兩段文字的內容，和莊子的思想相似，郭象注說：

因其性而任之則治，反其性而凌之則亂，夫民物之所以卑而賤者，不能因任故也。是以任賤者貴，因卑者尊。此必然之符也。

蓋「因任則玄同」，玄同則是非泯。泯是非是莊子主要的主張。〈齊物論〉可以覆按。所以這兩段文字，恐是莊子後學者所作。至於「黃帝與廣成子談長生」一段，似是楚漢之間道家談避穀導引者用以說明治天下的道理。當然更與莊子無關了。

天地、天道、天運

近人以荀子批評莊子「蔽于天而不知人」，就認為這三篇都是論天的，應該是莊子的作

⑲ 見〈莊子考〉，文附《老子》原始書中（日本昭和四十二年三月三十日版）。江俠庵有譯文，收商務印書館出版之《先秦經籍考》中。民國五十九年九月新欣出版社有重印本。

品。其實這三篇篇名為〈天地〉、〈天道〉、〈天運〉，內容並不是專論天的思想。〈天地〉論無為有為之事。謂「無為者天，而有為者人」。但本篇頭緒紛多，這兩句話不足以包括。如「華封人」、「伯成子高」、「漢陰丈人」數段，文辭粗淺，意義也俚俗。林西仲認為「結構雖工，咀嚼無復餘味」，懷疑是好事的人所竄入，可以說是很正確的意見。又篇中稱孔子為夫子，稱老子為老聃，這是漢人的習慣，羅根澤先生說本篇是漢初右派道家所作，以時代說是對的，以作者的身分說，恐怕還是漢初儒家的作品吧！因為漢代儒者為學不純，大都兼修雜學，所以〈天地〉思想混雜，本不足怪。

〈天道〉也是後人偽作，本篇的：

> 天道運而無所積，故萬物成；帝道運而無所積，故天下歸；聖道運而無所積，故海內服。明於天，通於聖，六通四辟於帝王之德者，其自為也。

這一段很顯然的不純是莊子的學說。這種以自然之道解釋治政之道的說法，和《呂氏春秋》論政之說相合，疑是秦漢間儒家之徒所作。至「桓公讀書於堂上」一段，亦見於《淮南子・道應》，文字略有不同。《韓詩外傳》則將「桓公」作「楚成王」。文字較為簡要，大概都是出於傳聞。胡芝薪認為是漢人所作，是可以相信的。姚鼐也說，篇中所稱的「素王」是漢人語。所以本篇說是漢初人的作品，是比較中肯的說法。

〈天運〉除頭兩段外，幾乎都是批評孔子的話，蔣復璁先生認為：

> 〈天道〉、〈天運〉諸篇，痛斥名色形聲之末，以孝悌貞廉為不足多，而汲汲於安其性命。〈天道〉之所謂糟粕，此篇之所謂芻狗，皆是此意，存之未嘗不足以反鑑儒家之教，而儆其失遽，謂之為莊子之義則不然，《詩》、《書》、《禮》、《樂》古祇謂之六藝，何嘗謂之六經哉？⑳

據此則顯然本篇是漢初的作品。林西仲也說：

> 其中孔子見老聃而語仁義一段，為贋手參入，此段細閱，無甚意味，且旨多背馳，詞多膚淺。㉑

這三篇內容大體相似，都是出於漢初儒家或道家的手筆，最早也不會超過秦統一天下以前，〈天地〉中的「千歲厭世，去而上僊；乘彼白雲，至於帝鄉」，是秦漢之間神仙家的口吻。〈天運〉的稱頌帝王，所謂「天道運而無所積，故萬物成；帝道運而無所積，故天下歸」，

---

⑳ 見〈莊子考辨〉，文刊《圖書館學季刊》第二卷第一期。下同。

㉑ 見《莊子因》，臺灣廣文書局版五十三年一月影印本。

和〈天道〉的「莫大於帝王」，都不是戰國時人的口吻。自歐陽修、林西仲、姚鼐，以及近人各家，都有相似的意見。

刻意、繕性

〈刻意〉、〈繕性〉兩篇文情相類，篇幅簡短也相同。就內容說，和莊子思想不合，其中雖然也有養神的說法，和莊子看似相同，但細察其基本觀念，和秦漢間導引之士的學說相通。如〈刻意〉所說的：

> 吹呴呼吸，吐故納新，熊經鳥申，為壽而已矣；此道引之士，養形之人，彭祖壽考者之所好也。

這一段大意也見於《淮南子・精神》：

> 是故真人所遊，若吹呴呼吸，吐故納新，熊經鳥申，鳧浴猨躩，鴟視虎顧，是養形之人也，不足以滑心。

「吐故納新，熊經鳥申」都是秦漢間導引之士所習行的動作，所以也為《淮南子》所樂引。莊子講的是無形的養生，不是什麼「吐故納新，熊經鳥申」的形體的養生。本篇不是莊子的作品，是很明顯的。

〈繕性〉所謂之「文滅質，博溺心，然後民始惑亂，無以反其性情而復其初」一段，和莊子「全性保真，不以物累形」的說法，看似相同。但其本質上和莊子思想還是有距離的。莊子所謂「全性保真」是隨順自然，是「以無厚入有間」。而本篇的口吻，則是有心而為之，這是秦漢間導引之士的思想。所以這兩篇可能都是秦末漢初養生之士的作品。王夫之評〈繕性〉說：

> 此篇與〈刻意〉之旨略同，其言恬知交養為有合於莊子之旨，而語多雜亂，前後不相侔，且其要歸不以軒冕為志，而歎有道之人不興而隱處，則莊子雖非無其情，固不屑言此以自隘，蓋不得志於時者之所假託也。㉒

這可以說是很確當的論斷。

秋水

〈秋水〉和〈齊物論〉的思想，有繼承的關係，但卻並不是莊子的作品。因為本篇的內容比〈齊物論〉有更精密的發揮，在寫作的形式上說，內篇的寫作方式是先提出一個假設來說明真理，然後把假設一齊推翻，王夫之所謂「甫近而又遠之，甫然而又否之」。而本篇的

㉒ 見《莊子解》，臺灣廣文書局五十三年一月影印本。

寫作形式，卻是有邏輯的推理和論據，譬如：

莊子與惠子遊於濠梁之上。莊子曰：「儵魚出游從容，是魚樂也。」惠子曰：「子非魚，安知魚樂？」莊子曰：「子非我，安知我不知魚之樂？」惠子曰：「我非子，固不知子矣；子固非魚也，子之不知魚之樂，全矣。」莊子曰：「請循其本。子曰『女安知魚樂』云者，既已知吾知之而問我，我知之濠上也。」

這種系統的邏輯的辯護，在內容上說和〈齊物論〉有其關聯性，但在形式上，卻是〈齊物論〉所沒有的。

胡芝薪認為莊子年代和篇中所提到的人物公孫龍、魏牟不相及，定為非莊子所作。根據梁啟超的推論，公孫龍和莊子相差五十多歲，雖然可以相見，但畢竟是莊子的晚輩。而本篇記載公孫龍和魏牟的談話，年代會更後些。羅根澤先生認為本篇另一段對之噲讓國稱為「昔者」，可見作者距之噲讓國有相當的年代。而之噲則與莊子同時，可知本篇作者更在莊子之後。因此都認為是莊子弟子或其後學的作品。不過在年代方面，沒有明確的說明。根據胡芝薪以篇中提到「太倉」一詞，認為太倉是秦漢間的倉廪。他說：

《史記》卷八〈高祖本紀〉云：「明年，張耳為趙王，漢王軍滎陽，南築甬道屬之河以取敖倉。」《正義》引孟康云：「敖，地名，在滎陽西北山上。臨河有太倉。」《太康地理志》云：「秦建敖倉於成皐。」《淮南子》卷七〈精神訓〉高誘注「敖倉」云：「敖，地名；倉者，以立常滿倉也。在今滎陽縣北。」是漢沿秦舊，仍設太倉於敖，稱曰敖倉。故此篇必為漢人所作。

據此，本篇大概是秦漢間學莊者的作品。

至樂

本篇認為「死，無君於上，無臣於下；亦無四時之事，從（闕誤本作泛）然以天地為春秋，雖南面王樂，不能過也」，是以死為快樂。不是莊子的思想，是很明顯的。莊子雖然不樂生惡死，但也不以死為樂，而是順乎自然的演化。〈大宗師〉說：

夫大塊載我以形，勞我以生，佚我以老，息我以死。故善吾生者，乃所以善吾死也。

這種從「載形」、「勞生」、「佚老」，到「息死」，是一種自然演進的結果。所以本篇所說的「樂死」，是矯枉過偏，絕不是莊子的思想。尤其最後一段：

種有幾：得水則為㡭，得水土之際則為鼃蠙之衣，生於陵屯則為陵舄。陵舄得鬱棲則為烏

> 足，烏足之根為蠐螬，其葉為胡蝶。胡蝶胥也化而為蟲，生於竈下，其狀若脫，其名為鴝掇，鴝掇千日為鳥，其名為乾餘骨。乾餘骨之沫為斯彌，斯彌為食醯。頤輅生乎食醯，黃軦生乎九猷，瞀芮生乎腐蠸。羊奚比乎不箰，久竹生青寧；青寧生程，程生馬，馬生人，人又反入於機。萬物皆出於機，皆入於機。

胡芝薪認為這是漢代五行家之說。按本篇主要思想，以死為至樂。最後一段是說明萬物有形象的變化，而沒有死生的區別。疑為楚漢時避世的黃老之徒所作。

達生、山木

本篇為推演〈養生主〉的內容，說明養生的方法。告訴我們如何去養生。〈養生主〉提出養生必須養無生之生，不可養有生之生，因為有生必有死，無生始可無死，這裡有更進一步具體的說明。如：

> 達生之情者，不務生之所無以為；達命之情者，不務知之所無奈何。養形必先之物，有餘而形不養者有之矣；有生必先無離形，形不離而生亡者有之矣。生之來不能卻，其去不能止。悲夫！世之人以為養形足以存生；而養形果不足以存生，則世奚足為哉！雖不足為而不可不為者，其為不免矣。

那麼，要如何才是真正的養生呢？本篇又說：

夫欲免為形者，莫如棄世。棄世則無累，無累則正平，正平則與彼更生，更生則幾矣。

所謂「更生」，郭象注為「日新」。也就是與時俱化的意思。是莊子處世的主要思想之一。以下各段則是敘述用功的途徑。所以本文雖不是莊子的作品，必是莊子弟子所作，時間不會在漢代。胡芝薪謂為漢陰陽家所作，恐怕不得其實。

〈山木〉近人都認為是推闡〈人間世〉的作品。從內容看來，這是非常明顯的。所以其作者也和〈達生〉一樣，應該是莊子學生的作品。篇中稱莊子為夫子，是很有力的證據。其中「莊子行山中，主人命童子殺雁饗客」一段，也見於《呂氏春秋・必己》，文字稍有不同，可以說明本篇是漢以前的作品。

田子方

姚鼐說：「此篇與〈德充符〉同旨。」但是本篇內容頗為複雜，雖與〈德充符〉同旨，也有發揮〈齊物論〉的地方，譬如：

孔子見老聃，老聃新沐，方將被髮而乾，慹然似非人。孔子便而待之，少焉見，曰：「丘也眩與，其信然與？向者先生形體掘若槁木，似遺物離人而立於獨也。」老聃曰：「吾游於物之初。」

這一段內容，實與〈齊物論〉「南伯子綦吾喪我」的涵義相同。又「溫伯雪子適齊」一段，《呂氏春秋・精喻》也有記載，不過文字較簡略，把子路作為子貢。恐為秦漢間學莊者據自傳聞而記述，所以互有出入。又「莊子見魯哀公」一段。魯哀公卒於西元前四六八年，下距莊子之生有百多年㉓，不可能相見。則本篇為學莊者所記述，至為明顯。篇中或稱孔子為夫子，恐又再經漢人所輯補而完成。總之，本篇內容複雜，經多人輯補而成，是不會有什麼問題的。

知北遊、庚桑楚

羅根澤先生認為〈知北遊〉討論「道」與「德」的地方，有若干地方和《道德經》的意見相合，認為是老子派所作，不過莊子和老子的思想不是絕對不相同，有許多地方是共通的。因此不能根據這個理由定為老子派的作品。且篇中時稱「孔子」，時稱「仲尼」，頗不一致。不能判斷必為老子派的作品。如以論「道」，以說明本篇「道」無所不在，〈大宗師〉也說：

㉓ 莊萬壽君有〈莊子學述〉，為其碩士論文，於莊學用功甚勤，有不同的意見，可以參考。胡適之先生對本段文字有大略的說明，見《中國古代哲學史》，頁一一五。錢賓四先生《先秦諸子繫年》所述莊子約生於紀元前三五九年左右。本篇亦有說明，莊子約生於紀元前三八〇年左右，距魯哀公之卒，亦有百年左右。

> 夫道，有情有信，無為無形；可傳而不可受，可得而不可見；自本自根，未有天地，自古以固存；神鬼神帝，生天生地；在太極之先而不為高，在六極之下而不為深，先天地生而不為久，長於上古而不為老。

這一段論述道體，也有遍在的意思。本篇倒與《莊子》有共通的地方，王夫之論〈知北遊〉說：「其說亦自〈大宗師〉來，與內篇相發明。」據此，本篇當為莊子後學所作才對。胡芝薪認為是漢代陰陽家之說，也未得其實。

羅根澤先生也認為〈庚桑楚〉是老子派所作，不過其中受莊子思想的影響罷了。近人則以為是莊子後學的作品。根據內容來看，雖然也有和莊子思想相通的地方，如「道通，其分也，其成也毀也」、「古之人，其知有所至矣。惡乎至？有以為未始有物者，至矣，盡矣，弗可以加矣。其次以為有物矣」等句見於〈齊物論〉。「以無有為首，以生為體，以死為尻；孰知有無死生之一守者，吾與之為友」，語意見於〈大宗師〉。「是蜩與學鳩同於同也」，語意見於〈逍遙遊〉。但這些並不足說明是莊子後學的作品。因為拼湊內篇文字以成文，正可證明不是莊子學派之所為，而在全文結構上也是以老子為主體。羅根澤先生認為是老子學派的作品，大致是可以相信的。

徐无鬼、則陽、外物、寓言、列禦寇

這幾篇的內容，都非常的複雜，大都是每段各自為義。而且有些篇或多或少的和《呂氏春秋》相同，如〈徐无鬼〉的「以陽召陽，以陰召陰」一段，和《呂氏春秋・君守》略同。又「管仲有病，桓公問之」一段，和《呂氏春秋・貴公》相同。〈外物〉的「外物不可必，故龍逢誅」一段，和《呂氏春秋・必己》相同。可能都是戰國末年以後學莊者的雜文，漢人採集彙編成書。羅根澤先生認為這兩篇都是道家雜俎，是可以確定的。不過所謂道家，還應該是莊子派。至於〈則陽〉，羅根澤先生認為是老莊混合派所作，本篇內容雖甚泥雜，如「蘧伯玉行年六十而六十化」一段也見於〈寓言〉。然其大體仍是莊子後學者之所作。〈寓言〉篇名見於《史記》，其首段自己說明寫作本書的旨趣，王夫之說是全書的序文，是可以相信的。不過以後數段是後人摻雜進去的，像「孔子行年六十而六十化」也見於〈則陽〉，把「孔子」改為「蘧伯玉」，大概都是據自傳聞，所以兩處重複而互有出入。所以這篇可以說是真偽參半。〈列禦寇〉分段的情形更為複雜，當然都是莊子後學的佚文，經漢人編綴而成的。

總之，這五篇除了〈寓言〉第一段是莊子的序文外，其餘的可以說都是莊子後學者的所作，經漢初道家彙集編成的。

讓王、盜跖、說劍、漁父

這四篇蘇東坡早已疑為偽作，按這四篇文字，都是以故事為中心，想是後人據自傳聞而輯錄起來的。〈讓王〉大部分和《呂氏春秋》、《淮南子》、《韓詩外傳》內容相似。這四篇大概都是戰國末年莊子後學之徒所作，由漢人輯錄而成。前人論述綦詳不再細說了。

天下

〈天下〉是討論比較多的一篇文章，綜合起來，不外乎分為兩派，一派贊成是莊子作的後序，一派持反對的意見。在反對一派的意見，有的認為是郭象的作品，有的認為是〈莊子要略〉的改名。茲列表說明之。

莊子天下篇作者問題各家意見表

姓名	所見書刊	意見	備註
林希逸	莊子口義	莊子於末篇序言今古之學問，亦猶孟子聞知見知也。自天下之治方術者多矣至於道術將為天下裂，分明是一個冒頭，既總序了方隨家數言之，以其書自列於家數之中，而鄒魯之學乃鋪述於總序之內，則此老之心亦以其所著之書，皆矯激一偏之言，未嘗不知聖門為正也。	
陸西星	南華真經副墨	天下篇莊子後序也，列敘古今道術淵源所自，而以己意承之。即孟子終篇之意。	
陳柱	闡莊下	莊子天下篇首列天下之人物為七等，其漢書古今人表所自昉乎，次論學術之源流得失，其淮南子要略、司馬談六家要旨、班氏藝文志所自昉乎。	
郭象	莊子注	莊子通以平意說己，與說他人無異也。又曰：昔余未覽莊子，嘗聞論者爭夫尺捶連環之意，而皆云莊生之言也（卷子本有也字），遂以莊生為辯者之流，按此篇較評諸子。至於此章（按指惠施章），則曰其道舛駁，其言不中，乃知道聽塗說之傷實也。	

羅勉道	莊子循本	莊子固自奇其文。又曰：莊子即老聃之學，前既贊老聃為博大真人，則莊子復何言哉！故末一段只說著書事。	
褚伯秀	莊子義海纂微	此段南華首於論化，次則述所言所行，又曰：敘莊其論天下古今道術備矣，繼之以自敘，明其學出於老聃也。	
呂惠卿	莊子註	夫莊子之所體者，獨與天地精神往來而不傲倪於萬物，故其言亦然。	見莊子翼
焦　竑	筆乘	凡莊生之所述，豈特墨翟、禽滑釐以來為近於道，即惠施之言，亦有似焉者也。劉辰翁所謂唯愛之，故病之，而不知者以為疾也，毀人以自全也，非莊子也。	
陸德明	莊子音義天下篇第三十三	子玄之註，論其大體，真可謂得莊生之旨矣。莊子振徽音於七篇，列斯文於後世，重言盡涉玄之路，從事發有辭之敘，雖談無貴辯，而教無虛唱。然其文易覽，其趣難窺，造懷而未達者，有過理之嫌。祛斯之弊，故大子之宏辯也。	
劉　槩	莊子外雜篇註	莊子之時，去聖已遠，道德仁義裂於楊、墨，無為清靜墜於田彭，於是宋鈃尹文之徒聞風而肆，莊子思欲復仲尼之道，而非仲尼之時，遂高言至道，以矯天下之卑，無為復朴，以絕天下之華，清虛寂寞以拯天下之濁，謂約言不足以解弊，故曼衍而無家，謂莊語不足以喻俗，故荒唐而無崖，其言好尊老聃而下仲尼，至論百家之學，則仲尼不與焉，蓋謂道非集大成之時，則雖博大真人猶在一曲，老聃一書得吾之本，故調適而上遂，惠子之書，得吾之末，未見一曲而已，嗚呼，諸子之書，曷嘗不尊仲尼哉，知其所以尊者，莫如莊子，學者致知於言外可也。	劉書未見，錄自莊子翼

王安石	王荊公文集	先六經而後各家，莊子豈鄙儒哉，又曰：「莊子曰，墨子之心則是，其行則非，推莊子之心以求其行，則獨何異於墨子哉，後之讀莊子者善其為書之心，非其為書之說，則可謂善讀矣。此亦莊子之所願於後世之讀其書者也。」	
解大紳		生不歌，死無服，不惟無罪，亦與莊子何別，其所以不可處者，其意也苦，固不若莊子也。	見南華真經評註引
王宗沐		敘道術，而以終乃借惠子相形。細讀書中，惟惠子嘗有辯難，豈當時疑惠子與莊子並者，而姑破之耶。	見南華真經評註引
李元卓	莊子九論	莊周之書，卒於是篇，深包大道之本，力排百家之敝，而終以謬悠之說，無津涯之辭，自列於數子之末，深抵其著書之趣，以聖人天下後世，孰謂周蔽於天而為一曲之士。	是古今圖書集成引
劉辰翁	莊子評點	唯愛之，故病之，而不知者以為疾也。毀人以自全者，非莊子也。	見焦竑筆乘引
林疑獨	莊子註	莊子立言，矯時之弊，自知不免謬悠、荒唐，是以列於諸子聞風之後，恣縱所言。	見南華真經義海纂微引
廖　平	莊子經說敘意	莊子以天下篇為自序，以六經為神化，老耼與己皆為方術。又曰：「莊子云，六合之外，聖人存而不論。」	
廖　平	莊子新解	莊子時字母與古文並行，故發為此論。	
胡應麟		莊子所舉墨翟、禽滑釐之倫，皆一師一弟子，此下文曰，田駢亦然，學於彭蒙，得不教焉，是田駢為蒙弟子。	
錢基博	讀莊子天下篇疏記	「內聖外王之道」，莊子所以自名其學，「內聖外王」而未造其極者，莊周之自敘是也。	

作者	書名	評語	出處
張默生	莊子新釋	寓言和天下兩篇，一是莊子著書的凡例，一是莊子全書的後序。又曰：大概莊子的內七篇，前人都認為是莊周所作。天下篇又極似內篇文體的構造。	
何敬群	莊子義繹	天下篇，莊子自明學術之所本，著書、宗旨之所在，及其與天下方術之所以不同者，故陸長庚、林西仲均以為莊子為其書所作之後序。	
胡文英	莊子獨見	天下篇筆力雄奮奇幻，環曲萬端，有外雜篇之所不能及者，莊叟而外，安得復有此驚天破石之才？	
蔣錫昌	天下篇校釋	「方術」者，乃莊子指曲士一察之道而言。又曰：此莊子自謂於應化解物之理，未能詳舉，於應化解物之來，亦未蛻遇，故終覺生命化解之道，有所芒昧未盡，此則不得不於評論諸子之後，自向讀者告愧者也。	
歸震川	南華真經評註	先敘道術根源，後別諸子，而莊生自為一家，末辨惠子。	
吳　康	莊子衍義	天下篇為莊子全書後序，校量眾家得失，爰及己說，皆斟酌偏全，深達理要。	
高　亨	莊子今箋	莊子時本無專名，莊子亦不為之制名，曰其數一二三四是也者，正以示此等人次於君子也。	
方　光		此為莊子全書自敘之文，匪唯自敘道術已也，並儒墨名法道德諸家所治之道術而總序之。	見無求備齋學術論集引
王闓運	莊子內篇註	天下篇者，蓋莊子自敘，後人移之書後也。	
陸樹芝	莊子雪	天下篇莊子自序南華所由作也，或以為訂莊者之所為，然非莊子不能道也。	

周金然	南華經傳釋	天下篇為莊子自敘，立言之宗，援引古聖賢乃至於百家，各有品第，唯獨稱老子為博大真人。	見無求備齋學術論集引
方以智	藥地炮莊	莊子雖稱老子，而其學實不盡學老子，故此處特立一帽子自戴之。	
陳　深		此段舉一部莊子意旨，收括無盡，其自敘道術，只在著書上見。	陳書未見，據無求備齋學術論集引
王　雱	南華真經新傳	夫聖人之道，不欲散，散則外，外則雜，雜則道德不一於天下矣，此莊子因而作天下篇。	
馬　驌	莊子之學	此自序也，諸篇多寓言，而此獨為莊語。	見莊子纂箋引
王夫之	莊子解	系此（按指天下篇）於篇終者，與孟子七篇末舉狂狷鄉愿之異，而歷述先聖以來至於己之淵源及史遷序列九家之說略同，古人撰述之體然也。	
姚　鼐	莊子章義	此篇乃莊子後序，其意以百家之說為粗，唯墨子、宋鈃、彭蒙之徒稍近於道。	
梁啟超	天下篇釋義	古人著書，敘錄皆在全書之末，如淮南子要略、太史公自序、漢書敘傳，其顯例也，天下篇即莊子全書之自序。	
胡遠濬	莊子詮詁	引王夫之、馬驌之說大體同意為莊子所自作。	
錢　穆	莊子纂箋	引陸長庚、王夫之、馬驌、姚鼐之說，推其意亦贊同為莊子所自作。篇後雖引林西仲之論亦姑備一說而已。	
蘇　洵	歸震川南華真經評註引	序古今之學問，猶孟子末篇意，自列其書於數家中，而序鄒魯於總序前，便見學問本來甚正。	
宣　穎	南華真經解	一部大書之後，作此洋洋大篇，以為收尾，如史記之有自序一般。	

羅根澤	諸子考索	擁護傳統的見解，疑為莊子的自序，列舉五點理，詳見臺灣泰順書局諸子考索第三一〇至三一二頁。	
劉咸炘	莊子釋滯	全書之序，首尾成篇，以純駁異，似其自著。	
林鼐士	莊子大傳校	天下篇，自敘著書之緣起與指歸，如淮南子之要略、潛夫論之敘錄、論衡之自紀、法言之敘目、文心雕龍之序志、說文解字之自敘、史記太史公自序、漢書班固敘傳是也。	
張成秋	莊子篇目考	天下篇作者，必非儒家，便非荀派學者，其思想與南華學說絕不扞格，且有極密切之關係，況其評論百家之說，列莊子於段後，又推崇道家學術，而特重漆園，種種理由，可見本篇作者，非莊叟本人，即為其私淑弟子。	
阮毓崧	莊子集註	此篇開首遡古道之淵源，推末流之散失，中分五段，隱隱以老子及自己收服諸家，接古學真派，末附惠施一段，不復用古之道術有在於是者之句，知莊子並不以惠施列入諸家，特因係當世辯才，而深慨其與道舛馳，乃借以反襯自己焉耳。	
蘇　軾	莊子祠堂記	其論天下道術，自墨翟、禽滑釐、彭蒙、慎到、田駢、關尹、老聃之徒，以至於其身，皆以為一家，而孔子不與，其尊之也至矣。	
孫道昇	正風半月刊十六期	天下篇的作者，就是莊子注的郭象，天下篇乃是郭象為他自己刪定的莊子所作的後敘，並列舉兩大理由說明之。詳見正風半月刊十六期九十一至九十六頁。	自此以下為反對天下篇是莊子自作的各家
郎擎霄	莊子學案	天下篇迺一絕妙之後序，殆於門人後學所為，衡最諸宗，錙銖悉稱，言周季道術之源流者所不能廢也。	
嚴靈峰	無求備齋學術論集	列舉前人計三十六家意見，而斷非莊周所自作，疑為荀子或其門人後學得自荀卿傳授而寫作。	

譚戒甫	莊子天下篇的研究	自「惠施多方」以下為惠施篇，其餘為淮南王莊子要略之改名。	
王昌祉	大陸雜誌二十卷十二期	天下篇作者是戰國末期的儒家而非道家，甚且是荀子的弟子——一位青出於藍的弟子。	
蔣復璁	圖書館學季刊第二卷第一期	列禦寇篇駢列莊子雜事，而以莊子將死，最殿其後，以為全書作結，明莊子書至列禦寇篇已完。此篇不與之相屬也。此篇本是他人綜論百家流別之文，初與是書無與，不過於諸家道術之中，最尊莊子，世見其推尊莊子，遂取入莊子書中，以為徵驗。又以其是總論道術，而諸篇皆是言行雜事，無可附麗，故舉之而編之篇末，如是而已。	
林西仲	莊子因	此篇為莊子全書後序，明當日著書之意，一片呵成文字，雖以關尹老莊槩頂一曲之士來，語意卻有軒輊，其敘莊周一段，不與關老同一道術，則莊子另是一種學問，可知段中備極讚揚，真所謂上無古人，下無來者，莊叟斷無毀人自譽至此，是訂莊者所作無疑。王荊公莊子論蘇長公莊子祠堂記，皆以此篇出乎漆園自作，各有獨見，但可徒資談鋒，總非定論。	
胡適	中國哲學史大綱上卷	天下篇是一篇絕妙的後序，卻決不是莊子自作的。	
葉國慶	莊子研究	天下篇後人評論百家之學之作。	
陳壽昌	南華真經正義	此為南華全部後敘，上下古今，光芒萬丈，以文妙論，自是得漆園之心傳者。	
錢玄同	論莊子真偽書	雜篇中之天下，真是一篇極精博的「晚周思想總論」，雖然這不見得是莊先生親筆寫的。	古史辨第一冊

顧頡剛	莊子外雜篇著錄考	天下篇以莊子為百家之一而評論之，足見不是莊子自作。	古史辨第一冊
顧　實	天下篇講疏	莊子天下篇者，莊子書之敘，而周末人之學案也。	
沈德鴻	莊子選注	天下篇大概是戰國末時人所作的一篇後序，說明莊子在當時思想界的地位，可斷言非莊子所作。	
戴君仁	讀莊子天下篇	天下篇雖非莊周自作，是莊學之徒所為。	

以上認為〈天下〉是莊子所自作及反對者共六十餘家，其他知道尚有討論的，一時資料不全，還沒有計算在內。由此也可見後世學者對〈天下〉的重視，不過其中一部分只是隨文說說而已，恐怕討論到實質問題時，還會有修正的意見。譬如胡適之先生認為〈天下〉不是莊子自作，但當討論莊子哲學時，又引用〈天下〉的資料。明孫鑛評〈天下〉謂：「此篇是莊子自敘，首述道原，次乃歷敘諸子，而以己附其中。」推其涵義，認為〈天下〉是莊子的作品。但在總評上卻說：「事與辭俱非莊派，只是戰國時策士游談，正與戈說及幸臣論相似。」㉔這大概是〈天下〉本身是很複雜的一篇文字，惠施一段，很多學者就認為不屬本篇。今細察其文字，雖雄奮奇幻，然與內篇之如蜻蜓點水沒有首尾者自有不同㉕，而其內容思想複雜，有儒道合流的趨勢，與漢代之學術思潮吻合，想必是在戰國後期或漢初儒家之徒的作品。

㉔ 見《南華真經評註》引。

㉕《莊子獨見》及《莊子因》語。

總之，《莊子》一書，除內篇外，其餘各篇，即使有與莊子思想共同的地方，也是出於弟子們的記錄，或是莊子學派後人的傳述，決不是莊子本人的著作。然薪火相傳，火之傳於薪，猶神之傳於形，前薪非後薪，才知道「指窮」之妙旨，前形非後形，則悟情數之感深。假使看到形朽於一生，便謂神情共喪，火窮於一木，便謂終期都盡㉖，那也是不合《莊子》的意旨。所以我們研究《莊子》，去其後人摻雜不似《莊子》者，取其似莊子思想者，則討論什麼人著述的，都是多餘的事了。茲綜列近人對《莊子》各篇著述之意見如次表，藉供參考。

篇名	主張者姓名				
	葉國慶	羅根澤	胡芝薪	蔣復璁	佚名
逍遙遊	莊子自著		莊子自著後人增補	莊子弟子所記	
齊物論	〃		莊子自著	〃	
養生主	〃		〃	〃	
人間世	學莊者所作		漢儒偽作	〃	
德充符	莊子自著		後人偽撰	〃	
大宗師	〃		疑而未決	〃	
應帝王	〃		〃	〃	

㉖ 文參見焦氏《筆乘》佛典解莊子條。

駢拇	秦漢間人所作	戰國末年左派道家所作	莊子自著	秦漢間之學者	老子後學左派所作
馬蹄	〃	〃	〃	〃	〃
胠篋	〃	〃	〃	〃	〃
在宥	漢代作品	〃	莊子佚文後人增補	後人竄入	〃
天地	〃	漢初右派道家所作	漢儒所為	孔門之徒所作	宋鈃尹文學派後學所作
天道	〃	〃	錄自傳說	漢後所附益者	〃
天運	〃	〃	漢武帝以後所作	憤激者所為	〃
刻意	秦漢間人所作	秦漢神仙家所作	戰國末年導引之士所為	秦漢間之學者	〃
繕性	〃	〃	〃	〃	〃
秋水	學莊者所作	莊子弟子後學所作	漢人偽撰	後世學者想像之作	莊子後學所作
至樂	衍莊學者所作	老子學派所作	漢代五行家所作	淺學者所為	〃
達生	學莊者所作	莊子弟子後學所作	漢人之筆	莊子弟子所輯	〃
山木	〃	〃	莊子弟子所作	〃	〃
田子方	〃	〃	莊子自著漢儒輯補	〃	〃
知北遊	〃	戰國末期作品	後人偽撰	〃	〃

所見書刊	莊子研究商務人人文庫本	諸子考索泰順書局本	民國二十六年文學年報第三期	圖書館季刊第二卷第一期	莊子外雜篇初探
庚桑楚	〃	老子派作品	莊子自著漢人輯逸潤色	後世學莊者所為	〃
徐无鬼	衍莊學者所作	道家雜俎	莊子自著漢儒輯補	〃	莊子後學逸文漢人編輯
則陽	學莊者所作	老莊混合派所作	漢代五行家之說錄自傳說	〃	〃
外物	衍莊學者所作	西漢道家所作	莊子自作後人增補	秦漢之際學者所為	〃
寓言	漢作品	莊子弟子後學所作	原為序跋後人收	後世學莊者所為	〃
讓王	〃	漢初道家隱逸派所作	莊子之徒所作	偽作	楊朱後學所作
盜跖	〃	戰國末道家所作	漢人偽撰	〃	〃
說劍	〃	戰國末縱橫家所作	錄自傳說	〃	莊辛所作
漁父	〃	漢初道家隱逸派所作	〃	〃	楊朱後學所作
列禦寇	衍莊學者所作	道家雜俎	漢五行家之文	學莊者所為	莊子後學逸文漢人編輯
天下	漢作品	莊子所作	郭象莊子全書之序文	後人綜論百家流別之文	莊子自作後序

莊子一生像謎，他名字像謎，籍貫像謎，連他的著作也像謎，歷代多少人在討論它、研究它，想揭開這個謎，但都不能看到它盧山真面目。其實就是莊子重生，恐怕他自己也揭不開這個謎吧。

三、莊子學說要旨

(一)莊子的本體論

莊子認為創造那宇宙的本體是一個「非物」，〈知北遊〉有一段話可以充分的說明：

> 有先天地生者物邪？物物者非物。物出不得先物也，猶其有物也。猶其有物也，無已。

這幾句話的意思，就是肯定那產生物的本體，必然是一個「非物」。如果是產生物之先還有物的話，那個物之先又有物，這樣推論下去，始終沒有完盡的時候，因此非找出一個「非物」出來不可。這個「非物」，也就是〈齊物論〉所說的「未始有物」的境界。在這個境界之中，可以說是什麼都沒有，既然什麼都沒有，其中當然也就沒有什麼界限，沒有什麼分別，只是混沌一片的了。這種混沌一片的，也就是莊子所謂道，是產生萬物的根源，所謂「物物者」，也可以說是「物之初」。那麼，這個道的本體到底是什麼呢？〈大宗師〉說：

> 夫道，有情有信，無為無形；可傳而不可受，可得而不可見；自本自根，未有天地，自古以固存；神鬼神帝，生天生地；在太極之先而不為高，在六極之下而不為深，先天地生而不為久，長於上古而不為老。

根據這段話的意思，道是超乎時間、空間存在的實體，它是宇宙一切事物的本源，但又是無為無形感官看不見的東西，我們可以稱為抽象的存在。所以莊子認為道是存在的，不過是無形看不見而已，看不見不能說是無。因為既然有看得見、看不見的問題發生，可見道是存在的。〈齊物論〉說：

> 若有真宰，而特不得其朕。可行已信，而不見其形，有情而無形。百骸，九竅，六藏，賅而存焉，吾誰與為親？汝皆說之乎？其有私焉？如是皆有為臣妾乎？其臣妾不足以相治乎？其遞相為君臣乎？其有真君存焉？

可見莊子是肯定有一個真君存在的。不過郭象卻否定了這個觀點，他在這一段話下面注說：

> 萬物萬情，趣舍不同，若有真宰使之然也，起索真宰之朕跡而亦終不得，則明物皆自然，無使物然也。

郭象卻認為「物皆自然，無使物然」，和莊子的見解不同。不過我們知道，郭象是借莊子發揮自己的哲學觀點，所以後人說是莊子注郭象，不是郭象注莊子，這一點我們要附帶說明的。

道雖然無形不可見，但卻本體遍在，〈知北遊〉說：

> 東郭子問於莊子曰：「所謂道，惡乎在？」莊子曰：「無所不在（道不逃物）。」東郭子曰：「期而後可（郭注：欲令莊子指名所在）。」莊子曰：「在螻蟻。」曰：「何其下邪？」曰：「在稊稗。」曰：「何其愈下邪？」曰：「在瓦甓。」曰：「何其愈甚邪？」曰：「在屎溺。」

因為道的本體遍在，所以莊子的道，也可以說是「全」，但是也不能把「全」字看得太死，因為莊子的道，根本是不可稱說的，〈齊物論〉說：「大道不稱。」就像佛經上說的：

> 玄指妙諦，不落言詮，一落言詮，便已失真。

這樣的道，在認識論中必然有不可知的成分。因為道是全，所以不可知，人的知識，無論怎樣的淵博，所知的僅是全的一部分。根據部分的智識，來觀察宇宙的事物，必然會產生偏見，有了偏見，就不能看到道的本真了。這很像唐代高僧懷讓和馬祖的一段談話：

懷讓看到馬祖每天非常專心不懈的從事坐禪，便道：「請問你學坐禪，是為了什麼？」馬祖回答說：「想成佛。」於是懷讓就拿了一塊磚頭來磨，馬祖便問：「請問你磨磚作什麼？」懷讓回答說：「我想磨磚作鏡。」馬祖便說：「磨磚怎能作鏡？」懷讓立刻便反駁說：「你坐禪豈能成佛。」

佛是沒有形相的，如果想坐禪成佛，就等於扼殺了佛；如果執著坐相，便永遠不能看見大道（亦懷讓語）。莊子的道，如果是以世俗的知識去求得，那也永遠看不到。佛經上又說：

切忌從他覓，迢迢與我疎，我今獨自往，處處得逢渠，渠今正是我，我今不是渠，應須與麼會，方始契真如。

莊子的道，也是「切忌從他覓」，必須從內在的法眼去發現它。

(二)莊子的人生觀

1. 死生如一

莊子認為宇宙一切事物的自然現象都是相對的關係，事有始必有終，有白天必有黑暗，不斷地循環，這都是自然的現象。他認為人生亦復如此，生與死就像是日夜的變化一樣，所以生也不足以為喜，死也不足以為悲。〈大宗師〉說：

> 死生，命也，其有夜旦之常，天也。人之有所不得與，皆物之情也。

這可以說是很現實的問題，但也是很客觀的事實。人的死生就像白天和黑夜遞相變化一樣，這是人所不能干預的，且無法改變的事實。死生的問題，是不能隨主觀意志而改變客觀的必然性。我們誰能永保青春，長生不老？如果不能，那生死就是人生所必不能免的了。我們看白天與黑夜都不會驚異，認為是自然界的現象，那生死又何嘗不是自然的現象呢？在邏輯上說，死生像黑暗與天明，暗與明，自異者視之，有暗與明的不同；自同者視之，明也是天，暗也是天。在本體「一」的觀點來看，生為萬物之一體，死也還是與萬物一體，一體還是一體，有何區別呢？在有無的觀點說，我們常認為生是從無到有，死是從有到無，所以可悲，殊不知人生之前本是無，死了以後也是無，無還是無，那還有什麼死生的分別呢？

〈至樂〉說：

莊子妻死，惠子弔之，莊子則方箕踞鼓盆而歌。惠子曰：「與人居，長子老身，死不哭亦足矣，又鼓盆而歌，不亦甚乎！」莊子曰：「不然，是其始死也，我獨何能無概然！察其始而本無生，非徒無生也而本無形，非徒無形也而本無氣。雜乎芒芴之間，變而有氣，氣變而有形，形變而有生，今又變而之死，是相與為春秋冬夏四時行也。人且偃然寢於巨室，而我噭噭然隨而哭之，自以為不通乎命，故止也。」

這一段話很可以說明莊子對死生如一的看法，所以他認為人生在世不過是一場夢而已。有時夢中又在做夢。〈齊物論〉說：

方其夢也，不知其夢也。夢之中又占其夢焉，覺而後知其夢也。且有大覺而後知此其大夢也。

人生本來就是像做夢一樣，但當我們在做夢的時候，不知道我們是正在做夢，夢中又占其夢，誰知那是夢，覺而知夢，大覺才知大夢。我們今天處在現實社會中，或富或貴，自己正在高興，誰知一覺夢醒，不過是夢而已，「黃粱猶未熟，一夢到華胥」，人生都是一場夢，不過夢有長有短而已，人生既然是夢，那麼死後便是覺，到底我們現在是夢呢？還是覺呢？是生呢？還是死呢？所以〈齊物論〉又說道：

昔者莊周夢為胡蝶，栩栩然胡蝶也，自喻適志與！不知周也。俄然覺，則蘧蘧然周也。不知周之夢為胡蝶與，胡蝶之夢為周與？周與胡蝶，則必有分矣。此之謂物化。

莊子夢蝶以寄託有分和無分，有分就是個體互異，無分就是萬物齊一，其實質是說：「萬象不齊，有分是現象，是夢幻；而本真則為絕對、無分、齊一、不變。」這可以說是死生如一的基本觀念。我們現在是一個人，安知覺後不是一隻蝴蝶呢？遇到這種情形，連自己也分辨不清楚。但也有不分的，那就是不管是人也好，是蝴蝶也好，我還是一個我，是永恆不變的。既然如此，那麼夢也好，覺也好，生也好，死也好，豈不是都一樣可以齊觀了嗎？〈齊物論〉又有一段話說明這個道理：

予惡乎知說生之非惑邪！予惡乎知惡死之非弱喪而不知歸者邪！麗之姬，艾封人之子也。晉國之始得之也，涕泣沾襟；及其至於王所，與王同筐床，食芻豢，而後悔其泣也。予惡乎知夫死者不悔其始之蘄生乎！

由上面所說可知莊子追求的不是長生不死，而是超死生。因為死生是人生一件大事，所以莊子特地講這個問題，它肯定死後有知。不但死後有知，而且認為死是一件快樂的事。〈至樂〉說：

死，无君於上，无臣於下，亦无四時之事，從然以天地為春秋，雖南面王樂，不能過也。

一個人假使憂其死生壽考，得與不得，都是痛苦的。只有忘去生死的關頭，把死與生都看為同樣的平淡，那才是真正的快樂。

2. 萬物一體

現象界的萬物，從本位發展，或成為人，或成為物，是沒有必然性的，其成為人或成為物，全是偶然性的。我們出生為人，並非是萬物中的最高級者，因此變成人並無可喜之處。〈大宗師〉說：

今大冶鑄金，金踊躍曰「我且必為鏌鋣」，大冶必以為不祥之金。今一犯人之形，而曰「人耳人耳」，夫造化者必以為不祥之人。

人出生只是個偶然而已，出生為物並非不可，全由造物作主，所以說：「偉哉造化！又將奚以汝為，將奚以汝適？以汝為鼠肝乎？以汝為蟲臂乎？」造物者給予我什麼形體都一樣，鼠肝、蟲臂，一任自然，既來則受，無有區別，所以：

浸假而化予之左臂以為雞，予因以求時夜；浸假而化予之右臂以為彈，予因以求鴞炙；浸假而化予之尻以為輪，以神為馬，予因而乘之，豈更駕哉！（〈大宗師〉）

這種無往不因，無因不可的態度，在莊子認為是對的，因為物我不分，實為一體。

莊子認為天地萬物渾然一體，沒有差別相，那麼世俗的差別相，從何而來呢？他說：

既已為一矣，且得有言乎？既已謂之一矣，且得無言乎？一與言為二，二與一為三。自此以往，巧歷不能得，而況其凡乎！故自无適有以至於三，而況自有適有乎！无適焉，因是已。（〈齊物論〉）

莊子認為世間之所以有差別相，是由於人去追逐那事物的現象，不知道宇宙的本源是「道通為一」的。所以主張「无適焉，因是已」。

因為萬物一體，所以莊子認為世間分析物我是不對的，所以又說：

以指喻指之非指，不若以非指喻指之非指也；以馬喻馬之非馬，不若以非馬喻馬之非馬也。

在莊子看來，什麼馬呀、指呀，本來是沒有彼此界限的，後世有馬呀、指呀的不同，都是那些勞精蔽神的詭辯家強為分別的。因為產生萬物的本體，原是渾沌不分的整體的道。所以人不必去追求是非，強分彼此，然後才合乎大道。而那些追求是非、強分彼此的人，只是徒勞神明而已。〈齊物論〉說道：

勞神明為一而不知其同也，謂之朝三。何謂朝三？曰：「狙公賦芧，曰：『朝三而莫四。』眾狙皆怒。曰：『然則朝四而莫三。』眾狙皆悅。」名實未虧而喜怒為用，亦因是也。

由此看來，我們強分物我彼此，實是多餘，因萬物本質是相同一體的。

3. 宿命論

老子道無為，法自然，他說：

人法地，地法天，天法道，道法自然。

莊子則演進之為宿命論，莊子認為一個人生下來，富貴，貧賤，賢不肖，一切都是造化安排好的。所以〈德充符〉說：

死生、存亡、窮達、貧富、賢與不肖、毀譽、飢渴、寒暑，是事之變，命之行也；日夜相代乎前，而知不能規乎其始者也。故不足以滑和，不可入於靈府。

甚至更進一步，認為一切人為的事，也是造化安排好的，〈養生主〉說：

公文軒見右師而驚曰：「是何人也？惡乎介也？天與，其人與？」曰：「天也，非人也。天之生是使獨也，人之貌有與也。以是知其天也，非人也。」

右師被斷去一隻腳，他說這是由於天命。他的論證說，人的形狀是有兩隻腳的，所以知道這是由於天命，而不是由於人。這種說法是很奇怪的，為什麼遭受刑戮，被斷去一隻腳是由於天呢？王先謙也覺得奇怪，所以說：「此與〈德充符〉篇之兀者不同，介者天生，兀者人患。」據莊子哲學體系，其實不足為奇，這裡主要是提一「命」字，正如成玄英所說的：

凡人之貌，皆有兩足共行，稟之造物，故知我之一腳，遭此形殘，亦無非命也。

這裡「亦」字下得很好，在莊子看來，人事亦無非天命，自然稟賦的形體由於「命」，後天的傷殘自亦是由於「命」（由於命亦即由於天），這和〈德充符〉也沒有什麼不同，例如「申徒嘉，兀者也」一段中的涵義，就是說明遭受刑戮也是天命。兀者固是人患，然而在莊子看來，卻是天人不分，天人合一，〈大宗師〉說：

庸詎知吾所謂天之非人乎？所謂人之非天乎？

所以右師被斷去一隻腳也是由於天，就如同人天生有兩隻腳一樣，也是人不能改變的，也沒有辦法避免的。莊子認為自然界一切事物都是如此。〈齊物論〉說：

夫吹萬不同，而使其自已也，咸其自取，怒者其誰邪？

這句話的意思是：風吹千萬種不同的竅孔，發出各種不同的聲音，而使它們自己停止。（聲音）都是它們自己發出來的，可是主使這現象的是誰呢？這裡所說的怒者，就是真宰、造物者。一切聲音都是造物者安排好，所以聲音雖是發自在我，但風止聲自停，可見由不得自作主張，宣穎說：

今莊子開口引子綦一段，直是世間原未有我，風聲甫濟，眾竅為虛，真氣將歸，形骸自萎，不特大命既至，自家不得主張，抑且當場傀儡，未知是誰提線，我於此處，直欲大哭，乃猶較長論短，所爭是何閒氣邪？

這很可以道出莊子宿命的真諦。從前黑格爾說：「世間人沒有自由，只有皇帝才有自由。」這在莊子的觀點看，皇帝也沒有自由，都是造物安排好的。人生的際遇，不是人可以左右的。但是莊子也不是說：既然一切都是造化安排，那我們都不要去做了。他認為還是要隨順環境去做。這和孟子所說的性命之理，無立巖牆之下，有點相似。我們不能違背性命之理，但也不能站在危牆之下，是同樣的道理。所以莊子又說：「託不得已以養中，至矣！」

㈢莊子的倫理觀

1.目標

莊子修養的理想，是在求超出相對的世界，逍遙於無限的絕對世界。終極的目的，是要達到至人、神人，或真人的境界。這種至人是「大澤焚而不能熱，河漢沍而不能寒，疾雷破山風振海而不能驚」（〈齊物論〉）。而且他能「乘雲氣，騎日月，而遊乎四海之外」，不受到世間任何的阻礙，甚至連至人的呼息睡覺都和平常人不同，〈大宗師〉說：

古之真人，其寢不夢，其覺無憂，其食不甘，其息深深。真人之息以踵，眾人之息以喉。

當然，這樣的真人，是超死生的，所以又說：

古之真人，不知說生，不知惡死；其出不訢，其入不距；翛然而往，翛然而來而已矣。〈大宗師〉

這樣的神人，是莊子修養的目標。

但是要如何達到「神人」這個目標呢？要與道化合，上面我們說莊子的道是無形不可見的，所以與道化合，必須通過「無己」的過程。莊子稱之為「得道」。也就是說：道就是我，我就是道。能夠與道化合，當然就「大澤焚而不能熱，河漢沍而不能寒」了。〈大宗師〉有一段話說：

以刑為體，以禮為翼，以知為時，以德為循。

這就是說：世俗禮儀既不可違逆，那就以禮儀為我的翅膀，以順應世俗行事，禮儀也就拘束不了我了；以知識為應付時機的手段，就是把一切事情，看作為不得已而隨宜應付，那就可任你怎樣變化了；以道德為循順天性，就是說道德不過是順應世事，是任何人不用費力就能做到的。這也是說「真人」無好無惡，無異無同，但循自然而已，佛家所謂「有無俱遣」就是這個意思。能做到這一點，就是莊子修養的目標，也就是他心目中理想的人物了。

2. 去成心

成心，和佛教的執著相同。人一有成心，即惑於象而迷於理。慧琳〈誄文〉述竺道生的話說：

> 象者，理之所假，執象則迷理；教者，化之所因，束教則愚化。是以徵名責實，惑於虛誕，求心應事，芒昧格言。

《高僧傳》也說：

> 夫象以盡意，得意則象忘，言以詮理，入理則言息。

人如果迷於幻象，就會產生是非得失的心，那就是所謂成心，人一有成心，看任何事物都不會正確。所以說：

道惡乎隱而有真偽？言惡乎隱而有是非？……道隱於小成，言隱於榮華。故有儒墨之是非，以是其所非而非其所是。（〈齊物論〉）

成心，用今語解釋，就是主觀。今人喜歡說：「完全用客觀態度來看待事物。」但事實上卻不能脫離主觀，譬如某人說某件事物是「是」的，固然有許多理由，但當選擇這許多理由的時候，還是主觀的意見。如果沒有成心，就沒有是非。因此說：「未成乎心，而有是非，是今日適越而昔至。」所以可不可，然不然，都是由於「有自」才發生的。「自」就是「我」，沒有我見，就沒有可不可，然不然，天地萬物渾然一體，哪裡有是非呢？至於有是非，是因為沒有站在渾然一體的立場上，而站在「自我」的立場上（也就是成心、主觀的立場上）的緣故。所以道有真偽，是隱蔽於小成；言有是非，是隱蔽於榮華不實的言辭。儒隱於儒（儒有儒之成心），所以是墨之非，非墨之所是；墨隱於墨（墨有墨之成心），所以是儒之非，非儒之所是。以主觀的立場看自己都是對的，別人都是不對的。〈齊物論〉說：

民溼寢，則腰疾偏死，鰌然乎哉？木處則惴慄恂懼，猨猴然乎哉？三者孰知正處？民食芻豢，麋鹿食薦，蝍且甘帶，鴟鴉耆鼠，四者孰知正味？猨猵狙以為雌，麋與鹿交，鰌與魚游。毛嬙麗姬，人之所美也；魚見之深入，鳥見之高飛，麋鹿見之決驟。四者孰知天下之正色哉？

我們人居住在低溼的地方，就會患風溼病，可是泥鰌就喜歡住在那裡；人在樹上會恐懼害怕，猴子卻喜歡棲止在那裡，以個人的標準來衡量世間的事物，整個的宇宙都可以說是沒是非，你以為是，他以為非；你以為非，他以為是。人喜歡吃雞鴨羊豬，可是鴟鴉卻喜歡吃死腐的老鼠。毛嬙、麗姬，人以為是美女，魚鳥麋鹿看見了，卻趕快跑走，所以又說：

> 方生方死，方死方生；方可方不可，方不可方可；因是因非，因非因是。是以聖人不由，而照之於天。（〈齊物論〉）

「照之於天」，就是去成心，順應自然。那麼莊子到底有沒有可不可、然不然的分別呢？這又要回到說莊子的道。我們上面說莊子的道是全，因此說可也可以，說不可也可以，說然也可以，說不然也可以。因為莊子的道是渾然一體，沒有什麼可不可，然不然的分別。說到這裡，又牽涉到莊子認識論的問題，莊子認為，個人的智識，不能作為判斷是非的標準。〈齊物論〉說：

> 夫隨其成心而師之，誰獨且無師乎？奚必知代而心自取者有之？愚者與有焉。

假使以自己的成見作為判斷是非的標準，誰沒有這個標準呢？何必要一定是大智慧的人才有呢？設若取於自己的心就有的話，那大愚的人也是有的。可見自己的成見是不能作為判斷是非的標準。那麼，究竟有沒有所謂客觀的標準呢？什麼標準才能稱做客觀的標準呢？〈齊物論〉說：

> 夫言非吹也，言者有言，其所言者特未定也。果有言邪？其未嘗有言邪？其以為異於鷇音，亦有辯乎，其無辯乎？

「言者有言，其所言者特未定也」，「其所言者」即指「言」的對象，也就是認識的對象。這話的意思就是說：「大家儘管發議論，可是他們議論的對象卻是沒有定準的，而且果然是有言呢？還是未嘗有言呢？他們都以為自己的言論和初生的小鳥發出來的有聲無意的叫聲不同，可見究竟有區別呢？還是沒有區別呢？莊子既然以為是非很難去判斷，反對儒墨的人卻以己之是，非對方之非，而非其所是。那不是很乖謬嗎？至於如何來糾正他們的錯誤，他提出「照之於天」、「莫若以明」的途徑。換句話說：就是用議論的對象的本然情形去作判斷的根據。就是認識正確與否，須要以它的對象作判斷的標準（儒家有設身處地之說，頗與相似）。所以莊子的認識論是：

> 因是因非，因非因是。是以聖人不由，而照之於天，亦因是也。（〈齊物論〉）

這與佛家「因言遣言」的說法很相似。因為莊子的道是不能稱說的，這也是莊子去成心立論的根據。

3. 無欲

人一有名利心，最有害於心術，所以說：「至人無己，神人無功，聖人無名。」莊子認為人有名利心，就像帶上桎梏一樣，所以要去功與名，還與眾人同。

有時我們認為是利的，說不定禍害就在後面；或是認為是害的，說不定利接著就來。所以說：

安危相易，禍福相生。

《道德經》也說：

禍兮福之所倚，福兮禍之所伏。

《韓非子・喻老》把這兩句話解釋為：

人有禍則心畏恐，心畏恐則行端直，行端直則思慮熟，思慮熟則得事理。行端直則無禍害，無禍害則盡天年；得事理則必成功，盡天年則全而壽，必成功則富與貴，全壽富貴則謂之福，而福本於有禍，故曰：「禍兮福之所倚。」

又曰：

人有福則富貴至，富貴至則衣食美，衣食美則驕心生，驕心生則行邪僻而動棄禮，行邪僻則身死夭，動棄禮則無成功。夫內有死夭之難，而外无成功之名者，大禍也。而禍本生於有福，故曰：「福兮禍之所伏。」

不過我們要知道，莊子是把彼此、物我、生死、壽夭、是非、禍福，看作是一樣的，而且是絕對的。《韓非子・喻老》認為是有條件的，此其不同處，不可混為一談。禍福既是相生，那我們根本就不要貪求富貴名利了。

〈山木〉說：

莊周游乎雕陵之樊，覩一異鵲自南方來者，翼廣七尺，目大運寸，感周之顙而集於栗林。莊周曰：「此何鳥哉，翼殷不逝，目大不覩？」蹇裳躩步，執彈而留之。覩一蟬，方得美蔭而忘其身；螳蜋執翳而搏之，見得而忘其形；異鵲從而利之，見利而忘其真。莊周怵然曰：「噫！物固相累，二類相召也！」捐彈而反走，虞人逐而誶之。莊周反入，三日不庭。藺且從而問之：「夫子何為頃間甚不庭乎？」莊周曰：「吾守形而忘身，觀於濁水而迷於清淵。且吾聞諸夫子曰：『入其俗，從其俗！』今吾游於雕陵而忘吾身，異鵲感吾顙，游於栗林而忘真，栗林虞人以吾為戮，吾所以不庭也。」

可見一個人若只顧貪圖眼前的利益，將會招致遠害，所以莊子認為名利心生，煩惱接著就來。〈山木〉又說：

市南宜僚見魯侯，魯侯有憂色。市南子曰：「君有憂色，何也？」魯侯曰：「吾學先王之道，修先君之業；吾敬鬼尊賢，親而行之，无須臾離居；然不免於患，吾是以憂。」市南子曰：「君之除患之術淺矣！夫豐狐文豹，棲於山林，伏於巖穴，靜也；夜行晝居，戒也；雖飢渴隱約，猶且胥疏於江湖之上而求食焉，定也；然且不免於罔羅機辟之患。是何罪之有哉？其皮為之災也。今魯國獨非君之皮邪？吾願君刳形去皮，洒心去欲，而游於無人之野。」

一個人之所以有禍患，在於有欲之累，苟無欲，何事可以為患呢？因為以利來者，必以利而去；以利合者，必以利而分。如同世人交友一樣。因此君子之交淡如水，小人之交甘如飴。

君子淡以親，小人甘以絕。所以說：

林回棄千金之璧，負赤子而趨。或曰：「為其布與？赤子之布寡矣；為其累與？赤子之累多矣；棄千金之璧，負赤子而趨，何也？」林回曰：「彼以利合，此以天屬也。」夫以利合者，迫窮禍患害相棄也；以天屬者，迫窮禍患害相收也。（〈山木〉）

去欲的結果，造成莊子文學與藝術上的成就，古代許多哲學家，對後世的影響但只止於哲學，對於文學的影響則都不如莊子的深遠，因為有欲則都是從實用上去著想，而實用則是文學發展的阻力，因為現實的世界太大，從寫實的方面來描寫，則寫不勝寫，而且效果也差，效力也小，唯有用象徵的方法來寫，才可以從自我以外一切可見的物象，以傳達出自我心中的不可見的世界，這也是西洋文學所說的象徵主義。其實一切的文藝作品，都具有其象徵性的。莊子之所以能達到藝術的極致，全在於他那清高無欲的修養。

4. 心齋坐忘

齋是物忌，像飲酒茹葷，祭祀時的物忌。「心齋」就是「心裡的物忌」。孔子告訴顏回說：

若一志，无聽之以耳而聽之以心，无聽之以心而聽之以氣。聽止於耳，心止於符。氣也者，虛而待物者也。唯道集虛。虛者，心齋也。（〈人間世〉）

簡單的說，心齋就是「無己」。志是心之所之也，一志就是用志不分，心無旁騖。以氣聽就是像庖丁解牛一樣，以神遇而不以目視。人精神專一，則不知有己。所以顏回回答說：「回之未始得使，實自回也。得使之也，未始有回也。」「未始有回」就是沒有自己的存在，達到「無己」的境地。所以孔子說：「心齋的妙處盡於此了。」

「坐忘」就是「離形去智」。〈大宗師〉說：

顏回曰：「墮肢體，黜聰明，離形去知，同於大通，此謂坐忘。」

墮肢體，即是離形；黜聰明，即是去智。一個人能離形去智，也就能達到「無己」的境界。所以「坐忘」即「心齋」的效果。像老僧入定，又像〈齊物論〉所提到的南郭子綦一樣的「形如槁木，心如死灰」，都是「心齋坐忘」的功用，其涵義即喪偶、喪我。這樣的話，那就是〈德充符〉所說的「夫若然者，且不知耳目之所宜，而遊心乎德之和；物視其所一而不見其所喪」。到這境界，一片虛空，無物我，無彼此，自然也無是非利害了。

室虛則光入，所以說：「虛室生白，吉祥止止。」人虛則無禍害。〈山木〉說：

方舟而濟於河，有虛船來觸舟，雖有惼心之人不怒；有一人在其上，則呼張歙之；一呼而不聞，再呼而不聞，於是三呼邪，則必以惡聲隨之。向也不怒而今也怒，向也虛而今也實。

人能虛己以游世，其孰能害之！

人之有身，為自己之大累，人生多忘心易而忘身難。〈德充符〉說：「故德有所長而形有所忘，人不忘其所忘而忘其所不忘，此謂誠忘。」這可為「坐忘」之注腳。人之所以受人尊敬者，是在其精神，不在其形體。〈德充符〉說：

魯哀公問於仲尼曰：「衛有惡人焉，曰哀駘它。丈夫與之處者，思而不能去也。婦人見之，請於父母曰與為人妻寧為夫子妾者，十數而未止也。……」

一個醜陋的人，而男女都敬慕他，這就是離形。所以人不但要忘形，而且要忘跡。人能夠忘形忘跡，那就近於大道了。

總之，莊子的思想，影響後世是深遠的，先秦諸子沒有一個能夠比得上他。錢賓四先生說他是一位曠代的大哲人，同時也是一位絕世的大文豪。是對莊子很客觀的批評。

內篇

逍遙遊❶

北冥❷有魚，其名為鯤。鯤之大，不知其幾千里也。化而為鳥，其名為鵬。鵬之背，不知其幾千里也；怒❸而飛，其翼若垂天之雲❹。是鳥也，海運則將徙於南冥❺。南冥者，天池也。《齊諧》❻者，志怪者也。《諧》之言曰：「鵬之徙於南冥也，水擊三千里，摶扶搖❼而上者九萬里，去以六月息❽者也。」野馬❾也，塵埃也，生物之以息相吹也。天之蒼蒼，其正色邪？其遠而無所至極邪？其視下也，亦若是則已矣。且夫水之積也不厚，則負大舟也無力。覆杯水於坳堂❿之上，則芥為之舟；置杯焉則膠⓫，水淺而舟大也。風之積也不厚，則其負大翼也無力。故九萬里，則風斯在下矣，而後乃今培風；背負青天⓬而莫之夭閼⓭者，而後乃今將圖南。蜩⓮與學鳩⓯笑之曰：「我決⓰起而飛，槍榆枋而止⓱，時則不至而控⑱於地而已矣，奚以之九萬里而南為？」適莽蒼⑲者，三飡而反，腹猶果然⑳；適百里者，宿舂糧㉑；適千里者，三月聚糧。之二蟲㉒又何知！小知不及大知，小年不及大年。奚以知其然也？朝菌不知晦朔㉓，蟪蛄㉔不知春秋，此小年也。楚之南有冥靈㉕者，以五百歲為春，五百歲為秋；上古有大椿者，以八千歲為春，八千歲為秋，此大年也㉖。而彭祖㉗乃今以久特聞，眾人匹之，不亦悲乎！湯之問棘也是已㉘。窮髮㉙之北有冥海者，天池也。有魚焉，其廣數千里，未有知其脩㉚者，其名為鯤。有鳥焉，其名為鵬，背若泰山，翼若垂天之雲，摶扶搖羊角㉛而上者九萬里，絕雲氣，負青天，然後圖南，且適南冥也。斥鴳㉜笑之曰：「彼且奚適也？我騰躍而上，不過數仞㉝而下，翱翔蓬蒿之間，此亦飛之至也。而彼且奚適也？」此小大之辯也。故夫知效一官，行比㉞一鄉，德合一君，而徵一國㉟者，其自視也亦若此矣。而宋榮子㊱猶然㊲笑之。且舉世而譽之而不加勸，舉世而非之而不加沮㊳，定乎內外之分，辯乎榮辱之竟，斯已矣。彼其於世未數數[39]然也。雖然，猶有未樹也。夫列子[40]御風而行，泠然[41]善也，旬有五日而後反。彼於致福者，未數數然也。此雖免乎行，猶有所待者也。若夫乘天地之正，而御六氣之辯[42]，以遊無窮者，彼且惡乎待哉！故曰，至人無己，神人無功，聖人無名。

堯讓天下於許由[43]曰：「日月出矣而爝火[44]不息，其於光也，不亦難乎！時雨降矣而猶浸灌，其於澤也，不亦勞乎！夫子立而天下治，而我猶尸之，吾自視缺然，請致天下。」許由曰：「子治天下，天下既已治也。而我猶代子，吾將為名乎？名者，實之賓也。吾將為賓乎？鷦鷯[45]巢於深林，不過一枝；偃鼠[46]飲河，不過滿腹。歸休乎君[47]，予無所用天下為！庖人雖不治庖，尸祝[48]不越樽俎而代之矣。」

肩吾[49]問於連叔[50]曰：「吾聞言於接輿[51]，大而無當，往而不反。吾驚怖其言，猶河漢而無極[52]也；大有逕庭[53]，不近人情焉。」連叔曰：「其言謂何哉？」曰：「藐姑射之山[54]，有神人居焉，肌膚若冰雪，淖約(55)若處子。不食五穀，吸風飲露。乘雲氣，御飛龍，而遊乎四海之外。其神凝，使物不疵癘(56)而年穀熟。吾以是狂而不信也。」連叔曰：「然。瞽者無以與乎文章之觀，聾者無以與乎鐘鼓之聲。豈唯形骸有聾盲哉？夫知亦有之。是其言也，猶時女也。之人也，之德也，將旁礡(57)萬物以為一世蘄(58)乎亂(59)，孰弊弊(60)焉以天下為事！之人也，物莫之傷，大浸稽(61)天而不溺，大旱金石流土山焦而不熱。是其塵垢粃糠，將猶陶鑄堯舜者也，孰肯以物為事！」

宋人資章甫(62)而適諸越，越人斷髮文身(63)，無所用之。堯治天下之民，平海內之政，往見四子(64)藐姑射之山，汾水之陽(65)，窅然(66)喪其天下焉。

惠子謂莊子曰：「魏王(67)貽我大瓠(68)之種，我樹之成而實五石，以盛水漿，其堅不能自舉也。剖之以為瓢，則瓠落無所容(69)。非不呺然(70)大也，吾為其無用而掊之。」莊子曰：「夫子固拙於用大矣。宋人有善為不龜[71]手之藥者，世世以洴澼絖[72]為事。客聞之，請買其方百金。聚族而謀曰：『我世世為洴澼絖，不過數金；今一朝而鬻技百金，請與之。』客得之，以說吳王。越有難，吳王使之將，冬與越人水戰，大敗越人，裂地而封之。能不龜手，一也；或以封，或不免於洴澼絖，則所用之異也。今子有五石之瓠，何不慮以為大樽[73]而浮乎江湖，而憂其瓠落無所容？則夫子猶有蓬之心[74]也夫！」

惠子謂莊子曰：「吾有大樹，人謂之樗。其大本擁腫[75]而不中繩墨，其小枝卷曲而不中規矩，立之塗，匠者不顧。今子之言，大而無用，眾所同去也。」莊子曰：「子獨不見狸狌乎？卑身而伏，以候敖者[76]；東西跳梁[77]，不辟高下；中於機辟[78]，死於罔罟[79]。今夫斄牛，其大若垂天之雲。此能為大矣，而不能執鼠。今子有大樹，患其無用，何不樹之於無何有之鄉，廣莫之野，彷徨乎無為其側，逍遙乎寢臥其下。不夭斤斧，物無害者，無所可用，安所困苦哉！」

【注釋】❶逍遙遊 據《莊子》本書〈讓王〉說：「善卷曰：『逍遙於天地之間，而心意自得。』」〈天運〉說：「以遊逍遙之虛，逍遙，無為也。」可見逍遙之意，是欲心意自得，而重在無為，人不能逍遙，病在有為。其所為之事，又是功呀！名呀！己呀！因此說：「聖人無名，神人無功，至人無己。」能達到無名無功無己的境地，自然就無為了，自然就逍遙了。郭象注說：「夫小大雖殊，而放於自得之場，則物任其性，事稱其能，各當其務，逍遙一也，豈容勝負於其間哉！」不是莊子逍遙的本意。❷北冥 即北海。北表方向，冥表顏色。冥，暗黑色，指海水深而呈黑色。下文南冥與此同。❸怒 振奮的意思。這裡是指鼓起翅膀。❹若垂天之雲 謂鵬翼之大，如天邊的雲。垂，同「陲」。邊的意思。❺海運則將徙於南冥 謂必有大風而後鵬鳥才可以徙於南冥。海運，海動的意思，今海瀕俚歌，還有六月海動的說法。海動必有大風，其水湧沸，自海底而起，聲聞數里。《一切經音義》引「徙」字作「適」，與下文「且適南冥也」句合。❻齊諧 王先謙引司馬彪說是人名，簡文帝說是書名。人名、書名都可以通，但以作書名解，義較為長。❼摶扶搖 摶一本作「搏」，據章太炎說當作「摶」。拍、拊的意思。扶搖，上行的風。❽去以六月息 謂大鵬徙於南冥，則須乘六月的風才可以。息，氣、風的意思。六月息，就是六月海動之說。❾野馬 即高九萬里內遊動雲氣之形。《呂覽》云：「至亂之世，其雲狀有若犬、若馬。」又云：「其狀若眾馬以鬭，其名曰滑馬。」滑馬，即所謂野馬。❿坳堂 堂上低窪的地方。⓫膠 粘住不動。⓬而後乃今培風背負青天 意謂大鵬背負青天，在於風上，而後用翼擊風而飛，與上文水擊三千里，以翼擊水之意相同。(參用劉武說，劉有《莊子集解內篇補正》。)「培風背負青天」有兩種讀法，一為背屬上讀，一為背屬下讀，據成玄英《莊子疏》(簡稱成疏)說：「上負青天，下乘風背，似背字屬上讀，但於《莊子》大旨無關。」培當為「掊」的假借字，擊的意思。⓭夭閼 謂遮攔障礙的意思。夭，折。閼，止的意思。⓮蜩 蟬的總稱。⓯學鳩 小鳩。學一作「鷽」。鷽鳩，就是現在的斑鳩。⓰決 同「赽」。迅疾的意思。⓱槍榆枋而止 槍，突、碰的意思。榆枋，二木名。榆枋下本無「而止」兩字，據《莊子闕誤》引文如海本、江南古藏本增加。⓲控 投的意思。這裡指落下。⓳莽蒼 郊野的顏色。這裡指近郊。⓴果然 飽的樣子。㉑宿

春糧　隔宿搗米儲食。㉒之二蟲　之，是、此的意思。二蟲指蜩與鳩。「蟲」字在古代，有時用為動物的通稱。㉓朝菌不知晦朔　晦朔應指月而非日。司馬彪說：朝菌是大芝，天陰生糞上，看見太陽就死，又名「日及」，所以不知月之始終。舊注多以為朝菌見日則死。既然是見日則死，當為不知日之始終，而非不知月之始終。所以近人疑司馬彪注「月」字可能是「日」字的錯誤。㉔蟪蛄　亦作「惠蛄」。或叫做山蟬。春生夏死，夏生秋死，所以不知一年中有春有秋。㉕冥靈　舊注多以為是木名。羅勉道《南華真經循本》、王船山《莊子解》都以為冥靈是靈龜。羅說：「朝菌與大椿，蟪蛄與冥靈，是舉一植物一動物對說。可見冥靈不是植物。」㉖此大年也　《莊子》原文沒有這四字，是後人據《莊子闕誤》增補。㉗彭祖　傳說中長壽的人，相傳姓籛名鏗，曾為堯臣，封於彭城，歷虞夏至於商代，年七百餘歲。㉘湯之問棘也是已　湯問棘事見《列子・湯問》，「棘」作「夏革」。棘、革古聲相同。棘是湯時大夫，有賢名。唐僧神清《北山錄》說：「湯問革曰：『上下四方有極乎？』革曰：『無極之外，復無極也。』」僧慧寶注曰：『語在《莊子》。』與《列子》小異。」可供參考。（見近人《莊子內篇校補》）㉙窮髮　不毛。髮，猶毛的意思。㉚脩　長度。㉛羊角　風曲上行像羊角，俗所謂旋風。㉜斥鴳　斥，小澤。鴳，亦作「鷃」，小雀。劉文典說：「《文選注》引，斥，作尺。斥字與尺古字通。謂飛不過一尺。」㉝仞　古來有七尺、八尺、四尺等不同解釋，此處泛指而已。㉞比　合。㉟而徵一國　徵，信的意思。徵上「而」字，郭慶藩認為當讀為「能」，「能」、「而」古聲近，通用。但「而」字不必作「能」解也可通。謂其德可上合於君，而又見信於國人。㊱宋榮子　宋國賢者，與本書〈天下〉中的宋鈃、《孟子》中的宋牼、《荀子》中的子宋子為同一人。是先秦思想家，有賢名。㊲猶然　微笑自得的樣子。㊳沮　止的意思。此處當作志氣沮喪解。㊴數數　汲汲追求的意思。下文「未數數」即未汲汲追求。㊵列子　名禦寇，鄭國人。與鄭繻公同時，為道家中的前輩。㊶泠然　輕妙的樣子。㊷乘天地之正二句　六氣即陰、陽、風、雨、晦、明。「辯」猶「變」。「變」與上文「正」為對文，「正」為永恆不變，這兩句實為一體之兩面，像幾何的圓規一樣，一腳不動，一腳在動，才能畫出圓來。事實上動與不動仍是一體的。此句謂能夠掌握住不變的樞紐，而又能與變化的道化合為一體，則可以達到逍遙的境域了。㊸許由　古代高士。字武仲，潁川人。相傳堯讓位給許由，許由不受，逃隱於箕山。㊹爝火　即燭火。㊺鷦鷯　小鳥，或說是巧婦鳥。㊻偃鼠　舊注多以偃鼠即潛伏之鼠。惟與飲河不應，或說，偃鼠，形似牛，赤黑色，獐腳，腳有三甲，耳似象，尾端白，好入河飲水。㊼歸休乎君　這是倒裝句，即「君歸休乎」。君，許由稱堯。歸休乎，即口語所謂「算了吧」。㊽尸祝　尸是太廟中的神主。祝是拿祭版祭神的人。㊾肩吾　古代賢人。王闓運說：「肩吾與孫叔敖同時。」㊿連叔　古懷道的人。(51)接輿　舊注謂姓陸名通，因其接孔子之輿，所以稱為接輿。相傳接輿躬耕而食，其妻往市未返，楚王使使賫金百鎰，請治河南。接輿笑而不答。使者不得，辭而去。其妻子說，不從君命，這是不忠，若奉命又是不義。於是夫婦變易姓名共逃而去，不知所終。但《莊子》為寓言，書中人名，未必實有其人，中間雖也有一、二可解之處，而實不盡然。(52)河漢而無極　謂天河在天，不知其首尾之所極。河漢即天河。(53)大有逕庭　謂大為欺誑。與下文「狂而不信」相應。「庭」為「誑」之借字。(54)藐姑射之山　藐，遙遠。姑射之山，據前人考證，此處姑射之山，當是指山西省臨汾縣內之九孔山。一說山名藐姑射。(55)淖約　美好、文靜的樣子。(56)疵癘　農作物的病害。(57)旁礴　包羅、覆被的意思。(58)蘄　同「祈」。求取。(59)亂　作「治」解。(60)弊弊　役役自勞的意思。(61)稽　至。(62)章甫　禮冠。(63)越人斷髮文身　越，今之紹興。越近江湖，所以斷髮文身，以避蛟龍。(64)四子　即許由、齧缺、王倪、被衣。(65)汾水之陽　汾水，在今山西省境內，是黃河的支流。水之北、山之南稱為陽。(66)窅然　茫茫的樣子。(67)魏王　即梁惠王。梁國，初居安邑，國號魏，後遷於大梁，改號稱梁。(68)瓠　葫蘆之屬。長而上瘦的叫瓠，短頸大腹叫匏。瓠，一作「壺」。《詩》「八月斷壺」注，瓠也。(69)瓠落無所容　成疏謂平淺不容多物。近人以容量五石的大葫蘆，切開來作瓢，怎麼就平淺不容多物呢？所以認為瓢的用處，是從水缸中取水。無所容，指沒有那麼大的水缸可以容納它。今從之。(70)呺然　虛大的樣子。(71)龜　龜與「皸」同。因寒而凍裂皮膚。(72)洴澼絖　洴澼是漂洗捶打。絖是細絮。(73)大樽　樽為浮水的壺。以壺繫腰，乃可浮水。所以說：「中流失船，一壺千金。」把大壺繫在腰上以渡江湖，所以稱為腰舟。(74)有蓬之心　蓬，草本植物，俗名蓬蒿，短曲而不暢直。有蓬之心，是莊子借以比喻惠子的見解迂曲、狹隘。75大本擁腫　樹身叫大本。擁腫是盤結不合紋理。76敖者　指遊翔奔走的小動物。即雞鼠之類。敖通「遨」。77跳梁　跳躍的意思。梁同「踉」。78機辟　機弩之類的捕獸器具。79罔罟　罔同「網」。罟，網的通稱。

【語　譯】北海有一條魚，牠的名字叫作鯤。鯤的鉅大，不知道有幾千里。鯤變化成為鳥，這隻鳥的名字叫做鵬。鵬的脊背，不知道有幾千里，奮起而飛，牠的翅膀就像遮蓋天邊的　片雲。這隻鳥，等待海動風起，就飛徙到南海去。那南海，就是天池哩！

《齊諧》那本書，是記載怪異的事情，這本書裡面說：「大鵬飛徙到南冥去的時候，兩翅拍打著水，水花濺起有三千里高，像旋風似的直上九萬里高的天空。牠去南海是靠著六月海動的大風。像野馬般的遊氣呀！飛揚的塵埃呀！和被生物的吹動氣息，都是因任自然而動。我們看到深藍的天空，那究竟是不是真正的顏色呢？或是天空無窮而不能看到它的至極深處呢？大鵬在高空往地面上看，也不過是這樣罷了。

再說那水的儲積不深，浮載大船就沒有力量，倒一杯水在廳堂的窪地上，放一根草可以飄浮上面，成為一隻小船，如是放一隻杯子當做船，就要沉在地上了。這是水淺而船大的緣故。（同樣的道理）風力的儲積不大，則托負大翅膀就沒有力。所以大鵬飛九萬里的高空，則下面必有巨大的風力。然後才可以乘風力，直上高空，而沒有一點的遮攔阻礙，然後牠才能飛到南海去。

蜩和斑鳩譏笑大鵬說：「我奮起而飛，碰到榆樹、枋樹就停在上面，有時沒有氣力飛不到，落在地面上就是了。何必高飛九萬里而南去呢？」

到近郊的，只要帶三餐的糧食，當天回來，肚子還是飽飽的，到百里遠的地方去，要前一夜準備糧食，到千里遠的地方，就要準備三個月的糧食。蜩與斑鳩這兩隻小蟲，又知道些什麼呢？

「小知」不及「大知」，「小年」不及「大年」。為什麼知道是這樣的呢？譬如：朝菌（見了太陽就死）不知道一天（月）的終始，蟪蛄（春生夏死，夏生秋死）不知道一年的時光，這就是所謂「小年」。楚國的南方有一隻靈龜，以五百年當做一個春季，五百年當做一個秋季。上古有一棵椿樹，以八百年當做一個春季，八百年當做一個秋季，這就是所謂「大年」。而彭祖只活七百多歲，卻得長壽之名流傳後世，眾人都羨慕想做效他，這不是太可悲了嗎？

〈湯問〉上記載：湯問棘的話也是這樣的。

在北方荒遠不生草木的地方，有一個茫茫的大海，那是天池。那裡面有一條魚，魚身寬有好幾千里，沒有人知道牠有多長，這條魚的名字叫做鯤。有一隻鳥，牠的名字叫做鵬，鵬的背像泰山一樣大，展開翅膀像是遮蓋天邊的一片雲，像旋風盤迴直飛九萬里的高空，衝出雲氣的上面，背負著青天，然後往南邊飛，將要飛到南海去。在小水澤中的鴳雀譏笑大鵬說：「牠想飛到哪裡去呀！我飛騰起來，不過幾仞高就落下來，在蓬蒿之間翱翔，這樣不也飛得很逍遙自在嗎？牠要飛到哪兒去呢？」這就是小和大的區別啊！

所以那些智能可以擔任一官之職的，行為能夠號召一鄉群眾的，德性可以合乎國君的要求，而可以取得一國的信任，他們自己認為很滿足，還不是和蜩、斑鳩、鴳雀一樣的見識嗎？而宋榮子對這些人是嗤笑的。而且（宋榮子這個人）社會上所有的人如果稱譽他，也不因而特別得意，社會上所有的人如果都誹謗他，也不因此而沮喪。他能認定內外的分際，辨別榮辱的境界，不過也是這樣罷了。他對於世俗的聲譽，不去汲汲追求，雖然是很可以了，但還是不能達到自樹立的境界。

那列子乘風而行，輕妙而自得，過了十五天而後回來。他對於求福的事，不去汲汲追求，這樣只是免於步行罷了，究竟還是有所待啊！至於那掌握住天地不變的樞紐，適應六氣的變化，與道化合，遨遊於無窮的宇宙，不受時間空間的限制，他還等待什麼呢？所以說：「至人無己（忘掉一切），神人無功（不追求功），聖人無名（不追求名）。」

堯讓天下給許由，說：「日月已經出來，而燭火還不熄滅，要和日月爭光，不很困難嗎？及時雨已經下降了，而還要用水灌溉，對於潤澤禾苗，不是徒勞嗎？先生如果在位，一定會把天下治理得很好，而我佔著君位，自己覺得很慚愧，請允許我把天下交給先生。」

許由說：「你治理天下，天下已經治理很好了，而要我來代替你，那我是為著聲名嗎？『名』是『實』的外在東西，我將要追求外在的東西嗎？鷦鷯在深林中築巢，所佔不過是一枝，偃鼠到大河邊喝水，不過是滿腹罷了。算了吧！先生！我治理天下做什麼用。廚大雖不願烹調，主管祭祀神主的人也不能超越職權來替代他啊！」

肩吾問連叔說：「我聽接輿的言論，大而無當，不著邊際，我驚異他的言論，像河漢一樣而沒有邊際，大為欺誕，不近人情啊！」

連叔說：「他的言論說些什麼呢？」

肩吾說：「他說遙遠的姑射山，有一個神人居住在那裡，神人的肌膚像冰雪一樣潔白，美好文靜像處女一樣柔婉，他不吃五穀，只是吸清風喝露水，乘著雲氣駕馭飛龍，而在四海之外遨遊。他的精神專一，能使農作物不遭受病害，而年年五穀豐收。因此我認為欺誑而不相信他的話。」

連叔說：「是呀！瞎子沒有方法告訴他五彩的美觀，聾子沒有方法告訴他鐘鼓的音樂，豈但是形骸有瞎子聾子，在智慧上也有的啊！這兩句，好像是指著你說的。那個神人，他的道德，將包羅萬物以為一體，世人祈求他來治理天下，何必辛勞來管理天下俗事呢！這種神人，任何外物也不能傷害他，大洪水滔天而不會被淹溺，大乾旱金石融化、土山枯焦，他也不覺得熱。他的餘緒像塵垢粃糠也可以陶鑄出堯舜出來，他哪裡肯以世俗事物為意。」

宋國有人販運禮冠到越國去賣，越人風俗，頭上薙光頭髮，身上刺著花紋，禮冠沒有用處。堯治理天下百姓，使海內政治清平，（如果）去遙遠的姑射山，汾水的北面，拜見了四個得道的真人，他就會受感化，不知不覺中忘掉天下的。

惠子對莊子說：「魏王送給我大葫蘆的種子，我種植收成時果實有五石大的容量，用來盛水，它的皮堅度不能承受，剖開用為瓢，又虛大，沒有那麼大的水缸可以容納它。這個葫蘆並不是不大，但是對我卻沒有用，因而打碎它。」

莊子說：「你真是不善於把東西用在大處方面，從前宋國人有善於製造冬天不皸手的秘方，世世代代就做漂打絲絮的職業。有一個客人聽了這件事，願出百金買他的藥方。於是就集合家人來商量說：『我世世代代做漂打絲絮的職業，只得很少的錢，現在一旦把藥方賣出，就可以得到百金，賣給他吧！』客人得了這藥方，去遊說吳王，剛好越國有兵事，吳王就派他做主將。冬天，和越人水戰（因有預防皮膚凍裂的藥），把越人打敗，得到了封地的獎賞。同一樣都是能夠不皸手的藥方，或因此而得到封賞，或不免終身從事漂絮，那是用法的不同啊！現在你有五石大的大葫蘆，為什麼不想用它做腰舟，用它來浮游渡過江湖？而還憂愁虛大沒有水缸可以容納，可見你的心還是迂曲而不通達的啊！」

惠子對莊子說：「我有大樹，人稱為樗。它的樹身臃腫而不應繩墨，小枝捲曲也不合規矩，生長在路旁，匠人也不屑去看它。現在你的話（就像這樹一樣）大而沒用，大家都不相信。」

莊子說：「你沒有看見野貓和黃鼠狼嗎？屈著身子埋伏起來，等著捕捉出來的小動物。（但只顧捕捉小動物）東跑西跳，不避高低，結果陷入了捕獸的坎穽，死在網羅之中。現在犛牛，牠身體大得像垂在天邊的雲，這可以說是大的了，但不能捕老鼠。現在你有大樹，憂患沒有用處，為什麼不種它在虛無寂寥的鄉土，廣大遼闊的原野，任意徘徊在它的旁邊，逍遙自在的躺在它的下面。這樹永遠不會被斧頭砍伐掉，也沒有外物傷害它，沒有用處，又有什麼困苦禍患呢？」

（按內七篇譯文頗有參考張默生《莊子新釋》及近人《莊子內篇譯解》之處，未敢掠美，特附記於此。）

齊物論❶

南郭子綦❷隱机❸而坐，仰天而噓，荅焉似喪其耦❹。顏成子游❺立侍乎前，曰：「何居❻乎？形固可使如槁木，而心固可使如死灰乎？今之隱机者，非昔之隱机者也。」子綦曰：「偃，不亦善乎，而問之也！今者吾喪我❼，女知之乎？女聞人籟而未聞地籟，女聞地籟而未聞天籟❽夫！」子游曰：「敢問其方。」子綦曰：「夫大塊❾噫氣，其名為風。是唯無作，作則萬竅怒呺❿。而獨不聞之翏翏⓫乎？山林之畏佳⓬，大木百圍之竅穴，似鼻，似口，似耳，似枅⓭，似圈⓮，似臼，似洼⓯者，似污⓰者；激者，謞者，叱者，吸者，叫者，譹者，宎者，咬者⓱，前者唱于而隨者唱喁⓲。泠風則小和，飄風則大和，厲風濟則眾竅為虛。而獨不見之調調，之刁刁⓳乎？」子游曰：「地籟則眾竅是已，人籟則比竹⑳是已。敢問天籟。」子綦曰：「夫吹萬不同，而使其自已㉑也，咸其自取，怒者其誰邪㉒！」

大知閑閑，小知間間；大言炎炎，小言詹詹㉓。其寐也魂交㉔，其覺也形開㉕，與接為構㉖，日以心鬬。縵者，窖者，密者㉗。小恐惴惴㉘，大恐縵縵㉙。其發若機栝㉚，其司㉛是非之謂也；其留如詛盟㉜，其守勝之謂也；其殺若秋冬，以言其日消也；其溺之所為之，不可使復之也；其厭也如緘㉝，以言其老洫㉞也；近死之心，莫使復陽也。喜怒哀樂，慮歎變慹㉟，姚佚啟態㊱；樂出虛，蒸成菌㊲。日夜相代乎前，而莫知其所萌。已乎，已乎！旦暮得此，其所由以生乎！非彼無我，非我無所取。是亦近矣，而不知其所為使。若有真宰，而特不得其朕。可行已信，而不見其形，有情而無形。百骸，九竅，六藏㊳，賅而存焉，吾誰與為親？汝皆說之乎？其有私焉？如是皆有為臣妾乎？其臣妾不足以相治乎？其遞相為君臣乎？其有真君存焉？如求得其情與不得，無益損乎其真。

一受其成形，不亡以待盡。與物相刃相靡，其行盡如馳，而莫之能止，不亦悲乎！終身役役而不見其成功，苶然㊴疲役而不知其所歸，可不哀邪！人謂之不死，奚益！其形化，其心與之然，可不謂大哀乎？人之生也，固若是芒乎？其我獨芒，而人亦有不芒者乎？夫隨其成心而師之，誰獨且無師乎？奚必知代而心自取者有之㊵？愚者與有焉。未成乎心而有是非，是今日適越而昔至也，是以無有為有。無有為有，雖有神禹，且不能知，吾獨且奈何哉！

夫言非吹也，言者有言，其所言者特未定也。果有言邪？其未嘗有言邪？其以為異於鷇音㊶，亦有辯乎，其無辯乎？道惡乎隱而有真偽？言惡乎隱而有是非？道惡乎往而不存？言惡乎存而不可？道隱於小成，言隱於榮華。故有儒墨之是非，以是其所非而非其所是㊷。欲是其所非而非其所是，則莫若以明。物無非彼，物無非是。自彼則不見，自知則知之。故曰彼出於是，是亦因彼。彼是方生之說也㊸，雖然，方生方死，方死方生；方可方不可，方不可方可；因是因非，因非因是。是以聖人不由，而照之於天，亦因是也。是亦彼也，彼亦是也。彼亦一是非，此亦一是非。果且有彼是乎哉？果且無彼是乎哉？彼是莫得其偶，謂之道樞。樞始得其環中，以應無窮。是亦一無窮，非亦一無窮也。故曰莫若以明。

以指喻指之非指[44]，不若以非指喻指之非指也；以馬喻馬之非馬，不若以非馬喻馬之非馬也。天地一指也，萬物一馬也。可乎可，不可乎不可[45]。道行之而成，物謂之而然。惡乎然？然於然，惡乎不然？不然於不然。物固有所然，物固有所可。無物不然，無物不可。故為是舉莛與楹，厲與西施[46]，恢恑憰怪，道通為一。其分也，成也；其成也，毀也。凡物無成與毀，復通為一。惟達者知通為一，為是不用而寓諸庸。庸也者，用也；用也者，通也；通也者，得也；適得而幾矣。因是已[47]。已而不知其然，謂之道。勞神明為一而不知其同也，謂之朝三。何謂朝三？曰：「狙公賦芧[48]，曰：『朝三而莫四。』眾狙皆怒。曰：『然則朝四而莫三。』眾狙皆悅。」名實未虧而喜怒為用，亦因是也。是以聖人和之以是非而休乎天鈞[49]，是之謂兩行[50]。

古之人，其知有所至矣。惡乎至？有以為未始有物者，至矣，盡矣，不可以加矣。其次以為有物矣，而未始有封[51]也。其次以為有封焉，而未始有是非也。是非之彰也，道之所以虧也。道之所以虧，愛之所以成。果且有成與虧乎哉？果且無成與虧乎哉？有成與虧，故昭氏之鼓琴也；無成與虧，故昭氏之不鼓琴也[52]。昭文之鼓琴也，師曠之枝策[53]也，惠子之據梧[54]也，三子之知幾乎，皆其盛者也，故載之末年[55]。惟其好之也，以異於彼，其好之也，欲以明之。彼非所明而明之，故以堅白之昧終。而其子又以文之綸終，終身無成。若是而可謂成乎？雖我亦成也。若是而不可謂成乎？物與我無成也。是故滑疑[56]之耀，聖人之所啚[57]也。為是不用而寓諸庸，此之謂以明。

今且有言於此，不知其與是類乎？其與是不類乎？類與不類，相與為類，則與彼無以異矣。雖然，請嘗言之。有始也者，有未始有始也者，有未始有夫未始有始也者。有有也者，有無也者，有未始有無也者，有未始有夫未始有無也者。俄而有無矣，而未知有無之果孰有孰無也。今我則已有謂矣，而未知吾所謂之其果有謂乎，其果無謂乎？天下莫大於秋豪之末，而大山為小；莫壽乎殤子，而彭祖為夭。天地與我並生，而萬物與我為一。既已為一矣，且得有言乎？既已謂之一矣，且得無言乎？一與言為二，二與一為三[58]。自此以往，巧歷[59]不能得，而況其凡乎！故自無適有以至於三，而況自有適有乎！無適焉，因是已。

夫道未始有封，言未始有常，為是而有畛也，請言其畛：有左，有右，有倫，有義，有分，有辯，有競，有爭，此之謂八德。六合[60]之外，聖人存而不論；六合之內，聖人論而不議。《春秋》經世先王之志，聖人議而不辯。故分也者，有不分也；辯也者，有不辯也。曰：何也？聖人懷之，眾人辯之以相示也。故曰辯也者有不見也。夫大道不稱，大辯不言，大仁不仁，大廉不嗛[61]，大勇不忮[62]。道昭而不道，言辯而不及，仁常而不成[63]，廉清而不信，勇忮而不成。五者园而幾向方矣[64]，故知止其所不知，至矣。孰知不言之辯，不道之道？若有能知，此之謂天府。注焉而不滿，酌焉而不竭，而不知其所由來，此之謂葆光[65]。故昔者堯問於舜曰：「我欲伐宗、膾、胥敖[66]，南面而不釋然。其故何也？」舜曰：「夫三子者，猶存乎蓬艾之間。若不釋然，何哉？昔者十日竝出，萬物皆照，而況德之進乎日者乎！」

齧缺問乎王倪[67]曰：「子知物之所同是乎？」曰：「吾惡乎知之！」「子知子之所不知邪？」曰：「吾惡乎知之！」「然則物無知邪？」曰：「吾惡乎知之！雖然，嘗試言之。庸詎知吾所謂知之非不知邪？庸詎知吾所謂不知之非知邪？且吾嘗試問乎女：民溼寢則腰疾偏死[68]，鰌然乎哉？木處則惴慄恂懼[69]，猨猴然乎哉？三者孰知正處？民食芻豢[70]，麋鹿食薦[71]，蝍且甘帶[72]，鴟鴉耆鼠，四者孰知正味？猨猵狙[73]以為雌，麋與鹿交，鰌與魚游。毛嬙麗姬[74]，人之所美也；魚見之深入，鳥見之高飛，麋鹿見之決驟[75]。四者孰知天下之正色哉？自我觀之，仁義之端，是非之塗，樊然殽亂[76]，吾惡能知其辯！」齧缺曰：「子不知利害，則至人固不知利害乎？」王倪曰：「至人神矣！大澤焚而不能熱，河漢沍[77]而不能寒，疾雷破山風振海[78]而不能驚。若然者，乘雲氣，騎日月，而遊乎四海之外。死生無變於己，而況利害之端乎！」

瞿鵲子問乎長梧子曰：「吾聞諸夫子，聖人不從事於務，不就利，不違害，不喜求，不緣道[79]；無謂有謂，有謂無謂，而遊乎塵垢之外。夫子以為孟浪[80]之言，而我以為妙道之行也。吾子以為奚若？」長梧子曰：「是黃帝之所聽熒[81]也，而丘也何足以知之！且女亦大早計，見卵而求時夜[82]，見彈而求鴞炙。予嘗為女妄言之，女以妄聽之。奚旁日月，挾宇宙？為其脗合，置其滑涽，以隸相尊。眾人役役，聖人愚芚，參萬歲而一成純。萬物盡然，而以是相蘊。予惡乎知說生之非惑邪！予惡乎知惡死之非弱喪[83]而不知歸者邪！麗之姬，艾封人之子也。晉國之始得之也，涕泣沾襟；及其至於王所，與王同筐牀[84]，食芻豢，而後悔其泣也。予惡乎知夫死者不悔其始之蘄生乎！夢飲酒者，旦而哭泣；夢哭泣者，旦而田獵。方其夢也，不知其夢也。夢之中又占其夢焉，覺而後知其夢也。且有大覺而後知此其大夢也，而愚者自以為覺，竊竊然[85]知之。君乎，牧乎，固哉！丘也與女，皆夢也；予謂女夢，亦夢也。是其言也，其名為弔詭[86]。萬世之後而一遇大聖，知其解者，是旦暮遇之也。既使我與若辯矣，若勝我，我不若勝，若果是也，我果非也邪？我勝若，若不吾勝，我果是也，而果非也邪？其或是也，其或非也邪？其俱是也，其俱非也邪？我與若不能相知也，則人固受其黮闇[87]。吾誰使正之？使同乎若者正之？既與若同矣，惡能正之！使同乎我者正之？既同乎我矣，惡能正之！使異乎我與若者正之？既異乎我與若矣，惡能正之！使同乎我與若者正之？既同乎我與若矣，惡能正之！然則我與若與人俱不能相知也，而待彼也邪？何謂和之以天倪[88]？曰：是不是，然不然。是若果是也，則是之異乎不是也亦無辯；然若果然也，則然之異乎不然也亦無辯。化聲[89]之相待，若其不相待。和之以天倪，因之以曼衍[90]，所以窮年也[91]。忘年忘義[92]，振於無竟，故寓諸無竟[93]。」

罔兩[94]問景曰：「曩子行，今子止；曩子坐，今子起；何其無特操[95]與？」景曰：「吾有待而然者邪！吾所待又有待而然者邪！吾待蛇蚹蜩翼[96]邪！惡識所以然？惡識所以不然？」

昔者莊周夢為胡蝶，栩栩然[97]胡蝶也，自喻適志[98]與！不知周也。俄然覺，則蘧蘧然[99]周也。不知周之夢為胡蝶與，胡蝶之夢為周與？周與胡蝶，則必有分矣。此之謂物化[100]。

【注釋】❶齊物論　這篇的主題是在說明莊子的宇宙觀及認識論。齊物論三字的讀法，歷來有兩種的意見，唐以前大都「齊物」連讀，《文心雕龍》說：「莊周齊物，以論名篇。」自宋以後分為兩派，一為傳統的認為「齊物」連讀，一為「物論」連讀。如王應麟說：「《莊子．齊物論》，非欲齊物也，蓋謂物論之難齊。」但近人以為不可，引證辨明由晉至唐無有以物論二字連讀的。曹受坤也贊成這種說法。曹說：「物論、物議，乃漢魏間後起名詞，其意義是指世間之批評，與《莊子》本篇大旨無涉。」錢賓四氏也以莊子的人生觀、宇宙觀根本在於此篇，天地與我並生，而萬物與我為一，故必以「齊物」二字連讀，不能以「物論」二字連讀。不過「物論」連讀也有其片面的理由，因為「物論」也可以說是「人物之論」，猶言「眾論」。齊者一也，欲合眾論為一也。戰國之世，學問不同，更相是非，所以莊子以為不若是非兩忘而歸之自然。但「齊物」連讀，就是章太炎所說的喪我、物化、泯滅彼此。既然無己，何有是非，則物論自齊，這樣「物論」自包括其中了。所以「齊物」連讀可以包括「物論」，而「物論」不可以包括「齊物」。所以仍以「齊物」二字連讀，於義為長。論是文體的一種，《莊子》以前有《慎子》之〈十二論〉，《荀子》有〈天論〉、〈正論〉、〈禮論〉、〈樂論〉，《呂氏春秋》亦以論名篇。《文心雕龍》說：「述經敘理曰論，論也者，彌綸群言，而研精一者理也。」❷南郭子綦　〈人間世〉及〈徐无鬼〉作「南伯子綦」，〈寓言〉作「東郭子綦」，蔣錫昌說：「名本假設，隨興所寫，本無一定。」❸隱机　陸德明說：「隱，馮也。」馮、憑古字通，机，李頤本作「几」。隱机就是靠著桌子。近人以靠著桌子只是現象，後句的「隱机」是有其實質的意義。說靠著桌子，於義難通。因此意譯為打坐做工夫。與〈人間世〉的「心齋」、〈大宗師〉的「坐忘」有共通的地方。成疏：「子游昔見坐忘未盡玄妙，今逢隱机，實異曩時，怪其寂泊無情，故發驚疑之旨。」是成玄英亦以「隱机」與「坐忘」互通。並似有打坐做工夫的意味。❹荅焉似喪其耦　荅焉，解體的樣子。俞樾說：「耦」當讀為「寓」，寄的意思。神寄於身。「喪其耦」即下文的「吾喪我」。❺顏成子游　顏成，複姓。子游是子綦弟子，名偃，字子游。❻居　作「故」解。❼吾喪我　朱桂曜說：「清楊復吉《夢蘭瑣筆》云：元趙德《四書箋義》曰：吾我二字，學者多以為一義，殊不知就己而言則曰吾，因人而言則曰我，『吾有知乎哉』，就己而言也；『有鄙夫問於我』，因人之問而言也。案趙氏所云就己而言、就人而言，蓋猶今文法言主位、受位也。」近人以吾有「主」義，「我」與「吾」對待而言，當有「賓」義、「客」義。吾者精神，我者形骸。趙說「吾」「我」古字有不同義，在儒家「吾」就己而言，「我」因人而言。但在《莊子》則有所不同，「吾」「我」相對待而言。「吾喪我」則有不喪者在，「吾」還在發議論，按之「形如槁木」，「喪我」之「我」當為形骸，「吾」即為精神，亦即下文的真君。如謂「吾」「我」一義，「吾喪我」則不通。❽天籟　張默生說：「天籟就是自然的本體，任何事務不能離開它，離開它則事物便不成為事物，但它又是自然如此，並非有心去作為。本節所謂天籟，就是聲音而言。雖就聲音而言，但天籟卻是無聲，雖是無聲，而又為眾聲之所自出。所以地籟裡有它，人籟裡也有它。」籟是聲音之所從出，人籟、地籟都是有形而受，而天籟卻是無形產生。❾大塊　大地。❿怒呺　怒同「努」，有奮起的意思。呺同「號」，大聲。⓫翏翏　長風的聲音。⓬山林之畏佳　林當作「陵」。畏佳猶「崔嵬」。謂山阜的高低不平。⓭枅　通作「銒」。《說文》：「銒似鐘而頸長。」謂瓶罍之屬。⓮圈　杯圈。就是《孟子》裡所說的杯棬。飲器。⓯洼　深池。⓰污　當作「洿」。小池。⓱激者謞者叱者吸者叫者譹者宎者咬者　激，水流沖激的聲音。謞，箭離弦的聲音。叱，叱咤的聲音。吸，呼吸的氣息。叫，呼喊的聲音。譹，同「號」。號哭的聲音。宎，為「笑」字之譌。歡笑的聲音。咬，哀歎的聲音。⓲唱于唱喁　聲音相和的意思。⓳調調刁刁　動搖的樣子。⓴比竹　以竹相比而吹。㉑自已　郭象注「已」作「己」。司馬彪注作「已」，止的意思。此從司馬注。㉒怒者其誰邪　謂等待風吹而鳴的是地籟，而風使竅孔自鳴的是天籟。怒同「努」，與上文的「怒」字同。㉓大知閑閑四句　閑閑，廣博的樣子。間間，此處間間有稱揚之意。《莊子》的筆法，大都是欲抑先揚，不但揚大智、大言，而且揚小智、小言，然後一齊打落，下文說「其寐也魂交，其覺也形開，與接為構，日以心鬬」，正是將大智、小智、大言、小言，一齊掃掉。如果分何者為是，何者為非，稱此貶彼，並非莊子本意。「間」，《釋名》說是「簡」的意思，有條理簡明的意思。「炎」有旺盛的意思。《說文》：「詹，多言也。」多言未必即為貶詞。此處有雖是「小言」，然而卻也有很多的意思。與上句把大智、小智一樣稱揚，而後一齊打落，是同樣的情形（以上參考近人《莊子內篇校注》之說）。㉔魂交　精神交錯。㉕形開　形開則應接事物。㉖與接為構　「接」即「接物」、「接觸」的「接」，「構」即「構共」之意。「與接為構」即下文的「與物相刃相靡」。㉗縵者窖者密者　縵當作「慢」，寬心從容的意思。窖，深心。密，細密。這三種形容辯者心鬥的情狀。㉘惴惴　小心恐懼。㉙縵縵　神志不定的樣子。惴惴、縵縵形容心鬥的心理狀態。㉚機栝　機，弩牙。栝，矢末。㉛司　同「伺」。窺伺。㉜其留如詛盟　謂隱留不發，固守如詛祝盟誓。詛，猶「祝」也。盟，誓。㉝其厭也如緘　謂閉塞如束篋。厭，塞。緘，束篋。㉞老洫　洫，枯竭。謂老朽枯竭。㉟變慹　變，反覆。慹，固執的意思。㊱姚佚啟態　姚，姚冶。佚，縱逸。啟，高興。態，作態。㊲樂出虛蒸成菌　劉武說：「蓋此兩句，係插喻。言以上所舉心鬥各種之情態，如樂之出於虛而無形，如氣之蒸成菌而無根。」㊳六藏　心、肝、脾、肺、腎，叫做五臟。腎有兩臟，所以也叫六臟。㊴苶然　疲困的樣子。苶一作「薾」，俗作「苶」。㊵奚必知代而心自取者有之　近人《莊子內篇校釋》說：「知讀為智，與下愚字對舉，代當為『成』字之誤。此當讀奚必知成而心自取者有之，十一字為句。成、盛古通，後文曰三子之知幾乎皆其盛者也，〈大宗師〉曰是知之盛也。此知成即智盛。」今從之。㊶鷇音　小鳥的叫聲。㊷以是其所非而非其所是　《莊子內篇校釋》說：「上非字、下是字，涉下文而倒，今乙正。是其所是，非其所非者，儒墨自是其所是，自非其所非，即所謂儒墨之是非也。莊子欲以己之是非一反儒墨之是非，故又曰欲是其所非，非其所是，四其字俱指儒墨。如今本，儒墨已自反其是非，不待莊子之反之矣，以是明其不然。」按「是其所是」前一個「是」字與「非其所非」前一個「非」字都是動詞。㊸彼是方生之說也　成疏：「方，將也。」王先謙釋「方」為「初」。和現在口語「方」「剛」同義。王先謙注說：「有此而後有彼，因彼而後有此。乃彼此初生之說也。」這就是說：彼此相因而生，彼此相互變化，彼此的分別、界限乃是物初生時的一種暫時現象。這其中另有層意思，就是彼不永遠是彼，此不永遠是此。㊹以指喻指之非指　即《公孫龍子．指物論》中的第一句話「物莫非指，而指非指」。上一「指」字及下一「指」字是獨立存在的絕對理念，是具體的創造者，中一「指」字是絕對理念的表現的具體物。㊺可乎可二句　王叔岷說：這兩句應該在下文「無物不然，無物不可」的下面。劉文典《補正》說：「可乎可，不可乎不可」為衍文。並依〈寓言〉在「不然於不然」句後補「惡乎可，可於可。惡乎不可，不可於不可」。近人《莊子內篇譯解》以當補入「物謂之而然」句後，「惡乎然」句前為妥。蓋莊文通例是前邊先說「此」，後說「彼」，接下去則是先說「彼」，後說「此」。今譯文從之。㊻莛與楹二句　莛，莖。楹，屋柱。厲，病癩。西施，古代的美女。莛與楹以大小而言，厲與西施以美醜而言。㊼因是已　因其所是而是之，因其所非而非之，而無是非的爭論。已，止。止此而已的意思。㊽狙公賦芧　狙，猿類。狙公，養猴的人。賦，給的意思。芧，橡子，一說是栗子。賦芧，即以芧給猴吃。㊾休乎天鈞　謂以無彼此之本然去平息辯論。鈞同「均」，均平而無彼此。㊿兩行　隨其是非，而使之並行。也就是「因是」的意思。(51)封　界域。(52)故昭氏之鼓琴也三句　故與「則」同。昭氏，名文，古代善鼓琴的人。郭象注說：「夫聲不可勝舉也，故吹管操絃，雖有繁手，遺聲多矣。而執籥鳴弦者，欲以彰聲也，彰聲而聲遺，不彰聲而聲全。故欲成而虧之者，昭文之鼓琴也。不成而無虧者，昭文之不鼓琴也。」郭象的意思，任何名音樂家，也不可能把所有的聲音同時間都奏出來，總有些聲音被遺漏了。唐詩有所謂「此時無聲勝有聲」，可為「不彰聲而聲全」的說明。(53)師曠之枝策　師曠，晉平公時樂師。枝策即擊節，今謂打拍子。(54)惠子之據梧　惠子即惠施。據梧，即靠著梧樹。即〈德充符〉所說的「倚樹而吟，據槁梧而瞑」。(55)載之末年　流傳於後世的意思。載，行。末年猶言終世。(56)滑疑　即滑稽。顏師古《漢書注》說：「滑，亂。稽，疑。」說是像非，說非又像是，能亂同異。所以叫滑疑。(57)所啚　所鄙棄的意思。啚為「鄙」的原始字。(58)一與言為二二句　釋德清說：「謂無形之一，今稱謂之為一，則是兩一成二矣。今又以言說彼兩一，則相待而為三矣。」林希逸說：「以混然之一與此名一之言，自是兩個，故曰一與言為二，既有此二矣，又有一與言為二，一句則成三個矣。」(59)巧歷　謂善曆算的人。(60)六合　上下四方叫做六合。(61)大廉不嗛　嗛與「隒」同。《說文》：「隒，崖也，謂廉者不自顯崖岸。」(62)大勇不忮　大勇的人不自用其勇的意思。林希逸說：「不忮者，不見其用勇之迹也。」(63)成　江南古藏本作「周」。郭注說：「物無常愛，常愛則不周。」是。郭注也是作「周」。周，周遍的意思。(64)五者园而幾向方矣　园同「圓」。林希逸說：「言此以上五者皆是圓物，謂其本渾成也。若稍有迹則近於四方之物矣。」據此則方有背離大道的意思。(65)葆光　其光內蘊，不輕外露。(66)宗膾胥

敖　宗、膾、胥敖，三國名。伐宗即放驩兜。伐膾即流共工。伐胥敖，即投三苗。(67)齧缺王倪　齧缺，許由之師；王倪弟子。都是堯時賢人。(68)腰疾偏死　今俗謂半身不遂病。偏，枯死。(69)惴慄恂懼　都是恐驚的意思。(70)芻豢　牛羊叫芻，犬豕叫豢。(71)薦　美草。(72)蝍且甘帶　蝍且，蜈蚣。帶，小蛇。甘，悅口的意思。(73)猵狙　似猨而狗頭，喜與雌猿交合。(74)毛嬙麗姬　都是古代美人。麗姬一本作「西施」。(75)決驟　決，疾走不顧。驟，奔跑的意思。(76)樊然殽亂　樊然，殽亂的樣子。殽，雜錯的意思。(77)沍　凍。(78)風振海　《闕誤》本引江南李本風上有飄字。(79)不緣道　沒有行道的形跡。(80)孟浪　無畔崖的樣子。猶今言漫無邊際。(81)聽熒　疑惑。(82)時夜　即司夜，謂雞。(83)弱喪　少而失故居。(84)筐牀　大牀。(85)竊竊然　著明的樣子。(86)弔詭　弔，至。詭，異的意思。張默生說：「弔詭二字，或係當時方言。」(87)黮闇　不明的樣子。(88)天倪　王雱說：「自然之妙本。」按即自然的分際。(89)化聲　近人謂化聲，蓋指宇宙的所謂表象、幻化，即下文所謂物化。(90)因之以曼衍　因，任。曼衍，無極的變化。(91)所以窮年也　謂以此盡其天年。窮，盡。自化聲至窮年二十五字，郭象本在下第二句「亦無辯」後，文字次序似有誤，今依《諸子集成》本校改。(92)忘年忘義　忘年，忘生死。忘義，忘是非。(93)振於無竟二句　竟同「境」。林希逸說：「振動鼓舞於無物之境，此振字便是逍遙之意，既逍遙於無物之境，則終身皆寄寓於無物之境矣。」(94)罔兩　凡物非此非彼者叫罔兩。如魍魅罔兩，謂其似人非人似鬼而非鬼。此處謂似影而非影。郭象注說是影外微陰。(95)特操　獨立志操。(96)蛇蚹蜩翼　即蛇皮蟬殼。蚹，蛇退皮。翼，蜩甲。(97)栩栩然　栩，崔譔本作「翮」。當從之。《說文》：「翮，疾飛也。」(98)自喻適志　自得快意的意思。(99)蘧蘧然　嚴復說：「〈大宗師〉篇，蘧然覺，則蘧然自是覺貌。」(100)物化　褚伯秀說：「南化之所謂化，即《大易》所謂神潛於恍惚，見於日用而不可以知知識識，由是悟萬物一形也，萬物一化也，萬物一神也，神而明之，變而道之，孰為物，孰為我，夫是之謂大齊。」由此可見莊子所說的物就是形，物化就是形的變幻、現象的變幻，周與蝴蝶有分、有化，而所以為周與蝴蝶者則是一而且不化的。

【語　譯】南郭子綦靠著桌子坐著，抬頭向天而從容的吸呼著，好像精神離開了形體一樣。顏成子游侍立在旁邊，就問說：「這是怎麼一回事，形體可以使它像枯木，心靈可以使它像死灰嗎？你今天打坐的工夫，和以往的打坐工夫，為什麼不一樣呢？」子綦說：「偃，你問得好啊！現在我已經忘掉了自己的形體，你知道嗎？你聽說過『人籟』，而沒聽說過『地籟』，即使聽過『地籟』，絕沒有聽說過『天籟』吧！」子游說：「請問這是什麼道理？」子綦說：「那大地吐出一種氣息，它的名字叫做『風』。這風不吹則罷，風要是發作，那萬物的竅孔就都怒號起來。你沒有聽過颾風的聲音嗎？那高低不平的山陵，百圍大木的竅孔，有像鼻子的，有像嘴巴的，有像耳朵的，有像瓶罍的，有像杯盂的，有像舂臼的，有像深池的，有像小池的，(當風吹起的時候，它就發出各種各樣的聲音。) 有的像水浪沖激的聲音，有的像箭離弦的聲音，有的像怒叱，有的像吸氣，有的像吶喊，有的像號哭，有的像歡笑，有的像哀歎。在前面的輕輕的唱『于』，在後面的就重重的唱『喁』，小風就小和，大風就大和。大風停止了，所有的竅孔就寂靜沒有聲音了。你沒有看到大風過後樹搖搖擺擺的樣子嗎？」子游說：「地籟就是眾竅孔所發的聲音，人籟則好比簫管所發的聲音，請問天籟是什麼？」子綦說：「風吹千萬種的竅孔，發出各種不同的聲音，而又使它們自己停止。聲音都是它們自己發出來的，但誰來主使它發出這聲音呢？」

大智是很廣博的，小智也很有條理，大言的氣勢很盛，小言也是說個不休，他們睡覺的時候精神錯亂，醒來時也是形體不安。因為和所接觸的事物糾纏不清，整天鉤心鬥角。有的發言從容，有的發言就設下陷穽，有的發言嚴密謹慎。(因為惟恐口辯失敗，患得患失) 小恐懼提心弔膽，大恐懼喪魂失魄。他們發言好像射出去的利箭，專門窺伺別人的是非去攻擊，有的不發言好像束箴的緊密，等候致勝的機會。（因為馳逐競勝的結果）所以他們的精神像秋冬的衰殺，這就是說他們一天天的消毀下去了。他們沉溺於這種情形之中，沒有辦法自拔，恢復本性，（這樣下去的結果）他們的神明閉塞，像封緘束篋，一點兒氣也透不出來，這就是說他們日漸老朽枯竭，心靈走向死亡的道路，沒有辦法使他們返回生路了。他們時而欣喜，時而憤怒，時而悲哀，時而歡樂，時而憂慮長歎，時而猶豫固執，時而輕佻放縱，時而張狂作態，（其實這種種情狀）就像氣息吹虛寂的竅孔而發出的聲音，地氣蒸發而凝結成的朝菌一樣。（這些變化）日夜輪流替代，呈現在我們面前，可是不知道是誰支配的。算了吧！算了吧！假使他們一旦得到了它，就可以領悟宇宙間生生化化的道理了。

沒有自然的變化，就沒有我，沒有我，也就沒有什麼可體現大自然的變化。可見我與自然最為密切接近，然而不知道是誰主使的。彷彿是有「真宰」，可是卻看不到它的端跡。它的作用可以在萬物中得到徵驗。而我們看不到它本體的形狀，因為它本來就是真實的存在而沒有形狀的。以人體來比喻，百骸、九竅、六臟，都是通通具備的，但我們對它們中誰最親呢？你對它們都喜歡嗎？還是私愛哪一個呢？如果對它們是一樣看待，那它們都是臣妾嗎？都是臣妾，那就誰也不服從誰嗎？它們輪流著為君臣嗎？其實在百骸、九竅、六臟之外另有一個「真君」存在著的。你知道真宰的情形也罷，不知道也罷，對它的真實是不會增加一分或是減損一分的。人從它那裡受形生下來，便執著自我的存在，不知自己是稟受自然的變化，不死就等待著形體的耗損淨盡，和外物相較量，相摩擦，奔走馳驅，而不能停止，豈不可悲嗎？終身勞苦忙碌，而見不到什麼成功，辛苦疲困的那個樣子，而不知道自己的歸宿，豈不是很可哀嗎？（這種人）就算他不死，有什麼意思呢？他的形骸死了，他的心也隨著死了，這能說不是算大的悲哀嗎？人生在世，原來就是這樣的糊塗嗎？還是只有我這樣糊塗，而別人也有不這樣糊塗呢？

假使以自己的成見作為評判是非的標準，誰沒有成見作為標準呢？何必大智慧的人才有這樣的標準呢？取於自己的心就有了，就是所謂愚人也是有的。假使自己形成一定的意見，而要去評判是非，就像一般所說的「今天去越國而說昨天到達」一樣。這樣是把沒有的事當做有。把沒有的事當做有，就是神聖明哲的大禹還不能了解，我又有什麼辦法呢？

人們的言論，和自然的風吹並不相同，所以學者們儘管發議論，但他們議論的對象是沒有一定的準則，(既然這樣）那他們究竟是發了議論呢？還是沒有發議論呢？他們都以為所發議論是有分別的，和小鳥有聲無意的叫聲有所不同，可是究竟是有分別呢？還是沒有分別呢？

「道」被什麼隱蔽了而有真偽？「言論」被什麼隱蔽了而有是非？「道」在哪裡而不存在呢？言論怎麼會有不可的呢？「道」是被小成有偏見的人隱蔽了的，言論是被浮華巧飾的人隱蔽了的。因此才有儒家、墨家的是非爭論，他們都以自己認為「是」的意見去批判別人的「非」，而以自己認為「非」的意見，去批判別人的「是」。要想糾正他們的錯誤，「是」就說「是」，「非」就說「非」，莫過於「以明」。

物象沒有不是以他物的彼，作為自己的此而存在的，你從那一方面看就看不見這一方面（他從這一方面看就看不見那一方面），自己知道的就知道（不知道的還是不知道）。所以說，「彼」是出於和「此」對待而有的，「此」也是出於和「彼」對待而有的。彼此的分別，是說物象剛發生的時候的一種情形。雖然這樣，但是它剛發生就死亡，剛死亡就發生，你剛說它這樣它就那樣了，剛說它那樣就這樣了。有因而認為是的，就有因而認為非的，有因而認為非的，就有因而認為是的。所以聖人不走這條道路，而照之於「天」，也就是根據這種實在的情形啊。此也就是彼，彼也就是此，彼有彼的是非，此有此的是非。究竟有彼此的區別嗎？還是沒有彼此的區別呢？消除彼此的互相對立，這就叫做「道樞」。得到了「道樞」，就像掌握住環子中間的關鍵一樣，可以應付無窮的變化。要知道是的變化是無窮的，非的變化也是無窮的。所以說，莫妙於「以明」。

用許多獨立絕對的理念，來解說絕對理念的表現（事物）並非就是絕對理念，不如用非絕對理念（道）來解說絕對理念的表現並非就是絕對理念。用白馬來解說白馬非馬，不如用非馬來解說白馬非馬。其實，天地乃是一個絕對理念，萬物乃是一馬。道路是人們走出來的，萬物的名字是人們叫出來的，你說可嗎？自有其可的道理。你說不可嗎？自有其不可的道理。你說然嗎？自有其然的道理。你說不然嗎？自有其不然的道理。物本來有然，物本來有可，沒有什麼東西不然，沒有什麼東西不可。所以細小的草莖和巨大的屋柱，醜陋的女人和美麗的西施，以及各種各樣的詭幻怪異的現象，從道的觀點看起來，都是通而為「一」的。萬物乃在成就另一物，而另一物的成就，也就是建立在毀壞他物上。其實萬物是沒有什麼生成和毀滅的，而是通而為「一」的。只有得道明達的人才能了解這通而為「一」的道理。因此就不用辯論，而把智慧寄託於平庸的道理中。平庸無用就是用，其用就在通，通就是得。這種無心追求而得到的道理就接近於道了。宇宙的本源也就是這樣的，這樣不去辨析萬事萬物的所以然就合乎道了。

人們不知道這個道理，勞神焦思去求「一」，卻不曉得事物本來一切都相同沒有什麼分別，這就是所謂「朝三」。什麼叫做「朝三」呢？據說，從前有一個養猴子的叫狙公，餵猴子橡子時說：

「早晨給你們三升，晚上給你們四升。」那群猴子都發怒起來。狙公又說：「那麼早晨給你們四升，晚上給你們三升。」那群猴子聽了都高興起來。名和實都沒有改變，只是利用猴子喜怒的情感而順應牠們，這也是根據猴子固有的心理狀態啊！所以聖人不去批評是非，而加以調和，用無彼此之分的本然去平息是非的爭論，這就叫做「兩行」。

古時候的人，他的智慧已達到登峰造極的程度了，是怎樣的登峰造極呢？他們以為在宇宙的起初是未曾有物的，這就算「至矣！盡矣！」不可以再增加一分了。其次，是以為有物了，而不認為有區別。再次，以為萬物有區別了，而不認為有是非。等到有了是非的爭論，道就虧損了。道之所以虧損，正是由於有了私愛。

然而，究竟有成和虧嗎？還是沒有成和虧呢？有成和虧，就像昭文的彈琴，沒有成和虧，就像昭文的不彈琴。昭文的彈琴，師曠的打拍子指揮演奏，惠子靠著梧桐樹下談辯，這三個人的才智，幾乎是登峰造極的了。所以都記載史冊流傳後世。正因為他們各有所為，自以為所為的與眾不同？並且要以所為的曉諭別人。（但是這樣）並不是人家非明白不可的，而強要人家明白，所以就像惠子被「堅白論」把一輩子給弄糊塗了。而昭文的兒子專心學習他父親的技藝，一生努力也沒有什麼成就。像他們這樣可以叫做有成就嗎？那即是我也可以說有成了。如果這不能叫做成就，則人與我都可以說是沒有成就的了。

所以，炫耀世人的智慧和言論，是聖人所鄙棄的。因此不用智慧、辯論，而把智慧寄託於平庸的道理中，這就叫做「以明」。

現在假定有這樣的一些言論，不知道和別人的言論是一類呢？還是不一類呢？是一類也罷！

不是一類也罷！既然都是言論，也就是一類了。那麼這些言論和別人言論就沒有什麼區別了。

既然這樣，請允許我申說一番。宇宙有它的「開始」，更有「未曾開始」的「開始」，更有未曾開始那「未曾開始」的「開始」。宇宙有它的「有」，更有它的「無」，更有未曾有「無」的「無」，更有未曾有那「未曾有無」的「無」。忽然間發生了「有」、「無」，然而不知道這「有」，這「無」，究竟誰是真正的「有」，誰是真正的「無」。現在我已經發言了，然不知道我發的言論，究竟是有言論，還是無言論，天下沒有比秋毫之末更巨大的，而泰山是微小的，沒有比夭亡的兒童更長壽的，而活了七百多歲的彭祖是短命的。天地和我並存，萬物和我合而為一。既然是合而為一的，還能有什麼言論嗎？既然已經說合而為一，還能說沒有言論嗎？「一」加上我所說的「一」，就成了「二」，「二」再加上一就成了「三」，如此推展下去，就是巧妙的計算家也不能算清數目，何況是普通人呢？所以從無到有以至到了三，何況是從有到有呢？不要去追逐現象，去區別它們了吧，因為宇宙的本來情形就是沒有區別的。

道是無所不在，未曾有分界的，言論本來是沒有是非的，為了一個「是」字，就有了界限。請說一說界域，有了左右的彼此之分，從而就有次序，有了合宜還是不合宜，從而就有了分別，有了辯論，從而就有了競勝的心理，有了爭持，這就是有了界域的八種表現。聖人就不是這樣的，六合之外的事，存而不論，六合之內的事，聖人也只是加以論列而不評議。《春秋》史書是記載先王的事蹟的，聖人給以評議而不爭辯。所以分別就有不分別，辯論就有不辯論。這是什麼道理呢？原來聖人心裡了悟得很透徹、很全面，眾人卻是固執一己之見和別人爭辯以相誇耀。所以說，同人辯論，就是沒有全面了解的緣故。

大道是不能稱說的，大辯是沒有言論的，大仁是不仁的，大廉是沒有形跡的，大勇是不用勇的。道，要是稱說了就不是真道。辯，要是有言論就不是大辯。仁，要是固定去愛一部分人就不成其為仁。廉，要是有了形跡就不是真廉。勇，要是用於爭鬥就不成其為勇。這五者（道、辯、仁、廉、勇）本是渾然圓通，而強要追逐形跡，就背離大道了。所以一個人止於他所不知的，就達到知的極點了。誰能夠知道這不用言語的辯論，不可稱說的大道呢？若是能夠知道這道理，就叫做天府。（那天府就像無邊無際的大海，）水不斷的灌注進去，而不滿溢，不斷地流洩出去而不涸竭，而且不知道水從哪兒來的，到哪兒去了，這就叫做「葆光」。

從前堯向舜說：「我想征伐宗國、膾國和胥敖國，每當臨朝時總是念念在心而不安，這是什麼原因呢？」舜說：「這三個小國的國君，好比生長在蓬蒿、艾草裡面的小動物，任其自然好了，你何必把他們放在心上呢？從前曾經有十個太陽並列齊出，共同照耀著萬物，十個太陽尚且能夠各不相礙，何況道德比太陽還高的人呢？」

齧缺問王倪說：「先生，你知道萬物所以相同的道理嗎？」王倪說：「我怎麼知道呢？」齧缺又問：「先生是知道自己不知嗎？」王倪說：「我怎麼知道呢？」齧缺又問：「那麼，萬物都是無知的嗎？」王倪說：「我怎麼知道！雖然這樣，讓我試著說吧！怎麼知道我稱為知的不是不知呢？怎麼知道我稱為不知的不是知呢？我且問你，人睡在潮溼的地方就腰痛，害半身不遂的病，泥鰍也是這樣嗎？人住在樹上就恐懼發抖，猿猴也是這樣嗎？這三者，誰知道那是正當的住處呢？人吃牛羊犬豕，麋鹿吃草，蜈蚣喜愛吃蛇腦，貓頭鷹和烏鴉愛吃死老鼠，這四者，誰知道那是真正可口的味道呢？猵狙和雌猿作配偶，麋和鹿交合，泥鰍和魚作配偶，毛嬙、麗姬是人們認為最美麗的美人，可是魚見了就避入水底，鳥見了就高飛空中，麋鹿看了就趕快逃跑，這四者，誰知道那是天下真正悅目的美色呢？照我看來，仁義的標準，是非的途徑，紛然錯亂，我怎麼知道那些的分別呢？」齧缺說：「你不知利害，那麼，至人也不知道利害嗎？」王倪說：「至人真是神妙極了，大草原燃起了烈火而不能使他熱，江河凍結了堅冰不能使他冷，疾雷振動高山，巨風掀動了大海，而不能使他震驚。這樣的至人，駕著雲氣，騎著日月，而遊於四海之外，生和死的變化和他沒有關係，何況利害這等末節呢？」

瞿鵲子問長梧子說：「我聽見孔夫子說過，聖人不做那些世俗的事，不貪圖利，不躲避害，不喜歡妄求，不拘泥於道的形跡，不說話等於說了，說了話等於沒說，而遊於塵俗世界之外。先生你卻認為這是漫無邊際的狂妄言論，我卻以為是妙道的真工作，你以為怎麼樣？」長梧子說：「這些話黃帝聽了也要疑惑不定，孔子怎麼能懂得。不過你也未免太急了，就像才看見雞蛋便想有報曉的雞，才看見彈丸便想吃鴞鳥的烤肉。我姑且給你妄談一談，你也姑且妄聽一聽，怎麼樣？聖人依傍著日月，懷抱著宇宙，和宇宙萬物吻合為一，他擺脫了一切雜亂昏暗的現象，把尊卑貴賤看做是一樣的。眾人是熙熙攘攘的，聖人好像是愚昧無知的，他摻揉在億年萬代的無窮變化中而得到了精淬潔淨的『一』。萬物都是這樣的，它們是由『一』蘊蓄出來而復歸於『一』的。我怎麼知道貪生不是迷惑呢？我怎麼能知道怕死不是像幼年流落在外而不知回到故鄉那樣呢？麗姬是艾地守封疆人的女兒，當晉國剛迎娶她的時候，她哭得眼淚沾溼衣襟，等她到了晉王的宮裡，和晉王睡在舒適的床上，吃著美味的牛羊肉羹，這才懊悔當初不該哭泣。我怎麼能知道死了的人不懊悔當初不該求生呢？夢見飲酒作樂的，早晨起來卻碰到倒霉的事哭泣起來，夢見傷心痛哭的，早晨起床卻有一場打獵的快樂。人在夢中並不知道他在做夢，夢中還在占夢，醒了之後才知道是做夢，而且有『大覺』之後才知道一輩子是一場大夢的。可是有些愚癡的人，自以為是醒著的，好像什麼都知道，整天君呀！民呀！貴呀！賤呀！真是固執極了！孔丘和你都是在做夢。我說你們做夢也是做夢。這些話，眾人聽了會認為荒唐怪誕，給它取個名字叫做『弔詭』。在萬世之後，遇到一個大聖人，解得開這個道理，也是如同早晚之間遇到了他一般啊！

「假如和你辯論，你勝了我，我沒有勝你，你的認識果然是對嗎？我的認識果然是錯嗎？我勝了你，你沒有勝我，我的認識果然對嗎？你的認識果然錯嗎？是我們兩人有一人對，有一人錯呢？還是我們兩人都是對或者都是錯呢？我和你是不能知道的。人們都有所蔽而不明，我們請誰來做公正的評判呢？假使請見解與你相同的人來評判，他已經和你相同了，怎麼能評判呢？假使請見解和我相同的人來評判，他已經和我相同了，怎麼能評判呢？假使請見解異於我和你的人來評判，他已經跟我和你相異了，怎麼能評判呢？假使請見解同於我和你的人來評判，他已經跟我和你相同了，怎麼能評判呢？那麼我和你及其他的人都不知道誰是誰非，還等待誰呢？

「是非有待於變幻無定的現象來評定，這樣就等於無所待，要是用『天倪』來平息辯論，用它來對待是非，就沒有限制了，就可以逍遙一生了。什麼叫用『天倪』平息辯論呢？這就是『是』也可以叫做『不是』，『然』也可以叫做『不然』。『是』假使果真是『是』，則它自然和『不是』有區別，也無須乎爭辯，『然』假使果真是『然』，則它自然和『不然』有區別，也無須乎爭辯。宇宙間形象的幻化，是相對待而生的，雖是相對而生，但因它是隨物而變，所以仍像不相待一樣。用自然的分際來調和它，因任於萬物的無窮變化，這樣才能使壽命得到自然的窮盡。忘掉生死，忘掉是非，遨遊於無物的境地，寄寓於無物的境界之中。（這才是聖人之道。）」

罔兩問影子說：「剛才你在走，現在你停止不動。剛才你坐著，現在你又站起來，怎麼你這樣沒有獨立的性格呢？」影子說：「我是因為有待才這個樣子的啊！我所待的東西又是因為有所待才那個樣子的啊！我所待的不過是蛇腹下的皮、蟬的翅膀啊！我怎麼能夠曉得何以這樣？怎麼能夠曉得何以不這樣呢？」

從前莊周做夢變成了蝴蝶，真是飄飄然的像一隻蝴蝶。自覺很高興的飛舞，就根本不曉得有莊周，忽然夢醒了，實實在在自己就是莊周。不知是莊周夢做蝴蝶呢？還是蝴蝶夢做莊周呢？莊周和蝴蝶，必定是有分別的了，這就叫做形象的變幻。

養生主❶

吾生也有涯，而知也無涯。以有涯隨無涯，殆❷已；已而為知者，殆而已矣。為善無近名，為惡無近刑❸。緣督以為經❹，可以保身，可以全生❺，可以養親❻，可以盡年。

庖丁❼為文惠君❽解❾牛，手之所觸，肩之所倚，足之所履，膝之所踦❿，砉然嚮然⓫，奏刀騞然⓬，莫不中音⓭。合於桑林⓮之舞，乃中經首之會⓯。文惠君曰：「譆⓰，善哉！技蓋⓱至此乎？」庖丁釋刀對曰：「臣之所好者道⓲也，進⓳乎技矣。始臣之解牛之時，所見無非牛者。三年之後，未嘗見全牛也。方今之時，臣以神遇⓴而不以目視，官知止而神欲行。依乎天理㉑，批大郤㉒，道大窾㉓，因其固然㉔。技經㉕肯綮㉖之未嘗，而況大軱㉗乎！良庖歲更刀，割也；族庖月更刀，折也。今臣之刀十九年矣，所解數千牛矣，而刀刃若新發於硎㉘。彼節者有間，而刀刃者無厚；以無厚入有間㉙，恢恢乎㉚其於遊刃必有餘地矣，是以十九年而刀刃若新發於硎。雖然，每至於族㉛，吾見其難為，怵然㉜為戒，視為止，行為遲。動刀甚微，謋然㉝已解，如土委㉞地。提刀而立，為之四顧，為之躊躇滿志㉟，善㊱刀而藏之。」文惠君曰：「善哉！吾聞庖丁之言，得養生焉。」

公文軒㊲見右師㊳而驚曰：「是何人也？惡乎介㊴也？天與，其人與？」曰：「天也，非人也。天之生是使獨也，人之貌有與也。以是知其天也，非人也。」

澤雉十步一啄，百步一飲，不蘄畜乎樊中㊵。神雖王㊶，不善也。

老聃㊷死，秦失弔之，三號而出。弟子曰：「非夫子之友邪？」曰：「然。」「然則弔焉若此，可乎？」曰：「然。始也吾以為其人也，而今非也。向吾入而弔焉，有老者哭之，如哭其子；少者哭之，如哭其母。

彼其所以會㊸之，必有不蘄言而言，不蘄哭而哭者。是遁天倍情㊹，忘其所受，古者謂之遁天之刑。適來㊺，夫子時也；適去，夫子順也。安時而處順，哀樂不能入也，古者謂是帝之縣解㊻。」指窮於為薪㊼，火傳也，不知其盡也。

【注　釋】❶養生主　人的形體是賓，精神才是主。形體有盡，而精神無窮，所以養生主是養我們的精神，不是養護形體。❷殆　疲困。❸為善無近名二句　成疏說：「為善也，無不近乎名譽，為惡也，無不鄰乎刑罰。是俗智俗學，適有疲役心靈，更增危殆。」莊子之意，人為善即近於求名，人有名聲亦有危險，為惡則必將遭刑罰，是為善為惡都不可以，要善惡兩忘，才合乎道。❹緣督以為經　頸中央的脈叫督，所處為虛，故督有虛的意思。緣即順虛寂的中道而行。❺全生　馬其昶引吳汝綸說：「生讀為性。」《莊子》「生」「性」二字多通用。全性，保全本性。❻養親　傳統的解釋，都認為是孝養父母。錢澄之說：「養親者，不犯難以貽父母憂。」都是出於儒家口吻，和莊子思想不合。近人疑「親」是〈齊物論〉中「百骸，九竅，六藏，賅而存焉，吾誰與為親」的「親」。據此「養親」當作「養精神」解。❼庖丁　即廚工，一說丁是庖人的名字。❽文惠君　即梁惠王。❾解　剖解；宰割。❿膝之所踦　用一足站立叫踦。謂宰牛時另一足舉起膝來抵牛，所以只一足住地。自「手之所觸」至「膝之所踦」四句是形容解牛時的動作。⓫砉然嚮然　砉然，皮骨相離聲。嚮與「響」同。⓬奏刀騞然　謂把刀向前推進，發出騞然的聲音。奏，進。騞然，刀割物聲，較砉然的聲音為大。⓭中音　合乎音節。⓮桑林　湯樂名，或說宋舞樂名。⓯經首之會　咸池樂章，即堯樂。會，音節。⓰譆　讚歎聲。⓱蓋　借為「盍」，何以的意思。⓲道　與技相對而言，「道」指事物的理，「技」則指普通的技術。⓳進　超過。⓴神遇　指對事物分析理解力。神，心神。遇，接觸。㉑天理　天然的腠理。指牛體自然的結構。㉒批大郤　批與「劆」通，砍。郤與「隙」同，縫隙的意思。㉓道大窾　道與「導」同。窾當為「款」，空的意思。指骨節間空的地方。㉔因其固然　因，依照。固然，指牛體原有的空隙之處。㉕技經　技是「枝」之誤。枝經，指體內經絡相連的地方。㉖肯綮　肯，著骨處的肉。綮，筋肉盤結的地方。㉗大軱　股上的大骨。㉘硎　磨刀石。㉙無厚入有間　即所謂神遇。無厚謂刀口薄到極點，幾乎沒有厚度。㉚恢恢乎　寬綽的樣子。㉛族　筋骨交錯聚結的地方。㉜怵然驚惕的樣子。㉝謋然　肢體分裂開的樣子。㉞委　堆積。㉟躊躇滿志　躊躇，彷徨自得的樣子。滿志，心滿意足。㊱善　拭。㊲公文軒　人名。公文，複姓。軒，名。相傳為宋人。㊳右師　官名，以其人曾任右師的官職，故代為人名。相傳亦為宋人。㊴介　同「兀」。失去一足只有一足叫兀。㊵樊中　籠中。樊，藩。用以圍鳥獸。㊶神雖王　王同「旺」，有光美的意思。謂被畜養籠中，精神雖盛美，也並不愉快。㊷老聃　即老子，相傳老子姓李，名耳，字聃，楚苦縣厲鄉人。經函谷關，著書五千言而去，莫知所終。㊸會　聚集。㊹遁天倍情　違反自然，背離真理。遁同「遯」，違反的意思。倍同「背」。情，真實，此處作「真理」解。㊺適來　適，偶然。來，謂生的意思，與「去」指「死」相對。㊻帝之縣解　帝指造物、主宰。縣同「懸」。人生在世，必有死生哀樂情感的繫累，就像倒懸一樣的痛苦，今能超越死生哀樂的觀念，則倒懸自解，所以叫懸解。㊼指窮於為薪　謂燭薪有燒完盡的時候。指為「脂」之誤，或假借為「脂」。薪就是燭薪。古無蠟燭，以薪裹動物脂肪燃燒叫做燭，也叫做薪。

【語　譯】我們的生命是有限的，而知識是無窮的，以有限的生命去追求無窮的知識，那就精勞神疲了。既然如此，還要去汲汲追求知識，那就只有終身疲困了。為善無不近乎求名，為惡無不鄰乎刑罰，要忘掉善惡，順著自然的中道以為常法，這樣才可以保全自己，才可以保全天性，才可以養護真君，才可以享盡天賦的壽命。

有一個廚夫替文惠君宰牛，用手抓住的，用肩扛著的，用腳踩著的，用膝蓋頭抵著的，皮骨相離，發出砉然的響聲，把刀割進去，發著騞然的聲音，沒有不合乎音節，像是「桑林」的舞曲，又像是「經首」的節奏。文惠君說：「啊！好呀！技巧何以竟高明到這地步呢？」廚夫放下刀回答說：「我所愛好的是事物間的理，已超過技巧的階段了。開始我剖解牛的時候，（未能明瞭牛體的結構，看不出骨節間的空隙可以下刀的地方，因此）只看到一個囫圇的整牛。三年以後，就未曾看過囫圇的牛了。到了現在，我是用心神去和牛體接觸，而不是用眼睛去看，感官的作用停止，全靠心神活動。按著牛體天然的組織結構，劈那筋骨的間隙，把刀子引向骨節間空的地方。利用牛體原有的空隙之處，經絡相連著骨肉和筋骨盤結的地方，都沒有碰它一下，何況大骨頭呢？手段高明的廚夫，每年得換一把刀，因為他用刀割肉，一般的廚子，每月得換一把刀，因為他用刀劈骨頭。現在我的這把刀，用了十九年了，所解剖的牛，也有幾千頭了，可是刀口還像新從磨刀石上磨出一般。牛的骨節間是有空隙的，而刀口是沒有厚度的，用沒有厚度的刀刃插入骨節間的空隙去，自然寬綽地有活動運轉的餘地。所以這把刀用了十九年，刀口還像新從磨刀石上磨出一般。雖然這樣，每當碰到筋骨交錯聚結的地方，我也知道難辦，就特別小心謹慎，視力集中在一點，慢慢的動手，稍一動刀，牛的肢體就分裂開來，像土塊堆積在地上一樣，這時我提刀站立，四面張望，心滿意足，把刀擦乾淨收藏起來。」文惠君說：「好啊！我聽了廚夫這一番話，得到了養生的道理了。」

公文軒看見右師驚訝地說：「這是什麼人，為什麼被斷去了一隻腳呢？這是由於天？還是由於人呢？」右師說：「這是由於天，不是由於人，天生叫他只有一隻腳。因為人的形貌是有兩隻腳的，所以知道這是由於天，不是由於人。」

水澤裡的野雞，走十步才能啄到一口食，走一百步才能喝到一口水，可是牠並不希望被畜養在籠子裡，因為養在籠子裡雖然不用勞神去覓食，神氣很了不起，但並不愉快。

老聃死了，秦失去弔唁，隨便哭了幾聲就出來。老聃的弟子問：「你不是我老師的朋友嗎？」秦失說：「是的。」老聃的弟子又問：「那麼，這樣弔唁可以嗎？」秦失說：「是的，原先我以為他是一個至人，現在才知道並不是，剛才我進去弔唁的時候，看到有老年人哭他，如同哭自己的兒子一樣，有少年人哭他，如同哭自己的母親一般。由此看來，他和別人相處，必然有不求別人稱譽他，而使得別人稱譽他。不求別人哭他，而使得別人哭他的地方。這就是逃遁天理，違背實情，忘記了他所稟受的本真。古時候把這種情形叫做『遁天之刑』（違反天理，牽於俗情，好像受了刑戮一樣）。忽然來，是你們老師應時而誕生了，忽然去，是你們老師順理而返真了。安時順處（把生死置於度外），哀樂的情感自不能入於胸中。古時候把這叫作『懸解』。」

一支一支的「燭薪」有燒盡的時候，火卻永遠傳下去，不會有窮盡的時候。

人間世[1]

顏回[2]見仲尼[3]，請行。曰：「奚之？」曰：「將之衛。」曰：「奚為焉？」曰：「回聞衛君，其年壯，其行獨，輕用其國，而不見其過。輕用民死，死者以國量乎澤若蕉。民其無如矣。回嘗聞之夫子曰：『治國去之，亂國就之。醫門多疾。』願以所聞思其則[4]，庶幾其國有瘳乎！」

仲尼曰：「譆，若殆往而刑耳。夫道不欲雜，雜則多，多則擾，擾則憂，憂而不救。古之至人，先存諸己，而後存諸人。所存於己者未定，何暇至於暴人之所行！且若亦知夫德之所蕩，而知之所為出乎哉？德蕩乎名，知出乎爭。名也者，相札也；知也者，爭之器也。二者凶器，非所以盡行也。且德厚信矼[5]，未達人氣，名聞不爭，未達人心。而彊以仁義繩墨之言術[6]暴人之前者，是以人惡有其美[7]也，命之曰菑人。菑人者，人必反菑之，若殆為人菑夫！且苟為悅賢而惡不肖，惡用而求有以異？若唯無詔，王公必將乘人而鬬其捷。而目將熒⑧之，而色將平之，口將營之，容將形之，心且成之。是以火救火，以水救水，名之曰益多。順始無窮，若殆以不信厚言，必死於暴人之前矣！且昔者桀殺關龍逢⑨，紂殺王子比干⑩，是皆修其身以下傴拊人之民⑪，以下拂其上者也，故其君因其修以擠之，是好名者也。且昔者堯攻叢枝、胥敖，禹攻有扈⑫，國為虛厲⑬，身為刑戮，其用兵不止，其求實無已。是皆求名實者也，而獨不聞之乎？名實者，聖人之所不能勝也，而況若乎！雖然，若必有以也，嘗以語我來！」顏回曰：「端而虛，勉而一，則可乎？」曰：「惡！惡可！夫以陽為充孔揚，采色不定⑭，常人之所不違，因案人之所感，以求容與其心⑮。名之曰日漸之德不成，而況大德乎！將執而不化，外合而內不訾⑯，其庸詎可乎！」「然則我內直而外曲，成而上比。內直者，與天為徒。與天為徒者，知天子之與己皆天之所子，而獨以己言蘄乎而人善之，蘄乎而人不善之邪？若然者，人謂之童子，是之謂與天為徒。外曲者，與人之為徒也。擎跽曲拳[17]，人臣之禮也，人皆為之，吾敢不為邪！為人之所為者，人亦無疵焉，是之謂與人為徒。成而上比者，與古為徒。其言雖教，讁之實也。古之有也，非吾有也。若然者，雖直不為病，是之謂與古為徒。若是則可乎？」仲尼曰：「惡！惡可！太多政，法而不諜[18]，雖固亦無罪。雖然，止是耳矣，夫胡可以及化！猶師心者也。」顏回曰：「吾無以進矣，敢問其方。」仲尼曰：「齋，吾將語若！有而為之，其易邪[19]？易之者，皞天不宜[20]。」顏回曰：「回之家貧，唯不飲酒不茹葷者數月矣。若此，則可以為齋乎？」曰：「是祭祀之齋，非心齋也。」回曰：「敢問心齋。」仲尼曰：「若一志，無聽之以耳而聽之以心，無聽之以心而聽之以氣。聽止於耳[21]，心止於符。氣也者，虛而待物者也。唯道集虛。虛者，心齋也。」顏回曰：「回之未始得使，實自回也；得使之也，未始有回也；可謂虛乎？」夫子曰：「盡矣。吾語若！若能入遊其樊而無感其名，入則鳴，不入則止。無門無毒㉒，一宅而寓於不得已㉓，則幾矣。絕迹易，無行地難。為人使易以偽，為天使難以偽㉔。聞以有翼飛者矣，未聞以無翼飛者也；聞以有知知者矣，未聞以無知知者也。瞻彼闋㉕者，虛室生白，吉祥止止㉖。夫且不止，是之謂坐馳㉗。夫徇耳目內通而外於心知，鬼神將來舍，而況人乎！是萬物之化也，禹舜之所紐也，伏戲几蘧㉘之所行終，而況散焉者㉙乎！」

葉公子高㉚將使於齊，問於仲尼曰：「王使諸梁也甚重，齊之待使者，蓋將甚敬而不急。匹夫猶未可動，而況諸侯乎！吾甚慄之。子嘗語諸梁也曰：『凡事若小若大，寡不道以懽成㉛。事若不成，則必有人道之患；事若成，則必有陰陽之患。若成若不成而無後患者，唯有德者能之。』吾食也執粗而不臧，爨無欲清之人㉜。今吾朝受命而夕飲冰，我其內熱與！吾未至乎事之情，而既有陰陽之患矣；事若不成，必有人道之患，是兩也。為人臣者不足以任之，子其有以語我來！」仲尼曰：「天下有大戒二：其一，命也；其一，義也。子之愛親，命也，不可解於心；臣之事君，義也，無適而非君也，無所逃於天地之間，是之謂大戒。是以夫事其親者，不擇地而安之，孝之至也；夫事其君者，不擇事而安之，忠之盛也。自事其心者，哀樂不易施乎前，知其不可奈何而安之若命，德之至也。為人臣子者，固有所不得已。行事之情而忘其身，何暇至於悅生而惡死！夫子其行可矣！丘請復以所聞：凡交近則必相靡以信，遠則必忠之以言，言必或傳之。夫傳兩喜兩怒之言，天下之難者也。夫兩喜必多溢美之言，兩怒必多溢惡之言。凡溢之類妄，妄則其信之也莫[33]，莫則傳言者殃。故法言曰：『傳其常情，無傳其溢言，則幾乎全。』且以巧鬬力者，始乎陽，常卒乎陰，大至則多奇巧；以禮飲酒者，始乎治，常卒乎亂，大至則多奇樂。凡事亦然。始乎諒，常卒乎鄙[34]；其作始也簡，其將畢也必巨。言者，風波也；行者，實喪[35]也。夫風波易以動，實喪易以危。故忿設無由，巧言偏辭。獸死不擇音，氣息茀然[36]，於是並生心厲。剋核太至，則必有不肖之心應之，而不知其然也。苟為不知其然也，孰知其所終！故法言曰：『無遷令，無勸成，過度益也。』遷令勸成殆事，美成在久，惡成不及改，可不慎與！且夫乘物以遊心，託不得已以養中，至矣。何作為報也！莫若為致命。此其難者。」

顏闔[37]將傅衛靈公太子[38]，而問於蘧伯玉[39]曰：「有人於此，其德天殺[40]。與之為無方，則危吾國；與之為有方，則危吾身。其知適足以知人之過，而不知其所以過。若然者，吾奈之何？」蘧伯玉曰：「善哉問乎！戒之，慎之，正女身哉！形莫若就，心莫若和。雖然，之二者有患，就不欲入，和不欲出。形就而入，且為顛為滅，為崩為蹶。心和而出，且為聲為名，為妖為孽。彼且為嬰兒，亦與之為嬰兒；彼且為無町畦[41]，亦與之為無町畦；彼且為無崖[42]，亦與之為無崖。達之，入於無疵。汝不知夫螳蜋乎？怒其臂以當車轍，不知其不勝任也，是其才之美者也。戒之，慎之！積伐而美者以犯之，幾矣。汝不知夫養虎者乎？不敢以生物與之，為其殺之之怒也；不敢以全物與之，為其決之之怒也；時其飢飽，達其怒心。虎之與人異類而媚養己者，順也；故其殺者，逆也。夫愛馬者，以筐盛矢，以蜄盛溺。適有蚉䖟僕緣[43]，而拊之不時，則缺銜毀首碎胷。意有所至而愛有所亡，可不慎邪！」

匠石之齊，至乎曲轅[44]，見櫟社樹[45]。其大蔽牛[46]，絜之百圍[47]，其高臨山十仞而後有枝，其可以為舟者旁十數。觀者如市，匠伯不顧，遂行不輟。弟子厭觀之，走及匠石，曰：「自吾執斧斤以隨夫子，未嘗見材如此其美也。先生不肯視，行不輟，何邪？」曰：「已矣，勿言之矣！散木[48]也，以為舟則沉，以為棺槨則速腐，以為器則速毀，以為門戶則液樠[49]，以為柱則蠹。是不材之木也，無所可用，故能若是之壽。」匠石歸，櫟社見夢曰：「女將惡乎比予哉？若將比予於文木邪？夫柤梨橘柚，果蓏之屬，實熟則剝，剝則辱[50]；大枝折，小枝泄[51]。此以其能苦其生者也，故不終其天年而中道夭，自掊擊於世俗者也。物莫不若是。

且予求無所可用久矣，幾死，乃今得之，為予大用。使予也而有用，且得有此大也邪？且也若與予也皆物也，奈何哉其相物也？而幾死之散人，又烏知散木！」匠石覺而診[52]其夢。弟子曰：「趣取無用，則為社何邪？」曰：「密！若無言！彼亦直寄焉，以為不知己者詬厲也。不為社者，且幾有翦乎！且也彼其所保與眾異，而以義譽之[53]，不亦遠乎！」

南伯子綦遊乎商之丘，見大木焉有異，結駟千乘，隱將芘其所藾[54]。子綦曰：「此何木也哉？此必有異材夫！」仰而視其細枝，則拳曲而不可以為棟梁；俯而視其大根，則軸解[55]而不可以為棺槨；咶其葉，則口爛而為傷；嗅之，則使人狂酲，三日而不已。子綦曰：「此果不材之木也，以至於此其大也。嗟乎神人，以此不材！」宋有荊氏者，宜楸柏桑。其拱把而上者，求狙猴之杙者斬之；三圍四圍，求高名之麗[56]者斬之；七圍八圍，貴人富商之家求樿傍[57]者斬之。故未終其天年，而中道夭於斧斤，此材之患也。故解之以牛之白顙者與豚之亢鼻者，與人有痔病者不可以適河。此皆巫祝以知之矣，所以為不祥也。此乃神人之所以為大祥也。

支離疏[58]者，頤隱於齊，肩高於頂，會撮[59]指天，五管在上，兩髀為脅。挫鍼治繲，足以餬口；鼓筴播精[60]，足以食十人。上徵武士，則支離攘臂於其間；上有大役，則支離以有常疾不受功；上與病者粟，則受三鍾[61]與十束薪。夫支離其形者，猶足以養其身，終其天年，又況支離其德者乎！

孔子適楚，楚狂接輿遊其門曰：「鳳兮鳳兮，何如德之衰也！來世不可待，往世不可追也。天下有道，聖人成焉；天下無道，聖人生焉。方今之時，僅免刑焉。福輕乎羽，莫之知載；禍重乎地，莫之知避。已乎已乎，臨人以德！殆乎殆乎，畫地而趨！迷陽[62]迷陽，無傷吾行！吾行郤曲[63]，無傷吾足！」山木自寇也，膏火自煎也。桂可食，故伐之；漆可用，故割之。人皆知有用之用，而莫知無用之用也。

【注釋】❶人間世　王先謙說：「人間世謂當世也，事暴君處亂世，出與人接無爭其名，而晦其德，此養全之道，末引接輿歌云，來世不及待也，往世不可追也，此漆園所以寄慨，而以人間世名其篇也。」按〈人間世〉不外論述處人與自處的道理，處人之道，在不見有人，自處之道，在不見有己，無人無己，則無往而不可了，可與〈養生主〉參看。❷顏回　字子淵，魯國人，為孔子入室弟子。❸仲尼　姓孔名丘。世稱至聖先師孔子，莊子引述孔子、顏回之言，在於說明心齋之術。❹願以所聞思其則　則，法。將所聞於夫子者，往施救濟之法。陳碧虛引李氏本，「思其」下有「所行」二字，「則」字屬下讀，文義較足。❺德厚信矼　謂道德純厚，信行堅愨。矼，「硜」的借字，堅的意思。❻術　王闓運說：「術」為「衒」的誤字。按江南古藏本作「衒」。衒，炫耀的意思。❼人惡有其美　謂人之惡鬻己之美。「有」一本作「育」。「育」與「鬻」通，賣的意思。❽熒　「瞀」的假借字，眩惑的意思。❾關龍逢　姓關，字龍逢，夏桀的賢臣，忠諫而遭斬首。❿比干　殷紂之庶叔，忠諫紂王。紂說：「聞聖人的心有九竅。」於是被剖心。⓫以下傴拊人之民　傴拊，憐愛的意思。俞樾說「下」字因下文「以下拂其上者也」誤衍。當從之。⓬叢枝胥敖有扈　叢枝即崇。胥敖即三苗，見〈齊物論〉注66。有扈，在今陝西鄠縣北。⓭虛厲　虛同「墟」。居宅無人叫虛，死而無後叫厲。⓮以陽為充孔揚二句　外貌為陽。孔，甚的意思。以陽為充孔揚，謂衛君驕橫暴厲甚揚於外。采色不定，謂喜怒無常。⓯因案人之所感二句　謂人以規勸感動他，而暴人以手段壓制，以求自己快意。案，抑。容與，自得的意思。⓰外合而內不訾　宣穎說：「外即相合，而內無自訟之心。」⓱擎跽曲拳　跽，長跪。擎，執笏。拳，同「卷」。曲拳，鞠躬的意思。⓲太多政法而不諜　俞樾句讀為「太多政法而不諜」。劉武連上「太多政」為一句。諜，通達的意思。今譯文從之。⓳有而為之其易邪　郭象注：「夫有其心而為之，誠未易也。」陳碧虛引張君房本「有」下有「心」字，據郭象注似亦有「心」字，今譯文從之。⓴皞天不宜　皞天，自然的意思。皞天不宜，謂與自然之道不合。㉑聽止於耳　俞樾說：當作「耳止於聽」，傳寫誤倒。今譯文從之。㉒無門無毒　謂不使人有空隙可尋，不表達意見。「毒」為「壔」的借字。壔，累土為臺以傳信，像烽火臺之類。門，可以沿為行路。毒，可以望為目標。㉓一

宅而寓於不得已　謂處理一切事情都寄託於不得已。成玄英說：「宅，居處也。」《莊子義證》以「宅」、「寓」義重，「一」為「而」的壞文，本作「而宅於不得已」。於義均未妥。近人以「宅」解為「寄託」與「寓」義重。但解為別義，則不重。「宅」有「選擇」、「位置」等義（見《釋名》及《尚書注》），引申可作「處理」講。今譯文從之。㉔為人使易以偽二句　錢賓四氏說：「偽即為也。為人使易以為，是以有翼飛也，為天使難以為，是以無翼飛也。」今譯文從之。㉕闋　空。㉖止止　俞樾說：「止止連文，於義無取，《淮南・俶真訓》作吉祥止也，疑此文下止字亦也字之誤。」近人或解為吉祥止之，按《經詞衍釋》云：止亦或作之，《詩》：高山仰止，景行行止。《史記・三王世家》作高山仰之，景行嚮之。㉗坐馳　謂身坐於此，而心逐於彼。㉘伏戲几蘧　都是古代帝王。㉙散焉者　謂眾人。㉚葉公子高　姓沈，名諸梁，字子高，葉縣尹，僭號稱公。㉛寡不道以懽成　懽，舊注都作「歡樂」解，雖然可通，但於文義未妥。近人以「懽」，可作「憂患」解。《集韻》：懽，古丸切，音官。懽懽，憂無告也。又謂懽懽，憂也。或從言。謂事無論大小，少有不造成憂患的。即下文事若不成，則必有人道之患；事若成，則必有陰陽之患。寡不道以懽成，即冒起此兩句。而下句「若成若不成，而後無患者，惟有德者能之。」正照應「寡不道以懽成」之「寡」。今譯文從之。㉜吾食也執粗而不臧　一說至爨字絕句，意謂經常粗食而爨不求清，家人也沒有欲求清涼的，是說他並沒有因肥濃美食而患內熱的病。下文「今吾朝受命而夕飲冰，我其內熱與」，與此句相應。㉝信之也莫　奚侗說：「莫，薄也。信之也薄，猶言信之不篤。」㉞始乎諒常卒乎鄙　俞樾說：「『諒』為『諸』之誤字，諸讀為『都』。都、鄙相對。都，都會也。鄙，邊野也。始乎都常卒乎鄙，就境地大小而言，謂事常由小以至大也。」㉟實喪　得失的意思。㊱茀然　茀借為「艴」。艴然，謂發怒的樣子。㊲顏闔　魯國賢人，隱居不仕。㊳衛靈公太子　司馬彪說：「即太子蒯聵也。」㊴蘧伯玉　名瑗，字伯玉，衛國賢大夫。㊵天殺　天性惡劣。㊶無町畦　朱桂曜說：「顏師古〈急就篇注〉曰，平地為町，一日町治田處也。田區謂之畦，今之種稻及菜為畦者，取名於此，一說五十畝曰畦。」則「無町畦」可以說是「無壠的田地」。㊷無崖　無涯際的意思。㊸蚉寅僕緣　王念孫說：「僕之言附也。言蚉寅附緣於馬體也。」㊹曲

轅 道名。一云地名。㊺見櫟社樹 櫟，木名。古時常選擇樹木大的建社奉祀它，名叫叢社。宣穎說：「見櫟之為社樹者。」㊻其大蔽牛 形容樹身之大。古逸叢書本「牛」上有「數千」二字。㊼絜之百圍 絜，度量的意思。一抱叫一圍。㊽散木 錯雜分離不成紋理的樹木。㊾液樠 脂流漫污。樠即今「漫」字。㊿實熟則剝剝則辱 剝，擊。辱為「衄」的假借字，挫的意思。謂果實熟了，則被人扭彎折斷。(51)大枝折小枝泄 俞樾曰：「泄當讀為抴。抴，牽引也。」近人《讀莊發微》曰：「洩為曳的繁文。《楚辭注》：曳，引也。崔注洩曳同並不誤，本文自可訓引，不必別讀為抴。」(52)診 王念孫說：「診當讀為畛。」告的意思。(53)以義譽之 錢賓四氏說：「猶云以常理論耳。」(54)隱將芘其所藾 郭象注：「其枝所蔭，可以隱芘千乘。」芘同「庇」。藾，蔭的意思。(55)軸解 嚴復說：「軸解者，木橫截時，見其由心而裂至於外也。」(56)高名之麗 名，大。麗是「梁」的假借字。高名之麗就是高大的屋樑。(57)樿傍 棺之全一邊而不兩合的叫樿傍。(58)支離疏 司馬彪說：「支離，形體不全貌，疏其名。」(59)會撮 會為「髻」的借字。單言叫髻，複言就叫髻撮，髮髻的意思，古代髻在項中，因為背駝頭低，所以髻就指天了。(60)鼓筴播精 崔譔說：「鼓策為揲蓍鑽龜。播精為卜卦占兆。鼓筴播精，言賣卜也。」(61)鍾 六斛四斗為一鍾。(62)迷陽 王先謙說：「迷陽，謂荊棘也，生於山野，踐之傷足。」(63)吾行郤曲 郤是郤行，曲是紆行。謂或退行，或曲行以避荊棘。張君房本作「郤曲郤曲」，與「迷陽迷陽」對文，以詩歌的體裁來說，當從之。

【語　譯】顏回到仲尼那裡去辭行。仲尼就問：「你到什麼地方去？」顏回答說：「我要到衛國去。」仲尼又問：「去做什麼事？」答說：「我聽說衛國的國君，正當壯年，做事專橫獨斷，處理國事輕舉妄動，而見不到自己的過失。因為隨便用兵不顧百姓死活，死的人全國滿溝遍野，像枯乾的草芥一樣，百姓簡直是沒路可走了。我曾聽先生說過，已經治理很好的國家可以離開，正在混亂的國家，則應當前往，就像醫生的門前，總是有很多的病人，希望能夠根據先生平時的教訓，想出一個救治國家的方針來。這個國家或者可以有救吧！」仲尼說：「唉！你去了恐怕要遭受刑戮吧！『道』是不能雜的，雜就多了，太多了就要混亂，混亂就會引起禍患，引起禍患就不可救治了。古時代的『至人』，先求自己站得住，然後去扶持別人。自己還不能站得穩，靠什麼去糾正暴人的行為呢？再說，你知道『德』的所以敗壞，『智』的所以橫出的原因嗎？『德』敗壞是因為好名，『智』橫出是由於爭勝。『名』是互相傾軋的原因，『智』是互相爭勝的工具，這兩種都是凶器，不能用為處世的準則。如果一個人道德純厚，行為誠實而別人不知道，不和人爭奪名譽，也未必能得到人家的諒解。而強要以仁義法度的言論，在暴人面前誇耀，人家會認為是以別人的過失來炫耀自己的美德，這樣就稱為害人，害人的，別人一定要反過來害他。你恐怕要被人害了吧。假使衛君是喜愛賢才而厭惡壞人，那麼衛國賢才必多，何用你去顯示與眾不同呢！假使衛君是昏亂，你去了除非不勸諫，若是勸諫，衛君必會挑剔你說話的缺點而逞他的才辯，那時，你眼光迷亂了，顏色和緩了，將忖度衛君的心意而發言，容貌也卑恭了，心裡也想遷就他的主張。這樣是用火去救火，用水去救水，這叫做越救越厲害，開始這樣子，以後就永遠順著他了，你若是還沒得到信任，就表示忠心勸諫，必定會死在暴人的面前了。當年桀殺關龍逢，紂殺王子比干，都是因為他們自己修養德性，以在下的地位愛撫君主的百姓，以在下的地位違犯了他君主的意志。所以他們的國君，因為他們的修養好而陷害了他，這是好名的結果啊！從前堯攻叢枝國、胥敖國，禹攻有扈國，這三個國家成為廢墟，百姓滅絕，連國君自己也遭受了刑戮，這是由於用兵不止，貪利不已，這都是爭名貪利的結果啊！你沒聽說過嗎？名和實的欲念，連聖人都不能克服，何況是你呢？雖然是這樣，你既然敢去，想必有你的看法，你且說給我聽聽。」顏回說：「我嚴正而虛心，勉力從事而意志專一，這樣可以嗎？」仲尼說：「唉！這怎麼可以呢？衛君驕橫暴厲，喜怒無常，平常人們都不敢違背他。他以手段壓制別人對他的感化，以求自己快意。這種人用小德感化他還不成，何況用大德來感化他呢？他必定固執不改變，表面上贊同你的意見，而內心毫不反省，你用那些方法有什麼用呢？」顏回說：「那麼，我用『內直而外曲』，『成而上比』的方法。所謂『內直』，就是『與天為徒』，就是認為天子和自己，都是天的兒子，那麼，對自己的言論還求什麼人家稱讚為善，還管什麼人家指責為不善的呢？像這樣的順於自然，人將稱為是天真的兒童。這就叫做『與天為徒』。所謂『外曲』，就是『與人為徒』。例如：執笏，長跪，鞠躬，這是人臣應盡的禮節。人家都這樣做，我敢不這樣做嗎？做人家所做的事，別人也不會指責我，這叫做『與人為徒』。所謂『成而上比』，就是『與古為徒』。我所說的話，實際都是教化、勸諫，但這些話古人都說過了，並不是我自己說的。像這樣雖然直率也不會獲罪，這叫做『與古為徒』。這樣去做，可以嗎？」仲尼說：「唉，這怎麼可以呢？你糾正人家的方法太多而不通達。雖然固陋，倒是可以免罪，但是也只是這樣而已，還談不上去感化別人，因為這還是師法你的成見啊！」

顏回說：「我沒有更好的方法了，請問有什麼好辦法？」仲尼說：「你齋戒吧！我就告訴你。師法自己的成見去做事，是不容易成功的。若以為事情只要師法自己的成見去做就很容易成功，那是與自然的道理不合的。」顏回說：「我家貧窮，不喝酒，不吃葷已經好幾個月了。這樣，可以算是齋戒了嗎？」仲尼說：「這是祭祀的齋戒，不是『心齋』。」顏回說：「請問什麼是『心齋』呢？」仲尼說：「你專心一志不要用耳朵去聽，要用心去聽，不要用心去聽，而要用氣去聽。耳朵只能聽沒有意義的聲音，用心去聽也只能領會幻滅無常的現象。氣才是空虛而能容納一切萬物的。只有大道存在於虛空的境界中，所以說，『虛』就是『心齋』。」顏回說：「回沒有受到『心齋』的教誨時，實實在在感覺有自己的存在，受到『心齋』的教誨後，就不覺得有自己的存在了。這可以算是『虛』嗎？」孔子說：「心齋的妙處就盡於此了。我告訴你，你能夠毫無成見像遊玩一樣進入衛國，不要為名利所動，衛君聽從你的話就說，不聽從你的話就不要說。不讓人家有空隙可尋，讓人家有攻擊的目標，處理一切事情都寄託於不得已，這樣就接近大道了。一個人不走路很容易，走路沒有痕跡是很困難的，做人為的事情，很容易做，無心而順自然，就不容易做了。聽說有翅膀才會飛，沒有聽說過沒有翅膀而會飛的。聽說過有用智慧去求得知識，沒有聽說不用智慧而可求得知識的。你看那空虛的地方，虛空的室內，才放出光明來，吉祥也是聚集在心神虛寂靜止的境地。如果心神不虛寂靜止，這就叫做『坐馳』（身體靜坐而精神外馳）。能使耳目感官向內通達，而不用心智，鬼神也要來歸附，何況是人呢？這是順應萬物變化的法則，禹、舜處世的樞紐，伏羲、几蘧終身奉行的大道（聖人都不離開這個原則），何況是普通的人呢？」

葉公子高將要出使到齊國去，向仲尼請教說：「王交給我的使命很重要，而齊國對待使者，總是表面恭敬實際對事拖延，一個平民還難以感動他，何況是諸侯呢！我很恐懼。先生曾對我說：『凡事不論是大是小，很少有不造成災害的。若是事情不成功，必定有「人道之惡」（受到懲罰）。若是事情成功，必定有「陰陽之患」（憂勞成疾）。不論是成功或不成功而不會造成災害的，只有那有德的人才能做到。』我平常吃的是粗食不求精美，家中沒有求清涼的人。現在我早晨接受了使命，晚上就要飲冰解熱，我是生了內熱病了吧？我的使命還沒有進行，就已經有了『陰陽之患』（生了內熱病），假使事情再辦不成功，必定有『人道之患』，這是有了兩種災患了。為人臣的實義。在不能勝任，先生，你有什麼好方法指示我嗎？」仲尼說：「天下有兩大法則，一是命，一是子女愛親，這是命，這是人的天性固結在心而不能解除的。臣子事君，這是義，無論何時何地都要受國君的統治，是人生無法逃避的。這就是所謂大法則。所以兒女事親，不管什麼境遇都要求父母親安適，這是孝道的極點了。人臣事君，不管事情怎麼危險都要為君主效命，這是盡忠的極點了。從事內心修養的人，不管什麼哀樂都不改變自己的心境，知道事情無可奈何而安於命，這是德性修養的極點了。為人臣子的，當然有不得已的事情，只要按照實際情形去做而忘掉自身，何至於貪生怕死呢？先生你去做就是了。我再把聽到的一些道理給你說一說，凡是各國相交，對於鄰近的國家必定以信用互相來往，對於遙遠的國家必定用忠誠的語言去結交，以語言去結交就必定有使臣去傳達。傳達兩國國君相喜相怒的話，是天下最難的事情。兩國國君相喜的話，必定虛增許多好話，兩國國君相怒的話，必定虛增許多壞話。凡是虛增的話必定妄誕，妄誕就使人聽了不相信，不相信則傳話的使臣就要遭殃了。所以格言說：『要傳平實的話，不要傳達那些虛增的話，這樣傳話的人才可以保全自己。』那些拳技角力的人，起初大家是明來明去，後來慢慢的就用陰謀起來，發展到極點，就詭計百出，謀害對方。以禮飲酒的人，也是起初規規矩矩，以後就沉醉混亂，到了極點就千奇百怪淫蕩狂歡。一切的事情也都是這樣的。從小事演變成大事。所以凡做一件事，起初很簡單，到後來就複雜艱巨了。語言就是風波，做事總有得失。風波是流動的，得失則容易發生危險。所以忿怒的起端沒有別的原因，都是由於花言巧語偏激失當。譬如野獸到了臨死的時候，情急亂叫，勃然發怒，於是就有了害人的心理，事情苛刻計較大過，別人也必定起意報復他，而他自己還不曉得是什麼緣故。假使不曉得，誰知道他會遭受什麼禍害呢？所以格言說：『不要改變國君的命令，也不要勸他去成就什麼事。過度，就是增加事情的本來實情。』改變國君的命令，或是勸他去成就什麼事，都是危險的。成功一件事需要長久的時間，壞事成了要改也來不及，豈可不謹慎嗎？（人生處世）應當超出物外逍遙自在，把一切寄託於不得已以養護形體的主宰，這就合乎大道了。你憂慮如何來完成國君的使命，不如忘掉自己安於無可奈何的命運就是了，這自然是很難做到的。」

顏闔被聘去做衞靈公太子的師傅，去請教蘧伯玉說：「有這樣一個人，他的天性惡劣。隨順他做無道的事，必定危害我們的國家，教他做合乎道義的事則必定危害我自己。他的智慧足以知道別人的錯誤，不知自己的錯誤。像這樣的人，我應該怎麼辦？」蘧伯玉說：「你問這個問題很好，要小心謹慎啊！先求你自己站得住，表面上莫如去遷就他，內心要純然和善。但是這樣做還會有災患，要注意的，遷就不要太過分，和善不要太明顯。如果遷就太過分了，連你自己也被同化，必定會墮落絕滅，毀壞蹶仆。和善要是太明顯了，就會使他以為你是在爭聲望，爭名譽，對你使用詭計，謀害你。他像嬰兒那樣無知，你也姑且和他一樣像嬰孩那樣無知，他的行為像沒有壠的田地那樣漫無準繩，你也姑且像他那樣漫無準繩，他的行為像荒野那樣漫無邊際，你也姑且和他一樣像荒野那樣漫無邊際，通達了這個道理，就不會被他抓住毛病了。你沒有看見那螳螂嗎？奮力舉起牠的臂膀來阻擋車輪，卻不知道牠的力量不能勝任，這是由於牠把自己的才能看得太高了。小心呀！謹慎呀！你若誇大你的才能去觸犯他，那就和螳螂差不多了。你沒有看見那養老虎的嗎？不敢拿活的動物給牠，怕牠咬死活動物時，激起殘殺的本性。不敢拿完整的動物給牠，怕牠撕裂時激起殘殺的天性。養虎的人，摸準牠飢餓的時刻，順著牠的性子。因此虎與人不同類，但是牠卻向養牠的人獻媚，就是順著牠的性子；虎之所以吃人，是因為觸犯了牠的性子。再說那愛馬的，用很漂亮的竹筐去接馬糞，用珍貴的盛水器去接馬尿，偶而有蚊虻咬馬，愛馬的人如果是出其不意的給牠撲打，馬就會驚恐咬斷口勒，把頭上的籠頭，胸上的肚帶一齊毀壞。本意是出於愛馬，而因愛馬反而造成了損失，可不加謹慎嗎？」

有一個名石的木匠到齊國去，經過曲轅，看見一株作為社祀的櫟樹。這株樹大極了，樹蔭下可以臥數千牛，樹幹有百圍之粗，幹身像山那麼高，好幾丈以上才分生樹枝，可以用為造船的材料，就有幾十枝。觀看的人像在鬧市一樣的擁擠。木匠一眼都不看，就走過去了。他的弟子仔細看了一番，追上木匠問道：「我自從拿著斧頭跟隨先生學藝以來，從未看見這麼好的木材，先生看都不看一眼就走了，這是什麼道理？」木匠說：「罷了，不要再說了。它是沒用的散木。用它做船會沉，用它做棺槨會很快腐爛，用它做器具會很快毀壞，用它做門窗會流出油脂，用它做屋柱會生蛀蟲，可以說是一株不材的樹木。正是因為沒有一點用處，它才能這樣的長壽。」木匠回家以後，夜裡夢見櫟樹說：「你將要用什麼東西和我相比呢？你要把我比作有用的文木嗎？那柤、梨、橘、柚等結果實的樹木，果實熟了就要遭被敲打、摘下，大枝被折斷，小枝被扭爛，這都是因為它們有用而苦了自己一生。所以不能享盡天賦的壽命，而中道夭折，這是它們自己招來的打擊。一切有用的東西沒有不是這樣的。我求做到無用的地步已經很久了，曾有好幾次幾乎被砍伐而死，現在才得到，對我自己來說正是大用。假使我有用還能生長得這麼大嗎？而且你和我都是物，為什麼要互相輕蔑呢？你是將要死的散人，又如何能夠知道散木呢？」木匠醒來，把夢的經過告訴他的弟子。弟子說：「它急求無用，為什麼又要充當社樹呢？」木匠說：「別作聲，你別多說話，它是特地寄託於神社，使那些不了解它的人任意譏評，而更顯出它的無用。它如果不做社樹，不是還會被人砍了作柴燒嗎？它用為保全自己的方法與眾不同，以常理責備它，不是相差太遠了嗎？」

南伯子綦到商丘這地方去遊玩，看見一株大樹，與眾不同，那就是駕著四馬的大車有一千輛，都可以在這株樹下乘涼。子綦說：「這是一株什麼樹啊？這樹必定有特異的樹質。」抬頭看看它的細枝，彎彎曲曲不能做棟樑。低頭察看它的樹幹，盤結無紋不能做棺槨。舐一舐它的葉子，嘴就受傷立刻腐爛。嗅一嗅它，就會狂醉，三天醒不過來。子綦說：「這真是不材的樹木，所以才能夠生長得這麼大。啊！神人也是這樣自求其不材的呀！」宋國荊氏那個地方，最適宜生長楸樹、柏樹和桑樹，一握、兩握粗的，要做拴猴子的木橛的人，就把它砍了去。三圍、四圍粗的，要高大屋棟的人，就把它砍了去。七圍、八圍粗的，貴人和富商要做整塊板棺材的，就把它砍了去。所以它們不能享盡天賦的壽命而中道被斧頭砍伐掉，這就是有用木材的禍患。古來祭祀，凡是白額的牛、高鼻子的豬和生痔瘡的人，不用他們去祭祀河神，這是連巫祝也知道的。因為他們是不吉祥的，但這正是神人以為最吉祥的。

有一個奇形怪狀的人，頭低縮在肚臍下面，兩個肩膀高出於頭頂，髮髻指著天，五臟的脈管都在背脊上突起，兩股幾乎成了兩脅。他給人家縫洗補綴，足夠餬口，給人家卜卦算命，就足以養活十口人。政府徵兵的時候，他大搖大擺在徵兵場所遊逛。政府徵召夫役的時候，他因為是殘廢不受徵召。政府救濟病人的時候，他領到三鍾米和十捆柴。身體畸形的人，還能夠養身，享盡天賦的壽命，又何況那德性「畸形」的人呢？

孔子到了楚國。楚國的狂士走過孔子的門前，唱道：

「鳳凰呀！鳳凰呀！

為什麼你的德性衰敗了？

來世是不可期待的，

往世也追不回來了！

天下有道，聖人成就他的功勳，

天下無道，聖人能夠保全他的性命，

如今這個時代呀！只能求免遭受刑戮。

幸福呀！比羽毛還要輕，沒有一個人知道怎樣承受它，

災禍呀！比大地還要重，沒有一個人知道怎樣躲避它。

算了吧！算了吧！不要以德性去感化人了！

危險啊！危險啊！不要畫地為牢自己往裡面跑啊！

荊棘啊！荊棘啊！不要阻礙我的行進啊！

我彎曲的走吧！我彎曲的走吧！不要刺傷我的腳啊！」

山木被做成斧柄反轉來砍伐自己，油膏引燃了火苗反轉來煎熬本身。桂樹可以吃，所以遭受砍伐，漆樹的汁液可以用，所以遭受刀割。世人都知道有用的用處，而不知道無用的用處。

德充符❶

魯有兀者❷王駘，從之遊者，與仲尼相若。常季問於仲尼曰：「王駘，兀者也，從之遊者與夫子中分魯。立不教，坐不議，虛而往，實而歸。固有不言之教，無形而心成者邪？是何人也？」仲尼曰：「夫子，聖人也，丘也直後而未往耳。丘將以為師，而況不若丘者乎！奚假魯國❸！丘將引天下而與從之。」常季曰：「彼兀者也，而王先生❹，其與庸亦遠矣。若然者，其用心也獨若之何？」仲尼曰：「死生亦大矣，而不得與之變，雖天地覆墜，亦將不與之遺。審乎無假❺而不與物遷，命物之化而守其宗也。」常季曰：「何謂也？」仲尼曰：「自其異者視之，肝膽楚越也；自其同者視之，萬物皆一也。夫若然者，且不知耳目之所宜，而遊心乎德之和；物視其所一而不見其所喪，視喪其足猶遺土也。」常季曰：「彼為己以其知，得其心以其心，得其常心，物何為最之哉？」仲尼曰：「人莫鑑於流水而鑑於止水，唯止能止眾止。受命於地，唯松柏獨也在，冬夏青青；受命於天，唯舜獨也正❻，幸能正生，以正眾生。夫保始之徵，不懼之實。勇士一人，雄入於九軍。將求名而能自要者，而猶若是，而況官天地，府萬物，直寓六骸，象耳目，一知之所知❼，而心未嘗死者乎！彼且擇日而登假❽，人則從是也。彼且何肯以物為事乎！」

申徒嘉，兀者也，而與鄭子產❾同師於伯昏無人。子產謂申徒嘉曰：「我先出則子止，子先出則我止。」其明日，又與合堂同席而坐。子產謂申徒嘉曰：「我先出則子止，子先出則我止。今我將出，子可以止乎，其未邪？且子見執政而不違，子齊執政乎？」申徒嘉曰：「先生之門，固有執政焉如此哉？子而說子之執政而後人者也？聞之曰：『鑑明則塵垢不止，止則不明也。久與賢人處則無過。』今子之所取大者，先生也，而猶出言若是，不亦過乎！」子產曰：「子既若是矣，猶與堯爭善，計子之德不足以自反邪？」申徒嘉曰：「自狀其過以不當亡者眾，不狀其過以不當存者寡⑩。知不可奈何而安之若命，唯有德者能之。遊於羿⑪之彀中，中央者，中地也；然而不中者，命也。人以其全足笑吾不全足者眾矣，我怫然而怒；而適先生之所，則廢然而反。不知先生之洗我以善邪？吾與夫子遊十九年矣，而未嘗知吾兀者也。今子與我遊於形骸之內，而子索我於形骸之外，不亦過乎！」子產蹴然⑫改容更貌曰：「子無乃稱！」

魯有兀者叔山無趾，踵見仲尼。仲尼曰：「子不謹，前既犯患若是矣。雖今來，何及矣！」無趾曰：「吾唯不知務而輕用吾身，吾是以無足。今吾來也，猶有尊足者存，吾是以務全之也。夫天無不覆，地無不載，吾以夫子為天地，安知夫子之猶若是也！」孔子曰：「丘則陋矣。夫子胡不入乎，請講以所聞！」無趾出。孔子曰：「弟子勉之！夫無趾，兀者也，猶務學以復補前行之惡，而況全德之人乎！」無趾語老聃曰：「孔丘之於至人，其未邪？彼何賓賓以學子為[13]？彼且蘄以諔詭幻怪之名聞，不知至人之以是為己桎梏邪？」老聃曰：「胡不直使彼以死生為一條，以可不可為一貫者，解其桎梏，其可乎？」無趾曰：「天刑之，安可解！」

魯哀公問於仲尼曰：「衛有惡[14]人焉，曰哀駘它。丈夫與之處者，思而不能去也。婦人見之，請於父母曰與為人妻寧為夫子妾者，十數而未止也。未嘗有聞其唱者也，常和人而已矣。無君人之位以濟乎人之死，無聚祿以望人之腹[15]。又以惡駭天下，和而不唱，知不出乎四域，且而雌雄[16]合乎前。是必有異乎人者也。寡人召而觀之，果以惡駭天下。與寡人處，不至以月數，而寡人有意乎其為人也；不至乎期年，而寡人信之。國無宰，寡人傳國焉。悶然而後應，氾而若辭[17]。寡人醜乎[18]，卒授之國。無幾何也，去寡人而行，寡人卹[19]焉若有亡也，若無與樂是國也。是何人者也？」仲尼曰：「丘也嘗使於楚矣，適見㹠子食於其死母者，少焉眴若[20]，皆棄之而走。不見己焉爾，不得類焉爾。所愛其母者，非愛其形也，愛使其形者也。戰而死者，其人之葬也不以翣資[21]。刖者之屨，無為愛之；皆無其本矣。為天子之諸御，不爪翦，不穿耳；取妻者止於外，不得復使。形全猶足以為爾，而況全德之人乎！今哀駘它未言而信，無功而親，使人授己國，唯恐其不受也，是必才全而德不形者也。」哀公曰：「何謂才全？」仲尼曰：「死生存亡，窮達貧富，賢與不肖毀譽，飢渴寒暑，是事之變，命之行也；日夜相代乎前，而知不能規乎其始者也。故不足以滑和，不可入於靈府。使之和豫，通而不失於兌[22]；使日夜無郤，而與物為春，是接而生時於心者也。是之謂才全[23]。」

「何謂德不形？」曰：「平者，水停之盛也。其可以為法也，內保之而外不蕩也。德者，成和之修也。德不形者，物不能離也。」哀公異日以告閔子[24]，曰：「始也，吾以南面而君天下，執民之紀而憂其死，吾自以為至通矣。今吾聞至人之言，恐吾無其實，輕用吾身，而亡吾國。吾與孔丘，非君臣也，德友㉕而已矣。」

闉跂支離無脤說衛靈公，靈公說之；而視全人，其脰肩肩㉖。甕盎大癭說齊桓公，桓公說之；而視全人，其脰肩肩。故德有所長而形有所忘，人不忘其所忘而忘其所不忘，此謂誠忘。故聖人有所遊，而知為孽，約為膠，德為接，工為商。聖人不謀，惡用知？不斲，惡用膠？無喪，惡用德？不貨，惡用商？四者，天鬻也。天鬻者，天食也。既受食於天，又惡用人！有人之形，無人之情。有人之形，故群於人；無人之情，故是非不得於身。眇乎小哉，所以屬於人也！謷㉗乎大哉，獨成其天！

惠子謂莊子曰：「人故無情乎？」莊子曰：「然。」惠子曰：「人而無情，何以謂之人？」莊子曰：「道與之貌，天與之形，惡得不謂之人？」惠子曰：「既謂之人，惡得無情？」莊子曰：「是非吾所謂情也，吾所謂無情者，言人之不以好惡內傷其身，常因自然而不益生也。」惠子曰：「不益生㉘，何以有其身？」莊子曰：「道與之貌，天與之形，無以好惡內傷其身。今子外乎子之神，勞乎子之精，倚樹而吟，據槁梧而瞑。天選子之形，子以堅白鳴！」

【注釋】❶德充符　德充符就是「德充於內而自符應於外」的意思。德充足了，不求物來符合而物自來符合，不求人來歸依而人自來歸依。那什麼是「德」呢？據莊子的意思是得之於天，也就是自然的「德」，我能保全其所得於天者而不失，就是德充於中。不是求外在行為的道德。所以說，愛，並非愛其形，愛使其形者也。使其形就是「真君」、「精神」，它的境界是才全而德不形。簡單說就是忘形與無情。全篇都是說明這個道理，是莊子的道德論。❷兀者　刖足叫兀。張默生說：「兀通介。」參見〈養生主〉注㊴。❸奚假魯國　謂何止魯國的意思。《爾雅》說：「假，已也。」已，止的意思。❹而王先生　王字為動詞。王先生，超越先生的意思，引申有做孔子老師的意思。❺審乎無假　朱桂曜說：「無假，猶無妄。假為真假之假。〈天道〉篇云：『審乎無假，而不與利遷，極物之真，能守其本。』真與假相對。《淮南子．精神訓》作『審乎無瑕』，瑕當是『假』的借字。」

❻受命於地四句　焦竑《筆乘》說：「受命於地至唯舜獨也正，文句不齊，似有脫略。張君房本作受命於地，唯松柏獨也正，在冬夏青青；受命於天，唯堯舜獨也正，在萬物之首。」凡補七字，於義較長，今譯文從之。

❼一知之所知　林希逸說：「一知之所知，上音智，下知字，智者得之於性，知者智之用也。以其得於天者，而無所不知，故曰一智之所知。」❽登假　《讀莊發微》說：「登假即登格，音之變也。登，昇。格，至也。〈大宗師〉篇登假同此。」（王靜安氏亦有此說，可參看）❾鄭子產　姓公孫，名僑，字子產。鄭國的賢大夫。

❿自狀其過以不當亡者眾二句　阮毓崧說：「如使人自陳其過狀，則在彼以為不當兀者多矣。人如不顯斥其過

狀，則自反以為當兀者少也。」按這是申徒嘉答覆子產自反之說，以狀過不狀過兩面自反。就自亡者眾，今不當亡者眾，是自反無過也。無過，那足也不當亡了。就不狀其過一面說，則無有不當存的，今不當存者寡，僅足不存而已。兩面自反，無過的意思就很明顯了。⑪羿　即后羿。夏有窮國君持善射，不修國政，被其臣寒浞所殺。事見《左傳・襄公四年》。⑫蹴然　變色的樣子。⑬彼何賓賓以學子為　賓賓，往來的樣子。俞樾曰：賓賓，頻頻也。學子，謂學者。言孔子賓賓而為學者，前節言王駘無心以動眾，此節言孔子有心以聚人。蓋蘄以諔詭幻怪之名聞，意在使人慕名之而來學。⑭惡　醜的意思。⑮無聚祿以望人之腹　謂無祿以果人之腹。聚，積。望，滿足。⑯雌雄　婦人丈夫的意思。⑰氾而若辭　奚侗說：「當作氾若而辭，氾若與上悶然相對。」⑱寡人醜乎　李頤說：「醜，慚也。」朱桂曜說：「醜與恥同聲通用。《管子・牧民》四曰恥。《賈誼新書・俗激》篇恥作醜。」⑲卹　亡失的意思。⑳眴若　驚懼的樣子。㉑戰而死者二句　謂將帥戰敗而死，其人的葬禮，不用棺飾相送。翣，棺飾。資與「齎」同，送的意思。㉒不失於兌　謂不失其怡悅的本性。兌，悅。㉓才全　保全天然的德性。㉔閔子　姓閔，名損，字子騫。孔子高足，有孝德。㉕德友　以德相友。㉖肩肩　細小的樣子。㉗謷　高大的樣子。㉘不益生　惠子所說益生，和莊子所說的益生，顯然不是一個概念，莊子所說的益生，根據林希逸的《口義》是：「有益則有損，常因自然則無所益亦無所損矣。」惠子的益生，有資生、養生的意思，與莊子所說益生不同。

【語　譯】魯國有一個被斷去腳的人，名叫王駘，跟他學習的弟子和仲尼的弟子相等。常季問仲尼說：「王駘是一個被斷去腳的人，跟他學習的弟子和跟先生學習的弟子，在魯國各佔一半。他對弟子不加教誨，不發議論，但他的弟子去的時候空虛，而回來時就充實了。莫非真有不用言語的教導，沒有形式而單用心感化以完成教育的嗎？他是什麼樣的人呢？」仲尼說：「這位先生是聖人。我還沒來得及去拜見他。我準備拜他為老師，何況那些不如我的人呢？而且何止是魯國，我將率領天下的人去做他的弟子哩！」常季說：「他是被斷去一隻腳的人，而能做先生的老師，他比普通的人高明得多了。他能夠這樣子，他的用心是怎樣的呢？」仲尼說：「死生是一件大事，而他能夠不和死生一起變化，就是天塌地陷了，他也能夠不和天地一起毀滅。他能夠審查真實，不被假象迷惑，不和物象一起變化，他主宰萬物的變化，而守著真正的根本大道。」常季說：「這是怎麼回事呢？」仲尼說：「宇宙萬物，若從它們相異的方面看，本在一身的肝和膽，也像楚國和越國相距那麼遙遠，從它們相同的方面去看，萬物都是一體的。如果知道了這個道理，就不知道耳目宜於何種聲色，而使心靈遨遊於道德最高的沖和境界。從萬物的同一方面去看，就看不見有什麼喪失。所以王駘看自己喪失了腳，就像喪失了一塊泥土一樣了。」常季說：「王駘不過是注重個人的修養罷了，以他外在的智能，悟出內存的心體，以他內在的本心，悟出古今不變的常心，眾人為什麼都歸向他呢？」仲尼說：「人沒有到流動的水面去照自己的影子，而到靜止的水面去照。這就是說，唯有靜止的東西才能使人靜止。樹木都是受命於地，唯有松柏獨得了地的正氣，在冬夏常青。人都是受命於天，唯有堯舜獨得了天的正氣，為萬物之首。他們幸而得了天地的正氣，因自己的性正，所以能夠正眾人之性。能夠保全天然秉賦的正氣，是有徵驗的，譬如：不恐懼的事實，像勇敢的武士，不顧生死，獨自一人衝入千軍萬馬之中。將軍為了求名立功尚且能夠這樣，何況那主宰天地，包藏萬物，以六骸為旅舍，以耳目為虛象，以天然秉賦無所不知的智能去了解宇宙的萬象，而心不會有生死變化的人呢？而且他還可以選擇一個日子精神升天呢！所以，眾人自然而然跟從他，他哪裡肯以教育做為自己的事業呢？」

申徒嘉是一個被斷去腳的人，和鄭國子產同是伯昏無人的弟子。子產對申徒嘉說：「我若先出去，你就停一會再出去。你若先出去，我就停一會再出去。」到了第二天，申徒嘉又和子產在一個屋裡同席而坐。子產對申徒嘉說：「昨天說過，我若先出去，你就停會兒再出去，你若先出去，我就停會兒再出去。現在我就要出去了，你可以停會兒再出去嗎？還是不能呢？你見了我執政大臣而不迴避，你和執政大臣一般高下嗎？」申徒嘉說：「我們先生的門下，有執政像你這樣子的嗎？你誇耀你的執政爵位，而使自己落後於人了。我聽說過，鏡子明亮，上面就沒有灰塵，有了灰塵就不明亮。常和賢人相處就沒有過失。現在你是先生的弟子，尊崇先生，而還說出這樣的話來，不也太過分了嗎？」子產說：「你這樣一個受過刑戮的人，還要和堯爭善，計量一下你的德行，難道還不夠你自己反省的嗎？」申徒嘉說：「自己陳述自己的過錯，自以為不應當被斷去腳的多了。自己默認自己的過錯，自以為不應當保全腳的很少。知道無可奈何，而安心順命，只有有德的人才能做到。走進羿的射程內，正當中的地方，正是被射的鵠的。然而有不被射中的，那是命。人以兩腳完全，笑我喪失腳的，太多了，我聽了立刻發怒起來。等到了先生這裡，聽了這些話，怒氣就全消了，這不是先生引導我向善嗎？我和先生相處已經十九年了，先生從不知道我是斷腳的。現在你和我同在先生門下學道德之業，而卻從形體上來批評我，不也太過分了嗎？」子產聽了，馬上改變臉色慚愧的說：「你不要說了。」

魯國有一個被斷去腳趾的人，叫叔山無趾，他用腳後跟走路去見仲尼。仲尼說：「你不知道謹慎，既然已經犯了罪，成為殘廢，現在來怎麼來得及呢？」無趾說：「我只因不知世務，而不知小心保護我的身體，所以才喪失了腳。現在我來你這裡，還有比腳更尊貴的東西，我因此要想辦法保全它。天是無所不覆被的，地是無所不托載的，我以為先生是天地，哪裡知道先生還是這樣的呢？」孔子說：「我見識淺陋，先生為什麼不進來，講一講你的見解？」無趾轉身就走了。孔子說：「弟子們！要勉勵啊！無趾是一個斷了腳趾的人，還想求學，補救以前的過失，何況沒有惡行的全德之人呢？」無趾對老聃說：「孔丘比起至人來還不夠吧？他為什麼到處以學者自居，他還追求以奇異怪誕的名聲傳聞天下，他不知至人是把這看做自己的桎梏吧！」老聃說：「你為何不使他懂得死生一樣，可不可相同的道理，解除他身上的桎梏，那不可以嗎？」無趾說：「這是天給他的刑罰，怎麼可以解除呢？」

魯哀公問仲尼說：「衛國有一個面貌醜陋的人，名叫哀駘它。男人和他相處，思念不想離開他。婦女見了他，就向父母請求說，與其做別人的妻子，不如做這位先生的妾，這樣的婦女，何止有幾十個。未曾聽說過他倡導什麼，常應和人罷了。他沒有權位以救別人的災難，沒有爵祿來飽別人的肚皮。又因面貌醜陋使天下人看了驚駭，他只是應和而不倡導，他的智能不思索身外的事物，可是女人男人都親附他，這必定是有異乎常人之處。寡人把他召來一看，果然面貌醜陋可以驚駭天下人。可是和寡人相處不到一個月，寡人就覺得他有過人之處，不到一年，寡人就很信任他。國家正沒有主持國政的大臣，寡人想把國政委託給他。他毫不介意，也無意應承，也無意推辭。寡人很慚愧啊！終竟把國政委託給他。不多時，他就離開寡人走了。寡人很憂愁，像失掉什麼似的，像是國中沒有人可以和我共歡樂的了。這是一個什麼人呢？」仲尼說：「我曾經到楚國去，恰巧看到一群小豬在母豬身上吃乳，一會兒發覺母豬死了，都驚慌地拋下這隻母豬跑開了。這是因為死母豬沒知覺了，不像活的時候那個樣子了。可見愛母的，不是愛母親的形體，而是愛那主宰形體的精神。戰敗而死的武將，為他舉行葬禮的時候，不用武器的裝飾來做他棺槨的裝飾。

被斷去腳的人對於鞋子，沒有理由去愛它，這都是因為失去根本呀！給天子做女御的，不剪指甲，不穿耳眼。娶妻的人，只在外面服役，不得再在天子跟前侍奉。不損天然形體的人還比眾人高潔，何況在德性上不損其天然的人呢？現在哀駘它沒有說什麼而得到信任，沒有立什麼功而得到親敬，使人要把國政委託給他，還恐怕他不肯接受。這必定是才全而德不形的人。」哀公說：「什麼叫做才全？」仲尼說：「死、生、得、失、窮、達、貧、富、賢和不賢、毀、譽、飢、渴、寒、暑，這都是事物的變化，天命的流行。就像白天黑夜在人們面前輪流交替一樣，而人們的智慧不能窺見它們的開始。懂得了這個道理，所以窮達壽夭等一切變化都不能混亂胸中的純和之氣，不能夠擾亂他的心神。這樣，就能經常保持純和之氣流通，而不失去天真的喜悅，這樣就能像日夜交替一樣沒有一點兒阻礙，隨宜應付而歡樂，這就是以無心之心順應一切變化，這就叫做才全（保存了天然的質性）。」哀公說：「什麼叫做德不形呢？」仲尼說：「平，是水極端的靜止，它可以做為取平的準則。內心保持極端靜止，外面就可以不搖蕩了。德，是保全天然稟賦的和氣，德不形（德無所表現），萬物自然而然地歸附它而不離去了。」隔了些時，哀公告訴閔子說：「原先，我以國君的地位治理天下，執掌著法紀而憂慮人民的死亡，我自以為通達了。現在我聽了孔子談論至人的言行，恐怕我沒有實在的德性，輕率妄動以至喪亡國家。我和孔丘並不是君臣，而是以德相交的朋友啊！」

有一個拐腳、駝背、無唇的人，去游說衛靈公。衛靈公很喜歡他，而看形體完整的人，反而覺得他們的頸項太瘦小了。有一個頸項生大瘤子的人，去游說齊桓公。齊桓公很喜歡他，而看形體完整的人，反覺得他們的頸項太瘦小了。所以只要有過人的德性，形體上的缺陷就會被忘掉。

人們不忘記所應當忘記的形體而忘記所不應當忘記的德性，這才叫做真正的忘。

所以聖人要逍遙遊，而把智慧看做孽根，把約束看做膠漆，把道德看做互相交拉的工具，把技巧看做是通商謀利的手段。聖人不用什麼謀慮，哪裡還用智慧，不用斧斲，哪裡還用膠漆，根本沒有喪失，哪裡還用道德去招引，不求貨利，哪裡還用通商。這四者，就是天養。天養就是受自然的飼養。既然受自然的飼養，又哪裡還用人為。有人的形體，而沒有人的情感。有人的形體，所以和人相處，沒有人的情感，所以是非與己無關。渺小啊！所以和人同群。偉大啊！那是超越人群與天同體。惠子對莊子說：「人是無情的嗎？」莊子說：「是啊。」惠子說：「沒有人的情感，怎麼可以稱為人？」莊子說：「道給了人的容貌，天給了人的形體，怎麼不稱為人呢？」惠子說：「既然叫做人，怎麼會沒有情感呢？」莊子說：「你所說的情，不是我所說的情。我所說的無情，是說人不因為好惡損傷自己的天性，經常任自然的變化，不用人為增益自然的本性。」惠子說：「不養生，怎麼能保存自己的身體呢？」莊子說：「我的意思是說，道給了人容貌，天給了人形體，不要因一己的好惡損傷自己的天性。現在你損耗你的精神，勞苦你的精力，在樹底下高談闊論，心神疲弊，靠著樹瞌睡，這是天給了你形體，而你不知順應天然，卻以『堅白』的詭論來自鳴得意哩！」

大宗師❶

知天之所為，知人之所為者，至矣。知天之所為者，天而生也；知人之所為者，以其知之所知，以養其知之所不知，終其天年而不中道夭者，是知之盛也。雖然，有患❷。夫知有所待而後當，其所待者特未定也。庸詎知吾所謂天之非人乎？所謂人之非天乎？且有真人而後有真知。何謂真人？古之真人，不逆寡，不雄成，不謩士❸。若然者，過而弗悔，當而不自得也。若然者，登高不慄，入水不濡，入火不熱。是知之能登假於道也若此。古之真人，其寢不夢，其覺無憂，其食不甘，其息深深。真人之息以踵，眾人之息以喉。屈服者，其嗌言若哇❹。其耆欲深者，其天機淺。古之真人，不知說生，不知惡死；其出不訢，其入不距；翛然而往，翛然而來而已矣。不忘其所始，不求其所終；受而喜之，忘而復之，是之謂不以心捐道❺，不以人助天，是之謂真人。若然者，其心志❻，其容寂，其顙頯❼；淒然似秋，煖然似春，喜怒通四時，與物有宜而莫知其極。故聖人之用兵也，亡國而不失人心；利澤施乎萬世，不為愛人。故樂通物，非聖人也；有親，非仁也；天時，非賢也；利害不通，非君子也；行名失己，非士也；亡身不真，非役人也。若狐不偕、務光、伯夷、叔齊、箕子、胥餘、紀他、申徒狄❽，是役人之役，適人之適，而不自適其適者也。古之真人，其狀義而不朋❾，若不足而不承；與乎其觚而不堅也，張乎其虛而不華也；邴邴乎其似喜乎！崔乎其不得已乎！滀乎進我色也，與乎止我德也；厲乎其似世乎！謷乎其未可制也；連乎其似好閉也，悗乎忘其言也❿。以刑為體，以禮為翼，以知為時，以德為循。以刑為體者，綽乎其殺也；以禮為翼者，所以行於世也；以知為時者，不得已於事也；以德為循者，言其與有足者至於丘也；而人真以為勤行者也。故其好之也一，其弗好之也一。其一也一，其不一也一。其一與天為徒，其不一與人為徒。天與人不相勝也，是之謂真人。

死生，命也，其有夜旦之常，天也。人之有所不得與，皆物之情也。彼特以天為父，而身猶愛之，而況其卓乎！人特以有君為愈乎己，而身猶死之，而況其真乎！泉涸，魚相與處於陸，相呴以濕，相濡以沫，不如相忘於江湖。與其譽堯而非桀也，不如兩忘而化其道。夫大塊載我以形，勞我以生，佚我以老，息我以死。故善吾生者，乃所以善吾死也。夫藏舟於壑，藏山於澤，謂之固矣。然而夜半有力者負之而走，昧者不知也。藏小大有宜，猶有所遯。若夫藏天下於天下而不得所遯，是恆物之大情也。特犯[11]人之形而猶喜之。若人之形者，萬化而未始有極也，其為樂可勝計邪！故聖人將遊於物之所不得遯而皆存。善夭善老，善始善終，人猶效之，又況萬物之所係，而一化之所待乎！夫道，有情有信，無為無形；可傳而不可受，可得而不可見；自本自根，未有天地，自古以固存；神鬼神帝，生天生地；在太極之先而不為高，在六極之下而不為深，先天地生而不為久，長於上古而不為老。狶韋氏⑫得之，以挈天地；伏戲⑬得之，以襲氣母⑭；維斗⑮得之，終古不忒；日月得之，終古不息；堪坏⑯得之，以襲崑崙；馮夷⑰得之，以遊大川；肩吾⑱得之，以處大山；黃帝⑲得之，以登雲天；顓頊⑳得之，以處玄宮；禺強㉑得之，立乎北極；西王母㉒得之，坐乎少廣㉓，莫知其始，莫知其終；彭祖得之，上及有虞㉔，下及五伯㉕；傅說㉖得之，以相武丁㉗，奄有天下，乘東維，騎箕尾，而比於列星。

南伯子葵㉘問乎女偊㉙曰：「子之年長矣，而色若孺子，何也？」曰：「吾聞道矣。」南伯子葵曰：「道可得學邪？」曰：「惡！惡可！子非其人也。夫卜梁倚㉚有聖人之才而無聖人之道，我有聖人之道而無聖人之才，吾欲以教之，庶幾其果為聖人乎！不然，以聖人之道告聖人之才，亦易矣。吾猶守而告之，參日而後能外天下㉛；已外天下矣，吾又守之，七日而後能外物；已外物矣，吾又守之，九日而後能外生；已外生矣，而後能朝徹；朝徹，而後能見獨；見獨，而後能無古今；無古今，而後能入於不死不生。殺生者不死，生生者不生。其為物，無不將也，無不迎也；無不毀也，無不成也。其名為攖寧[32]。攖寧也者，攖而後成者也。」南伯子葵曰：「子獨惡乎聞之？」曰：「聞諸副墨之子[33]，副墨之子聞諸洛誦之孫[34]，洛誦之孫聞之瞻明[35]，瞻明聞之聶許[36]，聶許聞之需役[37]，需役聞之於謳[38]，於謳聞之玄冥[39]，玄冥聞之參寥[40]，參寥聞之疑始[41]。」

子祀、子輿、子犁、子來四人相與語，曰：「孰能以無為首，以生為脊，以死為尻，孰知生死存亡之一體者，吾與之友矣。」四人相視而笑，莫逆於心，遂相與為友。俄而子輿有病，子祀往問之。曰：「偉哉夫造物者，將以予為此拘拘[42]也！曲僂發背[43]，上有五管，頤隱於齊，肩高於頂，句贅指天。」陰陽之氣有沴，其心閒而無事，跰䟕[44]而鑑於井，曰：「嗟乎！夫造物者又將以予為此拘拘也！」子祀曰：「女惡之乎？」曰：「亡，予何惡！浸假而化予之左臂以為雞，予因以求時夜；浸假而化予之右臂以為彈，予因以求鴞炙；浸假而化予之尻以為輪，以神為馬，予因而乘之，豈更駕哉！且夫得者，時也，失者，順也；安時而處順，哀樂不能入也。此古之所謂縣解也，而不能自解者，物有結之。且夫物不勝天久矣，吾又何惡焉！」俄而子來有病，喘喘然將死，其妻子環而泣之。子犁往問之，曰：「叱！避！無怛化㊺！」倚其戶與之語曰：「偉哉造化！又將奚以汝為？將奚以汝適？以汝為鼠肝乎？以汝為蟲臂乎？」子來曰：「父母於子，東西南北，唯命之從。陰陽於人，不翅於父母；彼近吾死而我不聽，我則悍矣，彼何罪焉！夫大塊載我以形，勞我以生，佚我以老，息我以死。故善吾生者，乃所以善吾死也。今大冶鑄金，金踊躍曰『我且必為鏌鋣㊻』，大冶必以為不祥之金。今一犯人之形，而曰『人耳人耳』，夫造化者必以為不祥之人。今一以天地為大鑪，以造化為大冶，惡乎往而不可哉！」成然寐，蘧然覺。

子桑戶、孟子反、子琴張三人相與友，曰：「孰能相與於無相與，相為於無相為？孰能登天遊霧，撓挑無極[47]；相忘以生，無所終窮？」三人相視而笑，莫逆於心，遂相與友。莫然有間而子桑戶死，未葬。孔子聞之，使子貢往待事焉。或編曲，或鼓琴，相和而歌曰：「嗟來桑戶乎！嗟來桑戶乎！而已反其真，而我猶為人猗！」子貢趨而進曰：「敢問臨尸而歌，禮乎？」二人相視而笑曰：「是惡知禮意！」子貢反，以告孔子，曰：「彼何人者邪？修行無有，而外其形骸，臨尸而歌，顏色不變，無以命之。彼何人者邪？」孔子曰：「彼，遊方之外者也；而丘，遊方之內者也。外內不相及，而丘使女往弔之，丘則陋矣。彼方且與造物者為人，而遊乎天地之一氣。彼以生為附贅縣疣，以死為決𤴯潰癰，夫若然者，又惡知死生先後之所在！假於異物，託於同體；忘其肝膽，遺其耳目；反覆終始，不知端倪；芒然彷徨乎塵垢之外，逍遙乎無為之業。彼又惡能憒憒㊽然為世俗之禮，以觀眾人之耳目哉！」子貢曰：「然則夫子何方之依？」孔子曰：「丘，天之戮民也。雖然，吾與汝共之。」子貢曰：「敢問其方。」孔子曰：「魚相造乎水，人相造乎道。相造乎水者，穿池而養給；相造乎道者，無事而生定。故曰，魚相忘乎江湖，人相忘乎道術。」子貢曰：「敢問畸人。」曰：「畸人者，畸於人而侔於天。故曰，天之小人，人之君子；人之君子，天之小人也。」

顏回問仲尼曰：「孟孫才㊾，其母死，哭泣無涕，中心不戚，居喪不哀。無是三者，以善喪蓋魯國。固有無其實而得其名者乎？回一怪之。」仲尼曰：「夫孟孫氏盡之矣，進於知矣。唯簡之而不得，夫已有所簡矣。孟孫氏不知所以生，不知所以死；不知就先，不知就後；若化為物，以待其所不知之化已乎！且方將化，惡知不化哉？方將不化，惡知已化哉？吾特與汝，其夢未始覺者邪！且彼有駭形而無損心，有旦宅而無情死。孟孫氏特覺，人哭亦哭，是自其所以乃㊿。且也相與吾之耳矣，庸詎知吾所謂吾之乎？且汝夢為鳥而厲乎天，夢為魚而沒於淵。不識今之言者，其覺者乎，其夢者乎？造適不及笑，獻笑不及排，安排而去化，乃入於寥天一。」

意而子見許由。許由曰：「堯何以資汝？」意而子曰：「堯謂我：『汝必躬服仁義而明言是非。』」許由曰：「而奚為來軹？夫堯既已黥汝以仁義，而劓汝以是非矣，汝將何以遊夫遙蕩恣睢轉徙之塗乎？」意而子曰：「雖然，吾願遊於其藩。」許由曰：「不然。夫盲者無以與乎眉目顏色之好，瞽者無以與乎青黃黼黻之觀。」意而子曰：「夫無莊[51]之失其美，據梁[52]之失其力，黃帝之亡其知，皆在鑪捶之間耳。庸詎知夫造物者之不息我黥而補我劓，使我乘成[53]以隨先生邪？」許由曰：「噫！未可知也。我為汝言其大略。吾師乎！吾師乎！齏[54]萬物而不為義，澤及萬世而不為仁，長於上古而不為老，覆載天地刻雕眾形而不為巧。此所遊已。」

顏回曰：「回益矣。」仲尼曰：「何謂也？」曰：「回忘仁義矣。」曰：「可矣，猶未也。」它日，復見，曰：「回益矣。」曰：「何謂也？」曰：「回忘禮樂矣。」曰：「可矣，猶未也。」它日，復見，曰：「回益矣。」曰：「何謂也？」曰：「回坐忘矣。」仲尼蹴然曰：「何謂坐忘[55]？」顏回曰：「墮枝體，黜聰明，離形去知，同於大通[56]，此謂坐忘。」仲尼曰：「同則無好也，化則無常也。而果其賢乎！丘也請從而後也。」

子輿與子桑友，而霖雨十日。子輿曰：「子桑殆病矣！」裹飯而往食之。至子桑之門，則若歌若哭，鼓琴曰：「父邪！母邪！天乎！人乎！」有不任其聲而趨舉其詩焉。子輿入，曰：「子之歌詩，何故若是？」曰：「吾思夫使我至此極者而弗得也。父母豈欲吾貧哉？天無私覆，地無私載，天地豈私貧我哉？求其為之者而不得也。然而至此極者，命也夫！」

【注　釋】❶大宗師　大，稱讚之詞。謂宇宙中可以做為宗主師法的，唯有大道，所以稱為大宗師。但本篇所論述的，不單是論道體，而尤致意於生命的認識。所以大宗師兼有兩層意思，一是論道，謂大宗師就是道，就是天地萬物之所宗，為天地萬物的主宰。一是論得道，即真人自覺地以道為師，也就是與道同體。其實「論道」和「論得道」在本篇中是不可分割的，所以這篇可以說是莊子「論道」和「論得道」的綜合。❷有患　近人以成疏解「患」為患累，於義未妥。「有患」應解為還有困難，或還有問題。按上下文義看起來，似是，今譯文從之。❸不謩士　謩同「謀」。古「士」與「事」本一字，《說文》說：「士，事也。」❹其嗌言若哇　凡無修養的人，議論為人所屈，則其言語吞吐喉間，像要嘔吐的樣子。嗌，咽喉。哇，嘔的意思。❺不以心捐道　捐一作「揖」。朱桂曜說：「『捐』是『損』的壞字，宋本作『損』。」不以心損道，猶言不以心害道。王叔岷說：「《史記．賈誼列傳》《索隱》引此文，正作『損』。」❻其心志　近人以：「志應作止。郭注曰：『所居而安曰志。』案志不得有居安之義。正文及注兩志字並當為『止』。志從『之』，篆書『止』『之』形近，『止』誤為『之』，不成文義，校者遂肊改為志耳。下文『與豫乎止我德也』，即心止之義。心止，容寂，顙頯義本一貫。」今譯文從之。❼其顙頯　顙，額。頯，大的樣子。❽若狐不偕句　狐不偕，堯時賢人，不受堯讓，投河而死。務光，夏時人，湯讓天下，不受，負石自沉於廬水。伯夷、叔齊，殷代人，殷亡後，不食周粟，餓死於首尾山下。箕子，殷紂賢臣，諫紂不從，遂漆身為厲，被髮佯狂。胥餘，箕子名。一說胥餘即接輿。紀他，湯時人，聞湯讓務光，恐及乎己，遂投河。申徒狄聞之，也因此投河。莊子舉出這些人來，意思是說他們被別人所役使，不能超然物外。❾其狀義而不朋　俞樾說：「義讀為峩。〈天道〉篇，而狀義然與此同。朋讀為崩。《易》『朋來』，漢志作『崩』。」❿邴邴乎其似喜乎八句　近人謂：「以上八句，其中三句有似字，有五句沒有似字。對此，不應拘泥於字句，以辭害意。所以譯文都有好像二字。這幾句話是描寫真人的外表。」按莊子所描寫真人的行為態度，都是似是而非是，其說可從。⓫犯　遇的意思。⓬狶韋氏　上古帝王名。⓭伏戲　亦作「伏羲」、「伏犧」。上古皇帝，據云始畫八卦。⓮氣母　元氣之母。⓯維斗　北斗為眾星的綱維，所以稱為維斗。⓰堪坏　崑崙山神名，《淮南子》作「欽負」。崑崙為我國最大的山脈，西自帕米爾高原蔥嶺發脈，沿新疆、西藏邊境入內地。都是崑崙山的分支。⑰馮夷　河神名。⑱肩吾　見〈逍遙遊〉注㊾。⑲黃帝　成玄英說：「黃帝，軒轅氏，採首山之銅，積鼎於荊山之下，鼎成，有龍垂於鼎以近帝，遂駕龍登天，仙化而去。」⑳顓頊　黃帝孫，即帝高陽。㉑禺強　《山海經》說：「北海之渚有神，名禺強。」㉒西王母　成玄英說：「西王母，太陰精。」㉓少廣　西極山名。㉔有虞　即虞舜。㉕五伯　伯同「霸」。成玄英說：「昆吾為夏伯，大彭、豕韋為殷伯，齊桓、晉文為周伯，合為五伯。」㉖傅說　成玄英說：高宗夢得傅說，求之於陝州河北縣傅巖板築之間得之，相於武丁，天下清平。傅說，星精。傅說一星在箕尾上，然箕尾是二十八宿之數，維持東方，故云乘東維，騎箕尾。而與角元等星比並行列，故言比於列星。㉗武丁　殷王名，廟號高宗。㉘南伯子葵　李頤說：「葵當為綦，聲之誤。」成玄英說：「猶〈人間世〉篇中之南郭子綦。」㉙女偊　古懷道人，一說是婦人。㉚卜梁倚　卜梁，姓。倚是名。㉛吾猶守而告之二句　據近人說：「當作『吾猶守而告之。吾守之三日，而後能外天下』。按成疏解『守』為修守。並謂女偊久聞至道，內心凝積，猶自守之，況在初學。據此當是女偊自己修守，不是女偊守護卜梁倚。」按增「吾守之」三字文義較長。今譯文從之。㉜攖寧　謂雖在攖擾汩亂之中而其定者常在。攖，拂亂。寧，定的意思。㉝副墨之子　書籍文字之意。文字是翰墨為之，然文字不是「道」，不過是傳道之助，所以叫副墨。又對初作之文字言，則後來之文字，都是文字孳生的，因此稱副墨之子。㉞洛誦之孫　洛誦，反覆不斷誦讀。對古先讀書者言，故說洛誦之孫。㉟瞻明　見解明徹。㊱聶許　聶，附耳小語。許，聽的意思。成玄英說：「既誦之精深，因教悟理，心生歡悅，私自許當，附耳竊私語也。」㊲需役　需，須。役，行的意思。不行，道無由而得，所以悟理之後，又必須勤行勿懈怠。㊳於謳　歌謠的意思。得道之樂，則發諸詠歌，以寄深趣。㊴玄冥　寂默之地，忘言之境界。㊵參寥　寥，空虛。參寥就是參悟空虛的意思。㊶疑始　無始之始，即〈齊物論〉所謂「有始也者，有未始有始也者，有未始有夫未始有始也者」。林希逸說：「道雖得之於文字，實吾性天之所自有者也。」㊷拘拘　不中的樣子。㊸曲僂發背　傴僂曲腰，背骨發露。㊹跰𨇤　朱桂曜說：「跰𨇤與扁鮮通。」

輕疾的樣子。因子祀不以形貌為累，心中寬閒無事，故能行動輕疾而鑑於井也。」（說詳《莊子內篇證補》）㊺避無怚化　怚，驚的意思。避無怚化，謂不要驚此將化的人。㊻鏌鋣　古寶劍名。㊼撓挑無極　謂跳躍於無極之中。㊽憒憒　煩亂的意思。㊾孟孫才　姓孟孫，名才。魯國賢人。㊿是自其所以乃　乃，是也（見王引之《經傳釋詞》）。猶今語這樣那樣。孟孫氏特覺，人哭亦哭，是自其所以乃，承上句「有旦宅而無情死」而來，此句的意思，是「這就是他所以那個樣子（哭泣無涕，中心不戚，居喪不哀）的原因」。51無莊　成玄英說：「古之美人，為聞道故，不復裝飾而自忘其美色。」52據梁　成玄英說：「古之多力者，為聞道故，守雌若怯。」53乘成　宣穎說：「乘，猶載也。黥劓則體不備，息之補之，復完成矣。」54䪥　司馬彪說：「䪥，碎也。」引申有制裁的意思。55坐忘　曾國藩說：「無故而忘，曰坐忘。」56大通　猶大道。道能通生萬物，所以稱道為大通。

【語　譯】知道天的作用，知道人的作用，就達到極點了。知道天之所為，就是說懂得宇宙萬物，完全是出於自然。知道人的作用，以其知之所知，是說以他智慧所知道的知識去保護他智慧所不可知的精神，使自己享盡天賦的壽命，而不至於中道夭折，這就是極高明的知識了。雖然是這樣，但是還有討論的必要。那知識必有所待的對象，而後才能判斷它是否正確，但所待的對象，卻是沒有確定的。怎麼能知道我所說的天不是人呢？所說的人不是天呢？我們以為是屬於天然的，也許有人為的成分摻雜其中，我以為屬於人為的，也許已有不少天然的成分了。而且只有真人，才會有真知。什麼叫做真人？古時候的真人，不違逆失敗，不追求成功，不思慮什麼事情。像這樣子，所以錯過時機而不後悔，行事得當而不自得。像這樣子，所以登高不戰慄，下水不覺溼，入火不覺熱。這個是知識能夠達到道的境界，所以這樣。古時候的真人，他睡覺時不做夢，他醒時無憂無慮，他飲食不求精美，他呼吸是深沉的。真人的呼吸是從腳後跟開始用力的，眾人的呼吸只是用咽喉。普通人愛議論，有時被人屈服，他說起話來像喉頭噎住了似的，又好像要嘔吐的樣子。這是證嗜欲深的人，他的天機就淺了。古時候的真人，不知道悅生，不知道惡死；他出生的時候不喜歡，他人死時也不拒絕，忽然去了，忽然來了，視死生不過如此罷了。他不忘記他自己的來源，不追求他自己的歸宿，事情來了，他就喜喜歡歡的接受，一旦物化，又復歸於自然。這就叫不用心智去損害大道，不用人為去助益天然。這就叫做真人。像這樣子，他心裡忘記了一切，他的容貌寂靜安閑，他的頭額寬大，發出純樸的光輝，嚴肅像秋天一樣，溫暖又像春天般的和煦，喜怒像四時運行一樣的自然，順應事物的變化，隨遇而安，人們無法測度他的究極。所以聖人用兵，國雖亡而不失掉人心，恩澤施給萬世，並不是為愛人。所以有心和萬物之情相通，就不是聖人。有私親，就不是仁人。選擇時機，就不是賢人。利害不能相通為一，就不是君子。求名而喪失自己的真性，就不是有知識的人。失身喪失真性，就不是役使世人的人。像狐不偕、務光、伯夷、叔齊、箕子、胥餘、紀他、申徒狄等，就都是被別人役使，使別人安適，而不能自己使自己安適的人。古代的真人，他的形容峨然高大而不崩壞，他的德性好像是不夠，但不求精進。他好像堅確然而不固執，他的胸襟開擴，心情虛淡而不誇飾。他那舒暢的樣子，好像非常喜歡，他處事對人好像是不得已。他那和藹的樣子，好像是叫人去親近他，他那寬厚的樣子，好像叫人去依歸他。他那嚴肅的樣子，好像毫不馬虎，他那高遠的樣子，好像不可遏制。他那沉默的樣子，好似封閉了感覺，他那無心的樣子，好似是忘記了要說的話。他以刑法為身體，以禮儀為羽翼，以知識為應付時機的手段，以道德為循順天性。以刑法為身體，就可以從容地任治者去殺；以禮儀為羽翼，就是順著世俗行事；以智識為應付時機的手段，就是把一切事情看作不得已而隨宜應付；以道德為循順天性，就是說（道德）是有兩隻腳的人都可以到達，如登土丘一般，而世人真以為他是勤勞地在做什麼呢。所以他所好的是天人合一，他不好的也是天人合一。把天人看作合一也是一，不把天人看作合一也是一。把天人看作合一，就是和天作伴侶，不把天人看作合一，就是和普通人作伴侶，把天人看作不是相互對立的，這就叫做真人。

死生是命，它就如同白天和黑夜的經常變化一樣，是自然的道理。人有不能干預、無法改變的事情，這都是萬物固有的情形。人們以為天是給與自己生命的父親，而終身愛戴它，何況那獨立超絕的道呢？人們以為國君比自己高貴，而捨身效忠，何況那真君呢？泉乾了，魚困在陸地上，喘著氣互相溼潤，吐著涎沫互相溼潤，倒不如在江湖裡互相忘記。與其稱讚堯而毀謗桀，不如把兩者都忘記而通於大道。那大地給我以形體，用生給我勞苦，用衰老以我清閑，用死以我安息。因此，若是以生為善，也就應該以死為善。把船藏在山谷裡，把山藏在深澤，應該說是可靠的了。可是夜半裡有個大力士把山谷和深澤背走了，糊塗人還不知道呢？把小東西藏在大東西裡面是適宜的，但還是必定要亡失。若是把天下藏在天下裡面就不會亡失了，這才是常住不變的真實情形。偶然獲得了人的形體還那麼喜歡，像人一般的形體，千變萬化未曾有什麼窮盡，（如果獲得形體就喜歡，那麼）歡樂豈是可以計算得出來嗎？所以聖人沒有什麼喜歡和悲哀，而要遊於不得亡失的所在而和道共存。夭亡也好，衰老也好，開始也好，終結也好，能夠對這一些不介於懷，還值得人們效法，又何況那萬物的根蒂，一切變化所待的道呢？那道是真實而存在的，但是它是無為的，沒有形狀的，道可以師傳而不可以接受，可以體會得到而不能看見，它自己就是自己的本，自己的根，未有天地以前，從古以來它就存在著。它生出了鬼神和上帝，生出了上天和大地。它在太極之上而不算高，在六極之下而不算深，先天地存在而不算久，長於上古而不算老。豨韋氏得到了它，用以提攜天地，伏羲氏得到了它，用以調陰陽，合元氣。北斗星得到它，就能夠永遠不改變位置，日月得到了它，就能夠永遠運行不息。堪坏得到它，用以握有崑崙，馮夷得到它，用以遊於大川。肩吾得到它，就能居於太山之巔，黃帝得到了它，就能夠登上雲天。顓頊得到了它，就能夠居住於玄宮，禺強得到了它，就能夠立於北極。西王母得到了它，就能夠坐在少廣山上，沒有人知道她的起始，也沒有人知道她的終結。彭祖得到了它，就能夠上及有虞，下及五霸。傅說得到了它，就能輔佐武丁統治天下，並乘著東尾星，騎著箕尾星，而和眾星並列。

南伯子葵問於女偊說：「你的年齡很大了，而面色如同嬰兒一般，這是什麼緣故呢？」女偊說：「我得道了。」南伯子葵說：「道可以學得到嗎？」女偊說：「不，不可以，你不是那種人啊！那卜梁倚有聖人之才，然而沒有聖人之道。我有聖人之道，然而沒有聖人之才。我想用聖人之道教他，他或且立刻成為聖人吧？但是不然。把聖人之道，告訴具有聖人之才的人是很容易的，可是我還是告訴他要做固守心性的功夫。我得道的經過是這樣的：守了三天以後，就能夠把天下置之度外了。已經把天下置之度外了，我又守了七天，以後就能夠把一切事物置之度外了。已經把一切事物置之度外了，我又守了九天，以後就能把生死置之度外了。已經把生死置之度外了，以後就能像清晨的天氣那樣清明了。達到清明的境界以後，就能真正得到那絕對的大道了。得到絕對的大道以後，就能夠沒有古今（不受時間的限制）了。沒有古今以後，就能夠進入不死不生的境界了。使生命死亡的主宰它自己沒有什麼死，產生生命的主宰它自己沒有什麼生。達到這樣的境界，就能夠對於萬物的變化沒有什麼不歡送，沒有什麼不歡迎，（萬物的變化）沒有什麼不是毀壞，沒有什麼不是生成。這就叫做『攖寧』。『攖寧』就是能在一切變化的擾亂中保持絕對寂靜的心境。」南伯子葵說：「你從誰那裡得來的道呢？」女偊說：「我從副墨的兒子那裡得來的，副墨的兒子從洛誦的孫子那裡得來的，洛誦的孫子從瞻明那裡得來的，瞻明從聶許那裡得來的，聶許從需役那裡得來的，需役從於謳那裡得來的，於謳從玄冥那裡得來的，玄冥從參寥那裡得來的，參寥從疑始那裡得來的。」

子祀、子輿、子犁、子來四個人互相說：誰能夠把「無」當做頭，把「生」當做脊梁骨，把「死」當做脊尾骨，誰知道死生存亡是一個整體，我就和他做朋友。四個人相視而笑，心心相印，就結成朋友。不久子輿生了病，子祀去探問他。子輿說：「偉大啊！那造物者，把我的身體弄成了這般屈而不伸又好又巧的樣子。原來他的腰彎曲了，背骨露了出來，上面有五臟的脈管突起，頭藏在肚臍那兒，兩個肩膀高出頭頂，髮髻直指著天空。」陰陽二氣也錯亂不調了，可是他的心情安閑而無事，輕快的走到井邊，照了照自己的影子說：「啊！造物者把我的身體弄成了這般又好又巧的樣子呢！」子祀說：「你嫌惡嗎？」子輿說：「不，我為什麼嫌惡呢？假使把我的左臂變做雞，我就叫牠給我報曉。假使把我的右臂變做彈，我就用它去打鴞鳥烤了吃；假使把我的脊尾骨變做車，把我的精神變做馬，我就坐著這輛馬車，豈不是不用另外去求馬車了嗎？得是時機，失是順應，安於時機而順應變化，哀樂就不能侵入到心中來了。這就是古時候所說的懸解，那些不能自解的人，是被外物束縛住了。人不能勝天是由來已久的了，我有什麼嫌惡的呢？」不久，子來生了病，喘氣急促，將要死了，他的妻子圍著他哭泣。子犁前去探問，看到這種情形，就說：

「去！躲開！不要驚動這將要變化的人。」他靠著門對子來說：「偉大啊！造化又將要把你變做什麼？將叫你到什麼地方去呢？把你變做鼠肝嗎？把你變做蟲臂嗎？」子來說：「兒子對於父母，無論是東西南北，都要聽從命令。陰陽對於人，無異於父母，它命我死，而我不聽從，我就忤逆不順了，它有什麼罪過呢？天地給我形體，用生使我勞苦，用老使我清閑，用死使我安息。所以以生為善，也就要以死為善。今有一個鐵匠化鐵造物，鐵跳起來說：『我一定要做鏌鎁寶劍啊！』鐵匠必定認為是不吉祥的鐵。現今偶然有了人的形體，而說：『我一定要做人啊！一定要做人啊！』造化者必定認為是不吉祥的人。現今把天地看作大鎔鑪，把造化看作鐵匠，往哪裡去不可呢？」生死原像做夢一般，忽然睡著了，忽然覺醒了。

子桑戶、孟子反、子琴張三個人要交朋友，說：「誰能夠互相親近於不相親近之中，互相幫助於不相幫助之中？誰能登天在雲霧裡遨遊，跳躍於無極之中，把生命忘了，沒有終結，沒有窮盡呢？」三個人相視而笑，心心相印，就結為朋友。不久，子桑戶死了，還沒下葬。孔子聽說了，就命子貢去助理喪事。(子貢去了，看見孟子反和子琴張）一個在編歌曲，一個在彈琴，（一會兒）他倆合唱起來說道：「啊！桑戶呀！啊！桑戶呀！你已經歸本反真了，而我還在做人啊！」子貢走上前去說道：「請問對著屍體而唱歌，合乎禮嗎？」他倆相視而笑，說：「你哪裡知道禮的意義呢？」子貢回去以後，把這事告訴孔子說：「他們是什麼人啊？不講修養德行，而把形骸置之度外，對著屍體唱歌，臉色不變，真是給他們起不出名字，他們是什麼人呢？」孔子說：「他們是遊方外的人，我是遊方內的，方外方內是不相通的，我叫你去弔唁，就是我的淺陋了。他們正要和造物者作伴侶，而遨遊於天地之間，同氣合為一體。他們把生看作贅瘤，把死看作癰疽潰破。

像這樣子，哪裡知道死生先後的區別呢？他們把形體看作是精神寄託的異物，寄託於何種形體都是一樣的，他們忘掉了肝膽，忘掉了耳目，把生死看作循環往復，沒有開頭，沒有終結，他們茫茫然徘徊於塵世之外，逍遙於無所為的事業之中，他們又怎能不厭煩地拘守世俗禮節，表演給眾人觀看呢？」子貢說：「那麼，先生你是依從方內的道，還是依從方外的道呢？」孔子說：「我是天的戮民啊！雖然這樣，我願意和你共同追求那方外之道。」子貢說：「請問方外的道術。」孔子說：「魚適宜於水，人適宜於道。適宜於水的，在水池子裡游蕩就安適了；適宜於道的，只要無事就天性自得了。所以說：魚遊於江湖中就忘記一切而自由快樂，人遊於道術中就忘記一切而自由快活。」子貢說：「請問奇人是什麼人？」孔子說：「奇人嘛！就是異於世人，而效法天的。所以說：天的小人，乃是人間的君子，人間的君子，乃是天的小人。」

顏回問仲尼說：「孟孫才他的母親死了，他哭涕沒有眼淚，心中不難過，居喪不悲哀。三種哀痛的表示他一種也沒有，卻以善於居喪聞名魯國。怎麼有無其實而得到虛名的嗎？回覺得很奇怪。」仲尼說：「孟孫氏已經盡了居喪之道，他比知道喪禮的人還更進一層。喪事本應簡化，只是世俗難以辦到，他已經有所簡化了。孟孫氏不知什麼是生，不知什麼是死，不知迷戀生前是什麼？不知追求死後的什麼？把生死看作物的變化，聽從那不可知的變化就是了！將要變化，哪能知道那不變化的呢？將要不變化，哪裡知道已經變化了的呢？我和你是在做夢未曾覺醒的啊！孟孫氏有形體的變化，而無心神的損傷，形體的變化如同搬進新住宅一般，而沒有實在的死；孟孫氏特別覺醒，別人哭也隨著哭，這就是他所以那個樣子的原因。人們每以暫有的形體互相說這是我這是我，其實哪裡能夠確知我是我呢？比如你夢做鳥在天空翱翔，夢做魚在水底遊玩，而今在這裡和我談話的你，不知道是醒著啊！還是做夢啊！偶然碰到適意的事情來不及笑，真正從內心發出的笑聲事先來不及安排。安於造物者的安排而順應變化，就能進入虛無境界和天成為一體。」

意而子拜見許由。許由說：「堯用什麼教導了你呢？」意而子說：「堯對我說：你一定要實行仁義，明辨是非。」許由說：「你為什麼還到這裡來？堯既然用仁義給你施行了墨刑，用是非給你施行了劓刑，你怎麼還能遊於逍遙，順應變化的境界呢？」意而子說：「雖然這樣，我願意遊於這個境界的邊緣。」許由說：「不行。盲人無從欣賞那眉目顏色的美好，瞎子無從欣賞那青黃錦繡的華麗。」意而子說：「無莊忘掉她的美麗，據梁忘掉他的力氣，黃帝忘掉他的聰明，都是陶冶鍛鍊成的啊！怎麼知道造物者不會養好我遭受墨刑的傷痕，修補我遭受劓刑的殘缺，使我乘駕著天地的正氣以追隨先生之後呢？」許由說：「啊！這是不可知的。我給你說個大略吧：我的大宗師啊！我的大宗師啊！它粉碎萬物而不是為了暴戾，恩澤及於萬世而不是為了仁愛，長於上古而不是為了長壽，覆載天地，刻雕眾體的形象而不是顯示技巧。一切無所為，這就是逍遙遊的境界。」顏回說：「我進步了。」仲尼說：「何以見得呢？」顏回說：「我忘掉仁義了。」仲尼說：「很好，可是還不夠。」過了幾天，顏回又見仲尼，說：「我進步了。」仲尼說：「何以見得呢？」顏回說：「我忘掉禮樂了。」孔子說：「很好，可是還不夠。」過了幾天，顏回又見仲尼，說：「我進步了。」仲尼說：「何以見得呢？」顏回說：「我能坐忘了。」仲尼吃驚的說：「什麼叫坐忘？」顏回說：「擺脫自己的肢體，排除自己的聰明，離開形體，去掉智慧，和那無所不通的大道相同，這就叫坐忘。」仲尼說：「同，就沒有什麼私好，化，就沒有什麼執著，你果然是賢人啊！我也願意相從你的身後。」

子輿和子桑是很要好的朋友。下了十天的大雨，子輿說：「子桑病了吧！」於是帶著飯去給他吃。走到子桑的門口，聽到裡邊又像歌唱又像哭泣，聽他彈著琴唱道：「父親啊！母親啊！天啊！人啊！」聽那聲音有氣無力，急促地唱著他那詩句。子輿走進門去說：「你唱詩，為什麼這個樣子呢？」子桑說：「我正思索使我貧困到這般地步的是誰，而沒有得到。父母豈能是願意我這般貧困的？天，無私的覆蓋一切，地，無私的負載著一切，天地豈能對我有私，叫我貧困到這般地步？追究叫我這般貧困的是誰，而沒有得到。然而，我貧困到這般地步，那根源是命吧！」

應帝王❶

齧缺問於王倪，四問而四不知。齧缺因躍而大喜，行以告蒲衣子❷。蒲衣子曰：「而乃今知之乎？有虞氏不及泰氏❸。有虞氏，其猶藏仁以要人；亦得人矣，而未始出於非人❹。泰氏，其臥徐徐，其覺于于；一以己為馬，一以己為牛；其知情信，其德甚真，而未始入於非人❺。」

肩吾見狂接輿。狂接輿曰：「日中始❻何以語女？」肩吾曰：「告我君人者，以己出經式義度❼，人孰敢不聽而化諸！」狂接輿曰：「是欺德也；其於治天下也，猶涉海鑿河❽而使蚉負山也。夫聖人之治也，治外乎？正而後行，確乎能其事者而已矣。且鳥高飛以避矰弋之害，鼷鼠深穴乎神丘之下以避熏鑿之患，而曾二蟲之無知！」

天根遊於殷陽❾，至蓼水❿之上，適遭無名人而問焉，曰：「請問為天下。」無名人曰：「去！汝鄙人也，何問之不豫⑪也！予方將與造物者為人，厭，則又乘夫莽眇之鳥⑫，以出六極之外，而遊無何有之鄉，以處壙埌之野。汝又何帠⑬以治天下感予之心為？」又復問。無名人曰：「汝遊心於淡，合氣於漠，順物自然而無容私焉，而天下治矣。」

陽子居見老聃，曰：「有人於此，嚮疾彊梁⑭，物徹疏明⑮，學道不勌。如是者，可比明王乎？」老聃曰：「是於聖人也，胥易技係⑯，勞形怵心者也。且也虎豹之文來田，蝯狙之便執斄之狗來藉⑰。如是者，可比明王乎？」陽子居蹴然曰：「敢問明王之治。」老聃曰：「明王之治：功蓋天下，而似不自己，化貸萬物而民弗恃；有莫舉名，使物自喜；立乎不測，而遊於無有者也。」

鄭有神巫⑱曰季咸，知人之死生存亡，禍福壽夭，期以歲月旬日，若神。鄭人見之，皆奔而走。列子見之而心醉，歸，以告壺子⑲，曰：「始吾以夫子之道為至矣，則又有至焉者矣。」壺子曰：「吾與汝既其文，未既其實，而固得道與？眾雌而無雄，而又奚卵焉！而以道與世亢，必信[20]，夫故使人得而相汝。嘗試與來，以予示之。」明日，列子與之見壺子。出而謂列子曰：「嘻！子之先生死矣！弗活矣！不以旬數矣！吾見怪焉，見溼灰[21]焉。」列子入，泣涕沾襟以告壺子。壺子曰：「鄉吾示之以地文，萌乎不震不止[22]。是殆見吾杜德機[23]也。嘗又與來。」明日，又與之見壺子。出而謂列子曰：「幸矣子之先生遇我也！有瘳矣，全然有生矣！吾見其杜權[24]矣。」列子入，以告壺子。壺子曰：「鄉吾示之以天壤[25]，名實不入，而機發於踵[26]。是殆見吾善者機[27]也。嘗又與來。」明日，又與之見壺子。出而謂列子曰：「子之先生不齊，吾無得而相焉。試齊，且復相之。」列子入，以告壺子。壺子曰：「吾鄉示之以太沖莫勝[28]。是殆見吾衡氣機[29]也。鯢桓之審為淵，止水之審為淵，流水之審為淵[30]。淵有九名，此處三焉[31]。嘗又與來。」明日，又與之見壺子。立未定，自失而走。壺子曰：「追之！」列子追之不及。反，以報壺子曰：「已滅矣，已失矣，吾弗及已。」壺子曰：「鄉吾示之以未始出吾宗。吾與之虛而委蛇㉜，不知其誰何，因以為弟靡㉝，因以為波隨㉞，故逃也。」然後列子自以為未始學而歸，三年不出。為其妻爨，食豕如食人。於事無與親，雕琢復朴，塊然獨以其形立。紛而封戎㉟，一以是終。

無為名尸㊱，無為謀府；無為事任，無為知主。體盡無窮，而遊無朕；盡其所受乎天，而無見得，亦虛而已。至人之用心若鏡，不將不迎，應而不藏，故能勝物而不傷。

南海之帝為儵，北海之帝為忽，中央之帝為渾沌。儵與忽時相與遇於渾沌之地，渾沌待之甚善。儵與忽謀報渾沌之德，曰：「人皆有七竅以視聽食息，此獨無有，嘗試鑿之。」日鑿一竅，七日而渾沌死。

【注釋】❶應帝王　郭象注說：「夫無心而任乎自化者，應為帝王也。」林希逸說：「言帝王之道合應如此也。」陸樹芝說：「帝王治人也，應帝王治法也。治天下則其事至紛矣，而有為之治，不若無為之治。無為則遊於虛而實不可測，有為則鑿破渾沌而反有大害。」（見《莊子雪》）這一篇是莊子的政治論，說明他的社會理想。❷蒲衣子　堯時賢人。❸泰氏　上古帝王。即太昊、伏羲。❹未始出於非人　宣穎說：「非人者物也，有心要人，猶係於物，是未能超然出於物之外也。」❺未始入於非人　宣穎說：「渾同自然，毫無物累，是未始陷人於物之中。」❻日中始　《釋文》引李曰：「日中始，姓名，賢者也。」成玄英說：「日中始乃肩吾之師。」俞樾引《左傳》證明「日」是「日者」的意思，「日中始」即「日者中始」，似與本文文義無關。❼經式義度　王念孫說：「義讀為儀，經式儀度，皆謂法度。」❽涉海鑿河　朱桂曜以涉海與鑿河為一件事。謂人為之事如在大海之中鑿河，既無可能，又多此一舉。❾殷陽　殷山之陽。山的南面叫陽。❿蓼水　在趙國境內。⓫豫悅的意思。⓬乘夫莽眇之鳥　謂以清虛之元氣為鳥，御之以遨遊於太虛之中。莽眇，清虛之氣。⓭帠　一作「寱」。寱，譫言也。譫言即與夢語無異。⓮嚮疾彊梁　謂敏捷強健的意思。嚮疾，迅疾的樣子。彊梁，多力。⓯物徹疏明　無物不達，無物不明。謂疏通明達的意思。⓰胥易技係　近人謂：「胥謂大胥之官，易為占卜之官，為胥必精習樂舞之技，為易必精習占卜之技，皆為技所纏係而不能移，故曰胥易技係。」⓱蝯狙之便執斄之狗來藉　謂蝯狙與狗，以便捷善技，致受拘繫。便，便捷。斄，狸類。藉，繫的意思。⓲神巫　都是相人的人。⓳壺子　列子的老師。⓴而以道與世亢必信　而，汝。亢同「抗」，《列子》作「抗」。信與「伸」通。阮毓崧說：「此道字就《列子》所能者言之。謂汝乃以所能與世抗，求伸於人，自處先已淺露矣。」㉑溼灰　溼灰不能復燃，以喻死而弗活之象。㉒不震不止　原作「不震不正」，崔譔本作「不震不止」，並云：「如動如不動。」《列子・黃帝》亦作「不誫不止」。注引向秀說：「萌然不動亦不自止，與枯木同其不華，死灰均其寂魄，此至人無感之時也。」作不止於義為長，今譯文從之。㉓杜德機　向秀說：「德機不發，所以叫杜。」㉔杜權　宣穎說：「杜閉中覺有權變。」㉕天壤　王闓運說：「天壤，天氣通於地面，將生物矣。壤，土已耕治者，故季咸謂之杜權，言杜塞之中有權變。」㉖機發於踵　生機自踵而發。即〈大宗師〉所云「真人之息以踵」。謂其機發自深根的意思。㉗善者機　宣穎說：「善即生意，動之初也。」㉘太沖莫勝　林希逸說：「太沖，大虛也。莫勝，不可捉摸也。」《列子》莫勝作「莫朕」。錢賓四氏說：「太沖，至虛至和，無所偏倚，無偏勝即無朕。」㉙衡氣機　衡，平。向秀說：「無往不平，混然一之，以管窺天者，莫見其涯。」㉚鯢桓之審為淵三句　並見《列子・黃帝》。但三審字《列子》作「潘」。楊伯峻引奚侗曰：「潘當為瀋。蓋瀋缺宀則為潘，缺水則為審，易滋譌誤。」鯢，大魚。桓同「旋」，盤旋的意思。謂大魚盤旋，其水沉洄，而成深淵。錢賓四氏引陳壽昌的意見說：「鯢桓的水非靜非動，比喻衡氣機。止水靜，比喻杜德機。流水動，比喻善者機。三者不同，淵深莫測則一樣。」㉛淵有九名二句　《列子・黃帝》除上述三淵外尚有濫水、沃水、氿水、雍水、汧水、肥水之潘為淵等六句。壺子特舉三淵，以比喻不同的道相。㉜委蛇　隨順的樣子。㉝弟靡　弟為「頹」的借字。頹，放化。靡，順從的意思。㉞波隨　隨一作「流」。郭象注曰：「變化頹靡，世事波流，無往而不因也。」㉟封戎　散亂的樣子。戎一作「哉」。㊱名尸　聲名之主。尸，主。

【語譯】齧缺問王倪，問了四次，王倪四次回答不知道。齧缺因此高興得跳了起來，走去告訴蒲衣子。蒲衣子說：「你現在知道了嗎？有虞氏不及泰氏。因為有虞氏還想心懷仁義，要結人心，雖然他也得到了眾人的擁戴，但是從來沒有超脫出事物的係累。泰氏，他睡覺安適，他醒來無思無慮，任人家稱自己為馬，任人家稱自己為牛。他體悟大道，智識確實可靠，德性真實，從來沒有受過事物的牽累。」

肩吾見狂人接輿。狂人接輿問他說：「日中始對你說了些什麼？」肩吾說：「他告訴我，做國君的，只要自己定出法則制度，誰敢不聽從而受感化呢？」狂人接輿說：「這不是真實的德性。這樣治理天下，就如同在大海裡鑿河，叫蚊蟲負山一樣。聖人治理天下，是治外表的嗎？聖人治理天下是先自正而後感化別人，不過是使人們各自去圖自己的生存，不強人之所難為罷了。鳥尚且知道高飛以躲避網和箭的傷害，鼠尚且知道深藏在社壇底下，以躲避煙薰和鏟掘的禍害，難道人們無知還不如這兩隻動物嗎？」

天根在殷山之陽遊玩，走到蓼水的旁邊，恰巧碰到了無名人。他問無名人說：「請問治理天下的方法。」無名人說：「去吧！你真是一個鄙陋的人，為什麼你問的問題這樣令人不喜歡呢？我正要和造物者同遊，厭煩了又要乘著虛無縹緲之鳥，飛出天地四方之外，到無何有的鄉土裡，廣闊無垠的曠野裡去遊玩，你又為什麼要用治理天下的夢話來擾亂我的心神呢？」天根又再問。無名人說：「你使你的心淡泊，你的神氣恬靜，順應物象變化的自然，不要用自己的私心，天下就太平了。」

陽子居見老聃，問道：「有這樣一個人，非常敏捷武勇，對事物的認識深刻清楚，學道不倦，這樣的人可以和明王相比嗎？」老聃說：「這怎麼能和聖人比呢？這個人和掌樂舞的官與掌占卜的官一樣被技能所累，勞形體憂心神罷了。再說，虎與豹因為身上有紋彩，所以招引人來打獵，蝯狙因為敏捷，狗因為能夠捕狸，所以被人捉去拴起來供人玩樂使役，像這樣可以和明王相比嗎？」陽子居慚愧的說：「請問明王是怎樣治天下的？」老聃說：「明王治理天下，功蓋天下似乎和自己不相干，教化普及萬物而百姓卻像沒有他一樣，有其實而不能用稱謂說出來，使萬物各自得，他自己立乎神妙不可測的地位，遊於虛無的境域中。」

鄭國有一個神巫，名叫季咸，能占算人的生死存亡，禍福壽夭，預言何年、何月、何旬、何日發生，沒有不應驗的，像神仙一樣。鄭國人見了他，深恐他說出不吉利的話，都很驚慌的離他跑開。列子見了他，很崇拜他道術高深，回來對壺子說：「原先我以為先生的道術很高深了，現在又見到更高深的呢？」壺子說：「我傳授你的只是外表的虛文，沒有說到內裡的真實，你就以為得道了嗎？一群雌鳥如果沒有雄鳥，哪裡會生出有生命的卵來呢？你以道的外表虛文和世人計較，想勝過他人，所以被人家窺測到了底細。你把他請來給我相一相試試看。」第二天，列子請季咸一同去見壺子。季咸出來對列子說：「唉！你的先生快要死了，不能活了，過不了十天，我見到了怪相，看到了溼灰。」列子進去，哭得眼淚溼透了衣襟，把情形告訴壺子。壺子說：「剛才我給他看的是陰勝陽的地文，像山一樣不動又不止，看見我杜塞的生機。再請他來相相看。」第二天，又請季咸一同去見壺子，季咸出來對列子說：「幸運啊！你的先生遇到我，有好的希望了，全然有生氣了。我看到他閉塞的生機開始活動了。」列子進去把這話告訴壺子。壺子說：「我剛才給他看的是陽勝陰的天壤，舉不出它的名稱，摸不清它的實際，一點生機從後腳跟發出來，他大概是看到生機的生長。你再請他來相相看。」第二天，列子又請季咸一同見壺子。季咸出來對列子說：「你的先生變化不定，我沒有辦法給他相，等固定了，再給他相。」列子進去把這話告訴了壺子。壺子說：「我剛才給他看的是沒有偏倚、陰陽相和不可捉摸的太沖虛設有痕跡的景象，他大概是看到我陰陽二氣的絕對平衡。鯢魚盤旋成為淵，止水下面的深流盤旋成為淵，順流而下的水盤旋成為淵，淵有九種名稱，我給季咸看的不過是三種。你再請他來相一相。」第二天，列子又請季咸一同去見壺子。季咸看了，還沒站定，就驚慌失色的逃走了。壺子說：「追上他。」列子沒有追上，回來告訴壺子說：「已經看不見了，已經跑掉了，我追不上他。」壺子說：「我剛才給他看的，未曾出乎我根本的大道，我對他應機隨順，泛然沒有係累，事理變化無窮，我亦因之變化無窮，大化隨波而流，我亦因之隨波而流，他不能窺測我，所以只好逃了。」從此以後，列子自以為沒有學得大道，回家三年不出門，替他妻子燒火煮飯、餵豬像侍奉人，對世事毫不關心，去了雕琢，恢復了真樸，獨立是塵世之外，在錯雜紛紜的萬事萬物中持守虛靜，就這樣享盡了天年。

不要做任何聲名的承受人，不要做出謀畫策的智囊，不要承擔事業的責任，不要做運用智慧的主宰。體悟大道是無窮無盡的，而逍遙遊於無邊無跡的所在。盡其所享受的天賦本性，不要自以為有什麼所得，這也不過是虛無罷了。至人的用心像鏡子一般，物去了不送，來了不迎，自然而然的反映它，絕對不藏什麼見解，所以能夠消除物我對立而不被物所傷害。

南海的帝王名叫儵，北海的帝王名叫忽，中央的帝王名叫渾沌。儵和忽常常在渾沌的國土上會見，渾沌待他們很好。儵和忽商量報答渾沌的美意，說：「人都有七竅，用來看、聽、吃、呼吸，唯獨渾沌沒有，我們試著給他鑿開。」於是，一天鑿開一竅，到了第七天，七竅都鑿好了，而渾沌卻死了。

外篇

駢拇❶

駢拇枝指❷，出乎性哉！而侈於德。附贅縣疣❸，出乎形哉！而侈於性。多方乎仁義而用之者，列於五藏❹哉！而非道德之正也。是故駢於足者，連無用之肉也；枝於手者，樹無用之指也；多方駢枝於五藏之情者，淫僻❺於仁義之行，而多方於聰明之用也。是故駢於明者，亂五色，淫文章，青黃黼黻❻之煌煌❼非乎？而離朱❽是已。多於聰者，亂五聲❾，淫六律❿，金石絲竹⓫黃鐘大呂之聲非乎？而師曠⓬是已。枝於仁者，擢德塞性⓭以收名聲，使天下簧鼓⓮以奉不及之法非乎？而曾史⓯是已。駢於辯者，纍瓦結繩竄句⓰，遊心於堅白同異之間，而敝跬譽⓱無用之言非乎？而楊墨⓲是已。故此皆多駢旁枝之道，非天下之至正也。

彼正正者，不失其性命之情。故合者不為駢，而枝者不為跂；長者不為有餘，短者不為不足。是故鳧脛⑲雖短，續之則憂；鶴脛雖長，斷之則悲。故性長非所斷，性短非所續，無所去憂也。意仁義其非人情乎！彼仁人何其多憂也？且夫駢於拇者，決⑳之則泣；枝於手者，齕㉑之則啼。二者，或有餘於數，或不足於數，其於憂一也。今世之仁人，蒿目㉒而憂世之患；不仁之人，決性命之情而饕㉓富貴。故意仁義其非人情乎！自三代以下者，天下何其囂囂㉔也？且夫待鉤繩規矩而正者，是削其性也；待繩約膠漆而固者，是侵其德也；屈折㉕禮樂，呴俞㉖仁義，以慰天下之心者，此失其常然也。天下有常然，常然者，曲者不以鉤，直者不以繩，圓者不以規，方者不以矩，附離不以膠漆，約束不以纆索㉗。故天下誘然皆生而不知其所以生，同焉皆得而不知其所以得。故古今不二，不可虧也。則仁義又奚連連如膠漆纆索而游乎道德之間為哉？使天下惑也！夫小惑易方，大惑易性，何以知其然邪？自虞氏招仁義以撓天下也，天下莫不奔命於仁義，是非以仁義易其性與？故嘗試論之，自三代以下者，天下莫不以物易其性矣。小人則以身殉利，士則以身殉名，大夫則以身殉家，聖人則以身殉天下。故此數子者，事業不同，名聲異號，其於傷性以身為殉，一也。臧與穀[28]二人相與牧羊，而俱亡其羊。問臧奚事，則挾筴讀書；問穀奚事，則博塞以遊。二人者，事業不同，其於亡羊均也。伯夷死名於首陽之下[29]，盜跖死利於東陵之上[30]，二人者，所死不同，其於殘生傷性均也，奚必伯夷之是而盜跖之非乎！天下盡殉也。彼其所殉仁義也，則俗謂之君子；其所殉貨財也，則俗謂之小人。其殉一也，則有君子焉，有小人焉；若其殘生損性，則盜跖亦伯夷已，又惡取君子小人於其間哉！且夫屬其性乎仁義者，雖通如曾史，非吾所謂臧也；屬其性於五味，雖通如俞兒[31]，非吾所謂臧也；屬其性乎五聲，雖通如師曠，非吾所謂聰也；屬其性乎五色，雖通如離朱，非吾所謂明也。吾所謂臧，非仁義之謂也，臧於其德而已矣；吾所謂臧者，非所謂仁義之謂也，任其性命之情而已矣；吾所謂聰者，非謂其聞彼也，自聞而已矣；吾所謂明者，非謂其見彼也，自見而已矣。夫不自見而見彼，不自得而得彼者，是得人之得而不自得其得者也，適人之適而不自適其適者也。夫適人之適而不自適其適，雖盜跖與伯夷，是同為淫僻也。余愧乎道德，是以上不敢為仁義之操，而下不敢為淫僻之行也。

【注　釋】❶駢拇　駢，合。駢拇是足大拇指和第二指相連的意思。本篇大意說明凡是對天然有所增減造作，無論善惡，都是失去本性，不合自然的正道。❷枝指　謂大拇指旁又生小指成為六指。❸附贅縣疣　縣同「懸」。謂附生的贅肉，懸繫的小疣。比喻不是出於本性所有的東西。❹列於五藏　藏同臟。謂仁、義、禮、智、信為人之所同有，比喻為人的五臟，以配合五行。❺淫僻　淫有過分的意思，僻有偏激乖僻的意思，所以淫僻有矯詭不正的意思。❻黼黻　白和黑相錯叫做黼，黑和青相錯叫黻。成玄英說：「斧形謂之黼，兩己相背謂之黻。」❼煌煌　光耀奪目。❽離朱　黃帝時候人，在百步之外能看見秋毫的末端。《孟子》書裡作「離婁」。❾五聲　宮、商、角、徵、羽。❿六律　黃鐘、太簇、姑洗、蕤賓、夷則、無射，叫六律。合陰聲的六呂，即林鐘、南呂、應鐘、大呂、夾鐘、仲呂，叫十二律。⓫金石絲竹　代表鐘、磬、絃、簫等樂器。⓬師曠　晉賢大夫，擅長音律，能招致鬼神。《史記》說：「冀州南和人，生而無眼。」⓭擢德塞性　擢，拔。王念孫說：「塞與擢不相類。塞當為搴，擢、搴皆謂拔取的意思。」按之下文「傷性以身為殉」，王說可從。⓮簧鼓　簧與鼓都是樂器發音的重要部分。因此比喻喧嚷的意思。⓯曾史　即曾參、史鰌。曾參行仁，史鰌行義。⓰纍瓦結繩竄句　纍瓦結繩都是比喻無用的意思。竄句即穿鑿文句。⓱敝跬譽　謂敝精勞神邀一時之近譽。敝，勞敝的意思。半步叫跬，比喻近。⓲楊墨　就是楊朱、墨翟。⓳鳧脛　鳧，小鴨。脛，腳的意思。⓴決　離析的意思。㉑齕　齧斷的意思。㉒蔫目　蔫為「睢」的假借字。睢，張目又望的意思。睢目，就是張目遠望。㉓饕　貪求的意思。㉔囂囂　喧鬧的意思。㉕屈折　委屈順從的意思。㉖呴俞　煦嫗的意思。㉗纆索　纆與索都是繩索的意思。㉘臧與穀　男娶女婢的叫臧。女嫁奴隸的叫穀。㉙伯夷死名於首陽之下　伯夷名允，字公信。與叔齊都是孤竹君的兒子。因讓君位都逃於周。遇武王伐紂，扣馬而諫。紂亡，不食周粟，餓死在首陽山。山在河東縣城南三十里，今有夷齊廟。㉚盜跖死利於東陵之上　盜跖，名跖，常為巨盜，所以叫盜跖，相傳為柳下惠從弟。東陵就是泰山，離東平縣十五里，盜跖死在那裡。㉛俞兒　齊國識味的人。《尸子》裡說：「俞兒和薑桂，為人主上食。」

【語譯】足拇相連，手有六指，豈不是出於先天本性的嗎？但在稟受自然上說則是超過應得。生瘤長肬，豈不是出於後天形體的嗎？但在應得性分上說則是多餘的。多端行仁義，（以為五性是人所同有）將它比為五臟，配合五行，但這不是道德的本真。因此足拇指連的，是連那沒用的肉；手有六指的，是長沒用的指。多端增益本然五德的情實的，是矯飾仁義的行為，而濫用外在的聰明。所以濫用視覺的，就會迷亂五色，淫惑文采，那青黃相錯的綵繡眩耀人眼的不就是嗎？離朱是始作俑者的人物。濫用聽覺的，會混雜五聲錯亂六律，那金石絲竹黃鐘大呂的聲音不就是嗎？師曠是始作俑者的人物。矯舉仁義的，就顯耀五德，損害本性以求名聲，那使天下百姓像鼓吹笙簧一樣，去追慕自己所不及的仁義法式不就是嗎？曾參、史鰌就是始作俑者的人物。多言詭辯的，蒐集像破瓦亂繩一樣無用的言語，斷章取義，專務於「堅白同異」之說，敝精疲神，企慕那沒有實用的理論，那不是嗎？楊朱、墨翟就是始作俑者的人物。所以這幾個人都是追求那多餘旁歧的道，不是天下至正的大道啊！（那至正之道是）用自然的正理，去正自然的性命。這樣才不致失掉性命的本然情實。這樣，就是足趾相連也不為合，手有六指也不為歧，長的不覺得是有餘，短的不覺得不足，所以小鴨的腳雖短，一定要把它接長起來，牠就憂愁了。鶴鳥的腳雖然長，要是砍斷它一節，牠反而要悲哀了。因此本性是長的不能砍斷它，本性是短的也不可以接長。（放任它們本性的自然）那就沒有什麼可憂愁的了。唉！那仁義不也是人本然所具有的嗎？那些仁人為什麼要憂心去追求仁義呢？再說那腳拇相連的，替他割開就會痛哭，手有六指，替他砍斷就會哀啼。這兩種一個是比固定的數太多，一個是不足，但憂愁痛苦卻是一樣。當今世上的仁人，張目愁思天下百姓的憂患，而不仁的人，又不惜分裂性命的本真，去追求富貴。難道仁義不是出於本性的嗎？然而自從夏商周三代以來，又何以都是諠騰奔競於仁義之途呢？要等待曲直規矩來矯正的，都是毀損本性。等待繩索約束膠漆黏固的，都是傷害道德。奉行禮樂，矯舉仁義，來安撫天下的人心，這是喪失人類的本性。天下事物有它本然的真性，這本然的真性，就是曲的不必用鉤，直的不假借繩，圓的不必用規，方的也無需矩。黏附不用膠漆，約束不用繩子。所以天下萬物自然都生長，但不知如何生長。一樣的都是稟受自然，但不知道受於自然的原因。這是古今不二的道理，人力不能虧損絲毫。既然如此，那麼仁義又為什麼要接續不斷像膠漆繩索一樣的，摻雜在道德的領域中呢？這將使天下人迷惑啊！小的迷惑，只是改變方向，大的迷惑，會改變本性，怎麼知道是這樣的呢？因為自從舜開始用仁義來號召天下，於是天下人沒有不奔競仁義的，這不是用仁義改變人的本性嗎？現在來談談這個道理，自從夏商周三代以來，天下人沒有不因外物而改變了他的本性。細民忘身求利，讀書人忘身求名，大夫則忘身為了采邑，聖人則忘身而為天下。這幾種人，所做的事情不同，名聲也不一樣，但他們損害本性忘身營求外物卻是一樣。譬如：有臧和穀兩個人，都是去牧羊，而失掉了羊群，問臧為什麼丟了羊，是因為在讀書，問穀為什麼丟了羊，是因為在賭博，(原因雖然不同) 但他們失掉羊卻是一樣啊！伯夷為名死在首陽山下，盜跖為利死在東陵山上，兩個人死因雖然不同，但他們殘害生命損傷本性都是一樣的，何必一定說伯夷是對的，盜跖是不對的呢？天下人都是為營求外物而忘身的啊！有的是忘身營求仁義的，那世俗就稱他是君子，有的是忘身而營求財貨的，世俗就稱他為小人。他們忘身營求外物都是一樣，而有君子小人的分別，如果就他們殘害生命損傷本性的立場說，那盜跖也和伯夷一樣的，又如何去區別君子和小人的不同呢？再說如果是改變本性去曲從仁義，(並非出於自然) 即使仁義修養像曾參、史鰌那樣通達，並不能認為是美好的。改變本性去品嚐五味，雖然識味像俞兒那樣高明，也不能認為是美好的。改變本性去辨別五聲，雖然辨音像師曠那樣通曉，也不能認為他的聽覺是美好的。改變本性去區別五色，雖然視覺像離朱那樣明徹，也不能認為他有美好的視覺的。我認為美好的，不是外在的仁義，是在於其性的自得罷了。我認為美好的，並不是一般人所講的五味，是純任本性的情實罷了。我所說的聽覺，並不是能聽到些什麼，而是出於自然的聽覺罷了。我所說的視覺，並不是求能看到些什麼，而是出於自然視覺罷了。假使不是出於自然的視覺，而想看到些什麼，不求自得而想得到些什麼，這是心逐外物使別人自得而不能找到自己的自得，快適他人的心意，而不能自適其心意。假使是快適他人的心意，而不能自適其意，那盜跖和伯夷，同樣是過分而乖僻的行為。我自愧沒有這種道德行為的修養，所以既不敢去營求仁義的德操，也不敢去做過分乖僻的行為。

馬蹄❶

馬，蹄可以踐霜雪，毛可以禦風寒，齕草❷飲水，翹足而陸❸，此馬之真性也。雖有義臺路寢❹，無所用之。及至伯樂❺，曰：「我善治馬。」燒之❻，剔之❼，刻之❽，雒之❾，連之以羈馽❿，編之以皁棧⓫，馬之死者十二三矣；饑之，渴之，馳之，驟之，整之，齊之，前有橛飾⓬之患，而後有鞭筴⓭之威，而馬之死者已過半矣。陶者⓮曰：「我善治埴⓯，圓者中規，方者中矩。」匠人曰：「我善治木，曲者中鉤，直者應繩。」夫埴木之性，豈欲中規矩鉤繩哉？然且世世稱之曰「伯樂善治馬而陶匠善治埴木」，此亦治天下者之過也。吾意善治天下者不然。彼民有常性，織而衣，耕而食，是謂同德；一而不黨，命曰天放⓰。故至德之世，其行填填⓱，其視顛顛⓲。當是時也，山無蹊隧，澤無舟梁；

萬物群生，連屬其鄉；禽獸成群，草木遂長。是故禽獸可係羈而遊，鳥鵲之巢可攀援而闚。夫至德之世，同與禽獸居，族與萬物竝，惡乎知君子小人哉！同乎無知，其德不離；同乎無欲，是謂素樸；素樸而民性得矣。及至聖人，蹩躠⑲為仁，踶跂⑳為義，而天下始疑矣；澶漫㉑為樂，摘辟㉒為禮，而天下始分矣。故純樸不殘，孰為犧尊㉓！白玉不毀，孰為珪璋㉔！道德不廢，安取仁義！性情不離，安用禮樂！五色不亂，孰為文采！五聲不亂，孰應六律！夫殘樸以為器，工匠之罪也；毀道德以為仁義，聖人之過也。夫馬，陸居則食草飲水，喜則交頸相靡㉕，怒則分背相踶㉖。馬知已此矣。夫加之以衡扼㉗，齊之以月題㉘，而馬知介倪闉扼鷙曼詭銜竊轡㉙。故馬之知而能至盜者，伯樂之罪也。夫赫胥氏㉚之時，民居不知所為，行不知所之，含哺而熙㉛，鼓腹而遊，民能已此矣。及至聖人，屈折禮樂以匡天下之形，縣跂㉜仁義以慰天下之心，而民乃始踶跂㉝好知，爭歸於利，不可止也。此亦聖人之過也。

【注　釋】❶馬蹄　本篇以馬作為比喻申述老子無為自化，清靜自正的道理。❷齕草　齕，齧。齕草就是吃草。❸翹足而陸　翹，舉。陸，跳。翹足而陸，舉足而跳的意思。❹義臺路寢　章太炎說：「義是巍的借字，巍臺就是高臺。路是大、正的意思。路寢就是正室。」❺伯樂　姓孫，名陽，字伯樂，秦穆公時善相馬的人。❻燒之　用燒熱的鐵去灼炙馬毛。❼剔之　剪馬的毛。❽刻之　削馬的蹄甲。❾雒之　雒即烙。以火烙馬的皮毛以為標誌。燒之、剔之、刻之、雒之語意略相似。❿連之以羈馽　絡首叫羈，絡足叫馽。拴頭繫足的意思。⓫編之以皁棧　皁，櫪。編木作櫪，像床，叫做棧，用以禦溼。⓬橛飾　銜叫橛，纓叫飾。用寶物裝飾馬鑣。⓭鞭筴　帶皮的叫鞭，無皮的叫筴，都是馬杖。⓮陶者　範土叫陶。陶者就是陶人。⓯埴　黏土叫埴，埴土可以為陶器。⓰天放　放與「倣」同。天這樣就跟著這樣，猶言任乎自然。宣穎說：「任天自在。」⓱填填　從容安詳的樣子。⓲顛顛　專一不他視的樣子。⓳蹩躠　錢賓四氏說：「猶言盤散。」跛行的樣子，不能行而強行。⓴踶跂　駐足用力。引申有知不可行而勉強用心力去做的意思。㉑澶漫　縱逸的意思。㉒摘辟　摘，摘取。辟，分析、煩碎的意思。㉓犧尊　酒器。刻為牛首，祭宗廟時用。㉔珪璋　上銳下方叫珪，半珪叫璋。都是玉器的名稱。㉕靡　同「摩」。㉖踶　踢的意思。㉗衡扼　扼同「軛」。橫木駕馬領叫衡軛。㉘月題　馬額上當頸如月形的樣子，所以叫月題。㉙介倪闉扼鷙曼詭銜竊轡　介倪猶睥睨，怒視的樣子。闉作「曲」解。扼同「軛」。闉軛，謂馬縮著脖子不伸，企圖捨軛而逃。鷙曼，謂馬性凶猛不馴，想奔逃不受控制。詭銜，狡猾吐出銜橛。竊轡，暗中咬齧轡頭。㉚赫胥氏　上古的帝王。㉛含哺而熙　極寫上古百姓無憂無慮的情狀。含哺，口中含著食物。熙，遊的意思。㉜縣跂　懸之使人企及。縣同「懸」。㉝踶跂　錢賓四氏說：「老子延頸舉踵，踶跂即舉踵義。」

【語　譯】馬，牠的蹄可以踐履霜雪，毛可以抵禦風寒，餓了就吃草，渴了就喝水，高興了就舉足而跳，這是馬真正的本性。雖然有高臺大殿給牠，也沒用處。以後有了伯樂，就說：「我會管理馬。」於是就用鐵燒牠，剪牠的毛，削牠的蹄，烙印以為記號，用勒絆來約束牠，用木編為櫪柵來安置牠。從此，馬死的十有二三了。讓馬飢餓、乾渴、奔馳、快跑，用衡扼使牠整飭，用鑣轡使牠劃一，馬前面有勒銜的憂患，後面有鞭策的威脅，而馬死的已經過半了。陶工說：「我會捏黏土，使它圓的合乎『規』，方的合乎『矩』。」木匠說：「我會削木，彎的合乎『鉤』，直的合乎『繩』。」那黏土、木材的本性，難道要合乎規、矩、鉤、繩嗎？然而後代稱說：「伯樂會管理馬，而陶工木匠會做黏土木材。」治理天下的也是這樣的過失啊！

我認為會治理天下的不是這樣。百姓有他的本性，織布而穿，耕田而食，這是眾所共有的通性，渾然一體而不偏私，這就名為「天放」。（順應自然，放任無為）所以太上淳和的時代，（百姓）行為各自滿足，舉動高直，游心淡泊。當那時候，（不伐不奪，不往不來）山間沒有小徑、道路，水澤沒有舟船、橋樑；（沒有國家的分別）萬物群生，鄉縣里閭，連繫在一起（性分自足，沒有併吞夷滅的欲望），禽獸成群，草木茂盛。所以可以和禽獸相處遨遊，可以爬到樹上，去看鳥鵲的巢窩。

至德的時代，和禽獸相混雜而居住，與萬物相處而生活，哪裡知道什麼君子小人的分別呢？（萬物）一樣的無知，不離其本真，一樣的無欲（各得自然之樂），這叫做「素樸」；素樸然後百姓才能得到真正的本性。後世聖人，勉強而行仁，用心去求義，而天下人就開始猜忌了；務為流蕩的音樂，煩碎的禮儀，而天下人開始分離了。所以純樸完整的木材不去雕殘它，誰能做犧尊器皿來！白玉不去琢毀它，誰能做出珪璋玉飾來！道德不廢棄，仁義又有何可取！情性不分離，禮樂有什麼用！五色要是不混亂，誰去做文采！五聲要是不混雜，誰來應和六律！雕殘木材以為器皿，是工匠的罪過，毀壞純樸的道德以為仁義，這是聖人的罪過啊！

那馬的本性在陸地就吃草喝水，高興時就交頸摩擦，憤怒時就背立而相踢，馬的本性只知道這些罷了！假如用衡扼來駕馭牠，用月題來限制牠，而馬就知道如何來睥睨怒視、曲頸猛突、詭詐吐銜、暗中齧轡來對抗了，所以馬的智力，竟能變成姦詐詭竊的地步，這是伯樂的罪過啊！

上古赫胥氏帝王的時代，百姓安居不知道做些什麼，(順性而動) 走路也不知道去什麼地方，口裡含著食物而嬉戲，吃飽飯而遨遊，百姓這樣無憂無慮的生活罷了！到了後世聖人治理天下，創設禮樂來改變天下人的行為，高懸著仁義為道德的標準，來安撫天下的人心，而百姓才開始竭力追求巧智，競逐利祿而不知停止，這也是聖人的過失啊！

胠篋❶

將為胠篋探囊發匱❷之盜而為守備，則必攝緘縢❸，固扃鐍❹，此世俗之所謂知也。然而巨盜至，則負匱揭❺篋擔囊而趨，唯恐緘縢扃鐍之不固也。然則鄉❻之所謂知者，不乃為大盜積者也？故嘗試論之，世俗所謂知者，有不為大盜積者乎？所謂聖者，有不為大盜守者乎？何以知其然邪？昔者齊國鄰邑相望，雞狗之音相聞，罔罟之所布❼，耒耨之所刺❽，方二千餘里。闔四竟之內，所以立宗廟社稷❾，治邑屋州閭鄉曲❿者，曷嘗不法聖人哉！然而田成子一旦殺齊君⓫而盜其國。所盜者豈獨其國邪？並與其聖知之法而盜之。故田成子有乎盜賊之名，而身處堯舜之安；小國不敢非，大國不敢誅，十二世有齊國⓬。則是不乃竊齊國，並與其聖知之法以守其盜賊之身乎？嘗試論之，世俗之所謂至知者，有不為大盜積者乎？所謂至聖者，有不為大盜守者乎？何以知其然邪？昔者龍逢斬，比干剖，萇弘胣⑬，子胥靡⑭，故四子之賢而身不免乎戮。

故跖⑮之徒問於跖曰：「盜亦有道乎？」跖曰：「何適而無有道邪！夫妄意室中之藏，聖也；入先，勇也；出後，義也；知可否，知也；分均，仁也。五者不備而能成大盜者，天下未之有也。由是觀之，善人不得聖人之道不立，跖不得聖人之道不行；天下之善人少而不善人多，則聖人之利天下也少而害天下也多。故曰，脣竭則齒寒⑯，魯酒薄而邯鄲圍⑰，聖人生而大盜起。掊擊聖人，縱舍盜賊，而天下始治矣。夫川竭而谷虛，丘夷而淵實。聖人已死，則大盜不起，天下平而無故矣。聖人不死，大盜不止。雖重聖人而治天下，則是重利盜跖也。為之斗斛⑱以量之，則并與斗斛而竊之；為之權衡⑲以稱之，則并與權衡而竊之；為之符璽⑳以信之，則并與符璽而竊之；為之仁義以矯之，則并與仁義而竊之。何以知其然邪？彼竊鉤㉑者誅，竊國者為諸侯，諸侯之門，而仁義存焉㉒。則是非竊仁義聖知邪？故逐於大盜，揭諸侯㉓，竊仁義并斗斛權衡符璽之利者，雖有軒冕之賞㉔弗能勸，斧鉞之威弗能禁。此重利盜跖而使不可禁者，是乃聖人之過也。故曰：「魚不可脫於淵，國之利器不可以示人㉕。」彼聖人者，天下之利器也，非所以明天下也。故絕聖棄知，大盜乃止；擿㉖玉毀珠，小盜不起；焚符破璽，而民朴鄙；掊斗折衡，而民不爭；殫殘㉗天下之聖法，而民始可與論議。擢亂六律㉘，鑠絕竽瑟㉙，塞瞽曠㉚之耳，而天下始人含其聰矣；滅文章，散五采，膠離朱㉛之目，而天下始人含其明矣；毀絕鉤繩而棄規矩㉜，攦工倕之指㉝，而天下始人有其巧矣。故曰「大巧若拙」。削曾史㉞之行，鉗楊墨㉟之口，攘棄仁義，而天下之德始玄同矣。彼人含其明，則天下不鑠矣；人含其聰，則天下不累矣；人含其知，則天下不惑矣；人含其德，則天下不僻矣。彼曾、史、楊、墨、師曠、工倕、離朱者，皆外立其德，而以爚亂㊱天下者也，法之所無用也。子獨不知至德之世乎？昔者容成氏、大庭氏、伯皇氏、中央氏、栗陸氏、驪畜氏、軒轅氏、赫胥氏、尊盧氏、祝融氏、伏戲氏、神農氏㊲，當是時也，民結繩而用之，甘其食，美其服，樂其俗，安其居，鄰國相望，雞狗之音相聞，民至老死而不相往來。若此之時，則至治已。今遂至使民延頸舉踵㊳曰，「某所有賢者」，贏糧㊴而趣之，則內棄其親，而外去其主之事，足跡接乎諸侯之境，車軌結乎千里之外。則是上好知之過也。上誠好知而無道，則天下大亂矣。何以知其然邪？夫弓弩畢弋機變㊵之知多，則鳥亂於上矣；鉤餌罔罟罾笱㊶之知多，則魚亂於水矣；削格羅落罝罘㊷之知多，則獸亂於澤矣；知詐漸毒頡滑堅白解垢同異㊸之變多，則俗惑於辯矣。故天下每每㊹大亂，罪在於好知。故天下皆知求其所不知而不知求其所已知者，皆知非其所不善而不知非其所已善者，是以大亂。故上悖㊺日月之明，下爍山川之精，中墮四時之施；惴耎之蟲㊻，肖翹㊼之物，莫不失其性。甚矣夫好知之亂天下也！自三代以下者是已，舍夫種種㊽之機而悅夫役役㊾之佞[50]，釋夫恬淡無為而悅夫啍啍[51]之意，啍啍已亂天下矣。

【注釋】❶胠篋　胠，從旁開物。篋，箱子。本篇引《老子》「聖人不死，大盜不止」之說，以闡發絕聖棄智而後天下才得太平的道理。❷匱　通俗加木作「櫃」。❸攝緘縢　攝，結。緘縢都是繩子。謂用繩紮緊箱、囊等物，使不鬆解。❹固扃鐍　扃，關鈕。鐍，鎖鑰。謂用鎖鑰鎖緊箱篋。❺揭　舉起；扛起。❻鄉　與「曏」同。猶言以前。❼罔罟之所布　罔罟，見〈逍遙遊〉注79。所布，猶言所及。網罟所及之處，指水上的面積。❽耒耨之所刺　耒，犁。耨，鋤。一說用木為鋤柄叫耨。刺，插入。耒耨所刺之地，指耕地的面積。❾宗廟社稷　宗廟，古代天子諸侯祭祀其祖先的處所。社稷，祭土神、穀神的處所。凡立國家，必有國君以管理人民，因必有宗廟。必須土地五穀以養民，故必有社稷。所以後世用宗廟社稷以代表國家。❿治邑屋州閭鄉曲　治是經營規劃。邑屋等都是古代的行政組織單位。古代六尺為步，百步為畝，百畝為夫，三夫為屋，三屋為井，四井為邑。五家為比，五比為閭，五閭為族，五族為黨，五黨為州，五州為鄉。鄭玄說：「二十五家為閭，二千五百家為州，萬二千五百家為鄉。」曲，猶言一隅。鄉曲，指鄉中一隅的地方。⓫田成子殺齊君　田成子，就是齊國大夫陳恆，是敬仲的七世孫。敬仲到齊後，食采於田，所以改為田氏。魯哀公十四年，田恆殺齊簡公。割安平到琅邪等地，為自己的封邑，到田恆的曾孫田和，把齊康公驅逐到海上，自立為齊侯。⓬十二世有齊國　從陳完逃亡到齊國改姓田氏計算起，到田恆共七世，田恆以後，到威王田齊又五世，合計恰十二世。莊子是宣王時人，所以不把宣王計算在內。俞樾說：「本文是說田成子，不當追從敬仲（田完的諡）數起，疑《莊子》原文，本作世世有齊國。言自田成子之後，世有齊國也。古書遇重字，止於字下作二字以識之，應作世二有齊國，傳寫者誤倒之，則為二世有齊國，於是其文不可通，而從田成子追數至敬仲，適及十二世，遂臆加十字於其上耳。」按俞說可從。⓭萇弘胣　萇弘，周敬王賢臣。胣，或作「肔」，作裂講，謂受到車裂的刑罰。一說胣為刳腸之刑。萇弘被殺事見《左傳・哀公三年》。⑭子胥靡　靡，爛。子胥因諫吳王夫差被誅殺，浮屍在江裡，任其靡爛。以上四事，說明暴君所以能夠任意殺戮賢臣，都是由於聖人的法制規定他有這樣的權威。⑮跖　古代大盜，亦稱盜跖。據說是柳下惠的從弟。⑯脣竭則齒寒　反舉其脣以向上，便感覺齒寒。竭，舉。⑰魯酒薄而邯鄲圍　邯鄲，趙國都。楚宣王使諸侯朝，魯恭公後至而酒薄，宣王怒，欲屈辱他。恭公不受命，就說：「我周公之胤，長於諸侯，行天子禮樂，勳在周室。我送酒已失禮，方責其薄，無乃太甚。」遂不辭而還。宣王怒，於是發兵與齊攻魯，時梁惠王常想攻趙，而怕楚國救援。楚既攻魯，所以梁得乘機圍邯鄲。此處比喻事雖不相關，但實相因，謂無起因就可以無事故。郭象注說：「夫竭脣非以寒齒而齒寒，魯酒薄非以圍邯鄲而邯鄲圍，聖人生非以起大盜而大盜起，此自然相生，必至之勢也。」這兩事是比喻，下文「聖人生而大盜起」才是正意。⑱斗斛　容量單位，十升叫斗，十斗叫斛。⑲權衡　用以稱量物的輕重。權，稱鎚。衡，稱梁。⑳符璽　符，分為兩片，合而成一，即所謂銅魚木契。璽是王者的玉印，用以號令天下。㉑鉤　腰帶鉤，此處指腰帶。比喻不值錢的東西。㉒存焉　王引之說「存焉」當作「焉存」。「焉」作「於是」講，說仁義於是乎存。此四句「誅」與「侯」為韻，「門」與「存」為韻，都在句末用韻。王說可從。㉓揭諸侯　謂居諸侯之上。揭，舉。引申有居其上的意思。《鄧析子》「揭」作「霸」，意與此相近。㉔軒冕之賞　謂賞他以高官。軒，大夫以上所乘的車子。冕，古代大夫以上的禮冠。㉕魚不可脫於淵二句　國之利器指聖人的法制。謂魚失掉水便為人所捉，聖人的法典公開地向人宣示，便為大盜所利用。㉖擿　與「擲」同。投棄。㉗殫殘　殫，盡。殘，毀的意思。㉘擢亂六律　《莊子義證》說：「擢，疑借為攪，幽宵聲類最近。《說文》說：攪，亂也。」律管合陽聲的叫律。六律見〈駢拇〉注⑩。六律有長短之序，現在把六律攪亂，使其不可用。㉙鑠絕竽瑟　謂焚棄銷毀樂器，聲音才可以合乎自然。鑠，銷毀。竽形與笙相似，並布管於匏內，施簧於管端，瑟長八尺一寸，闊一尺八寸，二十七絃，相傳是伏犧所造。㉚瞽曠　春秋時晉國的樂師，相傳他能審音以占吉凶。曠，師曠。古代樂官多係瞽者，所以稱為瞽曠。㉛離朱　即離婁。慎子說：「離朱之明，察毫末於百步之外。」㉜而棄規矩　阮毓崧引王引之說：

「而即然，燃的本字，『燃棄規矩』與上句『毀絕鉤繩』為對文。」㉝攦工倕之指　攦，折斷的意思。工倕，堯時巧匠，作規矩之注。㉞曾史　曾參與史鰌。曾參，孔子弟子，有孝行。史鰌，春秋時衛國的大夫，衛靈公不用蘧伯玉而親信彌子瑕，史鰌自殺以尸諫，靈公終於進用蘧伯玉而斥退彌子瑕，因此孔子稱他為正直的人。㉟楊墨　楊朱與墨翟，皆好口辯。㊱爚亂　梁啟雄說：「疑作迷亂、惑亂解。」㊲容成氏句　以上十二氏，都是古代帝王，當時未有史籍，不知其次第前後。㊳延頸舉踵　伸長脖子，提起腳跟。㊴贏糧　裹糧、擔糧的意思。《方言》說：「齊楚陳宋之間儋叫做裹。」㊵弓弩畢弋機變　弓有臂的叫弩。網有柄的叫畢。帶繩的箭叫弋。弩上發矢的機關叫機。變為「磻」的假借字。用石做的矢箭叫磻。㊶鉤餌網罟罾笱　木做鈞叫鉤，釣就是鉤。魚食叫餌。網罟見〈逍遙遊〉注79。罾是一種像傘蓋的魚網。笱是捕魚的竹器。㊷削格羅落罝罘　格，木長、長枝為格。削格都是張羅網的東西。落即絡。羅絡是捕獸機檻。兔網叫做罝。罘是捉獸用的翻車。㊸知詐漸毒頡滑堅白解垢同異　知，智巧。漸，詐的意思。知詐漸毒，四字意義相同，都謂欺詐。頡滑，不正的話，猶言顛倒錯亂。堅白，即堅白論，為戰國時詭辯家辯論的題目之一。解垢，詭曲的言辭。同異，合同異是詭辯家惠施的學說，惠施學說見〈天下〉。㊹每每　即夢夢，昏昏的樣子。㊺悖　亂。㊻惴耎之蟲　惴耎，蠕動的意思。就是沒有足的蟲。㊼肖翹　飛蟲蜂蝶之類。肖，小。翹，輕的意思。㊽種種　淳樸忠厚的樣子。㊾役役　狡黠的樣子。㊿佞　巧言諂媚的人。51哼哼　形容誨人不倦的樣子。哼同「諄」。

【語　譯】要防備開箱、探囊、發櫃的小偷偷竊，必定要把箱櫃等東西用繩子捆好，用鎖鎖好，這便是世俗上所謂聰明人。但是大盜來了，背著櫃，提起箱，挑著行囊而跑，唯恐你繩子綑得不緊，鎖得不牢，這樣看起來，過去所謂聰明人，不就是替大盜做預備的工作嗎？

姑且嘗試談論這件事，世俗上所謂聰明人，哪個有不替大盜做鋪路工作的嗎？所謂聖人，哪個有不替大盜看守的呢？為什麼知道會這樣呢？（舉個例子說吧，）從前齊國人口眾多，鄰里鄉邑相連，雞犬的聲音可以聽得到，可以用罔罟捕魚及用耒耨耕種的範圍，不下二千餘方里，全國的境內，凡是用為建立宗廟社稷，來管理邑屋州閭鄉曲的，哪裡有不效法聖人建立國家的規模呢？然而田成子一旦殺了齊君（簡公）而竊據他的國家，這被竊據的豈僅是他的國家呢？連聖人所建立的規模法則也都被消滅了。所以田成子雖有巨盜之名，然而卻像堯舜那樣的安寧，小國家不敢非議他，大國不敢誅伐他，子孫做齊國的國君，已經有很多代了，這不就是盜竊齊國，並盜竊聖人所建立的規模法則，而用為保護巨盜本身的安全嗎？

姑且嘗試談論，世俗上所謂最聰明的人，也沒有不替大盜儲積的哩，所謂超聖人，沒有不替大盜看守的哩！怎麼知道是這樣的呢？（譬如說）從前關龍逢被殺，比干被剖心，萇弘被車裂，子胥屍體被投江裡，任其腐爛，四個人是那麼賢能而還不免被殺。（暴君所以能夠任意殺戮賢臣，也是由於聖人的法制規定他有這樣的權威。）所以盜跖的徒弟問盜跖說：「盜也有道嗎？」盜跖說：「哪裡沒有聖人的道理呢？」猜測室中有沒有寶藏，這就是先知的聖德，首先進入，這就是勇德，最後出來，這就是義德，知道可以幹就幹，不可以便停止，這就是智德，分贓很公平，這就是仁德，這五種道德如果不具備而能夠成為大盜的，可以說是全天下所沒有的事。這樣看來，善人沒得到聖人的道就不能立身，盜跖沒有得到聖人的道就不能行，天下的善人少，而不善人多，那麼，聖人利天下的很少，害天下的卻很多，所以說：唇向上舉，齒就覺得寒冷，魯國酒薄因而邯鄲被圍，聖人生而大盜就起來了。（雖然兩者沒有直接的關係，但彼此卻互相牽連著。）因此，要打倒聖人，釋放盜賊，然後天下可以大治了。就像那河川水枯竭了，然後山谷才能空虛，丘陵剷平了，然後深淵才能填平，聖人死了，大盜才不會產生，那時天下也就太平無事了。

（因此說）聖人不死，大盜不止。雖借重聖人治理天下，只是增加盜跖的利益罷了，有了斗斛來量米穀，就有利用斗斛來做詐偽的事，有了權衡來稱東西，就有利用權衡來做欺騙的事，有了符璽做為信物，就有假造符璽的事，有了仁義來糾正人的行為，就有假借仁義來做虛偽的事。怎麼知道是這樣的呢？沒有看那偷竊很小的腰帶就被誅殺，竊君位的人反而為諸侯，而諸侯家裡所做的，都合乎仁義，這不是假藉仁義聖智來為非作歹嗎？所以隨順大盜，劫奪諸侯，假藉仁義以及利用斗斛權衡符璽以不正當手段取得利益的事，雖然有高官厚爵的重賞也不能勸止，斧鉞嚴刑的威嚇也不可禁絕，這樣使盜跖得到優厚利益以至於不能禁絕，是聖人的過失啊！

因此說：「魚不可以離開深淵，國家的名器不可以明告人。」所謂聖人的法制，就是治理天下的利器，不可以公開使天下人知道。所以禁絕聖人拋棄智慧，大盜才能夠止息；投擲玉物，毀棄珠玉，小盜才不會產生；焚燒符信，毀壞印璽，百姓自會樸實；剖擊斗斛，折斷權衡，百姓自然不會爭執；盡毀天下的聖法，而後才可以和百姓論議高妙道德的境界。廢除六律，消絕竽瑟，塞住師曠的耳朵，而後天下人才能恢復真正的聽覺；毀滅文章捨棄五采，迷亂離朱的眼睛，天下人才能恢復真正的視覺；毀絕正曲直的鉤繩，廢棄畫方圓的規矩，割折工倕的手指，而後天下人才能夠有真正的巧妙技藝，所以說：「大巧的人就像笨拙。」削除曾參、史鰌忠信的行為，鉗閉楊朱、墨翟浮誕的口辯，拋棄仁義，而後天下人的道德才能「玄同」。如果人人不自炫他的視覺，那麼天下就不消鑠了；人人不自炫他的聽覺，那麼天下就不憂患了；人人不自炫他的智慧，天下就不迷惑了；人人不自炫其德，天下就不淫邪了。曾參、史鰌、楊朱、墨翟、師曠、工倕、離朱，都以外炫的德性去迷亂天下，那是法度所沒有的啊！

你不知道至德的時代嗎？從前容成氏、大庭氏、伯皇氏、中央氏、栗陸氏、驪畜氏、軒轅氏、赫胥氏、尊盧氏、祝融氏、伏羲氏、神農氏，在那時候，百姓（沒有過分的企求）用結繩以記事，吃的適口，穿的合身，風俗純樸，居住安適，都邑相連，可以聽到雞狗的叫聲。百姓到老死都不需要往來。像這樣美滿的時代，可以說是真正的太平了。現在弄到使百姓抬頭仰望提起腳跟尋求安居的地方，說：「某地方有賢人。」於是背著糧食去依從，內棄雙親不顧孝道，外拋君主不盡本職，腳跡接連在別國諸侯的國境，車馬聚集在千里遠的地方，這都是上位喜歡聖智的過失啊！

在上位的人如果喜歡智慧而無道，天下就大亂了，怎麼知道是這樣的呢？（譬如說）弓、箭、畢、弋、機弩、矢磻的東西多了，空中的鳥就困擾了，鉤、餌、網、罟、罾、笱的東西多了，水中的魚就混亂了，削、格、羅、落、罝、罘的東西多了，水澤中的野獸就慌張了，知道欺詐、侵陵、毒害、糾纏、滑稽的言論如堅白、解垢、同異的學說多了，則世人就被口辯迷惑了，所以天下就昏昏沉沉的大亂起來，都是喜歡機智的過失，天下人都知道追求不知道的外在知識，而沒有人知道去追求已經具有的內在本性，都知道批評別人不善的過失，而不知道批評本身自以為善的錯誤，所以天下就大亂了。以至於蒙蔽日月的光明，消滅山川的英華，擾亂四時的運行，即使無足的爬蟲和細微的植物沒有不失去本性的。唉！喜好聖智而擾亂天下會到這個地步哩！自三代以下就都是這樣的，拋棄淳謹樸厚的百姓，喜歡狡黠技巧的人才，不用恬靜淡泊無為的政策，反而喜歡表現自己才能去教誨別人，這樣的表現自己才能來教誨別人，於是天下就大亂了。

在宥❶

聞在宥天下，不聞治天下也。在之也者，恐天下之淫其性也；宥之也者，恐天下之遷其德也。天下不淫其性，不遷其德，有治天下者哉！昔堯之治天下也，使天下欣欣焉人樂其性，是不恬也；桀之治天下也，使天下瘁瘁焉❷人苦其性，是不愉也。夫不恬不愉，非德也。非德也而可長久者，天下無之。人大喜邪？毗於陽❸；大怒邪？毗於陰。陰陽並毗，四時不至，寒暑之和不成，其反傷人之形乎！使人喜怒失位，居處無常，思慮不自得，中道不成章❹，於是乎天下始喬詰卓鷙❺，而後有盜跖曾史之行。故舉天下以賞其善者不足，舉天下以罰其惡者不給，故天下之大不足以賞罰。自三代以下者，匈匈❻焉終以賞罰為事，彼何暇安其性命之情哉！而且說明邪？是淫於色也；說聰邪？是淫於聲也；

說仁邪？是亂於德也；說義邪？是悖於理也；說禮邪？是相於技也；說樂邪？是相於淫也；說聖邪？是相於藝也；說知邪？是相於疵也。天下將安其性命之情，之八者，存可也，亡可也；天下將不安其性命之情，之八者，乃始臠卷獊囊⑦而亂天下也。而天下乃始尊之惜之，甚矣天下之惑也！豈直過也而去之邪！乃齊戒⑧以言之，跪坐以進之，鼓歌以儛之，吾若是何哉？故君子不得已而臨蒞天下，莫若無為。無為也而後安其性命之情。故貴以身於為天下，則可以託天下；愛以身於為天下，則可以寄天下。故君子苟能無解其五藏，無擢⑨其聰明；尸居而龍見⑩，淵默而雷聲⑪，神動而天隨⑫，從容無為而萬物炊累⑬焉。吾又何暇治天下哉！

崔瞿問於老耼曰：「不治天下，安臧人心？」老耼曰：「汝慎無攖人心，人心排下而進上，上下囚殺⑭，淖約柔乎剛強⑮。廉劌彫琢⑯，其熱焦火，其寒凝冰。其疾俛仰之間而再撫四海之外，其居也淵而靜，其動也縣而天。僨驕而不可係⑰者，其唯人心乎？昔者黃帝始以仁義攖人之心，堯舜於是乎股無胈，脛無毛⑱，以養天下之形，愁其五藏以為仁義，矜其血氣以規法度。然猶有不勝也，堯於是放讙兜於崇山⑲，投三苗於三峗⑳，流共工於幽都㉑，此不勝天下也，夫施及三王而天下大駭矣。下有桀跖，上有曾史，而儒墨畢起。於是乎喜怒相疑，愚知相欺，善否相非，誕信相譏，而天下衰矣；大德不同，而性命爛漫㉒矣；天下好知，而百姓求竭矣。於是乎釿鋸制焉，繩墨殺焉，椎鑿決焉。天下脊脊㉓大亂，罪在攖人心。故賢者伏處大山嵁巖㉔之下，而萬乘之君憂慄乎廟堂之上。今世殊死者㉕相枕也，桁楊㉖者相推也，刑戮者相望也，而儒墨乃始離跂攘臂㉗乎桎梏之間。意，甚矣哉！其無愧而不知恥也甚矣！吾未知聖知之不為桁楊椄槢㉘也，仁義之不為桎梏鑿枘㉙也，焉知曾史之不為桀跖嚆矢㉚也！故曰『絕聖棄知而天下大治。』

黃帝立為天子十九年，令行天下，聞廣成子㉛在於空同㉜之上，故往見之，曰：「我聞吾子達於至道，敢問至道之精。吾欲取天下之精，以佐五穀[33]，以養民人，吾又欲官陰陽，以遂群生，為之奈何？」廣成子曰：「而所欲問者，物之質也；而所欲官者，物之殘也。自而治天下，雲氣不待族而雨，草木不待黃而落，日月之光益以荒矣。而佞人之心翦翦[34]者又奚足以語至道？」黃帝退，捐天下，築特室，席白茅，閒居三月，復往邀之。廣成子南首而臥，黃帝順下風膝行而進，再拜稽首而問曰：「聞吾子達於至道，敢問，治身奈何而可以長久？」廣成子蹶然而起[35]，曰：「善哉問乎！來！吾語女至道。至道之精，窈窈冥冥；至道之極，昏昏默默。無視無聽，抱神以靜，形將自正。必靜必清，無勞女形，無搖女精，乃可以長生。目無所見，耳無所聞，心無所知，女神將守形，形乃長生。慎女內，閉女外，多知為敗。我為女遂於大明之上矣，至彼至陽之原也；為女入於窈冥之門矣，至彼至陰之原也。天地有官，陰陽有藏，慎守女身，物將自壯。我守其一，以處其和，故我修身千二百歲矣，吾形未嘗衰。」黃帝再拜稽首曰：「廣成子之謂天矣！」廣成子曰：「來！余語女。彼其物無窮，而人皆以為終；彼其物無測，而人皆以為極。得吾道者，上為皇而下為王；失吾道者，上見光而下為土。今夫百昌皆生於土而反於土，故余將去女，入無窮之門，以遊無極之野。吾與日月參光，吾與天地為常，當我，緡[36]乎！遠我，昏乎！人其盡死，而我獨存乎！」

雲將東遊，過扶搖[37]之枝而適遭鴻蒙。鴻蒙方將拊髀雀躍而遊。雲將見之，倘然止[38]，贄然[39]立，曰：「叟何人邪？叟何為此？」鴻蒙拊髀雀躍不輟，對雲將曰：「遊！」雲將曰：「朕願有問也。」鴻蒙仰而視雲將曰：「吁！」雲將曰：「天氣不和，地氣鬱結，六氣不調，四時不節。今我願合六氣之精，以育群生，為之奈何？」鴻蒙拊髀雀躍掉頭曰：「吾弗知！吾弗知！」雲將不得問。又三年，東遊，過有宋之野而適遭鴻蒙。雲將大喜，行趨而進曰：「天忘朕邪？天忘朕邪？」再拜稽首，願聞於鴻蒙。鴻蒙曰：「浮遊，不知所求；猖狂，不知所往；遊者鞅掌[40]，以觀無妄。朕又何知！」雲將曰：「朕也自以為猖狂，而民隨予所往；朕也不得已於民，今則民之放也。願聞一言。」鴻蒙曰：「亂天之經，逆物之情，玄天弗成；解獸之群，而鳥皆夜鳴；災及草木，禍及止蟲。意，治人之過也！」雲將曰：「然則吾奈何？」鴻蒙曰：「意，毒哉！僊僊乎歸矣[41]。」雲將曰：「吾遇天難，願聞一言。」鴻蒙曰：「意，心養。汝徒處無為，而物自化。墮爾形體，吐爾聰明，倫與物忘[42]；大同乎涬溟[43]。解心釋神，莫然無魂。萬物云云，各復其根，各復其根而不知；渾渾沌沌，終身不離；若彼知之，乃是離之。無問其名，無闚其情，物故自生。」雲將曰：「天降朕以德，示朕以默；躬身求之，乃今也得。」再拜稽首，起辭而行。

世俗之人，皆喜人之同乎己而惡人之異於己也。同於己而欲之，異於己而不欲者，以出乎眾為心也。夫以出乎眾為心者，曷常出乎眾哉！

因眾以寧，所聞不如眾技眾矣。而欲為人之國者，此攬乎三王之利而不見其患者也。此以人之國僥倖也。幾何僥倖而不喪人之國乎！其存人之國也，無萬分之一；而喪人之國也，一不成而萬有餘喪矣。悲夫，有土者之不知也！夫有土者，有大物也。有大物者，不可以物；物而不物，故能物物。明乎物物者之非物也，豈獨治天下百姓而已哉！出入六合，遊乎九州，獨往獨來，是謂獨有。獨有之人，是之謂至貴。

大人之教，若形之於影，聲之於響。有問而應之，盡其所懷，為天下配。處乎無響，行乎無方。挈汝適復之撓撓[44]，以遊無端；出入無旁[45]，與日無始[46]；頌論形軀，合乎大同，大同而無己。無己，惡乎得有有！覩有者，昔之君子；覩無者，天地之友。

賤而不可不任者，物也；卑而不可不因者，民也；匿而不可不為者，事也；麤而不可不陳者，法也；遠而不可不居者，義也；親而不可不廣者，仁也；節而不可不積者，禮也；中而不可不高者，德也；一而不可不易者，道也；神而不可不為者，天也。故聖人觀於天而不助，成於德而不累，出於道而不謀，會於仁而不恃，薄於義而不積，應於禮而不諱，接於事而不辭，齊於法而不亂，恃於民而不輕，因於物而不去。物者莫足為也，而不可不為。不明於天者，不純於德；不通於道者，無自而可；不明於道者，悲夫！何謂道？有天道，有人道。無為而尊者，天道也；有為而累者，人道也。主者，天道也；臣者，人道也。天道之與人道也，相去遠矣，不可不察也。

【注釋】❶在宥　在，自在。宥，寬的意思。意謂聖賢放任無為，使百姓自在寬宥，則天下清平。若立教以統治之，則迷失其性，天下就大亂了。本篇大致都是闡述老子無為的政治思想。❷瘁瘁焉　憂慮的樣子。瘁，憂。❸毗於陽　毗有傷的意思。毗陽毗陰，謂傷陰陽之和。❹中道不成章　成章，謂有條理。不成章就失中道了。❺喬詰卓鷙　喬，好高而過當。詰，議論相詰責。卓，孤立。鷙，猛厲。都是形容不和的意思。❻匈匈　諠譁的聲音。匈同「詾」。❼臠卷愴囊　臠卷，局束不伸舒的樣子。愴囊，多事的樣子。❽齊戒　齊同「齋」。齋戒，謂潔淨自身表示謹敬的意思。❾擢　抽；拔。引申有顯耀過用的意思。❿尸居而龍見　尸居就是其居如尸，〈曲禮〉所謂「坐如尸」。龍，文采。尸居無為，但威儀可以為法則，自然而有文采，所以說尸居而龍見。⓫淵默而雷聲　謂雖然不言而道德自然動人。淵，靜。淵默，默而不言。雷聲以喻動人。⓬神動而天隨　動容周旋皆合天理。神，精神。天，天理。⑬炊累　野馬塵埃生物以息相吹的意思。像日光照虛室時在日影中的微塵。炊，動也。累，微細而累多。⑭囚殺　自累自苦的意思。⑮淖約柔乎剛強　剛強的人或被淖約所柔。淖約，儇美也。⑯廉劌彫琢　廉，務名。劌，傷的意思。有廉隅的人務為名行必受損傷。彫琢，磨礱的意思。⑰僨驕而不可係　謂憤戾驕矜不可禁制。僨同「憤」。⑱股無胈脛無毛　謂股瘦無白肉，脛禿無細毛，形容心形顛瘁。胈，白肉。⑲放讙兜於崇山　相傳古代帝鴻氏有不才子，天下謂之渾沌，就是讙兜，與共工同黨，被流放在崇山。⑳投三苗於三峗　縉雲氏有不才子，天下謂之饕餮，就是三苗。擁兵作亂被驅於三峗。三峗就是秦州西羌地方。㉑流共工於幽都　少昊氏有不才子，天下謂之窮奇，就是共工。為堯水官，不遵堯化，被放逐到幽都。幽都就是現在幽州。㉒爛漫　散亂的意思。㉓脊脊　混亂的樣子。和「籍籍」同。㉔嵁巖　深巖。嵁和「湛」同。湛，深的意思。㉕殊死者　決定當死的人。㉖桁楊　刑械的意思，用以夾腳及頸。㉗離跂攘臂　離跂，用力的樣子。攘臂，奮手言談，自許自高的樣子。㉘椄槢　械楔。械不楔不牢。大木的為柱梁，小的為椄槢。㉙鑿枘　鑿即孔。以物納孔中叫枘。㉚嚆矢　矢發時有吼猛聲的叫嚆矢。俗謂響箭。盜賊劫財，必先發響箭以示警。㉛廣成子　即老子別號。㉜空同　山名，在梁國虞城東三十里。㉝五穀　黍、稷、菽、麻、麥。㉞翦翦　狹劣的樣子。㉟蹶然而起　驚而急起的樣子。㊱緡　與「昬」同義，都是無心的意思。㊲扶搖　神木。㊳倘然止　忽然而止的樣子。㊴贄然　不動的樣子。㊵遊者鞅掌　鞅掌，紛紜眾多的意思。遊者鞅掌，謂遊於舉世紛紜眾多的事物中。㊶毒哉僊僊乎歸矣　郭注說：「毒，言治人之過深。僊僊，坐起之貌，嫌不能隤然通放，故遣使歸。」據此，「歸矣」，是鴻蒙使雲將歸。但宣穎意見與郭注不同，他注「歸矣」說：「將棄雲將而去。」按林希逸說：「仙仙乎，急去之貌，言汝已自毒自苦，急急歸去，不必問我。」意與郭注略同，今譯文從之。㊷倫與物忘　泯沒而與物相忘，而後才能大同乎涬溟。倫同「淪」，泯沒的意思。㊸大同乎涬溟　無形無跡，未見有元氣之始。即同於無物的意思。㊹撓撓　動而不止的樣子。㊺無旁　四面皆無極。林西仲說：「獨往獨來，無所依傍也。」㊻與日無始　林希逸說：「不見其所終，安知其所始。」

【語 譯】聽說無為自在寬宥對待天下，沒有聽說有為去治理天下，使天下無為自在，是恐怕天下人忘掉他的本性，使寬宥，是恐怕天下人喪失他的本德。天下人不忘掉本性，不喪失本德，那還用去治理天下嗎？從前堯治理天下，使天下人很高興的樣子，每個人都舒適的過著快樂的生活，這是使天下不能安靜。桀治理天下，使天下人憂愁的樣子，都以苛政損害人性為苦，這是不能使天下人歡樂。不能使天下人安靜與歡樂，都不是百姓本然的德性，用損害本然德性的行為來治理天下，而國家可以長久存在的，是天下所沒有的事。人過於喜悅，就會傷害陽氣，過於憤怒，會侵損陰氣。陰陽二氣破壞不調，四時就不順，寒暑的氣節因而不和，這樣恐怕就會殘傷人體了。使人喜怒失常，居處不定，思慮不安，行為就失去正道沒有條理了，於是乎天下才矯情詐偽心氣乖戾，因而有盜跖、曾參、史魚等善惡的行為，（善惡既顯著，必有賞罰，這樣的話）就是盡用天下的寶藏也不夠來賞善，用天下的斧鉞也不足以罰惡，因此天下怎麼的大，也不足以賞罰。自三代以後，統治天下的，喧譁競逐，始終用賞罰為治理天下的手段，百姓情性怎麼可以寧靜呢？再說那偏愛視看的，是迷五色。偏愛聽覺的，是喜好聲樂。偏愛仁的，是亂五德。偏愛義的，是背於理。偏愛禮的，是助長浮華的技巧。偏愛樂的，是助長淫聲。偏愛聖的，是助長百姓勞苦追求業績。偏愛智的，是助長評判是非的弊病。天下百姓如果各安於性命之本情，這八種（明、聰、仁、義、禮、樂、聖、智）存在也可以，亡失也可以。天下百姓如果不安於性命之本情，這八種才開始不自然的紛擾天下，而天下才開始尊崇它，珍惜它，唉！天下人的迷惑已到達極點了啊！（這八種）豈但是過去之後不應再提到它，簡直可以棄置不顧的啊！而天下人反而齋戒談論它，跪坐進獻它，歌舞讚美它，我又有什麼辦法呢？所以君子不得已而統治天下，不如無為。無為而後天下百姓的情性才可以安寧。所以視自身的安寧較治理天下重要的人，就可以託付天下。愛自身較治理天下為先的人，就可以治理天下。所以君子如果能不傷害五臟的精靈，不顯耀聰明的功用，靜時像神主一樣寂泊無為而自然有威儀，沉默不言而道德自然感動人，精神有所歸向而動作自然合乎天理，從容無為萬物像微塵一般的自在游動。我又何必去治理天下呢？

崔瞿問老聃說：「不去治理天下，如何使人心向善。」老聃說：「你小心謹慎不要傷害人本善的心。人心容易搖蕩，不得志則居下，得志時則在上，上下不已，因此自累自苦，不能安適，柔弱的可以制服剛強。追求聲譽，傷害本性，雕琢名行的，順心則熱如焦火，失志則寒比冰雪。心情的變化，在極短促的俯仰之間，像撫臨四海之外，平居心志不動，像深淵的靜寂，心念突起，希高慕遠，又像懸繫天上一樣。憤發驕矜不能禁制的，恐怕就是人心了。從前，黃帝開始用仁義來鼓舞人心，於是堯舜競相倣效，以至於股瘦沒有白肉，腿上沒有細毛，以求天下人形體之安適，五內憂愁來勉行仁義以為規矩，矜苦心志來樹立法度以為楷模，雖然這樣勞苦，但還是不能改變天下人心志，仍舊有驩兜作亂，堯驅逐他在崇山，趕去三苗於三峗，流放共工去幽州，這都是對天下人無可奈何的啊！到了夏、商、周三代，更使天下擾亂驚懼。一方面有夏桀、盜跖的殘暴，一方面有曾參、史鰌的德行，因而儒家、墨家議論紛起，於是乎喜怒是非互相猜疑，愚昧智者，互相欺侮，善與不善互相批評攻訐，虛誕與信實，自相譏誚，糾紛不止，天下風氣因而衰敗了。道德分裂不純，而性命之理就散亂了；天下好求無涯的智識，智識必有窮盡的時候，百姓就枯竭了。因此有斧鉞刀鋸的產生，繩墨規矩的糾正，椎鑿肉刑的設立，於是天下相踐籍而大亂。這種錯誤，這都是鼓動人心的過失啊！所以賢能的人隱居在高山深巖之中，而萬乘的國君恐懼憂慮在朝廷之上。當今，判決當死的相枕藉，服刑帶械的相連推擁，受刑誅戮的相連接，而後儒家、墨家才開始努力奮勉於桎梏之間（，以求挽救當世的敝政）。唉！太極端了，那也太不知道慚愧羞恥了，我不知聖智不就是刑罰械具產生的根源呢！仁義不就是桎梏鑿枘的憑藉呢！又哪裡知道曾參、史鰌的行為不就是夏桀、盜跖的準則呢？所以說：『斷絕聖賢拋棄智慧，天下就太平了。』」

黃帝在位十九年，教令通行天下，聽說廣成子（即老子）在空同山上，所以就去看他，說：「我聽說夫子已經達到至道的境界，請問至道境界的精氣是什麼？我想用天地的精氣，助長五穀的成熟，以養百姓，我又想要調和陰陽以順萬物的情性，要怎麼辦？」

廣成子說：「你所要問的，是萬物的本質，你所要做的，卻是摧殘萬物的。自從你治理天下，雲氣不等待聚集就下雨，草木不等待枯黃就掉下，日月的光耀，逐漸昏晦不明。你這佞人淺陋的心志，又何能了解至道的境界哩！」

於是黃帝退位，拋棄天下，特別蓋一間清靜的居室，鋪著潔白的茅草，這樣過了三個月，再去請見。

廣成子向南躺在床上休息，黃帝順著下風跪著膝行上前去，深拜叩頭而問說：「聽夫子已達到至道的境界，請問，如何修身才可以長久生存？」廣成子驚異很快的坐起來，說：「你問得很好！來！我告訴你至道的境界。至道的精氣，幽遠冥漠而不可窮究，至道的極境，細微寂寥而不能看見，不要求去看，不要求去聽，專一精神清靜無為，形體自然正。必定要靜神，必定要清心，不要勞動你的形體，不要搖蕩你的精神，就可以長生了。眼睛不去看什麼，耳朵不去聽什麼，心裡就不會思慮，你的精神將與形體冥合，形體就長生了。不要動搖你的心志，不要受外物的影響而動心，(不識不知而後德全) 多用心智——是禍敗的根源，我助你上去太虛的空中，到達那至陽的境地，我送你歸入幽遠寂寥的地方，到達那至陰的境地。天地司管日月星辰與金木水火土，滋生萬物，陰陽各居其所有它固守的府藏。注意修養你的形體，萬物都會自然壯大，不必勞心為它經營。我只專一心志處於恬淡中和的境地，所以我已活了一千二百歲了，形體還沒有衰老的現象。」

黃帝深拜叩頭說：「廣成子可以說是和天同體了。」

廣成子說：「來！我告訴你，萬物的變化是沒有窮盡的，但世人卻以為是有終始，萬物的變化是不可測度的，但世人卻以為是有極限，得到我的道的，在上可以為皇，在下可以為王，喪失我的道的，懵然無知，活時只能上看日月之光，死時化為土壤。現在萬物昌盛，都生在土中，等到凋敗，又落在土中，所以我將離開人間，到無窮盡的道途，遊沒有極限的曠野，我和日月同樣光明，和天地同樣久長，向我而來時泯然而不知，離我遠去時，也昏昧而無識。眾人認為有生有死，所以必有死的一天，而我了解死生如一的道理，所以就永遠存在了。」

雲將到東方遊玩，經過日出的地方而恰巧碰到鴻蒙。鴻蒙正在拍腿跳躍高興的遨遊。雲將看見了，驚異的停下，恭敬的站著問說：「老丈是什麼人？在這裡幹什麼？」鴻蒙拍腿跳躍不停，對雲將說：「遨遊呀！」雲將說：「我有事請教你。」鴻蒙抬頭看雲將說：「嗯！」雲將說：「天氣不和，地氣鬱結，六氣不調，四時不明，現在我希望集結六氣的精靈，用來養育萬物，要怎麼辦？」鴻蒙拍腿跳躍搖頭說：「我不知道！我不知道！」雲將不能再問。過了三年，又到東方去遊玩，經過宋國的邊境碰到鴻蒙。雲將很高興，趕快跪前面去，說：「你忘記了我吧？你忘記了我吧？」深拜叩頭，希望聽鴻蒙的教示。鴻蒙說：「我順興而遊，沒有什麼企求，無心隨便做，不知道去哪裡，遊心至紛紜雜沓的境界，觀察萬物的本真，我又能知道些什麼呢？」雲將說：「我也自以為無心隨便做，而百姓隨我而做，我也是不得已而管理百姓，現在成為百姓倣效的對象了。希望聽聽其中的道理。」鴻蒙說：「假使混亂自然的常道，背逆萬物的真性，不能達到自然教化的境地；（假使倣效治跡）群獸將驚懼而離散，夜鳥都將會恐駭而飛鳴。草木會有災，昆蟲也會有禍，唉！這是管理百姓的過失啊！」雲將說：「這樣說，我要怎麼辦？」鴻蒙說：「唉！這是自我毒害啊！趕快回歸本源，不要再問了。」雲將說：「我碰到自然的災難，希望聽聽你的意見。」鴻蒙說：「唉！要自養其心。你只要無為，萬物各會自生自化，忘掉你的形體，拋棄你的聰明，內心和外物都忘去，就與自然大氣混同了。解去有為的心，遣去有知的神，無知的樣子像沒有魂魄。萬物紛紜，都不離死生自然的變化，最後還是復歸本根，復歸本根而又不知其所以然；任其自然，渾渾沌沌的，才能終身不離本根，假使是知道的話（就與道分而為二），那又離開本根了。不必問那名稱，不必看那情實，萬物本來就是自然生長的。」雲將說：「天賜我本質，又昭示我玄默不言的道理，我親自求取，今天才得到。」於是深拜叩頭，拜辭而去。

世俗的人，都喜歡別人和自己的意見相同而厭惡別人和自己的意見不同，和自己相同的就要他，和自己不同的就不要他，存心要超出眾人之上，但那存心要超出眾人之上的，何曾超出眾人之上呢？不如聽任眾人的見聞，就各自安寧，假使徒逞個人的才技，那不及眾人的才技遠甚了。而要治人國家的，不知因眾自為的道理，徒逞個人的才技，只看見倣效三王治理天下的利益，而不見逞才治理天下的禍患，這是拿別人的國家非分去求利，怎樣會不因非分求利而喪失別人的國家呢？能夠保存別人國家的，沒有萬分之一的機會，但是因此而喪失別人國家的，論存固無一，論亡則萬個國家還不夠哩！悲傷啊！這是治理國家的人所不能知道的啊！有國家的，擁有最尊貴的地位及天下四海的土地，這可稱為有「大物」了，有「大物」的，「應該使物自得」，不可以為物所利用，能夠使物自得不受物所利用，所以能夠統治萬物，了解了統治萬物的不是為物所利用的道理，豈但是可以統治天下百姓呢？還能出入天地四方，逍遙遊於天下九州，超出萬物之外自由自在與造化冥合，獨來獨往，（只有修養到這樣境界的人才可以這樣，）所以叫做「獨有」，獨有的人，可以稱為「至貴」了。

聖人的教化，就像形和影、聲和響那麼密切。有問的時候，必盡自己所知道的去答覆，為天下人服務。但他居處寂寥沒有聲響，行動隨物沒有形跡，提挈萬物復歸於自動的本性，遨遊於沒有端涯的境界，往來於無邊無際的地方，與時俱化無終無始。以他的形軀而贊論，和萬物化合玄同，既與萬物化合玄同，就是達到了「無己」的境界了。已經無己了，哪裡會有物的存在，認為有物的存在，是古代的君子，認為無物的存在，才是自然的友伴。

賤而不能不任其自然的，是萬物。卑而不能不隨順的，是百姓。隱藏而不能不做的，是世事。粗而不能不陳述的，是言教。離道雖遠而不能不要的，是義理。親密雖難周遍然不能不推廣的，是仁愛。節文而不能不厚積的，是禮。雖是與世和同然而不能不自立的，是德行。一氣自然，而不能不變化的，是大道。神祕不可知，但不能不去做的，是自然。所以聖人只是觀察天然的妙理，而不以人力助長自然，自然成德而不是有心累積，行為自符大道而不是由於計謀，應合於仁而不自以有恩，接近於義而不自以為有積，應接禮文而不拘泥，接觸世事而不辭讓，以自然法則齊一萬物而不紛亂，依恃百姓而不輕用其力，因任萬物而不離其本源。從道的立場說，世間事事物物有不值得去做的，但從人的立場看，也有不可不為的。不知道這是自然的道德，那道德是不純的，還未達到純一的境地。不通達這個道理的，那任事沒有不窒礙的，不明大道的，那是可悲的啊！什麼是大道？有天道，有人道，無為而自然尊崇在上的，是天道。有為而有繫累的，是人道。主宰萬物的是天道。受役使的，是人道。天道和人道，差別非常的大，不可不詳細的體察啊！

天地❶

天地雖大，其化均❷也；萬物雖多，其治一也；人卒雖眾，其主君也。君原於德而成於天，故曰，玄古之君天下，无為也，天德而已矣。以道觀言而天下之君正，以道觀分而君臣之義明，以道觀能而天下之官治，以道汎觀而萬物之應備。故通於天地者，德也；行於萬物者，道也❸；上治人者，事也；能有所藝者，技也。技兼❹於事，事兼於義，義兼於德，德兼於道，道兼於天。故曰，古之畜天下者，无欲而天下足，无為而萬物化，淵靜而百姓定。《記》曰❺：「通於一而萬事畢，无心得而鬼神服。」

夫子曰❻：「夫道，覆載萬物者也，洋洋乎❼大哉！君子不可以不刳心❽焉。无為為之之謂天，无為言之之謂德，愛人利物之謂仁，不同同之之謂大，行不崖異之謂寬，有萬不同之謂富。故執德之謂紀，德成之謂立，循於道之謂備，不以物挫志之謂完。君子明於此十者，則韜乎其事心之大也⑨，沛乎其為萬物逝也。若然者，藏金於山，藏珠於淵，不利貨財，不近貴富；不樂壽，不哀夭；不榮通，不醜窮；不拘一世之利以為己私分，不以王天下為己處顯。顯則明，萬物一府，死生同狀。」

夫子曰：「夫道，淵乎其居也，漻⑩乎其清也。金石不得，無以鳴。故金石有聲，不考⑪不鳴。萬物孰能定之！夫王德之人，素逝而恥通於事，立之本原而知通於神，故其德廣，其心之出，有物採之，故形非道不生，生非德不明。存形窮生，立德明道，非王德者邪！蕩蕩乎⑫！忽然出，勃然動，而萬物從之乎！此謂王德之人。視乎冥冥⑬，聽乎無聲。冥冥之中，獨見曉焉；無聲之中，獨聞和焉。故深之又深而能物焉，神之又神而能精焉；故其與萬物接也，至無而供其求，時騁而要其宿，大小，長短，修遠⑭。」

黃帝遊乎赤水⑮之北，登乎崑崙之丘而南望，還歸，遺其玄珠⑯。使知索之而不得⑰，使離朱索之而不得，使喫詬索之而不得也。乃使象罔⑱，象罔得之。黃帝曰：「異哉！象罔乃可以得之乎？」

堯之師曰許由，許由之師曰齧缺，齧缺之師曰王倪，王倪之師曰被衣。堯問於許由曰：「齧缺可以配天乎？吾藉王倪以要之。」許由曰：「殆哉圾乎天下⑲！齧缺之為人也，聰明睿知，給數以敏⑳，其性過人，而又乃以人受天。彼審乎禁過，而不知過之所由生。與之配天乎？彼且乘人而無天，方且本身而異形㉑，方且尊知而火馳㉒，方且為緒使㉓，方且為物絯㉔，方且四顧而物應㉕，方且應眾宜㉖，方且與物化㉗而未始有恆。夫何足以配天乎？雖然，有族，有祖㉘，可以為眾父，而不可以為眾父父。治，亂之率也，北面之禍也，南面之賊也。」

堯觀乎華。華封人曰：「嘻，聖人！請祝聖人。」「使聖人壽。」堯曰：「辭。」「使聖人富。」堯曰：「辭。」「使聖人多男子。」堯曰：

「辭。」封人曰：「壽、富、多男子，人之所欲也。女獨不欲，何邪？」堯曰：「多男子則多懼，富則多事，壽則多辱。是三者，非所以養德也，故辭。」封人曰：「始也我以女為聖人邪，今然君子也。天生萬民，必授之職。多男子而授之職，則何懼之有！富而使人分之，則何事之有！夫聖人鶉居而鷇食[29]，鳥行而無彰；天下有道，則與物皆昌；天下無道，則修德就閒；千歲厭世，去而上僊；乘彼白雲，至於帝鄉；三患[30]莫至，身常無殃。則何辱之有！」封人去之。堯隨之，曰：「請問。」封人曰：「退已。」

堯治天下，伯成子高立為諸侯。堯授舜，舜授禹，伯成子高辭為諸侯而耕。禹往見之，則耕在野。禹趨就下風，立而問焉，曰：「昔堯治天下，吾子立為諸侯。堯授舜，舜授予，而吾子辭為諸侯而耕。敢問，其故何也？」子高曰：「昔堯治天下，不賞而民勸，不罰而民畏。今子賞罰而民且不仁，德自此衰，刑自此立，後世之亂，自此始矣。夫子闔行邪？无落[31]吾事。」偘偘[32]乎耕而不顧。

泰初有无，无有无名；一之所起，有一而未形。物得以生，謂之德；未形者有分，且然無間，謂之命；留動而生物，物成生理，謂之形；形體保神，各有儀則，謂之性。性修反德，德至同於初。同乃虛，虛乃大。合喙鳴；喙鳴合，與天地為合。其合緡緡[33]，若愚若昏，是謂玄德，同乎大順。

夫子問於老耼曰：「有人治道若相放，可不可，然不然。辯者有言曰，『離堅白若縣寓。』若是則可謂聖人乎？」老耼曰：「是胥易技係[34]勞形怵心者也。執留之狗成思[35]，蝯狙之便自山林來。丘，予告若，而所不能聞與而所不能言。凡有首有趾无心无耳者衆，有形者與无形无狀而皆存者盡无。其動，止也；其死，生也；其廢，起也，此又非其所以也。有治在人，忘乎物，忘乎天，其名為忘己。忘己之人，是之謂入於天。」

將閭葂見季徹曰：「魯君謂葂也曰：『請受教。』辭不獲命，既已告矣，未知中否，請嘗薦之。吾謂魯君曰：『必服恭儉，拔出公忠之屬而无阿私，民孰敢不輯㊱！』」季徹局局然㊲笑曰：「若夫子之言，於帝王之德，猶螳螂之怒臂以當車軼，則必不勝任矣。且若是，則其自為處危，其觀臺多物㊳將往投迹者眾。」將閭葂覤覤然㊴驚曰：「葂也汒若於夫子之所言矣。雖然，願先生之言其風㊵也。」季徹曰：「大聖之治天下也，搖蕩民心，使之成教易俗，舉滅其賊心而皆進其獨志，若性之自為，而民不知其所由然。若然者，豈兄㊶堯舜之教民，溟涬然弟之哉㊷？欲同乎德而心居矣。」

子貢南遊於楚，反於晉，過漢陰，見一丈人方將為圃畦，鑿隧而入井，抱甕而出灌，搰搰然㊸用力甚多而見功寡。子貢曰：「有械於此，一日浸百畦，用力甚寡而見功多，夫子不欲乎？」為圃者卬而視之曰：「奈何？」曰：「鑿木為機，後重前輕，挈水若抽，數如泆湯㊹，其名為槔。」為圃者忿然作色而笑曰：「吾聞之吾師，有機械者必有機事，有機事者必有機心，機心存於胸中，則純白不備；純白不備，則神生不定；神生不定者，道之所不載也。吾非不知，羞而不為也。」子貢瞞然慚，俯而不對。有間，為圃者曰：「子奚為者邪？」曰：「孔丘之徒也。」為圃者曰：「子非夫博學以擬聖，於于以蓋眾，獨弦哀歌以賣名聲於天下者乎？汝方將忘汝神氣，墮汝形骸，而庶幾乎！而身之不能治，而何暇治天下乎！子往矣，無乏吾事！」子貢卑陬㊺失色，頊頊㊻然不自得，行三十里而後愈。其弟子曰：「向之人何為者邪？夫子何故見之變容失色，終日不自反邪？」曰：「始吾以為天下一人耳，不知復有夫人也，吾聞之夫子，事求可，功求成。用力少，見功多者，聖人之道。今徒不然。執道者德全，德全者形全，形全者神全，神全者，聖人之道也。託生與民並行而不知其所之，汒乎淳備哉！功利機巧，必忘夫人之心，若夫人者，非其志不之，非其心不為。雖以天下譽之，得其所謂，謷然不顧；以天下非之，失其所謂，儻然不受。天下之非譽，無益損焉，是謂全德之人哉！我之謂風波之民。」反於魯，以告孔子。孔子曰：「彼假修渾沌氏之術者也；識其一，不知其二；治其內，而不治其外。夫明白入素，无為復朴，體性抱神，以遊世俗之間者，汝將固驚邪？且渾沌氏之術，予與汝何足以識之哉！」

諄芒將東之大壑[47]，適遇苑風於東海之濱。苑風曰：「子將奚之？」曰：「將之大壑。」曰：「奚為焉？」曰：「夫大壑之為物也，注焉而不滿，酌焉而不竭；吾將遊焉。」苑風曰：「夫子无意於橫目之民[48]乎？願聞聖治。」諄芒曰：「聖治乎？官施而不失其宜，拔舉而不失其能，畢見其情事而行其所為行[49]，言自為而天下化，手撓顧指，四方之民莫不俱至，此之謂聖治。」「願聞德人。」曰：「德人者，居无思，行無慮，不藏是非美惡。四海之內共利之之謂悅，共給之之為安；怊[50]乎若嬰兒之失其母也，儻乎若行而失其道也。財用有餘，而不知其所自來，飲食取足，而不知其所從[51]，此謂德人之容。」「願聞神人。」曰：「上神乘光，與形滅亡，此謂照曠。致命盡情，天地樂而萬事銷亡，萬物復情，此之謂混冥。」

門無鬼與赤張滿稽觀於武王之師。赤張滿稽曰：「不及有虞氏乎！故離此患也。」門無鬼曰：「天下均治而有虞氏治之邪？其亂而後治之與？」赤張滿稽曰：「天下均治之為願，而何計以有虞氏為！有虞氏之藥瘍[52]也，禿而施髢，病而求醫。孝子操藥以修慈父，其色燋然，聖人羞之。至德之世，不尚賢，不使能；上如標枝，民如野鹿；端正而不知以為義，相愛而不知以為仁，實而不知以為忠，當而不知以為信，蠢動而相使[53]，不以為賜。是故行而無迹，事而無傳。」

孝子不諛其親，忠臣不諂其君，臣子之盛也。親之所言而然，所行而善，則世俗謂之不肖子；君之所言而然，所行而善，則世俗謂之不肖臣。而未知此其必然邪？世俗之所謂然而然之，所謂善而善之，則不謂之道諛[54]之人也。然則俗故嚴於親而尊於君邪？謂己道人，則勃然作色；謂己諛人，則怫然作色。而終身道人也，終身諛人也。合譬飾辭聚眾也，是終始本末不相坐。垂衣裳，設采色，動容貌，以媚一世，而不自謂道諛，與夫人之為徒，通是非，而不自謂眾人，愚之至也。知其愚者，非大愚也；知其惑者，非大惑也。大惑者，終身不解；大愚者，終身不靈。三人行而一人惑，所適者猶可致也，惑者少也；二人惑則勞而不至，惑者勝也。而今也以天下惑，予雖有祈嚮，不可得也。不亦悲乎！大聲不入於里耳，折楊皇荂，則嗑然而笑。是故高言不止於眾人之心，至言不出，俗言勝也。以二垂[55]鍾惑，而所適不得矣。而今也以天下惑，予雖有祈嚮，其庸可得邪！知其不可得也而強之，又一惑也，故莫若釋之而不推。不推，誰其比憂！厲之人夜半生其子，遽取火而視之，汲汲然唯恐其似己也。

百年之木，破為犧尊，青黃而文之，其斷在溝中。比犧尊於溝中之斷，則美惡有間矣，其於失性一也。跖與曾史，行義有間矣，然其失性均也。且夫失性有五：一曰五色亂目，使目不明；二曰五聲亂耳，使耳不聰；三曰五臭薰鼻，困惾中顙；四曰五味濁口，使口厲爽；五曰趣舍滑心，使性飛揚。此五者，皆生之害也。而楊墨乃始離跂自以為得，非吾所謂得也。夫得者困，可以為得乎？則鳩鴞之在於籠也，亦可以為得矣。且夫趣舍聲色以柴其內，皮弁鷸冠，搢笏紳修[56]以約其外，內支盈於柴柵，外重纆繳[57]，睆睆然[58]在纆繳之中而自以為得，則是罪人交臂歷指而虎豹在於囊檻，亦可以為得矣。

【注釋】❶天地　本篇論道本於自然，因人而治，才是至治，順治而修德，才是至德。❷其化均　謂天地之大，都是充滿元氣，所以說「其化均」。❸故通於天地者四句　土叔岷謂陳碧虛《莊子闕誤》作「故通於天者，道也。順於地者，德也。行於萬物者，義也。」今譯文從之。❹兼　統合的意思。❺記曰　陸德明說：「《記》，書名也。云老子所作。」❻夫子曰　焦氏《筆乘》說：「夫子曰，連上文當為引證之語，疑即老子，上所引《記》曰者，老子也，故就述其言耳。下文夫子問於老聃，則明指孔大子矣。」❼洋洋乎　浩大的樣子。❽刳心　錢賓四氏說：「刳，《呂覽》高注，刳，虛也。今欲虛其心使人，故曰刳心。」林希逸說：「刳心者，剔去其知覺之心。去此知覺之心而後可以學道。」❾韜乎其事心之大也　韜，包容的意思。林希逸說：「包括萬事而無遺皆歸於心，此心之大無外矣，故曰韜乎其事心之大也。」❿漻　清深的意思。⓫考　扣擊的意思。⓬蕩蕩乎寬大的樣子。⓭冥冥　無形的樣子。⓮時騁而要其宿四句　吳汝綸說：「大小長短脩遠六字當為郭氏注文。郭注：『小大長短修遠，皆恣而任之，會其所極而已。』蓋釋『時騁而要其宿』之義。今注文無上六字，奪入正文也。」按《淮南子．原道》引此文作「小大修短，各有其具」，疑《莊子》原來亦作「小大修短」，注者誤入為六字。騁，縱的意思。宿，會的意思。謂不時縱出而左右皆能逢其原，大小長短無所不宜。今譯文約略參考之。⓯赤水　出於崑崙山下。⓰玄珠　比喻大道。⓱知索之而不得　知代表智慧，謂用智慧不能求得道真。以下離朱代表眼睛，喫詬代表言辯，語意一樣。⓲象罔　無心的意思，大道惟無心可以求得，所以下句說象罔得之。⓳殆哉圾乎天下　圾，危。殆亦危的意思。謂將危及天下。⓴給數以敏　謂接應事物敏捷急速，超越常人。給，捷。數，急。敏，快速的意思。㉑本身而異形　謂以己身為本，使天下異形順從自己的教化。㉒火馳　謂馳驟奔逐，其速如火的意思。㉓緒使　緒，末。使，役的意思。謂為末事所役使，不知其本源。㉔物絯　謂為外物所拘礙。絯，礙的意思。㉕四顧而物應　顧盼四方，使應合我之法度。㉖應眾宜　事事而應，各度其宜。㉗與物化　林希逸說：「為物所汩，而失其自然之常者，非能定而應，故曰與物化。」㉘有族有祖　郭嵩燾說：「族者，比類之迹也。祖者，生物之原也。」㉙鶉居而鷇食　鶉居無定所。鷇鳥即小鳥，剛生時由母鳥哺育，雖然吃東西，但不是自己去求得。比喻無心於食的意思。㉚三患　指多子則多懼，富則多事，壽則多辱。㉛落廢也。㉜佀佀　耕地的樣子。㉝緡緡　猶泯泯，相合無跡的樣子。㉞胥易技係　見〈應帝王〉注⓰。㉟執留之狗成思　留，趙諫議本作「狸」。按此文與〈應帝王〉陽子居章略同，吳汝綸《莊子集評》說：「成思，當為來田之訛，成來草書形近，自山林來，亦宜為來藉之訛。《淮南》〈繆稱〉〈說林〉，皆有此語。」可供參考。㊱輯安的意思。㊲局局然　笑的樣子。㊳其觀臺多物　舊本在多字斷句，物字連下讀。按錢賓四氏說：「物猶名色也。此借以喻魯君之多樹恭儉公忠為表也。」今譯文從之。㊴覷覷然　驚懼的樣子。㊵風　俞樾說：「風讀若凡。」大凡的意思。㊶兄　孫詒讓說：「兄，即今況字。」謂比況的意思。㊷溟涬然弟之哉　馬其昶說：「溟涬，有混沌的意思。」孫詒讓說：「弟為夷之誤，夷，平等的意思。」㊸搰搰然　用力的樣子。㊹泆湯　有的本作「佚蕩」。往來很快的意思。㊺卑陬　慚怍的樣子。㊻頊頊　自失的樣子。㊼大壑　海。㊽橫目之民　成玄英說：「五行之內，惟民橫目，所以叫橫目之民。」㊾而行其所為行　舊本在「為」字斷句，「行」字屬下讀。錢賓四氏以當以「行所其為行」為句。無所掩飾的意思，今譯文從之。㊿佁　不知所依的意思。(51)而不知其所從　據武延緒說，「從」字下疑缺一「出」字。「出」與上句「足」字押韻。按上文為「財用有餘，而不知其所自來」，下文有「出」字，文句工整而意足，有「出」字為是。(52)蘖瘍　治療頭瘡。瘍，頭瘡。(53)蠢動而相使　林希逸說：「蠢動是有生之民。相使就是相友助。」(54)道諛　道，就是諂。道、諂一聲之轉，〈漁父〉說：「希意道言謂之諂。」（說見《莊子集釋》）(55)二垂　歧路的意思。垂，遠邊。一本作「缶」，然當作「垂」為是。(56)皮弁鷸冠搢笏紳修　皮弁，皮做的帽子。鷸是鳥名，以鷸的翠色羽毛做冠飾，所以叫鷸冠。搢，插。笏，像玉珪。搢笏就是插笏。紳是大帶。修是長裙。都是古代用為裝飾朝服的物品。(57)纆繳　繩。(58)睆睆然　眼視的樣子。

【語譯】天地雖然博大，但那無為自化的道理是一樣的。萬物雖然龐雜，那率性自得的道理卻是相同的。民人雖然眾多，無心去統治的只是國君一人罷了。因為國君本來是依據道德而順乎自然來治理百姓的，（不是用人為的智術來治理百姓的）所以說：「遠古治理天下的，只是無為，順應自然的天德罷了。」從道的立場來授與名分，天下的國君都是名正言順的。從道的立場來觀察上下的分際，而君臣高卑的地位，是很明顯的。從道的立場來簡擇才能，而天下的職官都各稱其職。從道的立場廣泛來看，而萬物順應自然的寒暑晝夜等等現象都具備。所以與天俱生的是道，與地俱存的是德，行於萬物之間的自然現象是義。在上位治理百姓的是事得其宜，才能有所專精的是技藝。技藝必須合乎行事，行事必須合乎義理，義理必須合乎天德，天德必須合乎大道，大道必須合乎自然。所以說：「古代養育天下群生黎庶的，沒有慾望而天下自足，無所作為而萬物自化，沉默寂靜而百姓安寧。」古書上說：「了解道通為一的道理而萬事都具備了，無心自得而鬼神敬服。」

老子說：「談到道，是覆載萬物的，非常的浩大啊！君子們不拋棄主見是不能體悟的。抱無為的態度去做，便稱為『天』，說無為沒有成見的言辭，便稱為『德』，愛人無私普遍利物，便稱為『仁』，看不同的萬物為同一體，便稱為『大』，行為沒有形跡，便稱為『寬』，萬物雖不同但我都具備，便稱為『富』。所以說所執守的小大有序便是有『條理』，綱紀既行便有所樹立，順應大道而行無所不有，便稱為備，不因外物而動心挫折心志便是完人了。君子知道這十種道理（即天、德、仁、大、寬、富、紀、立、備、完），就能包容萬事而沒有遺漏，都歸於心，那心可以說是大了，萬物充沛，往來無窮，而我也與萬物無窮而同往了。像這樣的話，就像藏金在山裡，藏珠在深水中，不以貨財為利，不求取富貴，不喜歡長壽，不哀傷夭折，不以顯達為榮，不以窮困為憂，不謀求世俗的財利佔為己有，不認為君臨天下是自己處於顯達的地位。顯就會明（便不是韜光），（忘掉物我的分別）萬物同歸於一，死生便沒有什麼異樣了。」

老子說：「說起道，是寂靜不動，清澄不雜，金石如果不是得自然之道自己會發音，怎麼會鳴呢？但是金石雖有聲，不打也不會鳴。（那麼「扣擊」也是自然的呀。）萬物的現象，誰能去決定是否呢！那至德的人，任自然而往，而以明通事物為恥，立於萬物之初，則智慧可通神明，所以他的道德廣博，他的心神反應，都是受外物的感應，（並不是出於有心）所以形體不是享受大道不能降生，生命不是依據道德不能明達。保有形體，窮究生命的道理；依據大德，明白自然的道理，那不是至德的人嗎！寬大的樣子，忽然出來了，忽然間動，而萬物都順從它哩！這便是至德的人了。視它無形，聽它沒有聲音，但無形之中恍惚有真實存在，沒有聲音之中，又像有相和應的。因此玄之又玄而能夠群生萬物，神妙又神妙而能夠發精光。所以當它和萬物接應，空虛無有，卻能供應萬物需求，順時而出，因此萬物都能適應，大小、長短、遠近，無所不宜。」

黃帝在赤水北方遊玩，爬上崑崙山向南看，回去的時候，遺失了大道，叫智慧去尋找沒找到，叫眼睛去找也沒找到，又叫言辯去找也沒找到，於是叫無心去找，才找到了。黃帝說：「奇妙呀！無心才可以得到大道嗎？」

堯的老師叫許由，許由的老師叫齧缺，齧缺的老師叫王倪，王倪的老師叫被衣。堯問許由說：「齧缺可以統治天下嗎？我想藉王倪去邀請他。」許由說：「危險呀！那是害了天下百姓！齧缺這個人，聰明睿智，接應事物，敏捷快速，超越常人，而又用人為智慧去求復自然之本性，他知道怎樣去避免過失，卻不知道過失是怎樣發生的。讓他統治天下，他將利用人為的智慧，而拋棄自然的本性，將以自己為本位，使天下人都順從他的教化，將急於表現自己的智慧；將為末事所役使而迷失本源；將受外物的拘礙，將顧盼四方，使應合自己的法度；將要事事應合，去揣度天下人的所宜，將受外物的影響而不能永久安定。那怎麼能統治天下呢？雖然是這樣，但是他也有法度，有根據，可以管理一部分百姓，卻不可管理天下的百姓（因為他是用智慧來治理天下）。雖然一時可以太平，終必禍亂天下，那智慧是人臣的禍患，君主的大害呀。」

堯到華地方去遊覽。華地守封疆的人說：「嘻！聖人！願祝福聖人。」

「祝聖人壽。」

堯說：「不敢當。」

「祝聖人富。」

堯說：「不敢當。」

「祝聖人多男子。」

堯說：「不敢當。」

封人說：「壽、富、多男子，是每個人都希望得到的，只有你不願意接受，是什麼原因呢？」

堯說：「多男子就多恐懼，富有了就會多事，多壽了就會多辱，這三種，不是用來養德的東西，所以我不敢接受。」

封人說：「起初我以為你是聖人，現在我才知道你是個君子。天生萬民，必定要給予職位。多男子就給予職位，有什麼恐懼的，富有了就分給別人，那有什麼多事呢？那聖人，像鵪鶉居住沒有一定的處所。像鷇鳥由母鳥哺養，像鳥飛而沒有形跡；天下有道，與萬物同得生存；天下無道，就修養道德而隱居。千年以後厭倦世俗，就離世而上升仙界，駕那白雲，到那仙都，三種憂患不會來，常沒有災禍，那還有什麼受辱呢！」

封人走了。堯跟著，就說：「請問。」封人說：「你趕快回去吧。」

堯治理天下時，伯成子高立為諸侯。以後堯讓天下給舜，舜讓天下給禹，伯成子高辭去諸侯而去耕種。禹去看他，在田野耕作。禹走在下面，站著問說：「從前堯治理天下，你立為諸侯。堯讓天下給舜，舜讓天下給我，而你辭去諸侯而耕種，請問，是什麼緣故？」子高說：「從前堯治理天下，不獎賞而百姓自然向善，不施刑罰而百姓自然畏威。現在你獎賞刑罰而百姓尚且不仁，道德從此要衰廢，刑罰從此要實施了，後世禍亂從此要開始了。你離去吧，不要耽誤我的農事。」說完，就耕種而不看。

當天地開始的時候就有了「無」，沒有「有」，也沒有「名」，「一」就是從那裡產生，但雖然有了「一」，還沒有形跡。萬物從此而生，因此稱為「德」。雖然沒有形跡卻有了陰陽的分別，陰陽流通無間（隨遇而安），因此稱為「命」。陰陽動靜而生物，物成理生，就稱為「形」。形體保合精神，各有視聽言動的自然法則便是「性」。修性回復到道德的範圍，道德修養到極致就和天地剛開始時相同。和泰初相同就進入虛空的境界，虛空的境界便是至大無外的大道了。這樣，像鳥一樣的叫，（完全出於無心）既然像鳥無心的叫，便是與天地自然相合了。無心的相合，是泯泯無跡，如愚如昏，這叫做「玄德」，就和泰初自然的道理相同了。

孔夫子問老聃說：「有人研究大道像是互相倣效，『可』也可以說『不可』，『然』也可以說『不然』。辯論的人說：『離堅白，別同異，像懸寄在天地之間，大家都可以明白。』這樣可以稱做聖人了嗎？」

老聃說：「這種人和掌樂舞的官與掌占卜的官一樣被技能所累，勞形體憂心神罷了。再說，狗因為能夠捕狸，所以招引來憂患，猿猴因為敏捷，所以才被抓出山林，孔丘，我告訴你，你不能聽到和你不能說出來的。世間上有頭有腳有始有終，無心無耳而能自化的事物很多，有形體的和沒有形體沒有狀態而同時存在的是沒有的事。人的動止起居，死生存亡，廢起窮達，（都是自然而然的）並不能知道是什麼原因。所以治事在於隨順各人的本性，聽任自然，忘掉周圍的事物，甚至忘掉自然，這叫做『忘己』。忘己的人，那就和自然冥合了。」

將閭葂拜見季徹，說：「魯國國君對我說：『請告訴我治國之道。』我婉辭不得允准，就告訴了他，不知道對不對，現在說出來請你聽聽看。我對魯君說：『（為政之道）首先要恭敬節儉，然後拔擢公平忠正的人而不偏袒徇私，（這樣的話）百姓哪有不安集的呢？』」

季徹哈哈大笑說：「像夫子你這麼說，帝王的道德，就像憤怒的螳螂用胳膊去抵擋車輪一樣，一定是不能勝任的了。並且這樣子，無異處自己在高危的地方，百姓看到魯君以恭儉公忠為用人的標準，去投靠進身就多了。（那時真偽難辨，事情就煩雜了。）」將閭葂驚悚的說：「我對於先生所說的還不能徹底了悟，雖然是這樣，還希望先生開導一個大概。」季徹說：「大聖治理天下，不拘束民心，使他接受教化改變風俗，全消滅他害人的心而隨順各人的意志，像本性那樣自然而為，而百姓還不知道為什麼這樣。像這樣，豈不是和堯舜教民的方法一樣，混混沌沌的和他們相同嗎？想和天下同德而心安定不逐外物了。」

子貢到南方的楚國去，回來晉國時，經過漢水南面的地方，看見一個老丈人正在菜園種菜，打通一條隧道到井邊，抱著甕盛水而灌溉，用力很多而得到的功效很少。子貢看見了就說：「有抽水的機器，一天可以灌溉約百畝的菜圃，用力很少而得到的功效卻很多，先生為什麼不用呢？」灌園的老丈人抬頭看了看子貢問說：「是怎麼用的呢？」子貢回答說：「鑿木的一端放機器，使它後面重前面輕，提水就像抽水，水就像滾沸的樣子很快的出來了，這種機器稱為槔。」灌園的老丈人聽了，變臉色笑笑的說：「我聽我的老師說，使用機械的必是會用機械的方法去處理事務，用機械的方法處理事務，必定有機謀巧變的心思，胸中有了機謀巧變的心思，就會破壞本然純白的天性，破壞了本然純靜潔白的天性，就會心神不定，心神不安定的人，離天機就遠了。我並不是不知道用機械，而是認為這樣做是羞恥的事，不肯去做呀！」子貢聽了，很慚愧的樣子，低頭沒有話說。過了一會兒，灌園的老丈問說：「你是做什麼的？」子貢答說：「我是孔子的弟子。」灌園的老丈說：「你不是去求博學，以比擬聖人，想超越眾人，一個人在那裡弦歌哀歎向天下人炫耀名聲的嗎？你要忘掉你的神氣，隱滅你的形體，那才可以近乎大道了！現在，你連自己都不知怎麼處理，哪能教天下的人呢？你走開吧！不要耽誤我的事情。」子貢滿臉愧色，茫茫然好像失掉什麼似的，去了三十里心神才定下來。他的弟子問道：「剛才那個人是做什麼的？先生為什麼和他談話之後臉色神氣都變了，整天不自在呢？」子貢說：「起初我以為天下只有孔夫子一個人而已，不知道原來還有這麼一個人。我聽孔夫子說過，事情在適當時的時機可以去求得，功業以能完備就算成功，用力少，成就多的，就是聖人之道。現在竟不是這樣的，而是能夠執守大道的人道德才完備，道德完備的形體就不虧損，形體不虧損的精神就專一，精神專一的人，才是聖人的大道哩。（他）與普通百姓一樣的生活，而不知道他的趨向，茫茫然很深遠的樣子，不可測度，行為淳和，道德全備，什麼功利機巧都忘掉了。像這麼一個人，不順他的心志他不去，不合他的意願他不做。雖然全天下的人稱譽他，但只要他所言行於世，就掉頭不顧，全天下的人都批評他。但所言不能行於世，就漠然不以為意。天下人的毀譽，對他都沒有什麼損益影響，這才稱做全德的人呀！我只是像風波一樣無定的人哩。」

（子貢）回到魯國，將經過的事告訴孔子。孔子說：「他是假藉修習混沌氏的道術啊！只知道修古而不移的一面，不知道順今而適變的一面。注重內心的修養，不知順時而應變。至於那內心純明入於素樸，無為復歸於自然，體性全備精神抱一，在世間遨遊而沒有形跡，怎麼會使你驚異呢？並且那渾沌氏的道術，我和你又如何能夠知道呢？」

諄芒將東行到大海，在東海邊正恰碰到了苑風。苑風說：「你要到什麼地方去？」

諄芒說：「將去大海。」

苑風說：「做什麼？」

諄芒說：「那大海的本性，讓萬川流入而不會滿，任人酌取也不會枯竭，因此吾想去遨遊。」

苑風說：「先生無意於橫目的百姓嗎？希望聽聽聖人教化的方法。」

諄芒說：「聖人的治化？施令設官而不失其合宜，拔擢薦舉而不遺漏才能的人，完全了解百姓的情事，而順著他們所做的去做。教令言行都任其自為而為，那天下就自然受感化了，手動目視，四方的百姓沒有不歸心的，這就叫做聖人的教化。」

苑風又問：「希望聽聽德人的行為。」

諄芒說：「德人麼，靜居沒有思念，行動沒有憂慮，心中沒有是非美惡的觀念。四海之內大家都以為利就高興，大家都富足才心安。無依靠的樣子像嬰兒失掉了母親，茫然的樣子像行走而迷了路。財用有餘但不知從何處而得來，飲食富足而不知從哪裡取出，這就是德人的行為。」

苑風又問：「希望再聽聽神人的樣子。」

諄芒說：「超然的神人，駕馭光明，（看有形似無形，）所以和形體都無跡可尋，這叫做昭明曠遠。極於天命，盡其情性，與天地同樂，萬事無所累於心，萬物都復歸本源，（與我玄同為一，）這叫做混沌玄冥。」

門無鬼和赤張滿稽看了武王的軍容。赤張滿稽說：「不如有虞氏的禪讓吧！所以會遇這兵災的禍患。」

門無鬼說：「天下都平定而有虞氏去治理的呢？還是亂而後去治理的呢？」

赤張滿稽說：「天下百姓都希望太平，而何必以有虞氏有道德才能做呢？有虞氏治療頭瘡，是髮禿了才給假髮，人病了才去求醫。孝子拿藥醫治父親，臉色顣頞，聖人以為羞恥。至德的時代，不崇尚賢人，不任用才能。在上位的人像高處的樹枝一樣的無為，百姓像野鹿一樣的自得。行為端正，而不認為就合乎義，人人相愛，不認為就是仁，待人誠實，不認為就是忠，言行合宜不認為就是信，百姓相友助，不認為是賜與。所以行為沒有形跡，做了事也沒有傳聞。」

孝子不曲意奉承雙親，忠臣不諂事君主，這是做臣子的本分。如果是雙親所說的都以為是對的，所做的都認為是善的，世俗就稱為不肖子。君主所說的都以為是對的，所做的都以為是善的，世俗就稱為不肖臣。然而卻不知道這真是對的嗎？世俗認為對就以為是對的，認為善就以為是善的，卻不認為是諂諛的人。這樣說，世俗是對雙親莊敬，對國君尊崇麼？（假如有人）說自己諂諛人，就勃然變色，說自己奉迎人，就氣色怒憤。然而終身諂諛人，終身奉迎人，廣求譬喻，誇飾浮詞，大家群相競效聚集，這卻始終不認為是犯法不對的事。創作衣裳，巧設文采，整飾儀容，媚惑全世人，卻不認為是諂諛，和這種人在一起，同聲附和是非，而不認為是世俗人，真是愚笨極了。知道這是愚昧的，並非大愚，知道這是迷惑的，並非大惑。大惑的人，終身不悟，大愚的人，終身不智。三個人走，其中有一個人迷惑，所要去的目的地還可達到，為什麼呢？迷惑的人少啊！兩個人迷惑那就勞苦而不能到達了，因為迷惑的人多啊！現在則全天下的人迷惑，我雖然有祈求向道之誠，也不能得到呀！這不是可悲的事嗎？

偉大的樂章，不能進入世俗的耳裡，要是奏出「折楊」、「皇荂」的音樂，就同聲而歡笑了。所以清高卓越的言論，不能打動世人的心，至道的言論，不能顯著，是受世俗浮詞所隱蔽啊！假如有歧路走路就迷惑了，要去的地方就不能達到了。現在全天下的人都迷惑，我雖然有祈求向道之誠，難道可以得到嗎？知道不能得到而勉強去求得，這又是一種迷惑，所以不如放棄而不去推求。不推求，還有誰與我同憂呢？有惡疾的人夜半生了兒子，趕快要拿火去看，心中不安的恐怕兒子像了自己。

百年的樹木，砍下來做祭祀用的酒杯，塗上青黃的文采，那不要的斷木，丟在水溝裡。以祭祀的酒杯和不要的斷木來相比，那好壞有顯著的差別，但喪失本性卻是一樣的。盜跖和曾參、史鰌，行為對不對是有差別，但是喪失本性是相等的。說起那喪失本性約有五種：一是五色迷亂眼睛，使眼睛不明。二是五聲迷亂耳朵，使耳朵不聰。三是五臭薰迷鼻子，使鼻子閉塞不通而中傷顙額。四是五味污濁口舌，使口舌不知辨味。五是取捨亂心，使心情浮動急躁。這五種，都是本性的禍患。而楊朱、墨翟於是開始用心表現才能，自以為有得，然並非我所說的「得」啊！有「得」就有「困」，可以認為是「得」嗎？如果是的話，那被人養在籠中的斑鳩鴞鳥，也可以說是得了。況且用那取、捨、聲、色，塞住內心，以皮帽、鷸冠、插笏、大帶、長裙裝飾束縛外形，內心閉塞像是充滿欄柵，形體被拘束像受繩索束縛。自己眼見在繩索束縛之中，還自以為得，那麼，罪人反臂束指，虎豹囚在囊檻之中，也可以說是自得了。

天道❶

天道運而無所積，故萬物成；帝道運而無所積，故天下歸；聖道運而無所積，故海內服。明於天，通於聖，六通四辟於帝王之德者，其自為也，昧然無不靜者矣。聖人之靜也，非曰靜也善，故靜也；萬物無足以鐃心❷者，故靜也。水靜則明燭鬚眉，平中準❸，大匠取法焉。水靜猶明，而況精神！聖人之心靜乎！天地之鑒也，萬物之鏡也。夫虛靜恬淡寂漠無為者，天地之平而道德之至，故帝王聖人休焉。休則虛，虛則實，實者倫矣。虛則靜，靜則動，動則得矣。靜則無為，無為也則任事者責矣。無為則俞俞❹，俞俞者憂患不能處，年壽長矣。夫虛靜恬淡寂漠無為者，萬物之本也。明此以南鄉❺，堯之為君也；明此以北面，舜之為臣也。以此處上，帝王天子之德也；以此處下，玄聖素王之道也。

以此退居❻而閒游江海，山林之士服；以此進為而撫世，則功大名顯而天下一也。靜而聖，動而王，無為也而尊，樸素而天下莫能與之爭美。夫明白於天地之德者，此之謂大本大宗，與天和者也；所以均調天下，與人和者也。與人和者，謂之人樂；與天和者，謂之天樂。莊子曰❼：「吾師乎！吾師乎！𩐋❽萬物而不為戾，澤及萬世而不為仁，長於上古而不為壽，覆載天地刻雕眾形而不為巧，此之謂天樂。故曰：『知天樂者，其生也天行，其死也物化。靜而與陰同德，動而與陽同波。』故知天樂者，無天怨，無人非，無物累，無鬼責。故曰：『其動也天，其靜也地，一心定而王天下；其鬼不祟，其魂不疲，一心定❾而萬物服❿。』言以虛靜推於天地，通於萬物，此之謂天樂。天樂者，聖人之心，以畜天下也。」

夫帝王之德，以天地為宗，以道德為主，以無為為常。無為也，則用天下而有餘⓫；有為也，則為天下用而不足。故古之人貴夫無為也。

上無為也，下亦無為也，是下與上同德，下與上同德則不臣；下有為也，上亦有為也，是上與下同道，上與下同道則不主。上必無為而用天下，下必有為為天下用，此不易之道也。故古之王天下者，知雖落⑫天地，不自慮也；辯雖雕萬物，不自說也；能雖窮海內，不自為也。天不產而萬物化，地不長而萬物育，帝王無為而天下功。故曰莫神於天，莫富於地，莫大於帝王。故曰帝王之德配天地。此乘天地，馳萬物，而用人群之道也。本在於上，末在於下；要在於主，詳在於臣。三軍五兵⑬之運，德之末也；賞罰利害，五刑⑭之辟，教之末也；禮法度數⑮，刑名比詳，治之末也；鐘鼓之音，羽旄⑯之容，樂之末也；哭泣衰絰⑰，隆殺⑱之服，哀之末也。此五末者，須精神之運，心術之動，然後從之者也。末學者，古人有之，而非所以先也。君先而臣從，父先而子從，兄先而弟從，長先而少從，男先而女從，夫先而婦從。夫尊卑先後，天地之行也，故聖人取象焉。天尊，地卑，神明之位也；春夏先，秋冬後，四時之序也。

萬物化作，萌區有狀；盛衰之殺，變化之流也。夫天地至神，而有尊卑先後之序，而況人道乎！宗廟尚親，朝廷尚尊，鄉黨尚齒，行事尚賢，大道之序也。語道而非其序者，非其道也；語道而非其道者，安取道！是故古之明大道者，先明天而道德次之，道德已明而仁義次之，仁義已明而分守[19]次之，分守已明而形名[20]次之，形名已明而因任[21]次之，因任已明而原省[22]次之，原省已明而是非次之，是非已明而賞罰次之。賞罰已明而愚知處宜，貴賤履位；仁賢不肖襲情，必分其能，必由其名。以此事上，以此畜下，以此治物，以此修身，知謀不用，必歸其天，此之謂太平，治之至也。故《書》曰：「有形有名。」形名者，古人有之，而非所以先也。古之語大道者，五變而形名可舉，九變而賞罰可言也。驟而語形名，不知其本也；驟而語賞罰，不知其始也。倒道而言，迕道[23]而說者，人之所治也，安能治人！驟而語形名賞罰，此有知治之具，非知治之道；可用於天下，不足以用天下，此之謂辯士，一曲之人也。禮法數度，形名比詳，古人有之，此下之所以事上，非上之所以畜下也。昔者舜問於堯曰：「天王㉔之用心何如？」堯曰：「吾不敖㉕无告㉖，不廢窮民，苦死者㉗，嘉孺子而哀婦人。此吾所以用心已。」舜曰：「美則美矣，而未大也。」堯曰：「然則何如？」舜曰：「天德而出寧，日月照而四時行，若晝夜之有經，雲行而雨施矣。」堯曰：「膠膠擾擾㉘乎！子，天之合也；我，人之合也。」夫天地者，古之所大也，而黃帝堯舜之所共美也。故古之王天下者，奚為哉？天地而已矣。

孔子西藏書於周室。子路㉙謀曰：「由聞周之徵藏史㉚有老聃者，免而歸居，夫子欲藏書，則試往因焉。」孔子曰：「善。」往見老聃，而老聃不許，於是繙十二經㉛以說。老聃中其說，曰：「大謾，願聞其要。」孔子曰：「要在仁義。」老聃曰：「請問仁義，人之性邪？」孔子曰：「然。君子不仁則不成，不義則不生。仁義，真人之性也，又將奚為矣？」老聃曰：「請問，何謂仁義？」孔子曰：「中心物愷㉜，兼愛無私，此仁義之情也。」老聃曰：「意，幾乎後言！夫兼愛，不亦迂乎！無私焉，乃私也。夫子若欲使天下無失其牧乎？則天地固有常矣，日月固有明矣，星辰固有列矣，禽獸固有群矣，樹木固有立矣。夫子亦放德而行，循道而趨，已至矣；又何偈偈㉝乎揭仁義㉞，若擊鼓而求亡子㉟焉？意，夫子亂人之性也！」

士成綺見老子而問曰：「吾聞夫子聖人也，吾固不辭遠道而來願見，百舍重趼㊱而不敢息。今吾觀子，非聖人也。鼠壤有餘蔬而棄妹㊲，不仁也，生熟不盡於前，而積斂無崖。」老子漠然不應。士成綺明日復見，曰：「昔者吾有刺於子，今吾心正卻㊳矣，何故也？」老子曰：「夫巧知神聖之人，吾自以為脫焉。昔者子呼我牛也而謂之牛，呼我馬也而謂之馬。苟有其實，人與之名而弗受，再受其殃。吾服也恆服，吾非以服有服。」士成綺雁行避影，履行遂進而問：「修身若何？」老子曰：「而容崖然㊴，而目衝然㊵，而顙頯然㊶，而口闞然㊷，而狀義然㊸，似繫馬而止也。動而持，發也機，察而審，知巧而覩於泰，凡以為不信。邊竟有人焉，其名為竊。」

老子曰：「夫道，於大不終，於小不遺，故萬物備。廣廣乎其無不容也，淵乎其不可測也。形德仁義，神之末也，非至人孰能定之！夫至人有世，不亦大乎！而不足以為之累。天下奮棅[44]而不與之偕，審乎無假而不與利遷，極物之真，能守其本，故外天地，遺萬物，而神未嘗有所困也。通乎道，合乎德，退仁義，賓[45]禮樂，至人之心有所定矣。」

世之所貴道者書也，書不過語，語有貴也。語之所貴者，意也，意有所隨。意之所隨者，不可以言傳也，而世因貴言傳書。世雖貴之哉，猶不足貴也，為其貴非其貴也。故視而可見者，形與色也；聽而可聞者，名與聲也。悲夫，世人以形色名聲為足以得彼之情！夫形色名聲果不足得彼之情，則知者不言，言者不知，而世豈識之哉！桓公讀書於堂上，輪扁斲輪於堂下，釋椎鑿而上，問桓公曰：「敢問，公之所讀者何言邪？」

公曰：「聖人之言也。」曰：「聖人在乎？」公曰：「已死矣。」曰：「然則君之所讀者，古人之糟魄已夫！」桓公曰：「寡人讀書，輪人安得議乎！有說則可，無說則死。」輪扁曰：「臣也以臣之事觀之。斲輪，徐則甘而不固㊻，疾則苦而不入㊼。不徐不疾，得之於手而應於心，口不能言，有數存焉於其間。臣不能以喻臣之子，臣之子亦不能受之於臣，是以行年七十而老斲輪。古之人與其不可傳也死矣，然則君之所讀者，古人之糟魄已夫！」

【注釋】❶天道　這一篇與前篇不似，有和莊子意旨相違背的地方，或是演述老子守靜的言論，但也未盡合老子的本意，大概是秦漢時學黃老之術的學者，以干求君主的人所作的。❷鐃心　鐃和「撓」同。撓心，煩撓心神。❸平中準　準是取正的器具。平中準，是說水平了自然合乎準的。❹俞俞　從容和樂的樣子。❺南鄉　鄉也作「嚮」。古代國君南面而朝，臣子北面而拜，所以稱國君的位置叫南鄉，臣子的位置叫北面。❻退居　閑遊隱居的意思。❼莊子曰　〈大宗師〉作許由語，劉咸炘說：「這裡引作莊子語，顯然是後人所說的。」❽整　郭象說：「變而相雜。」成玄英說：「碎的意思。」按無論是解釋為「變而相雜」，或是「碎」，都有出於自然的意思。所以說「而不為戾」，戾是暴的意思。❾一心定　外境和心智冥合為一，所以叫一心。外物不能撓，所以稱為定。❿萬物服　萬物歸服的意思。因為外境和心智冥合，我心常靜，所以萬物就歸服了。⓫有餘　閒暇的意思。⑫落　和「絡」同，籠絡的意思。⑬五兵　就是弓、殳、矛、戈、戟五種兵器。⑭五刑　就是劓、墨、刖、宮、大辟五種刑罰。⑮度數　指典章文物制度。⑯羽旄　是樂舞時所拿的飾器。⑰衰絰　喪服的一種。⑱隆殺　是說禮制上喪服有斬衰、齊衰、大功、小功、緦麻五等，哭泣、衣裳各有差等。⑲分守　分是職分。守是官守。王安石說：「仁有先後，義有上下謂之分。先不擅後，下不侵上謂之守。在人來說，就是修身以致名譽。」⑳形名　形指物的體。名指物的名。㉑因任　因材任使的意思。㉒原省　原，推的意思。省，察的意思。㉓迕道　背逆大道。迕，逆。㉔天王　就是天子。㉕敖　侮慢的意思。㉖无告　指頑愚的人民。㉗苦死者　百姓有死的，就悲苦而安慰他。苦是動詞，做悲苦安慰講。㉘膠膠擾擾　都是擾亂的樣子。㉙子路　孔子弟子，姓仲名由，字子路，卞人，少孔子九歲。㉚徵藏史　相當現在的圖書館管理員。徵，典。掌守的意思。藏史是藏府的官吏。㉛十二經　孔子刪《詩》、《書》，定《禮》、《樂》，修《春秋》，贊《易》道，稱為六經，再加六緯，合為十二經。㉜物愷　馬其昶說：「物愷就是樂愷。」愷也是樂的意思。㉝偈偈　勉力的樣子。㉞揭仁義　謂高舉仁義。揭，擔負。㉟亡子　逃亡的人，這裡有迷失的意思。㊱百舍重趼　百舍，百日住宿，謂在外之久。趼，足生胝。重趼，謂足重生厚繭。都是表示勞苦的意思。㊲鼠壤有餘蔬而棄妹　謂老鼠竊食蔬菜，餘積而拋棄它，不知道愛惜。壤，鑿地出土叫做壤，鼠作穴出土，所以叫鼠壤。妹和「昧」同。昧，蔑的意思。這句前人解釋很多，今從宣穎說。一本作「鼠壤有餘蔬，而棄妹之者」。㊳卻　空的意思。㊴崖然　崖是崖岸。謂莊飾容貌的樣子。㊵衝然　左盼右顧的樣子。㊶顙顙然　顙額高亢的樣子。㊷闞然　語言誇張的樣子。㊸義然　義同「峨」。峨然，高大的樣子。㊹奮棅　奮爭威柄的意思。棅同「柄」。㊺賓　賓同「擯」，擯斥的意思。㊻甘而不固　謂鬆滑容易砍入然而不堅固。甘，鬆滑的意思。㊼苦而不入　謂滯澀而難以砍入。苦，滯澀的意思。

【語譯】天道運轉，沒有停頓，因此萬物生成。帝王之道運轉，沒有停頓，所以天下歸心。聖人之道運轉，沒有停頓，所以四海欽服。明白天道，通曉聖道，了解上下古今四方的帝王之德，都是自為的，那行為自然就沒有不寂靜的了。聖人的寂靜，並不是說萬物寂靜了便是善的，才寂靜的。是因為萬物沒有可以煩擾他的心情，所以才寂靜了。像那水靜了可以很清楚的照見鬚髮眉毛，平了可以合乎準的，因此大匠也以它為法則。水寂靜了還可以清明照人，何況是精神呢？何況是聖人的心神寂靜呢？所以聖人的心神寂靜了，可以鑑照天地的精微，明察萬物的奧妙呀！那虛靜恬淡寂寞無為的，是天地的水平的準的，道德至極的境界，所以古代帝王聖人都休止在那至善的地步。因為心神休止就會虛空，心神虛空就合於真實的道，真實的道就是自然的倫理了。心神虛空也就靜寂，由靜寂而生動，這樣動靜就沒有不合宜的了。寂靜就無為，在上位的無為，則臣下任事的自然就各盡其責了。無為就和樂，心裡和樂則外界憂患不能侵入內心，那麼，年壽就久長了。那虛靜恬淡寂寞無為，是萬物的根本啊！明白這個道理用以南面君臨天下，那就是帝堯的為國君啊！明白這個道理用以北面而為臣子，那就是虞舜的為臣子啊！以這個無為的道理來處尊位，是帝王天子的德操。以這個道理來居天下位，是玄聖素王的道理；以這個道理退居山林閒遊江海，山林的隱士都能佩服。以這個道理進身而治理世事，則功業大成、聲名顯耀而天下統一。內靜的是聖人，外動的是帝王，無為的，自然受萬物所尊奉，樸素的，使天下沒有能夠和他爭美。那明白天地道德的，這就叫做大本大宗，與天和合的，是用以均平調和天下，跟人事和合的。與人和合的，就稱為「人樂」，與天和合的，稱為「天樂」。莊子說：「是我的老師呀！我的老師呀！摧毀萬物也不以為是暴虐，恩澤施於萬世也不以為是仁，生長在上古也不以為是長壽。被覆托載萬物的形體也不以為是智巧，這叫做『天樂』。所以說：『知道「天樂」的，他生存的時候是順天而行動，他死亡，也是順萬物自然的變化。虛靜時和陰氣同歸於寂寞，運行時和陽氣合其波流。』

所以知道『天樂』的，沒有天的怨恨，沒有人為的非議，沒有外物的係累，沒有鬼神的呵責。所以說：『行動時像天那樣自然循環，虛寂時像地那樣凝固寧靜，心境冥合外物不擾而君臨天下，鬼神不會作祟，神魂也不會疲弊，心神冥合而萬物歸服。』這就是說以虛靜推及於天地，通達於萬物，這叫做『天樂』。天樂的，是聖人的本心，用以畜養天下蒼生的啊！」

那帝王的德操，是以天地為根本，以道德為宗主，以無為為常。假使無為的話，去治理天下而有餘。要是有為的話，則為天下役使而不足。因此古人重視那無為。君上無為，臣下也無為，這樣下和上同德，下和上同德便不合臣道。臣下有為，君上也有為，這樣是上和下同道，上和下同道便不合君道。君上必定要無為而治理天下，臣下必定要有為為天下役使，（君靜臣勞）這是不更易的道理啊！所以古代治理天下的人，使智謀明達籠絡天地，也是（垂拱無為委任臣下）不自己去憂慮天下事。才辯雖然可以雕飾萬物，也是（託付有司）不自己去評論。智能雖然冠於海內，也是（交與良佐）不自己去任職。天下不產殖，而萬物自然化生，地不成長而萬物自然化育，帝王無為而天下自然功成。所以說沒有比天更神妙的了，沒有比地更富有的了，沒有比帝王更偉大的了。所以說帝王的道德配合天地。這就是化合天地，驅策萬物（任萬民的才能），役使眾人的道理啊！因為天道的根本在於君上，人道的末節在於臣下，君主要簡要，臣下要詳博。三軍和兵器的發動，是德行衰敗後的結果。賞罰利害，五刑的大法，是教育的末途。禮法典章的制度，校比審察循名責實，這是治理百姓的末節。鐘鼓的聲律，羽毛的舞容，是音樂的末節。哭泣悲痛，喪服等級的差別，是哀傷的末節。這五種末節，是要精神的運行，心術的引動，然後才發生的啊！這五種末學，古人早已經有了，但並不是本。君上先倡導而後臣下跟著，父先倡導而後子跟從，兄先倡導而後弟跟從，長輩先倡導而後幼小的跟著，男的先倡導而後女的跟從，丈夫先倡導而後妾婦跟從。這種尊卑先後的次序，是天地運行的道理啊！所以聖人取象以為法則。天尊高，地卑下，是神明的位置。先春夏，後秋冬，這是四時一定的順序。萬物變化起伏生死（何止千萬），萌芽區別，各有其狀。盛衰的不同，是變化的流息。那天地至為神明，而還有尊卑先後的順序，而何況是人道呢？宗廟重在於親疏，朝廷重在於尊卑，鄉黨則尊尚年齒，處事則貴在任賢，這是大道的順序。論述大道而不講究順序，那不是大道；論述大道而不依其道而行，那還論什麼大道呢？所以古代闡明大道的，先要闡明自然，道德在其次；道德闡明了，仁義在其次；仁義已經闡明了，執守本分在其次；本分已經執守了，修身聲譽又在其次；修身聲譽已經做到了，因材任職又在其次；因材任職做到了，而推原省察又在其次；推原省察做到了，而辨別是非又在其次；辨別是非做到了，而賞罰又在其次；賞罰已經做到了，而愚笨和智慧的人各得其宜，貴和賤都有適當的位置。賢智和愚不肖的各安其情實，必定區分他的才能（各得其用），所用的必依他的才分。用這種方法來奉事君上，來養育臣下，來治理事物，來修養身性，（那麼）智謀就沒有用處，必定返歸自然的純真，這便叫做太平，是治世最高的境界了。所以古書記載說：「有形有名。」所謂「形名」，古人已經有了，但並不是本。古代講論大道的，五次演變而後才舉到形名，到了九次演變才說到賞罰。突然間說到形名，就不能知道它的根本。突然間提到賞罰，就不能知道它的原始，顛倒大道而論，迕背大道而說，只是被人所治理，怎麼可以去治理別人呢？突然間而論述形名賞罰，這只知道有治政的工具，而不能知道治政的道理。可以受天下的役使，不能用以役使天下，這稱做口辯之士，是曲見偏執的人啊！禮法典章制度，形名比詳審察，古人已經有了，這是臣下用以事奉君上，並不是君上用來畜養臣下的啊！從前舜問堯說：「天子的用心是怎麼樣的？」堯說：「我不欺侮無告的頑愚人民，不拋棄貧窮的百姓，悲傷安慰死者，勸勉稚子小孩，哀憐孤寡婦人，這是我用心的事情。」舜說：「好固然是好了，但還不足稱為偉大。」堯說：「依你說要怎麼樣呢？」舜說：「（治政的道理要和自然合德）和天合德的雖然事跡顯著而內心寧靜，像日月普照、四時運行，像日夜循環而有常道，像雲自然行、雨自然下了。（都是出於無心的，不是基於有情，帝王的道理，也應該這樣呀。）」堯說：「那不是很煩亂嗎？你呀，和天德相合，我呀，是和人事相合啊！」說到天地，古代稱它偉大，而是黃帝堯舜都共同讚美的。所以古代治理天下的，要做什麼呢？只是（無心順物）和天地合德罷了。

孔子西行，要把書藏在周室。子路告訴孔子說：「我聽說周室有掌管圖書名叫老聃那個人，退職歸隱家居，夫子要藏書，何不試往他那裡問一下。」孔子說：「好。」就去拜見老聃，老聃不答應。於是就繙覆用十二經來向老聃解說。老聃同意他的說法，但說：「太繁複了，希望聽聽簡要的言論。」孔子說：「切要的是在於仁義。」老聃說：「請問，仁義，是人的本性嗎？」孔子說：「對的，君子如果不仁便不能成長，不義便不能生存。仁義，實在是人的本性，（除仁義之外）還有什麼可做的呢？」老聃說：「請問，什麼叫仁義？」孔子說：「心中坦誠歡樂，博愛無私，這是仁義的本實。」老聃說：「咦！這是近乎後世浮偽的言論，說起兼愛，那不很迂腐嗎？談到無私，那才是偏私，夫子如果是要使天下蒼生不要失掉牧養麼？那天地本來已有一定的常道，日月自有光明，星辰自有行列，禽獸本有群類，樹木也原自生長。夫子只要任從木德而行，順著天道趨步人間，那就最完善的了。又何必勉力高舉仁義，好像擊鼓似的去尋找迷失的人一樣呢？

唉！夫子（這樣做）是迷亂人的本性啊！」

士成綺去見老子而問他說：「我聞夫子你是聖人，我不怕路途遙遠而來求見，在路上住宿百日，足生厚繭也不敢休息。現在看到你，並不是聖人呀！鼠穴中有剩餘的菜蔬而拋棄它（不知愛惜），是不仁的行為。生熟物品不斷的排在目前，而還聚斂不止。」老子聽了冷淡沒有什麼反應。士成綺第二天再去拜見，說：「昨天我對你諷刺，現在我心裡覺得不對，好像很空虛的樣子，是什麼緣故？」老子說：「智巧神聖的人，我自以為脫離那個聲名了。前日你呼我為牛，便叫做牛，呼我為馬，便叫做馬。如果有那實質，別人稱呼你而不接受，是（名和實都受累，）受到兩種禍殃。我所行的經常是這樣的，我並非有意才這樣做。」士成綺（自知失言，心中慚愧）像雁斜行，側身避影，追隨老子後面進問說：「怎樣修養自身？」老子說：「你容態高傲，你眼睛左顧右盼，你額額高亢，你的語言誇張，你的形狀高大，好像奔馳的馬，被人拴住，心情浮動，勉強支持，趨捨迅速，發動時像機栝，明察是非，遇事詳審，依恃智巧而現出驕泰的態度，凡此種種行為，都是違背自然的本性。邊境有這樣的人，（不知禮樂，即使偶有語言和典籍相合，也是偷竊所得，所以）他的名字就叫做『竊』。」

老子說：「提到道體，任何大的物體沒有不包，任何小的物體也不遺漏，所以能夠賅備萬物，寬博的樣子沒有不容，深遠的樣子不可以測度。形體、道德、仁義，都是精神的末跡，如果不是至人，誰能夠定心於無為呢？假使至人有了天下，那責任豈不重大嗎？但天下也不足以係累他。天下人都爭奪權柄，而（他獨能靜寂自守）不和他們一樣，審察真實而不受利慾所改變，盡物的本真，（因應無方）能守住本源，所以能超出天地，忘懷萬物，而精神不受困擾，貫通大道，冥合大德，黜退仁義，擯斥禮樂，這是至人心定於無為的緣故啊！」

世上所珍視的大道，是文字的記載，文字的記載不過是語言罷了，所以珍視文字實是珍貴語言啊！語言所珍貴的是內容意義，意義有所在的地方，意義所在的地方，不可以用語言來表達，然而世上因珍貴語言傳於文字，（所以就珍貴文字，）世間雖然珍貴文字，我卻以為不值得珍貴它，為了珍貴去珍貴它，並非可珍貴的（因為珍貴的常在言意之外啊）。所以可以看得見的，是形體和顏色。可以聽得見的，是名譽和聲聞。可悲呀！世人認為形、色、聲、名可以得到大道的情實，那形、色、名、聲究竟是不能得到大道的情實。然則，知道的不說，說的就不知道，世上的人難道了解這個道理嗎？桓公在堂上讀書，輪扁在堂下砍輪，放下砍輪的工具走向堂上，問桓公說：「敬問公（您）所讀的是什麼語言呢？」桓公說：「是聖人的語言。」輪扁說：「聖人還在嗎？」桓公說：「已經死了。」輪扁說：「然則君（您）所讀的，是古人的糟粕罷了。」桓公說：「寡人讀書，輪人如何敢隨便批評，有理由還可以，沒有理由就要處死。」輪扁說：「我用我所做的事來比喻。砍輪的手藝，慢了就鬆滑而不堅固，快了就滯澀而難入。要不慢不快，手砍下去，自然和心中意念相應合，口裡說不出來，有奧妙的道理存在於其間。我不能告訴我的兒子，我的兒子也不能繼承我的手藝，所以年齡已經七十了，還在砍輪。古代的人和他所不能傳授的，都已經消滅了，這樣說，君（您）所讀的，不就是古人所遺留的糟粕嗎？」

天運❶

「天其運乎？地其處❷乎？日月其爭於所乎？孰主張是？孰維綱是？孰居无事推而行是？意者其有機緘而不得已邪？意者其運轉而不能自止邪？雲者為雨乎？雨者為雲乎？孰隆施是？孰居无事淫樂❸而勸是？風起北方，一西一東，有上彷徨❹，孰噓吸是？孰居无事而披拂是？敢問何故？」巫咸袑❺曰：「來！吾語女。天有六極五常❻，帝王順之則治，逆之則凶。九洛之事❼，治成德備，監照下土，天下載之，此謂上皇。」

商大宰蕩❽問仁於莊子。莊子曰：「虎狼，仁也。」曰：「何謂也？」莊子曰：「父子相親，何為不仁？」曰：「請問至仁。」莊子曰：「至仁無親。」大宰曰：「蕩聞之，無親則不愛，不愛則不孝，謂至仁不孝，可乎？」莊子曰：「不然。夫至仁尚矣，孝固不足以言之。此非過孝之言也，不及孝之言也。夫南行者至於郢⑨，北面而不見冥山⑩，是何也？則去之遠也。故曰：以敬孝易，以愛孝難；以愛孝易，而忘親難；忘親易，使親忘我難；使親忘我易，兼忘天下難；兼忘天下易，使天下兼忘我難。夫德遺堯舜而不為也，利澤施於萬世，天下莫知也，豈直太息而言仁孝乎哉！夫孝悌仁義，忠信貞廉，此皆自勉以役其德者也，不足多也。故曰，至貴，國爵并焉；至富，國財并焉；至願⑪，名譽并焉。是以道不渝。」

北門成⑫問於黃帝曰：「帝張咸池⑬之樂於洞庭之野⑭，吾始聞之懼，復聞之怠，卒聞之而惑；蕩蕩默默⑮，乃不自得。」帝曰：「女殆其然哉！吾奏之以人，徵之以天，行之以禮義，建之以太清⑯。夫至樂者，先應之以人事，順之以天理，行之以五德，應之以自然，然後調理四時，太和萬物⑰。四時迭起，萬物循生；一盛一衰，文武倫經⑱；一清一濁，陰陽調和，流光其聲；蟄蟲始作，吾驚之以雷霆；其卒無尾，其始無首；一死一生，一僨一起⑲；所常無窮，而一不可待，女故懼也。吾又奏之以陰陽之和，燭之以日月之明；其聲能短能長，能柔能剛；變化齊一，不主故常；在谷滿谷，在阬滿阬；塗郤守神，以物為量⑳。其聲揮綽㉑，其名高明㉒。是故鬼神守其幽，日月星辰行其紀。吾止之於有窮㉓，流之於无止㉔。子欲慮之而不能知也，望之而不能見也，逐之而不能及也；儻然㉕立於四虛之道，倚於槁梧而吟。目知窮乎所欲見，力屈乎所欲逐，吾既不及已夫！形充空虛，乃至委蛇㉖。女委蛇，故怠。吾又奏之以無怠之聲，調之以自然之命，故若混逐叢生，林樂而無形㉗；布揮而不曳，幽昏而無聲。動於無方，居於窈冥；或謂之死，或謂之生；或謂之實，或謂之榮；行流散徙，不主常聲。世疑之，稽於聖人。聖也者，達於情而遂於命也。天機㉘不張而五官㉙皆備，此之謂天樂㉚，無言而心說。故有焱氏為之頌曰：『聽之不聞其聲，視之不見其形，充滿天地，苞裹六極。』女欲聽之而無接焉，而故惑也。樂也者，始於懼，懼故祟；吾又次之以怠，怠故遁；卒之於惑，惑故愚；愚故道，道可載而與之俱也。」

孔子西遊於衛。顏淵問師金曰：「以夫子之行為奚如？」師金[31]曰：「惜乎，而夫子其窮哉！」顏淵曰：「何也？」師金曰：「夫芻狗[32]之未陳也，盛以篋衍，巾以文繡，尸祝齊戒以將之。及其已陳也，行者踐其首脊，蘇者取而爨之而已；將復取而盛以篋衍，巾以文繡，遊居寢臥其下，彼不得夢，必且數眯焉[33]。今而夫子，亦取先王已陳芻狗，取弟子遊居寢臥其下。故伐樹於宋[34]，削迹於衛[35]，窮於商周[36]，是非其夢邪？圍於陳蔡之間，七日不火食[37]，死生相與鄰，是非其眯邪？夫水行莫如用舟，而陸行莫如用車。以舟之可行於水也，而求推之於陸，則沒世不行尋常。古今非水陸與？周魯非舟車與？今蘄行周於魯，是猶推舟於陸也，勞而無功，身必有殃。彼未知夫无方之傳[38]，應物而不窮者也。且子獨不見夫桔槔[39]者乎？引之則俯，舍之則仰。彼，人之所引，非引人也，故俯仰而不得罪於人。故夫三皇五帝㊵之禮義㊶法度，不矜㊷於同而矜於治。故譬三皇五帝之禮義法度，其猶柤梨橘柚邪！其味相反而皆可於口。故禮義法度者，應時而變者也。今取蝯狙而衣以周公之服，彼必齕齧挽裂㊸，盡去而後慊㊹。觀古今之異，猶蝯狙之異乎周公也。故西施病心而矉㊺其里，其里之醜人見而美之，歸亦捧心而矉其里。其里之富人見之，堅閉門而不出，貧人見之，挈妻子而去走。彼知矉美而不知矉之所以美。惜乎，而夫子其窮哉！」

孔子行年五十有一而不聞道，乃南之沛見老聃。老聃曰：「子來乎？吾聞子，北方之賢者也，子亦得道乎？」孔子曰：「未得也。」老子曰：「子惡乎求之哉？」曰：「吾求之於度數㊻，五年而未得也。」老子曰：「子又惡乎求之哉？」曰：「吾求之於陰陽，十有二年而未得。」老子曰：「然。使道而可獻，則人莫不獻之於其君；使道而可進，則人莫不進之於其親；使道而可以告人，則人莫不告其兄弟；使道而可以與人，則人莫不與其子孫。然而不可者，無它也，中無主而不止，外無正而不行。由中出者，不受於外，聖人不出；由外入者，無主於中，聖人不隱。名，公器也，不可多取。仁義，先王之蘧廬[47]也，止可以一宿而不可久處，覯而多責[48]。古之至人，假道於仁，託宿於義，以遊逍遙之墟，食於苟簡之田[49]，立於不貸之圃。逍遙，無為也；苟簡，易養也；不貸，無出也。古者謂是采真之遊。以富為是者，不能讓祿；以顯為是者，不能讓名；親權者不能與人柄。操之則慄，舍之則悲，而一無所鑒，以闚其所不休者，是天之戮民也。怨恩取與諫教生殺，八者，正之器也，唯循大變無所湮[50]者為能用之。故曰，正者，正也。其心以為不然者，天門弗開矣。」

孔子見老聃而語仁義。老聃曰：「夫播穅眯目[51]，則天地四方易位矣；蚊虻噆[52]膚，則通昔不寐矣。夫仁義憯然[53]乃憤[54]吾心，亂莫大焉。吾子使天下無失其朴，吾子亦放風而動，總德而立矣，又奚傑然[55]若負建鼓而求亡子者邪？夫鵠不日浴而白，烏不日黔而黑。黑白之朴，不足以為辯；名譽之觀，不足以為廣。泉涸，魚相處於陸，相呴以濕，相濡以沫，不若相忘於江湖！」

孔子見老聃歸，三日不談。弟子問曰：「夫子見老聃，亦將何所規哉？」孔子曰：「吾乃今於是乎見龍！龍，合而成體，散而成章，乘乎雲氣而養乎陰陽。予口張而不能嗋[56]，予又何規老聃哉！」子貢曰：「然則人固有尸居而龍見，雷聲而淵默，發動如天地者乎？賜亦可得而觀乎？」遂以孔子聲見老聃。老聃方將倨堂而應，微曰：「予年運而往矣，子將何以戒我乎？」子貢曰：「夫三王五帝之治天下不同，其係聲名一也。而先生獨以為非聖人，如何哉？」老聃曰：「小子少進！子何以謂不同？」對曰：「堯授舜，舜授禹，禹用力而湯用兵，文王順紂而不敢逆，武王逆紂而不肯順，故曰不同。」老聃曰：「小子少進！余語女三王五帝之治天下。黃帝之治天下，使民心一，民有其親死不哭而民不非也。堯之治天下，使民心親，民有為其親殺其殺而民不非也。舜之治天下，使民心競，民孕婦十月生子，子生五月而能言，不至乎孩而始誰，則人始有夭矣。禹之治天下，使民心變，人有心而兵有順，殺盜非殺，人自為種而天下耳，是以天下大駭，儒墨皆起。其作始有倫，而今乎婦女，何言哉！余語女，三皇五帝之治天下，名曰治之，而亂莫甚焉。三皇之知，上悖日月之明，下睽山川之精，中墮四時之施。其知憯於蠇蠆之尾[57]，鮮規之獸[58]莫得安其性命之情者，而猶自以為聖人，不可恥乎？其无恥也！」子貢蹴蹴然[59]立不安。

孔子謂老聃曰：「丘治《詩》《書》《禮》《樂》《易》《春秋》六經，自以為久矣，孰知其故矣；以奸[60]者七十二君，論先王之道而明周召[61]之迹，一君無所鉤[62]用。甚矣夫！人之難說也，道之難明邪？」老子曰：「幸矣子之不遇治世之君也！夫六經，先王之陳迹也，豈其所以迹哉！今子之所言，猶迹也。夫迹，履之所出，而迹豈履哉！夫白鶂[63]之相視，眸子不運而風化64；蟲，雄鳴於上風，雌應於下風而化；類自為雌雄，故風化。性不可易，命不可變，時不可止，道不可壅。苟得於道，無自而不可；失焉者，無自而可。」孔子不出三月，復見曰：「丘得之矣。烏鵲孺65，魚傅沫66，細要者67化，有弟而兄啼。久矣夫丘不與化為人！不與化為人，安能化人！」老子曰：「可。丘得之矣！」

【注　釋】❶天運　運，轉的意思。天運，謂不待轉而自動。王夫之說：「本篇之主旨，以自然為宗，天地之化，無非自然。勉而役者，勞己以勞天下。老子所欲絕聖棄智者，此也。」❷處　止的意思。❸淫樂　淫是「廞」的假借字。廞作悅講。廞樂，高興的意思。❹有上彷徨　謂旋轉而上。彷徨，旋轉的樣子。❺巫咸袑　巫咸，古代神巫，殷中宗相，袑是他的名。❻六極五常　謂五行相生相剋，自然運行在六合之中。六極是上下四方，也叫六合。五常也叫五性，這裡作五行講。❼九洛之事　九州聚落的事。❽商太宰蕩　宋繼承商朝之後，所以商也就是宋國。太宰，官名。蕩，其名叫盈，字叫蕩。❾郢　楚國都，在江陵北方。❿冥山　北海山名。⓫至願　猶至樂。⓬北門成　姓北門，名成，黃帝臣子。⓭咸池　樂名。咸，施。池，和。謂政治咸和的意思。黃帝時樂章。⓮洞庭之野　成玄英說：「洞庭之野，比喻天地之間，並非太湖的洞庭。」⓯蕩蕩默默　蕩蕩，平易的樣子。默默，無知的樣子。⓰太清　天道。⓱夫至樂者七句　蘇子由說，夫至樂者三十五字是注語誤入正文。王叔岷氏說：「唐寫本，趙諫議本，道藏成玄英疏本，王元澤新傳本，林希逸口義本，均無此三十五字。」阮毓崧說，假使是注文，「應該在下二句之下」。⓲一盛一衰二句　夏盛冬衰，春文秋武生殺的道理，是天道的常態。倫，理。經，常。⑲一死一生二句　阮毓崧說：「一聲寂則一聲動以繼之，一音低則一音高以續之。」今譯文從之。⑳以物為量　謂凡空虛的地方，不論大小，到處充滿樂音。㉑揮綽　聲音寬廣的意思。揮，動。綽，寬。㉒高明　成玄英說：「高如上天，明如日月，聲既廣大，名亦高明。」㉓吾止之於有窮　謂雖富千變萬化，常居於玄極，不離妙本，動而常寂的意思。止，住。窮，極。㉔流之於无止　謂應感無方，隨時適變，未嘗執守，故寂而常動。流，動。止，盡。㉕儻然　無知的樣子。㉖委蛇　隨順的樣子。㉗若混逐叢生二句　《說文》：「叢木曰林。」謂聲音混然相逐，叢然相生，林然共樂，渾然而無形。形容樂聲混同自然，無心而成至樂。㉘天機　自然的樞機。㉙五官　就是五臟。㉚天樂　謂聖人之樂，出於自然，所以叫天樂。㉛師金　師，魯太師。金是他的名。㉜芻狗　結芻為狗，尸祝用為除禍的替身。芻，草。㉝彼不得夢二句　數，屢次的意思。眯，司馬云：「厭也。」厭為「魘」的假借字。《說文》：「魘，夢驚也。」謂即使不致得惡夢，也必當屢遭夢魘。㉞伐樹於宋　孔子曾經到宋國去，和弟子們在大樹下講說討論。司馬桓魋想殺孔子，孔子走了以後，桓魋討厭孔子坐過的地方，就把那棵樹砍掉。㉟削迹於衛　孔子曾經到衛國去，衛國人恨孔子，就把孔子走過的地方削去。斜割或輕割叫削。㊱窮於商周　商是殷的地方。周是東周。孔子歷聘各國，曾經受困在商周地方。㊲圍於陳蔡之間二句　楚昭王聘孔子，孔子率領弟子，住宿在陳蔡之地，蔡人看見弟子眾多，以為是盜賊，與眾圍繞，經過七天，糧食已盡，沒有炊爨，弟子都臥病不能起。所以說七日不火食。㊳无方之傳　意謂隨機應變，千轉萬變而不窮。傳是「轉」的假借字。轉，動的意思。㊴桔槔　取水的木架，放在井上，單名叫做槔。本書〈天地〉：「鑿木為機，後重前輕，挈水若抽，數如洗湯，其名為槔。」㊵三皇五帝　三皇的名稱，一說為天皇、地皇、人皇。五帝據《周易．大傳》，為伏羲、神農、黃帝、堯、舜。漢孔安國書以少昊、顓頊、高辛、堯、舜為五帝。當以孔安國說為是。㊶禮義　義為「儀」的假借字。禮義就是禮儀。㊷矜　稱美的意思。㊸齕齧挽裂　齕齧都是咬的意思。挽裂作撕破講。㊹慊　足、快的意思。㊺矉　矉與「顰」相通，額蹙的意思。㊻度數　典章制度。㊼蘧廬　蘧為「遽」的假借字。蘧廬就是傳舍，供過客休息住宿的地方。㊽覯而多責　謂屢次相見，必受譴責。覿，見的意思。㊾食於苟簡之田　苟簡，苟且簡略的意思。食於苟簡之田，就不損己物。㊿湮塞的意思。51眯目　物入眼為病叫眯。以喻外物加之雖小，則傷害本性。52噆　咬、刺的意思。53憯然　慘毒的樣子。54憒　王叔岷說：「憒當作憒。」《說文》：「憒，亂也。」55傑然　用力的樣子。56嚌　合的意思。57蠇蠆之尾　蠇蠆，都是蠍的異名。蠍的尾末有鉤，能螫人，所以用蠇蠆之尾來比喻其毒害。58鮮規之獸　不常見的獸類。吳汝綸認為規是「窺」的假借字。59蹴蹴然　改容不安的樣子。60奸　奸與「干」通。《廣雅》說：「奸，求也。」61周召　周公和召公。62鉤　取的意思。63白鶂　水鳥。64風化　雌雄相誘叫做風。感而成孕叫做化。65孺　孵乳而生叫做孺。66沫　傳口中的沫液，相與而生子。67細要者　細要就是細腰。細腰者，指蜂類的昆蟲。

【語　譯】「天是自然的運轉嗎？地是自然靜止的嗎？日月是爭逐循環代謝的嗎？那是誰主宰施為的？是誰掌握那法則的？是誰日夜沒事來執行推動的呢？或許是司管關閉的機樞出於不得已的嗎？或許果真是自然運轉不得不運行的嗎？布雲是為了下雨的嗎？下雨是為了有布雲嗎？是誰降施雲雨的呢？是誰沒有事高興來勸勵的呢？風起自北方，有的吹西，有的吹東，有的旋轉而上，是誰鼓吹扇動而這樣做的呢？請問是什麼緣故？」巫咸祒說：「來，我告訴你。天有六極五常，帝王自然順應這個法則，天下就太平，違逆它，就凶亂。九州的人事，治政成功，道德具備，監察照臨下界，天下都擁戴，這稱為自然的帝王。」

商朝太宰蕩向莊子問仁的道理。莊子說：「虎狼就有仁道。」太宰蕩說：「這話怎麼講？」莊子說：「虎狼父子相親，怎麼可以說不仁呢？」太宰蕩說：「虎狼相親的仁太淺，請問至仁是怎樣的？」莊子說：「至仁沒有相親。」太宰蕩說：「我曾聽說，不相親就子不愛父，子不愛父叫做不孝，稱至仁為不孝可以嗎？」莊子說：「不是這樣的。至仁是最高的境界，孝不足用來說明。這不是超過孝的言說，而是沒有接觸到孝的言說。（這話怎麼講呢？）像那向南到楚國郢都的人，向北便看不到冥山，這是為什麼呢？因為離開太遠了。所以說：用有形的恭敬行孝道容易，用無形的愛心行孝道困難。用勉強的愛心行孝道容易，孝心出於自然忘掉是親情困難。孝道使雙親順適忘掉是親情容易，讓雙親忘掉是我在行孝道困難。使雙親忘掉是我行孝道容易，與天地合德，無親無疏，兼忘天下困難。兼忘天下容易，使天下自得兼忘我困難。有忘掉像堯舜那樣的德行，任隨自然而無為，利益恩澤施惠於萬世之後，天下沒有人知道，（這樣的德行）豈但是讚歎而談仁孝的人所能企及的嗎？那孝悌仁義，忠信貞廉，都是矯勵情性自己勉力役使本性而做到的，不足稱美。所以說，最尊貴的，是連國家爵位都摒棄了，最富有的，是連國家俸祿都摒棄了。最大的喜樂，是連仁孝名譽也摒棄了。所以大道永恆不變。」

北門成問黃帝說：「皇帝（你）在洞庭的曠野演奏咸池的樂章，我開始聽了會恐懼，再聽了就倦怠，最後聽了疑惑，變成平易無知的樣子，於是茫然不自得起來。」黃帝說：「你大概是那樣的罷！我是用人事來演奏，用天象作徵驗，用禮義來施行，以天道來配合起來。說到至樂，首先要與人事相應，依順著天理，按五德來運行，和自然應合，然後調理四時，合順萬物。四時依次互為起止，萬物順時而生。夏盛冬衰，春文秋武，生殺興廢，是天道的常理。天清地濁，陰升陽降，二氣和合，當其交動，光輝盈溢。潛蟄的昆蟲，剛要甦醒。我用雷電震驚牠，忽然而去，忽然而起，不見首尾。一音低寂，另外一音又接著而來。一音低沉，另一音高的又接踵而至。變化無常，永無窮盡，而都不可停留，你所以會恐懼啊！我又用陰陽調和的道理來演奏，以日月的光明來照臨，發出的聲音，能短也能長，能剛也能柔，樂音變化，無不合節，聲律愈出愈新，不拘常調，聲音周遍，充滿坑谷，杜塞感官，凝一精神，隨物器量，沒有不充塞的地方。樂聲寬廣閎大，名為『高明』。所以鬼神各守幽冥，日月星辰依綱紀運行。我又停止於『有窮』的分際，流動在『無止』的境界。我要思慮它也不可能知道，要觀望也不能看到，追逐它不能趕得上。茫茫然處在四面空虛的大道上，靠著梧樹而吟詠。視力不及要想去看，精力窮盡而想去追逐，我知道力有所不及了，形體充滿空虛，只有隨順自然，你隨順自然，所以倦怠。我又用無怠的聲調來演奏，用自然的本性來調和，所以聲音混然叢雜而出，五音繁會，不能辨別聲音的起處，聲音散布悠揚而不是由於牽強，幽深昏默好像沒有聲音。動無一定方所，常居於窈冥之處。或且聲聚而生，或且聲散而寂，或且聲高而實，或且聲華而榮。聲音聚散高揚，不主故調常聲。世人疑惑，向聖人稽考詢問。所謂聖，是通達本實而遂順性命的道理。天機不動，而五官都俱備，這叫做『天樂』。雖無言而使人內心喜悅。所以有焱氏稱頌說：『聽它沒有聞到聲音，看它沒有見到形象，但卻充滿天地之間，包含上下四方。』你想聽而不知如何去承受，所以會迷惑啊！所謂樂，開始恐懼因為恐懼所以有禍殃。我其次又用怠倦，怠倦所以遁滅。終至於迷惑，迷惑所以愚昧。愚昧不用智慧則近道了，然後才可以冥合了。」

孔子西行到衛國去，顏淵問師金說：「像夫子那樣行為怎樣？」師金說：「可惜啊！你夫子應該會困窮一輩子了。」顏淵說：「是什麼緣故呢？」師金說：「那芻狗還沒有陳列出來祭祀時，用篋笥裝盛著，用繡巾包裹著，尸祝巫師都要齋戒去送它。等到祭祀以後，走路的人踐踏它的頭背，割草的人拿來炊爨燒掉罷了。如果再拿它用篋笥盛著，用繡巾包裹著，起居安睡在它的旁邊，即使不得惡夢，也會屢受夢魘。現在夫子也拿先王已經祭祀過的芻狗，聚弟子而起居安息在它的旁邊。因此在宋國遭遇到『伐樹』的禍殃，在衛國受到『削跡』的恥辱，在商周困窮，這不是遇到惡夢嗎？在陳蔡之間被圍困，七天沒有生火煮飯，幾乎近於死亡，這不是受到夢魘嗎？走水路的人不如坐船，走陸路不如乘車。以為船可以行於水中，而求在陸上推著走，那終生也走不了幾尺而已。古今時代不同，不就是像水路和陸地嗎？周和魯不就是像船和車嗎？現在求用周的制度，在魯國來施行，這不像是在陸地上推著船走嗎？勞苦而沒有功效，而且自身必定會有禍殃。不知道時異世殊，因應無方的道理，隨機應物無窮的妙方。再說你難道沒有看到桔槔嗎？牽引它便向下，放了它就向上。那桔槔，是受人牽引，並不是牽引人，所以向上向下都不得罪人。所以那三皇五帝的禮儀法度，可讚美的不在於它們相同，而是讚美它們可以平治天下。譬如三皇五帝的禮儀法度，好像是柤、梨、橘、柚一樣，味道不同而都適合人的口味。所以禮儀法度，是因時而改變的。現在讓猿猴穿上周公的服飾，牠必定要撕毀拉破，都脫掉才舒適。觀察古今時代的不同，也像猿猴和周公不同一樣啊！所以西施心痛而在里中捧心皺眉，同里中醜婦看見了認為很美，回去也在里中捧心皺眉。同里的富人看了，趕快關緊門戶而不敢出來，貧窮人看見了，帶了妻子走開。那醜婦只知道捧心皺眉很美，而不知道捧心皺眉所以美的原因。可惜啊！你夫子應該窮困一生啊！」

孔子生年五十一歲還沒有聽到大道，於是南行到沛地去拜見老聃。老聃說：「你來了嗎？我聽說你是北方的賢人，你已經悟解大道了嗎？」孔子說：「還沒有悟解。」老子說：「你怎麼去尋求呢？」孔子說：「我從制度上去尋求，已經五年了還沒求得。」老子說：「你又如何再去尋求呢？」孔子說：「我從陰陽變易的道理中去尋求，已經十二年了還沒求得。」老子說：「是的，假使道是可以供獻的，那人臣沒有不獻大道給國君的。假使道是可以進奉的，那人子沒有不進奉大道給雙親的。假使大道是可以告訴人的，那人們沒有不告訴他弟兄的。假使大道是可以給人的，那人們沒有不把大道給子孫的。但是不可能，沒有別的緣故，中心沒有領受大道的本質，大道是不會留止的，在外沒有配合的對象，大道也難於運行。由中心發動的，在外不能接受，聖人就不設教，由外面發動的，中心無接受的本質，聖人不能改變他的內心使他接受。名器，是天下共用的，不可多取（多取則亂）。仁義，是先王的旅舍，只可以過一夜，不可以永久居住，常常見面，責難就多了。古代的至人，有時假借仁道而行，有時寄託義理而留止，（沒有一定的常跡，）以遊逍遙的太虛，生活在苟且簡陋的田地，立身在不隨便給人的園圃。逍遙，就是無為。苟且簡陋，就容易生活了。不隨便給人，就不會有損失。古代稱這樣是表現本真的行為。以富有為是的，就不能辭讓祿位，以顯達為是的，就不能辭讓聲名。溺愛機勢的，就不能給人權柄。一旦有了（因為怕失掉所以）就恐懼，一旦沒有了就悲傷，一點沒有鑒識，而窺視那無休止的物慾，這是天所刑戮的百姓。怨、恩、取、與、諫、教、生、殺，這八項，都是糾正人行為的工具，只有順從自然的變化而不滯塞的人，才能用這八項工具。所以說，自己端正了，才能正人。內心不能這樣做的，他的天機就閉塞了。」

孔子拜見老聃而討論仁義。老聃說：「像播揚米糠，傷害眼睛，那天地四方就都改變方位了。蚊虻咬皮膚，就整夜睡不著覺。仁義損害人的本性令人迷惑心智，那就大亂了。你要使天下不要失掉樸實的本質，你就依著風自然而動，冥合道德自然樹立，又何必很吃力的樣子像背著大鼓來尋找迷失的小孩呢？鴻鵠不是天天洗澡才白的，烏鴉不是天天染黑才黑的。黑白的本質，(都是出於自然，)不足以為美醜的分別。聲名令譽的美好，不足以增廣本性。泉水乾了，魚困在陸地上，喘著氣互相溼潤，吐著涎沫互相溼潤，倒不如在江湖裡互相忘記。」

孔子見了老聃回去，三天不說話。弟子問說：「夫子見了老聃，怎麼規勸他呢？」孔子說：「我到現在才看見了龍，龍（變化無常）本合就成妙體，跡散而成文章，乘雲氣而配合陰陽，我（心裡驚懼不定）口張開而不能合攏，我規勸老聃什麼呢！」子貢說：「照這樣說，人本來有靜時像神主樣的寂泊無為，動時像神龍的變化，說話時像雷霆的震動，沉默時像玄理沒有聲響，發動時像天地變化的不可測度嗎？我也能看見嗎？」於是就以孔子名義去拜見老聃。老聃正盤坐在堂上而接待他，細聲的說：「我年紀已經老邁了，你有什麼規勸我嗎？」子貢說：「那三王五帝治理天下的方法不同，聲聞繫於人心卻是一樣，而只有先生認為他們不是聖人，這是為什麼？」老聃說：「年輕人前面來一點，你怎麼認為不同呢？」子貢回答說：「堯讓位給舜，舜讓位給禹，禹治水用勞力得天下，湯弔民伐罪用武力得天下，文王順從紂王不敢背逆，武王背逆紂王而不肯順從，所以說不同。」老聃說：「年輕人再前面來一點，我告訴你三皇五帝治理天下。黃帝治理天下，使人心淳一，(民不獨親其親，所以）有雙親死不哭，而人不以為是不對的。堯治天下，使人心孝親，人有尊敬雙親，疏遠別人的，而人不以為是不對的。舜治理天下，使人心相競，孕婦十個月生孩子，孩子生下來五個月就會說話，還沒有成為兒童便知道人我的分別，人開始有夭折的了。禹治理天下，使人有機心的以殺伐為順天應人，誅殺盜賊，認為（死有應得）不算是殺，人自為群黨而成天下，所以天下大為驚變，儒墨都興起。開始時還算合理，而現在竟婦女無別，

（淫風大行，）還有什麼可說的呢！我告訴你，三皇五帝治理天下，名義上稱為治理，其實禍亂太大了。三王的智慧，以至於蒙蔽日月的光明，消滅山川的英華，擾亂四時的運行，他的智慧比蠍子的尾巴還要慘毒，連不常見的獸類，也不能安養本性，而還自以為是聖人，不是可恥嗎？那是無恥的啊！」子貢聽了，驚怵改容，坐立不安。

孔子對老聃說：「我研究《詩》、《書》、《禮》、《樂》、《易》、《春秋》六經，自以為很久了，也熟悉書中的內容了。去求見七十二位國君，談論先王的大道，闡明周公、召公的政績，一個國君也沒有任用我。太難了，人君不容易勸說，大道不能昌明了嗎？」老子說：「很僥倖你沒有遇到治世的國君。六經，是先王陳腐的遺跡，並不是先王的真跡啊！現在你所說的，仍是陳腐的遺跡。所謂跡，是鞋踐踏出來的，但跡並不是鞋！水鳥雌雄互相對看，眸子不轉而自然化生，雄蟲在上鳴叫，雌蟲在下應和，這樣傳聲受孕。這是一類，都是雌雄異體而遙感化生，所以叫風化。天性不可更易，命運不可改變，時不能留止，大道不可壅塞。假使得了道，任何作為都可以，失了道，任何作為都不可了。」孔子聽了，三月不出門，再見老聃說：「我知道了。鳥鵲孵卵而化育，魚類傳沫而生子，蜂類昆蟲則是化生，生了弟弟，哥哥就哭了。很久了，我沒有和造化冥合了，不和造化冥合，如何能去化人呢？」老子說：「可以了，你知道這個道理了。」

刻意[1]

刻意尚行，離世異俗，高論怨誹[2]，為亢[3]而已矣；此山谷之士，非世[4]之人，枯槁赴淵者[5]之所好也。語仁義忠信，恭儉推讓，為修而已矣；此平世之士，教誨之人，游居學者之所好也。語大功，立大名，禮君臣，正上下，為治而已矣；此朝廷之士，尊主彊國之人，致功并兼[6]者之所好也。就藪澤[7]，處閒曠，釣魚閒處，無為而已矣；此江海之士，避世之人，閒暇者之所好也。吹呴呼吸[8]，吐故納新，熊經鳥申[9]，為壽而已矣；此道引[10]之士，養形之人，彭祖壽考者之所好也。若夫不刻意而高，无仁義而修，无功名而治，无江海而閒，不道引而壽，无不忘也，无不有也，澹然无極而眾美從之。此天地之道，聖人之德也。故曰，夫恬惔[11]寂漠虛无无為，此天地之平而道德之質也。故曰，聖人休休焉則平易矣⑫，平易則恬惔矣。平易恬惔，則憂患不能入，邪氣不能襲，故其德全而神不虧。故曰，聖人之生也天行，其死也物化；靜而與陰同德，動而與陽同波；不為福先，不為禍始；感而後應，迫而後動，不得已而後起，去知與故，循天之理。故無天災，無物累，無人非，無鬼責。其生若浮，其死若休。不思慮，不豫謀。光矣而不耀，信矣而不期。其寢不夢，其覺無憂。其神純粹，其魂不罷。虛無恬惔，乃合天德。故曰，悲樂者，德之邪；喜怒者，道之過；好惡者，德之失。故心不憂樂，德之至也；一而不變，靜之至也；無所於忤⑬，虛之至也；不與物交，淡之至也；無所於逆，粹之至也。故曰，形勞而不休則弊，精用而不已則勞，勞則竭。水之性，不雜則清，莫動則平；鬱閉而不流，亦不能清；天德之象也。故曰，純粹而不雜，靜一而不變，淡而無為，動而以天行，此養神之道也。夫有干越之劍⑭者，柙而藏之，不敢用也，寶之至也。精神四達竝流，無所不極，上際於天，下蟠於地，化育萬物，不可為象，其名為同帝。純素之道，唯神是守；守而勿失，與神為一；一之精通，合於天倫。野語有之曰：「眾人重利，廉士重名，賢士尚志，聖人貴精。」故素也者，謂其無所與雜也；純也者，謂其不虧其神也。能體純素，謂之真人。

【注釋】❶刻意　謂刻削意志。全篇旨在說明聖人之所以為聖人，在能養神守神。而恬淡寂寞，虛無無為，又是養神的首要功夫。❷怨誹　憤世嫉邪的意思。❸亢　高的意思。❹非世　議論世事是非的意思。❺枯槁赴淵者　司馬彪說：「枯槁若鮑焦、介推，赴淵若申徒狄。」按鮑焦，周時隱居的高士。《列士傳》云：「鮑焦怨世不用己，採蔬於道。子貢難曰：『非其世而採其蔬，此焦之有哉？』焦棄其蔬，乃立枯於洛水之上。」《韓詩外傳》也記載鮑焦的事跡，所說的稍有不同。介推就是介之推，春秋晉時人，從晉文公逃亡共十九年，文公返國即位，一時忘記了他，於是他就和母親隱居在綿山，以後文公找他，不肯出來。文公焚山逼他，之推竟抱木枯死，所以說枯槁。申徒狄是湯時賢人，湯授他天下之位，他認為羞恥，投河而死，所以說赴淵。申徒狄也叫司徒狄。❻并兼　吞併兼取。❼藪澤　草野水澤，隱士所遊居的地方。❽吹呴呼吸　吹，冷。呴，暖的意思。呼而吐汙濁。吸而納清氣。❾熊經鳥申　申同「伸」。謂如熊攀樹而自懸，如鳥飛空而伸腳。❿道引　即導引。為道家吐納引氣養生延年的方法。《抱朴了》說：「明吐納之道行氣，足以延壽。知屈伸之法導引，可以難老也。」⓫恬惔　恬靜淡泊，即無為的意思。⓬聖人休休焉則平易矣　休，息。俞樾說：「一本作『聖人休焉，休則平易矣』。『休焉』二字傳寫誤倒。」按郭注云：「休乎恬淡寂寞，息乎虛無無為。」則郭本也沒有重「休」字。俞樾的意思可從。⓭忤　違逆的意思。⓮干越之劍　干，吳。吳有谿名干谿。越有山，名若耶，出產善鐵，鑄為名劍。所以吳越地方以出劍著名。

【語　譯】磨鍊意志高尚行為，脫離現實與眾不同，發表高論怨歎不遇，只是標榜清高罷了。這是山林隱居之士看輕世俗的人，是面目枯槁投水自殺的人所愛慕的。稱說仁愛節義，忠誠信實，恭敬儉樸，推與辭讓的美德，是修身的行為罷了，這是清平治世之士、教誨化人的人，是遊居學者所愛慕的。建大功，立大名，制定君臣禮儀，匡正上下名分，是治理國家的才具罷了，這是朝廷之士尊崇君主使國家強盛的人，是致力功業兼併敵國者所愛慕的。到草原水澤的地方去，住居在荒曠沒人的處所，釣魚閒居，只是無為閒散罷了，這是江海之士避世的人閒居無事的人所欣慕的。修練，呼吸，吐污濁納清新，像熊倒掛樹上，像鳥伸足空中，只是長壽罷了，這是導引練氣之士、養護身體的人，像彭祖壽考的人所愛慕的。假使不磨鍊意志而行為自然高尚，不稱說仁義而自然有修為，不建立功名而天下自然清平，不到江海去隱居而自然閒散，不導引練氣而自然長壽，沒有不忘的，沒有不足的，澹泊到了極點，而所有美好的事都會隨著而來，這才是天地的正道，聖人的美德啊！所以說，恬靜淡泊，清淨寂寞，虛無無為，這是天地的根本，道德的本質。因此說，聖人安靜無為，安靜無為則平易，平易則恬靜淡泊，能夠平易恬靜淡泊，則憂患不會來，邪氣也不會侵襲，所以能道德完備而神氣靜寂不會虧損。所以說，聖人的生存只是任自然而行，死去也不是隨萬物的變幻，靜止時和陰氣一樣的寂寥，動作時像陽氣一樣的運行，不作「福」的起因，不作「禍」的開始（任隨自然）。有感觸了而後應接，外物逼來了而後與其周旋，不得已才起來，拋開智慧和技巧，順從自然的常理，所以沒有災患，沒有外物的係累，沒有人批評，沒有鬼神責罰。

生存時無心浮遊於世，死亡時像休息一樣靜寂，沒有思慮，不必預先謀劃，光亮了而不顯耀，信任了卻不必約定，睡覺時不會做夢，醒來時沒有憂愁，神氣純白精粹，魂魄不勞敝，虛無恬靜淡泊而後合乎自然的大德。所以說，悲哀和快樂的，是道德的邪僻，喜歡和憤怒的，是人道的偏差，愛好和憎惡的，是道德的消亡，所以心中沒有憂愁和歡樂，才是道德的極致。精神純一不變，是靜寂的極致。沒有纖芥存於胸中，是虛無的極致。不和外物交接是淡泊的極致，沒有什麼不順心的事，是精粹的極致。所以說，體形勞弊不休就會疲弊，精力耗用而不停，就會疲勞，精力勞弊了就會枯竭。就像水一樣，水不混雜就清澈，不動它就平靜。但是如果閉壅阻塞而不讓流動也就不能清澈，這是自然的現象啊！所以說，純靜而不要混雜，靜寂專一而不要變動，淡泊而無為，動靜都以自然為依歸，這是養護神氣的至道。譬如有吳越的寶劍的，收藏在劍匣裡，不隨便使用它，這才是最珍貴的了。精神可以奔馳四處，無所不到，上可以到達天際，下可以深入地下，化育萬物，不能看到它的跡象，可以說與天同功了。純和樸素的大道，只要守住神氣，固守而不失掉它，道與神就化合為一了，化合為一而精神無礙，那就合乎自然的天理了。俗語曾說道：「一般人看重利，清廉的人重視名，賢達的人崇尚志節，聖人則珍重精神的精粹純和。」因此樸素，就是所謂精粹不雜；純和，就是所謂不虧損精神，能夠體悟「純」「素」的道理，就稱為真人。

繕性❶

繕性於俗，學❷以求復其初；滑欲❸於俗，思以求致其明；謂之蔽蒙之民。古之治道者，以恬養知；生而無以知為也，謂之以知養恬。知與恬交相養，而和理出其性。夫德，和也；道，理也。德無不容，仁也；道無不理，義也；義明而物親，忠也；中純實而反乎情，樂也；信行容體而順乎文，禮也。禮樂徧行❹，則天下亂矣。彼正而蒙己德，德則不冒，冒則物必失其性也。古之人，在混芒之中，與一世而得澹漠焉。當是時也，陰陽和靜，鬼神不擾，四時得節，萬物不傷，群生不夭，人雖有知，無所用之，此之謂至一❺。當是時也，莫之為而常自然。逮❻德下衰，及燧人伏戲始為天下，是故順而不一。德又下衰，及神農黃帝始為天下，是故安而不順。德又下衰，及唐虞始為天下，興治化之流，澆湻散朴❼，離道以善，險德以行❽，然後去性而從於心。心與心識知而不足以定天下，然後附之以文，益之以博。文滅質，博溺心，然後民始惑亂，無以反其性情而復其初。由是觀之，世喪道矣，道喪世矣。世與道交相喪也，道之人何由興乎世，世亦何由興乎道哉！道無以興乎世，世無以興乎道，雖聖人不在山林之中，其德隱矣。隱，故不自隱。古之所謂隱士者，非伏其身而弗見也，非閉其言而不出也，非藏其知而不發也，時命大謬❾也。當時命而大行乎天下，則反一无迹❿；不當時命而大窮乎天下，則深根寧極而待⓫；此存身之道也。古之存身者，不以辯飾知，不以知窮天下，不以知窮德，危然處其所而反其性已，又何為哉！道固不小行，德固不小識。小識傷德，小行傷道。故曰：正己而已矣。樂全之謂得志。古之所謂得志者，非軒冕之謂也，謂其無以益其樂而已矣。今之所謂得志者，軒冕之謂也。軒冕在身，非性命也，物之儻來⓬，寄者也。寄之，其來不可圉，其去不可止。故不為軒冕肆志，不為窮約趨俗，其樂彼與此同，故無憂而已矣。今寄去則不樂，由是觀之，雖樂，未嘗不荒⓭也。故曰，喪己於物，失性於俗者，謂之倒置之民⓮。

【注釋】❶繕性　繕作治講。性，本的意思。王夫之說，本篇與〈刻意〉的主旨大略相同，其中論及恬知交養，頗合莊子的意指，但語多雜亂，前後不相應，文章亦不足觀。林雲銘說，有訓詁氣，不像是南華手筆。❷俗學　舊本重「俗」字，今刪。❸滑欲　滑，亂的意思。性感於外物而動的叫做欲。欲今作「慾」。❹禮樂徧行　阮毓崧說：「謂以一人所作的禮樂，強普天下徧行，即下文所謂冒者。」今譯文從之。❺至一　謂彼此無為，混同是非，物我無二，所以叫至一。❻逮　及的意思。❼濠淳散朴　謂淳素毀樸質散，華偽就起來了。濠同「澆」。一本亦作「澆」。引申有毀的意思。淳，作純素講。朴即樸質。❽險德以行　錢賓四氏說，行險的意思。❾時命大謬　時命，時世命運。謬，差、亂的意思。❿反一无迹　一謂至一。謂時逢有道，再反至一的時代，任物之性，物性自然混同，所以沒有形跡。⓫深根寧極而待　成玄英說，德化不行，則深固自然之本，保寧至極之性，變化以待時命。按：與孟子所說的「窮則獨善其身」有點相似。⓬儻來　謂意外忽然來。⓭荒　作亡講，指本性荒亡。⓮倒置之民　謂人當以本性為重，外物為輕，今以外物喪本性，輕重不分，所以稱為倒置之民。

【語譯】在世俗修治本性，要以世俗的學識來恢復性命的本源，受世俗的物欲所擾亂，想以求闡明大道，這叫做愚蔽蒙昧的百姓。古代修道的人，用恬靜的方法來培養真實的智慧，了解養生不能用智，稱為用知慧培養恬靜。知慧與恬靜交相培養，則和順就自然由本性流露出來。德，就是和；道，就是理。「德」沒有不包容的，那就是仁；「道」沒有不順宜的，那就是義。義理彰明，外物自來親附，那便是忠；中心純實而反任本實，那便是樂；誠信充體，順乎自然的節文，那便是禮。以一人制作的禮樂，行之於天下，那天下就大亂了。改正別人而強用一己的德行去蒙覆，德行是不能用來蒙覆的，一經用來蒙覆，那萬物必定失掉本性了。古代的人，在混沌蒙昧之中，而與時事為一，(冥然無跡，)恬澹無為。當那時候，陰陽調和靜謐，鬼神也不干擾，四時應合氣節，萬物不損傷，群生不夭折，人即使有智慧，也無處使用，這叫做「至一」的時代。當那時候，無所作為，常順自然而已。到了後世，道德衰廢，燧人、伏羲開始治理天下，只能順從百姓之心，不能混同至一。道德又漸衰敗，神農、黃帝開始治理天下，只能安定天下而不能順從群生。道德又漸衰敗，唐堯、虞舜開始治理天下，興設綱紀，治理教化百姓，非毀純素，散失樸質，離道以求善，背德以行險，然後捨棄天性而從人心。心與心相窺探，而不足以安定天下，然後才附麗文飾，增益博學，文飾隱滅本質，博學沒溺心靈，於是百姓開始迷惑昏亂，不能反回情性而恢復性命的本源。由此看起來，世風澆薄喪失大道了。(以非道為道，)而大道又不能行於世，世風與道，交相喪失，有道的君子如何處在世間呢？世間又何由闡明聖道呢！道不能闡明於世，世上也不能闡明聖道，即使聖人不歸隱山林之中，那聖德也蒙蔽不明了。所謂隱士，不是自身隱蔽啊！古代所謂隱士，並不是藏匿形體而不見人，並不是緊閉嘴巴而不說話，並不是掩藏智慧而不設謀，是時事命運乖迕，當時事命運遭逢恬澹之世的時候，大行其道於天下，復反「至一」的時世而沒有形跡。時事命運不遭逢恬澹之世的時候，大困窮於天下，就深固本源保持寧靜的本性（隨自然的變化）而待天命，這是存身亂世的道理。古代保存性命的，不用浮華的言辯文飾智慧，不用智慧困累天下，不用智慧困累德性，正身處世而返其自然的本性，又何須做些什麼呢？大道本不能一方的施行，道德原不能偏見的去了解，偏見去了解便傷害德性，一方的施行便妨害大道，所以說，以道正己罷了。歡樂保存天性便是叫做得志。古代所謂得志的，並不是高官厚祿的意思，是說不能增益他的歡樂而已。現在所謂得志的，是高官厚祿。高官厚祿在身，並不是本性所有的，是外物忽然間來暫時寄託的。暫寄的東西，它來了不能拒絕，它離開了也不能阻止。所以不為高官厚祿而得意，也不為困窮貧寒而趨向世俗，歡樂富貴和窮約一樣，所以一生沒有憂慮而已。現今暫寄的富貴離開了就不樂，從此看來，雖然歡樂，何曾不是喪失本性呢！所以說，以己徇物，為世俗之見而喪失本性，（這種不分輕重，）就稱為本末倒置的人民。

秋水❶

秋水時至，百川灌❷河，涇流❸之大，兩涘渚崖之間❹，不辯牛馬。於是焉河伯欣然自喜，以天下之美為盡在己。順流而東行，至於北海，東面而視，不見水端，於是焉河伯始旋其面目，望洋❺向若❻而歎曰：「野語有之曰，『聞道百以為莫己若者』，我之謂也。且夫我嘗聞少仲尼之聞，而輕伯夷之義者，始吾弗信。今我睹子之難窮也，吾非至於子之門則殆矣，吾長見笑於大方❼之家。」北海若曰：「井鼃不可以語於海者，拘於虛也；夏蟲不可以語於冰者，篤於時也；曲士不可以語於道者，束於教也。今爾出於崖涘，觀於大海，乃知爾醜，爾將可與語大理矣。天下之水，莫大於海，萬川歸之，不知何時止而不盈；尾閭❽泄之，不知何時已而不虛；春秋不變，水旱不知。此其過江河之流，不可為量數。

而吾未嘗以此自多者，自以比形於天地而受氣於陰陽，吾在於天地之間，猶小石小木之在大山也，方存乎見少，又奚以自多！計四海之在天地之間也，不似礨空⑨之在大澤乎？計中國之在海內，不似稊米之在太倉乎？號物之數謂之萬，人處一焉；人卒⑩九州，穀食之所生，舟車之所通，人處一焉；此其比萬物也，不似豪末之在於馬體乎？五帝之所連，三王之所爭，仁人之所憂，任士之所勞，盡此矣。伯夷辭之以為名，仲尼語之以為博，此其自多也，不似爾向之自多於水乎？」河伯曰：「然則吾大天地而小豪末，可乎？」北海若曰：「否。夫物，量無窮，時無止，分無常，終始無故。是故大知觀於遠近，故小而不寡，大而不多，知量無窮；證曏⑪今故，故遙而不悶⑫，掇而不跂⑬，知時無止；察乎盈虛，故得而不喜，失而不憂，知分之無常也；明乎坦塗，故生而不說，死而不禍，知終始之不可故也。計人之所知，不若其所不知；其生之時，不若未生之時；以其至小求窮其至大之域，是故迷亂而不能自得也。由此觀之，又何以知豪末之足以定至細之倪⑭！又何以知天地之足以窮至大之域！」河伯曰：「世之議者皆曰：『至精無形，至大不可圍。』是信情乎？」北海若曰：「夫自細視大者不盡，自大視細者不明。夫精，小之微也；垺⑮，大之殷也；故異便。此勢之有也。夫精粗者，期於有形者也；無形者，數之所不能分也；不可圍者，數之所不能窮也。可以言論者，物之粗也；可以意致者，物之精也；言之所不能論，意之所不能察致者，不期精粗焉。是故大人之行，不出乎害人，不多仁恩；動不為利，不賤門隸；貨財弗爭，不多辭讓；事焉不借人，不多食乎力，不賤貪汙；行殊乎俗，不多辟異；為在從眾，不賤佞諂；世之爵祿不足以為勸，戮恥不足以為辱；知是非之不可為分，細大之不可為倪。聞曰：『道人不聞，至德不得，大人無己。』約分之至也。」河伯曰：「若物之外，若物之內，惡至而倪貴賤？惡至而倪小大？」北海若曰：「以道觀之，物無貴賤；以物觀之，自貴而相賤；以俗觀之，貴賤不在己。以差觀之，因其所大而大之，則萬物莫不大；因其所小而小之，則萬物莫不小；知天地之為稊米也，知豪末之為丘山也，則差數覩矣。以功觀之，因其所有而有之，則萬物莫不有；因其所無而無之，則萬物莫不無；知東西之相反而不可以相無，則功分定矣。以趣觀之，因其所然而然之，則萬物莫不然；因其所非而非之，則萬物莫不非；知堯桀之自然而相非，則趣操覩矣。昔者堯舜讓而帝，之噲⑯讓而絕；湯武爭而王，白公⑰爭而滅。由此觀之，爭讓之禮，堯桀之行，貴賤有時，未可以為常也。梁麗⑱可以衝城，而不可以窒穴，言殊器也；騏驥驊騮，一日而馳千里，捕鼠不如狸狌，言殊技也；鴟鵂夜撮蚤，察豪末，晝出瞋目而不見丘山，言殊性也。故曰，蓋⑲師是而無非，師治而無亂乎？是未明天地之理，萬物之情者也。是猶師天而無地，師陰而無陽，其不可行明矣。然且語而不舍，非愚則誣也。帝王殊禪，三代殊繼。差其時，逆其俗者，謂之篡夫；當其時，順其俗者，謂之義之徒。默默乎河伯！女惡知貴賤之門，小大之家！」河伯曰：「然則我何為乎，何不為乎？吾辭受趣舍，吾終奈何？」北海若曰：「以道觀之，何貴何賤，是謂反衍[20]；無拘而志，與道大蹇[21]。何少何多，是謂謝施[22]；無一而行，與道參差。嚴乎若國之有君，其無私德；繇繇乎若祭之有社，其無私福；汎汎乎其若四方之無窮，其無所畛域。兼懷萬物，其孰承翼[23]？是謂無方。萬物一齊，孰短孰長？道無終始，物有死生，不恃其功；一虛一滿，不位乎其形。年不可舉，時不可止；消息盈虛，終則有始。是所以語大義之方，論萬物之理也。物之生也，若驟若馳，無動而不變，無時而不移。何為乎，何不為乎？夫固將自化。」河伯曰：「然則何貴於道邪？」北海若曰：「知道者必達於理，達於理者必明於權，明於權者不以物害己。至德者，火弗能熱，水弗能溺，寒暑弗能害，禽獸弗能賊。非謂其薄[24]之也，言察乎安危，寧於禍福，謹於去就，莫之能害也。故曰，天在內，人在外，德在乎天。知天人之行，本乎天，位乎得；蹢躅[25]而屈伸，反要而語極。」

曰：「何謂天？何謂人？」北海若曰：「牛馬四足是謂天；落㉖馬首，穿牛鼻，是謂人。故曰，無以人滅天，無以故滅命，無以得徇名。謹守而勿失，是謂反其真。」

夔憐蚿，蚿憐蛇，蛇憐風，風憐目，目憐心。夔謂蚿曰：「吾以一足趻踔㉗而行，予無如矣。今子之使萬足，獨奈何？」蚿曰：「不然。子不見夫唾者乎？噴則大者如珠，小者如霧，雜而下者不可勝數也。今予動吾天機，而不知其所以然。」蚿謂蛇曰：「吾以眾足行，而不及子之無足，何也？」蛇曰：「夫天機之所動，何可易邪？吾安用足哉！」蛇謂風曰：「予動吾脊脅而行，則有似也。今子蓬蓬然㉘起於北海，蓬蓬然入於南海，而似無有，何也？」風曰：「然，予蓬蓬然起於北海而入於南海也，然而指我則勝我，鰌㉙我亦勝我。雖然，夫折大木，蜚㉚大屋者，唯我能也，故以小不勝為大勝也。為大勝者，唯聖人能之。」

孔子遊於匡㉛，宋人圍之數帀㉜，而弦歌不惙㉝。子路入見，曰：「何夫子之娛也？」孔子曰：「來！吾語女。我諱窮久矣，而不免，命也；求通久矣，而不得，時也。當堯舜而天下無窮人，非知得也；當桀紂而天下無通人，非知失也；時勢適然。夫水行不避蛟龍者，漁父之勇也；陸行不避兕虎者，獵夫之勇也；白刃交於前，視死若生者，烈士之勇也；知窮之有命，知通之有時，臨大難而不懼者，聖人之勇也。由處矣，吾命有所制矣。」無幾何，將甲者進，辭曰：「以為陽虎也，故圍之。今非也，請辭而退。」

公孫龍問於魏牟曰：「龍少學先王之道，長而明仁義之行；合同異，離堅白；然不然，可不可；困百家之知，窮眾口之辯；吾自以為至達已。今吾聞莊子之言，汒焉㉞異之。不知論之不及與，知之弗若與？今吾無所開吾喙㉟，敢問其方。」公子牟隱机大息，仰天而笑曰：「子獨不聞夫埳井㊱之鼃乎？謂東海之鱉曰：『吾樂與！吾跳梁㊲乎井榦㊳之上，入休乎缺甃㊴之崖；赴水則接腋持頤，蹶泥則沒足滅跗；還㊵虷蟹與科斗，莫吾能若也。且夫擅一壑之水，而跨跱㊶埳井之樂，此亦至矣，夫子奚不時來入觀乎！』東海之鼈左足未入，而右膝已縶㊷矣。於是逡巡而卻，告之海曰：『夫千里之遠，不足以舉其大；千仞之高，不足以極其深。禹之時十年九潦，而水弗為加益；湯之時八年七旱，而崖不為加損。夫不為頃久推移，不以多少進退者，此亦東海之大樂也。』於是埳井之鼃聞之，適適然驚，規規然㊸自失也。且夫知不知是非之竟，而猶欲觀於莊子之言，是猶使蚉負山，商蚷㊹馳河也，必不勝任矣。且夫知不知論極妙之言而自適一時之利者，是非埳井之鼃與？且彼方跐㊺黃泉而登大皇㊻，無南無北，奭然㊼四解，淪於不測；無東無西，始於玄冥，反於大通。子乃規規然而求之以察，索之以辯，是直用管闚天，用錐指地也，不亦小乎！子往矣！且子獨不聞夫壽陵餘子之學行於邯鄲與？未得國能，又失其故行矣，直匍匐而歸耳。今子不去，將忘子之故，失子之業。」

公孫龍口呿㊽而不合，舌舉而不下，乃逸而走。

莊子釣於濮水，楚王使大夫二人往先焉[49]，曰：「願以竟內累矣！」莊子持竿不顧，曰：「吾聞楚有神龜，死已三千歲矣，王巾笥而藏之廟堂之上。此龜者，寧其死為留骨而貴乎？寧其生而曳尾於塗中乎？」二大夫曰：「寧生而曳尾塗中。」莊子曰：「往矣！吾將曳尾於塗中。」

惠子相梁，莊子往見之。或謂惠子曰：「莊子來，欲代子相。」於是惠子恐，搜於國中三日三夜。莊子往見之，曰：「南方有鳥，其名鵷鶵[50]，子知之乎？夫鵷鶵，發於南海而飛於北海，非梧桐不止，非練實[51]不食，非醴泉[52]不飲。於是鴟得腐鼠，鵷鶵過之，仰而視之曰：『嚇！』今子欲以子之梁國而嚇我邪？」

莊子與惠子遊於濠梁之上。莊子曰：「鯈[53]魚出游從容，是魚樂也。」惠子曰：「子非魚，安知魚之樂？」莊子曰：「子非我，安知我不知魚之樂？」惠子曰：「我非子，固不知子矣；子固非魚也，子之不知魚之樂，全矣。」莊子曰：「請循其本。子曰『女安知魚樂』云者，既已知吾知之而問我，我知之濠上也。」

【注　釋】❶秋水　本篇為闡發〈齊物論〉的意旨。說明道體不可言說，惟有無為反真，才是道的本源。❷灌注、聚的意思。❸涇流　涇作「通」講。涇流就是通流。❹兩涘渚崖之間　在河的兩岸以及水中洲渚的中間。水涯叫涘。水中可居的地方叫渚。崖作岸講。《說文》：「崖，高邊也。」❺望洋　洋，有的本子作「羊」，都是「陽」的假借字。望陽就是望太陽，望太陽必定要抬頭，所以有仰視的意思。❻若　海神。❼大方　大道。❽尾閭　海水向外排泄的地方。❾礨空　小洞穴。一說是蟻穴。❿卒　同「萃」，聚的意思。⓫曏　明的意思。⓬遙而不悶　遙，長。悶，煩懣。謂古代雖遠，我自無悶，不必與古為徒的意思。⓭掇而不跂　掇，短。跂，求。謂今時雖短，我亦無求。⓮倪　限度。⓯埒　城外大廓。⓰之噲　之是燕國宰相子之。噲是燕國王名。燕王噲用蘇代的計謀，讓位給子之。子之接受，國人不服。過了三年，國亂，齊人來伐，殺燕王噲及子之。⓱白公　名勝。楚平王的孫子，太子建的兒子，起兵爭國，被葉公殺了。事見《左傳·哀公十六年》。⓲梁麗　梁，屋樑。麗，屋棟。⓳蓋　同「盍」，「何不」的合音。⓴反衍　反覆循環。㉑與道大蹇　和大道有抵觸。蹇，難。㉒謝施　謝，代謝。施，作用。㉓其孰承翼　是「有誰受到卵翼之恩呢」的意思。謂萬物都在包含之中，沒有對誰偏私愛護。承，受。翼，卵翼。㉔薄　迫近。㉕躑躅　進退不定的樣子。㉖落　同「絡」。㉗跉踔　跳躑的意思。㉘蓬蓬然　風吹的樣子。㉙鰌　與「蹴」同。蹴踏、踢的意思。㉚蜚　同「飛」。㉛匡　衛國的都邑。在現在河北省長垣縣西南。㉜宋人圍之數帀　匡是衛邑，所以宋人應當是衛人之誤。孔子自魯國到衛國，路過匡邑，陽虎曾經侵暴匡人，孔子貌似陽虎，又孔子弟子顏剋，和陽虎同在一起過。顏剋當時為孔子御，匡人見孔子貌似陽虎，又見顏剋為御，以為陽虎重來，所以興兵圍繞。帀，同「匝」。㉝惙　同「輟」。止的意思。㉞汒焉　莫名其妙的樣子。汒同「茫」。㉟喙　口。㊱埳井　淺井。㊲梁　見〈逍遙遊〉注77。㊳井幹　井上欄杆。

㊴缺甃　破磚。㊵還　同「旋」。回頭看。㊶跨跱　跨，踞。跱，安的意思。㊷縶　絆。㊸規規然　悵然若失的樣子。㊹商蚷　蟲名，又叫馬蚿。㊺跐　踏。㊻大皇　天。㊼奭然　沒有阻礙的樣子。㊽呿　開的意思。㊾先焉　傳達意旨。㊿鵷鶵　鳳類的飛禽。(51)練實　竹實。(52)醴泉　甘泉。(53)鯈　白魚。

【語　譯】秋天的洪水應時而漲，許許多多的川水河水，都匯聚到黃河裡去。水流的廣大，河兩岸的距離，也像是寬闊了，隔著水，分不清牛和馬。於是河神欣欣然高興起來，自以為天下的壯美，全在於這裡了。就順著水流向東流去，一直到了北海，向東邊看去（茫茫然一片）不見水的盡頭，這時河神才（改變剛才自喜的臉色）抬頭對海神嘆息說：「俗語說道：『自以為聽到大道很多了，沒有人比得上自己。』就是我了。並且我曾經聽過批評孔子的見聞很少，伯夷的義行不足稱，開始我不相信，現在我看到你這樣的無窮無盡，（才相信這話不虛。）我不是到了你這裡，永遠被有道的人譏笑了。」北海若說：「井裡的魚不能和牠討論海的廣大，是因為限於所見的空間；夏天的蟲不可以和牠討論冰的寒冷，是因為受時間的限制；一曲之士不可以和他討論大道，是因為受禮教的束縛。現在你擺脫了河岸的限制，看見了大海，知道你自己見聞的寡陋，可以和你討論大道了。談起天下的水流，沒有比大海更大的了，天下所有的河水都灌注進去，不知道什麼時候才能夠停止，但它並不溢滿，尾閭流出去，不知道什麼時候停止，但它並不枯竭；無論春夏秋冬，水潦旱災，它都不受影響。超過江河的流量，是不可計算出來的。然而我未嘗因為這樣而沾沾自喜，還自以為和天地來比較，（不及萬萬分之一）稟受陰陽二氣，（不過萬物之一物，）我在天地之間，（實在太渺小了）就像小石子小木條在大山中一樣，正覺得自己渺小，又何敢自喜！估計四海在於天地之間，不就像是一個小洞在大湖澤中一樣嗎！再說中國在於四海之內，不也像是一粒小米穀在大倉廩裡面一樣嗎！稱物的種類約有萬數，人不過是萬數之一而已，人眾聚集的九州，有穀食的生長，有車船的交通，人不過佔一小地方罷了；和萬物比較不也像是一根小毫毛在馬體上嗎？五帝所繼承的，三王所攘奪的，仁人所憂慮的，賢能所勞苦的，都是在這些道理中。(事業不同，像毫末在馬體卻是一樣。）伯夷辭讓，因而收到美名，孔子論說，人以為博學，這都是自以為高明，不就像你剛才自以為水流廣大嗎？」河伯聽了，就說：「那麼，我以天地為大，以毫末為小，可以嗎？」北海若說：「不可以。因為物類，它的量是無窮的，新陳代謝沒有停止，隨時變易沒有一定，終始環循永遠常新。因此大智慧的人，看到遠的，也看到近的，所以雖然小也不以為少，大也不以為多，因為知道物量無窮。了解古今沒有差別，所以對遙遠的事物不能看到而不苦悶，對眼前的事物可以看到而不企求，因為知道時間的流逝是永遠而不停止的。觀察天道盈虛消長的道理，所以得到了而不會高興，喪失了也不憂慮，因為知道世間事物隨時變易而沒有一定。明瞭死生是自然的正道，所以生存而不喜悅，死亡也不以為是禍殃，知道始終生死是不能永久的。計量人所知道的有限事物，比不上不知道的無限的事物多。人生存的有限時間，不及人未生的無限時間多。用極渺小的生命和智慧，要去了解無限的空間，所以就迷亂而不能自得啊。從這樣看來，又如何可以判斷毫末就是最小的單位，又如何可以判斷天地就是無盡最大的範圍呢！」河伯說：「世上議論的人們都說：『極小的單位是像沒有形體看不見的，最大的是沒界限的。』這說法是實在的嗎？」北海若說：「從細小的立場來看大的不能周遍，從大的立場看細小的不能清楚。極小的單位，是最微小的物質，極大的城廓，是最盛大的物體。兩者各有優點，這是事勢所有的現象。至於論及物體的精粗，是指那有形的物體。無形的物體，是數量所不能區分的。不可限制的物體，是數量所不能計算的。可以用語言談論的，是物體看得見的粗跡，用意念可以料想的，是物體看不見的精微。用語言所不能談論，意念所不能推想得到的至理，那就不是用精粗的言論可以得到的了（而只能在言意之外去求了）。所以隨順自然的人的行為，是不損害人的，也不稱美仁愛恩惠。所作所為不是為利，不看輕門隸役卒，不爭奪貨財，不崇尚辭讓。做事不求助別人，不多貪求而疲困心力。不看輕貪得（因為明瞭大道，自無情欲），行為不同凡俗，不重視怪辟詭異的行為，所做的都是隨從眾人，不輕視諂佞的人，世上的富貴爵祿不能勸勉他，刑戮的羞恥也不認為是侮辱。因為知道是非是不可以為定分，細小巨大不可以為界限。聽說：『有道的人沒有聲聞，至德的人沒有獲得什麼，至人沒有自己的立場。』這是收斂自己到極高的境界了。」河伯說：「（物性既不期精粗，然物性有內外之分，）那麼，在物體外部，或者物體的內部，由何處來區分貴賤？由何處來區分大小呢？」北海若說：「從道的立場看起來，萬物沒有貴賤的分別，從物的立場看起來，物類都是貴己而賤人；從世俗的立場來看，貴賤都是由外物而不由自己。從差別的眼光看，依著萬物自以為大的，就說它是大，那萬物沒有不是大的了，依照萬物自認為是小的，就說它是小，那萬物沒有不是小的了。知道天地像一粒稊米，知道毫末像一座丘山，那便可以看出萬物相差的度數了。從功效上看起來，依著萬物認為有的，就說它是有，那萬物沒有不是有的了。萬物自認為無的，就說它是無，那萬物便沒有不是無的了。知道東西方向的對立，但不能缺少那一方，那便可以確定萬物功用和定分了。從萬物的趣向看起來，依著萬物自認為對的就說它是對，那萬物便沒有不是不對的。依著萬物自認為錯的，也就說是錯的，那麼，萬物沒有不是錯的。知道堯和桀自以為是而互以對方為非，萬物的趣向和操守，就可以看出來了。從前，堯、舜因禪讓而成為帝王，燕王噲和燕宰相子之因禪讓而身死國亡。商湯、武王因爭奪而為王，楚國白公勝因為爭奪而滅絕。由此看起來，爭奪和禪讓的禮制，堯帝、夏桀的行為，哪一種可貴，哪一種可賤，是有時間性的，不可以認為是永久不變的常道。(又譬如)大屋的棟樑可以用來衝擊城門，然而卻不可以用來塞住小洞，這是說器具不同(功用也就互異)。騏驥驊騮良馬一天可以奔跑千里，捕捉老鼠卻不如狸狌，這是說技藝不同(功用也就互異)。貓頭鷹在夜裡可以抓跳蚤，看極細微的東西，白天出來張著大眼睛卻看不見山丘，這裡是說性能不同(功用也就互異)。所以有人說：『為什麼不效法是而沒有非，效法治而沒有亂呢？』這是不明白天地間的道理，萬物的本實的。這像是只效法天不效法地，只效法陰而不效法陽，不可以行是很明顯的。但還在固執而不放棄成見，(這種人)不是愚昧就是欺騙。因為帝王的禪讓彼此不同，三代的繼承彼此不同，不合時宜，違背世俗的，叫做篡奪的人，合乎時機，順從世俗的，叫做有義的人。沉默吧！河伯！你哪裡知道貴賤的門路、小大的區別呢！」河伯說：「然則我應該做些什麼？不做些什麼呢？我對於世俗的辭讓、接受、趨赴、退避，應該怎麼辦呢？」北海若說：「在道的立場看起來，什麼是貴？什麼是賤的呢？(貴賤是循環的，)這就叫做『反衍』。不要拘束你的心志，這和大道不合。什麼是少？什麼是多？(多少是相對的，)這叫做『謝施』。不要陷於一偏的行為，這和道不齊一。應該很嚴肅的像一國的國君，沒有偏私的恩惠。很自得的樣子像祭祀的神社，沒有偏私的賜福。很廣泛的像四方沒有窮盡，沒有畛域的界限。兼容包懷萬物，對誰偏袒愛護呢？這叫做沒有偏向。萬物都是齊的，哪個短哪個長呢？大道沒有終也沒有始，萬物有死有生，它的成長不是依賴；萬物有時虛空，有時充實，並沒有一定不變的形體。歲月不能再來，時間不可留止，萬物永遠在生長、死亡、盈滿、空虛的變化，終結了又有開始。這可以說明大道的趨向，驗證萬物的道理。萬物的生長，像是快跑，像是奔馳，沒有一個動作不在變化，沒有一個時刻是不移動的。該做什麼呢？不該做什麼呢？本身將會自然的變化。」河伯說：「然則，（照這樣說）道有什麼可貴的呢？」北海若說：「了解道的必定通達事物的道理，通達事理的必定明瞭權變，明白權變的人不會讓外物而損害本性。至德的人，火不能使他熱，水不能使他淹死，寒暑不能使他受害，禽獸不能賊害他。並不是說他靠近這些而不損傷，是說他會詳細審察平安危險的分際，寧靜的順應禍患和幸福，謹慎的考慮自己的去就，因此沒有什麼能夠損害他。所以說，天機藏在內心，人為表現在外，道德的修養在於自然。知道什麼是天的作用，什麼是人的作用，一切行動都隨順自然處於自得的境地。進退和屈伸，（依順自然的變化，）這就是回到了道的樞要而談到了道的要妙了。」河伯說：「什麼叫做天？什麼叫做人？」北海若說：「牛馬四隻腳，這是天然，絡馬頭，穿牛鼻，這叫做人為。所以說，不要因為人為毀滅天機，不要因為事故而毀滅性命，不要因為貪污而追求聲名，謹守這些道理不要忘失，這就叫做返歸本真。」

獨腳的夔愛慕多腳的蚿，多腳的蚿又愛慕沒有腳的蛇，沒有腳的蛇又愛慕風，風又愛慕眼睛，眼睛又愛慕心。夔對蚿說：「我用一隻腳跳著走，我感到沒有比這樣更方便的了。現在你用萬腳行走，那怎麼辦？」蚿說：「不是的，你沒有看吐口沫的人嗎？他一吐口沫，大點的像珠，小點的像霧，摻雜出來，簡直數不清。現今我運動我的天機，我也不知道為什麼能夠這樣。」蚿又對蛇說：「我用這麼多腳走路，倒不如你沒有腳，這是什麼緣故呢？」蛇說：「那是天機運動的結果，怎麼可以改變呢？我要腳做什麼呢？」蛇對風說：「我運動著我的脊背和兩脅走路，就像是有腳。現在你呼呼的從北海颳起來，呼呼的到南海，而像沒有形體，這是什麼緣故？」風說：「對的。我呼呼的從北海吹到南海，然而人用手指我，也可以勝過我，用腳來踢我，也可以勝過我。但是，吹折大樹木，吹毀大房屋，只有我能夠做到，所以我是用許多小的不勝利來完成一個大勝利。能夠完成大勝利的，只有聖人才能夠做到。」

孔子周遊列國到了衛國匡邑，宋人（衛誤為宋，應該是衛人）包圍他好幾重，但是孔子還是不停的奏琴歌詠。子路進來見孔子，說：「夫子為什麼這樣快樂呢？」孔子說：「來，我告訴你，我諱忌困窮已經很久了，可是結果還是不能避免，這是命運啊！求通達很久了，結果還是不能得到，這是時運。當堯舜的時候，天下沒有不得志的人，並不是人的智慧高明，當桀紂的時候，天下沒有顯達的人，並不是人的智慧不高明，這是時勢造成的，水行不怕蛟龍的，是漁父的勇氣，陸行不怕兕虎的，是獵夫的勇氣，雪白的刀刃相交在眼前，把死亡看做生存一樣的平常，這是烈士的勇氣，知道不得志是命運，知道顯達是時機，臨大難而不恐懼的，是聖人的勇氣，由啊！你去休息吧！我的命運已由上天安排好的了。」沒有多久，有兵士進來告訴孔子說：「以為你是陽虎，所以把你圍起來，現在知道弄錯了，很對不起，我們向你道歉告退了。」

公孫龍向魏牟問說：「我少年時學習先王的大道，長大了懂得仁義的行為，混合事物的同和異，離析物體的堅和白；以不對的說成對，以不可的說成可，困惑百家的智慧，屈服眾人的辯說，我自以為是最通達的了。現在我聽了莊子的言論，我莫名其妙的感到奇異。我不知道是理論不如呢？還是智慧趕不上他呢？現在我簡直不敢開口說話了，請問這是什麼道理？」公子牟靠著木几嘆息，抬頭向天笑說：「你難道沒有聽到那井裡的青蛙嗎？對東海的鱉說：『我很快樂呀！出來在欄杆上跳躍，進去就在破磚旁邊休息，跳入水裡去，水就托著我的雙脅和頷下，蹲在泥裡，泥土就淹了我的雙腳和足背。回頭看看那些虷蟲和蝌蚪，沒有像我這樣快樂的。而且我獨自佔有這一深處的水源，享受這安居淺井的樂趣，這也是算得最好的了，夫子何不隨時來看看呢？』東海的鱉來到井邊，左腳還沒進去，右腳已經絆住了。於是從容的退出來，把大海的情形告訴青蛙說：『千里遠的路程，還不能說明它的廣大，千仞的高度，也不能表示它的深度。禹的時候，十年九次水災，而水並沒有加深。湯的時候，八年七次乾旱，而海岸並沒有淺露。這不因為時間的久暫而改變，不因為雨水的多寡而增減，這是東海的大快樂。』淺井的青蛙聽了這些話，非常的驚異，繼而感到悵然若失。何況一個人的知識不能了解是非的境地，還想理會莊子的言論，這好像是蚊子負高山，讓商蚷蟲去渡河，必定不能勝任的了。而且知識不能知道極微妙的言論而自足於一時的勝利，這不是和淺井的青蛙一樣嗎？況且莊子正要踏著黃泉，登上蒼天，不分南方，不分北方，無拘束的使精神解脫人於不可測度的深淵，不分東方，不分西方，從微妙的玄境開始，返回無所不通的大道。但是你卻器量很小的用世俗的眼光去觀察推求，用言辯去求索，這簡直是像用竹管去看天，用錐子去測地，不是太渺小了麼？你回去吧！你難道沒有聽過那壽陵餘子到邯鄲去學習趙國人走路的故事嗎？還沒學到趙國人走路的技能，又忘掉自己原來的走法，只好爬著回去。現在你如果不回去，將忘掉你原有的技能，失去你的本業。」公孫龍聽了公子牟的話，嘴巴張開合不攏，舌頭舉起放不下，很快的跑走了。

莊子在濮水旁邊釣魚，楚威王派了兩個大夫來傳達旨意給他說：「要把楚國的政事麻煩你了。」莊子拿著釣魚竿，頭也不回的說：「我聽說楚國有神龜，死亡已經三千年了，楚王把牠用巾包著放在匣子裡，藏在廟堂的上面。這個神龜，是寧願死去留著骨骸讓人崇仰呢？還是願意活著拖著尾巴在泥土裡走呢？」兩個大夫說：「當然願意拖著尾巴在泥土裡走好。」莊子說：「好了！你可以回去了，我願意拖著尾巴在泥土裡走。」

惠子做梁國的宰相，莊子去看他，有人對惠子說：「莊子來了，要替代你的相位。」於是惠子很害怕，便在國內搜索了三天三夜。莊子去見惠子說：「南方有一隻鳥，牠的名字叫鵷雛，你知道嗎？那鵷雛，從南海飛到北海，不是梧桐不棲止，不是竹實不去吃，不是醴泉不去喝。在這時有一隻貓頭鷹得到一隻腐爛的老鼠，鵷雛恰巧經過那裡，貓頭鷹抬頭看著牠，說：『嚇！（你不要搶我的老鼠。）』現在你想把你的梁國相位來嚇我嗎？」

莊子和惠子在濠水的橋上遊玩。莊子說：「白魚從容的在游水，這是魚的快樂。」惠子說：「你不是魚，怎麼知道魚的快樂？」莊子說：「你不是我，如何知道我不知魚的快樂？」惠子說：「我不是你，固然不知道你，但是你也不是魚，你不知道魚的快樂，是完全可以確定的了。」莊子說：「我們從問題的開始說吧！你說『你怎麼知道魚的快樂』那句話，你是已經知道了我知道魚的快樂才問我的，（不過是問怎樣知道的罷了！現在我告訴你）我是在濠水旁邊知道的啊！（你既然可以知道我，那麼我也可以知道濠水邊的魚是快樂的。）」

至樂❶

天下有至樂無有哉？有可以活身者無有哉？今奚為奚據？奚避奚處？奚就奚去？奚樂奚惡？夫天下之所尊者，富貴壽善也；所樂者，身安厚味美服好色音聲也；所下者，貧賤夭惡也；所苦者，身不得安逸，口不得厚味，形不得美服，目不得好色，耳不得音聲；若不得者，則大憂以懼。其為形也亦愚哉！夫富者，苦身疾❷作，多積財而不得盡用，其為形也亦外矣。夫貴者，夜以繼日，思慮善否，其為形也亦疏矣。人之生也，與憂俱生，壽者惛惛❸，久憂不死，何之苦也❹！其為形也亦遠矣。列士為天下見善矣，未足以活身。吾未知善之誠善邪，誠不善邪？若以為善矣，不足活身；以為不善矣，足以活人。故曰，「忠諫不聽，蹲循❺勿爭。」故夫子胥爭之以殘其形❻，不爭，名亦不成。誠有善無有哉？今俗之所為與其所樂，吾又未知樂之果樂邪，果不樂邪？吾觀夫俗之所樂舉群趣者⑦，誙誙然⑧如將不得已，而皆曰樂者，吾未之樂也，亦未之不樂也。果有樂無有哉？吾以無為誠樂矣，又俗之所大苦也。故曰：「至樂無樂，至譽無譽。」天下是非果未可定也。雖然，無為可以定是非。至樂活身，唯無為幾存。請嘗試言之。天無為以之清，地無為以之寧，故兩無為相合，萬物皆化。芒乎芴乎⑨，而無從出乎！芴乎芒乎，而無有象乎！萬物職職⑩，皆從無為殖。故曰天地無為也而無不為也，人也孰能得無為哉！

莊子妻死，惠子弔之，莊子則方箕踞⑪鼓盆⑫而歌。惠子曰：「與人居，長子老身，死不哭亦足矣，又鼓盆而歌，不亦甚乎！」莊子曰：「不然，是其始死也，我獨何能無概然⑬！察其始而本無生，非徒無生也而本無形，非徒無形也而本無氣。雜乎芒芴之間，變而有氣，氣變而有形，形變而有生，今又變而之死，是相與為春秋冬夏四時行也。人且偃然⑭寢於巨室⑮，而我噭噭然⑯隨而哭之，自以為不通乎命，故止也。」

支離叔與滑介叔⑰觀於冥伯⑱之丘，崑崙之虛⑲，黃帝之所休。俄而柳⑳生其左肘，其意蹷蹷然㉑惡之。支離叔曰：「子惡之乎？」滑介叔曰：「亡，予何惡！生者，假借也；假之而生生者，塵垢也。死生為晝夜。且吾與子觀化而化及我，我又何惡焉！」

莊子之楚，見空髑髏，髐然㉒有形，撽以馬捶㉓，因而問之曰：「夫子貪生失理，而為此乎？將子有亡國之事，斧鉞之誅，而為此乎？將子有不善之行，愧遺父母妻子之醜，而為此乎？將子有凍餒之患，而為此乎？將子之春秋故及此乎？」於是語卒，援髑髏，枕而臥。夜半，髑髏見夢曰：「子之談者似辯士。視子所言，皆生人之累也，死則無此矣。子欲聞死之說乎？」莊子曰：「然。」髑髏曰：「死，無君於上，無臣於下；亦無四時之事，從然㉔以天地為春秋，雖南面王樂，不能過也。」莊子不信，曰：「吾使司命復生子形，為子骨肉肌膚，反子父母妻子閭里知識[25]，子欲之乎？」髑髏深矉蹙頞[26]曰：「吾安能棄南面王樂而復為人間之勞乎？」

顏淵東之齊，孔子有憂色。子貢下席而問曰：「小子敢問，回東之齊，夫子有憂色，何邪？」孔子曰：「善哉女問！昔者管子有言，丘甚善之，曰：『褚[27]小者不可以懷大，綆[28]短者不可以汲深。』夫若是者，以為命有所成而形有所適也，夫不可損益。吾恐回與齊侯言堯舜黃帝之道，而重以燧人神農之言。彼將內求於己而不得，不得則惑，人惑則死。且女獨不聞邪？昔者海鳥止於魯郊，魯侯御而觴之於廟，奏九韶[29]以為樂，具太牢[30]以為膳。鳥乃眩視憂悲，不敢食一臠[31]，不敢飲一杯，三日而死。此以己養養鳥也，非以鳥養養鳥也。夫以鳥養養鳥者，宜栖之深林，遊之壇陸[32]，浮之江湖，食之鰌鰷[33]，隨行列而止，委蛇[34]而處。彼唯人言之惡聞，奚以夫譊譊[35]為乎！咸池九韶之樂，張之洞庭之野[36]，鳥聞之而飛，獸聞之而走，魚聞之而下入，人卒[37]聞之，相與還而觀之，魚處水而生，人處水而死，彼必相與異，其好惡故異也。故先聖不一其能，不同其事。名止於實，義設於適，是之謂條達而福持㊳。」

列子行食於道從㊴，見百歲髑髏，攓蓬㊵而指之曰：「唯予與女知而未嘗死，未嘗生也。若果養㊶乎？予果歡乎？」種有幾㊷？得水則為㡭㊸，得水土之際則為鼃蠙之衣㊹，生於陵屯則為陵舄㊺。陵舄得鬱棲㊻則為烏足㊼，烏足之根為蠐螬㊽，其葉為胡蝶。胡蝶胥㊾也化而為蟲，生於竈下，其狀若脫，其名為鴝掇，鴝掇千日為鳥，其名為乾餘骨。乾餘骨之沫㊿為斯彌，斯彌為食醯(51)。頤輅生乎食醯，黃軦生乎九猷，瞀芮生乎腐蠸。羊奚比乎不箰，久竹生青寧(52)；青寧生程(53)，程生馬，馬生人，人又反入於機。萬物皆出於機，皆入於機(54)。

【注釋】❶至樂　這篇是說明世俗以為樂的，是形骸的享受；學道人以為樂的，是求情性的恬靜愉樂。形骸享受的樂，是拘束身體的桎梏，腐腸的毒藥；以情性的恬靜為樂，則是無為逍遙，是真正的至樂。胡遠濬說：「這篇和〈大宗師〉同旨。」❷疾　急的意思。❸惛惛　闇昧的樣子。❹何之苦也　之作其解。何之苦也，即何其苦也。❺蹲循　即逡巡，卻退的意思。❻子胥爭之以殘其形　子胥殘形事見〈胠篋〉注⓮。❼吾觀夫俗之所樂舉群趣者　一本在樂字斷句。蘇輿說：「樂舉，謂數數稱道之也。」群趣，謂群眾爭相趨赴。今譯文從之。❽誙誙然　專確的樣子。成玄英說是「趨死的樣子」。❾芒乎芴乎　芒芴就是恍惚。與《道德經》上所說的「道之為物，惟恍惟惚」的恍惚意義相同。❿職職　繁多的樣子。⓫箕踞　蹲坐。⓬鼓盆　鼓，叩。盆，瓦缶。古代秦地的樂器。⓭概然　哀傷的樣子。⓮偃然　安息的樣子。⓯巨室　大房屋。以天地為屋，故稱巨室。⓰噭噭然　噭，哭聲。噭噭然，痛哭的樣子。⓱支離叔與滑介叔　支離意謂忘形，滑介謂忘知，以意託名。⓲冥伯丘名，喻杳冥。⓳崑崙之虛　虛同「墟」。崑崙見〈大宗師〉注⓰。⓴柳　「瘤」的假借字。瘤，腫毒。㉑蹙蹙然　驚動的樣子。㉒髐然　空枯的樣子。㉓撽以馬捶　撽，《說文》作「擊」，旁擊的意思。馬捶，馬杖。㉔從然　一本作「泛然」。姚永樸說：「從縱通用。從然猶放然。」謂安然任造化的推移。㉕閭里知識　鄉親故舊。㉖深矉蹙頞　吳汝綸說，頞是衍字。矉蹙都是愁的樣子。㉗褚　裝物的袋子。㉘綆　汲水用的繩索。㉙九韶舜時的樂名。㉚太牢　凡祭祀供羊、豕的叫少牢，兼有牛的叫太牢。㉛臠　塊肉。㉜壇陸　湖中的陸地。㉝鰌鰷　鰌，同「鰍」。泥鰍。鰷，長而小的白條魚，即〈秋水〉的儵魚。㉞委蛇　見〈應帝王〉注㉜。㉟譊譊　喧聒。㊱洞庭之野　見〈天運〉注⓮。㊲卒　同「猝」，突然的意思。㊳條達而福持　條達，謂有條不紊。福持，謂福祉常存。㊴列子行食於道從　從，道旁。一本於道字斷句。㊵攓蓬　攓，拔。蓬，草名。㊶養　宣穎說：「心憂不定的樣子。」㊷種有幾　嚴復說：「幾當為機。」陶（光）先生說：「《說文》，主發之謂機。」這是說凡是物類都有化機。㊸㡭　古「絕」字。㊹鼃蠙之衣　蠙，就是水中青苔，俗稱為蝦蟆衣。㊺陵舄　車前草。㊻鬱棲　糞土。㊼烏足　草名，生水邊。㊽蠐螬　一名「蝎」。金龜子的幼蟲。㊾胥　少時。㊿沫　口中汁。51食醯　醋甕中蠛蠓，又名醯雞。52羊奚比乎不箰二句　羊奚、不箰、久竹都是草名。青寧，蟲名。比，是合之意。53程　越人呼豹叫程。54機　嚴復說：「以上三機字，當與『有幾』的『幾』字意義相同。」

【語譯】天下到底有沒有「至樂」呢？有沒有可以保身活命的方法呢？應該怎麼去做？應該依據什麼？應該避免什麼？應該安止什麼？應該趨就什麼？應該捨棄什麼？應該喜愛什麼？應該厭惡什麼？天下所尊貴的，就是富貴壽考善名；所歡樂的，是身安、厚味、美服、好色、音聲；所厭棄的，是貧窮、卑賤、夭壽、惡疾；所痛苦的，是形體不能安居逸樂，口吃不到濃厚滋味，身穿不到華麗服飾，眼看不到美好顏色，耳聽不到好聽的聲音。假使不能得到，就大大的憂懼起來，這樣為形骸著想，不是太愚昧了嗎？富有的人，勞苦自己，勤奮操作，積了很多錢財，然而不能完全使用，這樣對於自己的形體，也太苛刻了。尊貴的人，日以繼夜，思慮國事的臧否，這樣對自己形體，也太疏遠了。人自出生，憂慮就跟著來，長壽的人闇昧不知，年壽愈長，憂慮也就愈久，為何要這樣痛苦呢？這樣對自己的形體，也太隔閡了。烈士，受天下人稱善，但不能保全自己生命。我不知道這種善，真的是善呢？還是不善呢？假使以為是善的，但不能保全自己生命；以為是不善的，又可以救人生命。所以說：「忠諫如果不被聽從，就應該退卻，不要再諫諍。」所以伍子胥諫諍國君，因而殘害自己的生命，假使不諫諍，也就沒有忠諫的聲名，實在有沒有善呢？當今世俗所做的和所歡樂的事，我也不知道那個歡樂究竟是歡樂呢？還是不歡樂？我看世俗所喜歡屢屢稱道的和群起爭相趨赴的事，都像是非做不可而迫於不得已的樣子，都說是歡樂的，我卻不認為是歡樂的，也不認為是不歡樂的。究竟歡樂不歡樂呢？我以為恬靜無為那才是真正的歡樂，可是世俗卻又以為是太苦的。所以說：「最快樂的沒有快樂，最有聲譽的是沒有聲譽。」（這樣說）天下的是非是不能決定的啊！雖然這樣，還是無為可以判定是非。因為至樂可以保養身心，只有無為才可以做到保存生機。嘗試來談一談，天無為才能夠清澈，地無為才能夠寧靜，天地兩無為相配合，萬物就都化育了。恍恍惚惚，不知道從哪裡產生，恍恍惚惚，沒有看到造化的形象。萬物繁多，都從無為生植出來。所以說天地無為而卻是無所不為，人誰能夠知道無為的奧妙呢？

莊子死了妻子，惠子去弔喪，莊子正蹲坐那裡敲瓦盆唱歌。惠子說：「和妻子共同生活，替你扶養子女，年老死了，不哭也罷了，反敲瓦盆唱歌，不太過分了嗎？」莊子說：「不是的。當她剛死的時候，我怎麼能不哀傷呢？但是觀察她起初，本來沒有生命。不但沒有生命，而且本來沒有形體，非但沒有形體，而連氣息都沒有。以後摻雜在恍恍惚惚的中間，變而有氣息，氣息變化而有形體，形體變化而有生命，現在生命又變化而死亡，（這種演變的過程，）就像春夏秋冬四時的循環運行一樣，她正安睡在天地的大房間中，而我卻在旁邊哇哇的哭，自覺得這樣是不通達性命演變的道理，所以我才不哭啊！」

支離叔和滑介叔一起遊觀冥伯的高丘，崑崙的曠野，黃帝所休息過的地方。不久左邊手腕上生了一個瘤子，心裡很驚懼的老不大高興。支離叔說：「你討厭它嗎？」滑介叔說：「沒有！我為什麼討厭呢？人的生命，本來就是寄託的。寄託而產生的，就像是灰塵垢穢一樣，懂得死生的道理就像白天夜晚的變化一樣。現在我和你觀察自然死生的變化，而死生的變化，輪到我身上，我又為什麼厭惡呢？」

莊子到楚國去，見有一個空的頭顱骨，枯槁而有形體，就用馬鞭敲著它，問它說：「夫子（在世的時候）是因為貪生怕死，行為不合理，以致於死亡的呢？還是有亡國的亂事，受斧鉞誅殺而死亡的呢？或且是你有不良的行為，恐留父母妻子惡名，羞愧而自殺的呢？或且是有凍餓的災禍而死亡的呢？或且是你的天年只活到這裡呢？」問完了，就拿頭骨當枕頭睡了。到了半夜，頭顱骨託夢說：「聽你的言談，好像是辯士，你所說的，都是人活著時的係累，人死了就沒有這樣的事了。你要聽『死』的言論嗎？」莊子說：「好的。」頭顱骨說：「死亡時，在上沒有國君，在下沒有臣子，也沒有四時的人事，安然和天地同始終，即使是帝王的快樂，也不能相提並論的啊！」莊子不相信，說：「我使掌管生命的神靈，恢復你的形體，再生你的骨肉肌膚，回歸你的故鄉，和你的父母妻子親戚朋友團聚，你願意嗎？」頭顱骨憂愁的說：「我如何肯拋棄這帝王般的快樂而去再受人間的勞苦呢？」

顏淵往東到齊國，孔子很擔憂。子貢離開席位問說：「學生請問，顏回東往齊國，夫子擔憂，是為什麼？」孔子說：「你問得很好，從前管子說過：『小的袋子不可以裝大的東西，短的繩子不能夠汲取深井的水。』這話我很贊同。他所以這樣說，是認為性命有它成就的道理，形體有其適宜的用處，（應該就性之所能去做，）不能夠勉強改變的。我擔心顏回向齊侯陳說堯、舜、黃帝的大道，再進燧人、神農的言論。和齊侯心意相違而不能接受，不能接受就會迷惑，人迷惑了，（就不問青紅皂白，以為是譭謗自己，）那顏回將會被誅殺了。而且你沒聽說過嗎？從前海鳥棲止在魯國郊野，魯侯用車載牠，在廟堂上設宴會歡迎牠，奏九韶的樂章來歡迎牠，備辦了太牢的筵席來款待牠，但是海鳥仍舊目光迷亂，心裡悲傷，不敢吃一塊肉，不敢喝一滴水，過三日就死了。這是用奉養自己的方法來養鳥，不是用養鳥的方法來養鳥。用養鳥的方法來養鳥的，應該讓牠棲止在深林裡，悠遊在水中陸地，浮游在江湖之上，用泥鰍小魚餵牠，隨順鳥群的行列止息，任由牠自由自在的生活，鳥連人的聲音也不喜歡聽，用那嘈鬧的奉養做什麼呢？即使有咸池、九韶的樂章，排列在天地之間，鳥聽見也會高飛，野獸聽了也會跑走，魚類聽了也會下沉，只有人們突然聽了，會相互回頭觀看。魚在水裡才能生活，人在水裡便會淹死，人與魚因為情性不同，所以愛好、厭惡的也互異。因此，古代聖人不劃一人的材能，不讓人做相同的事。名分配合實際，義理在於適性，這就叫做『條理通達，福祉常在』。」

列子到衛國去，在路旁看見有一顆百年的頭顱骨，於是拔去上面的蓬草而指著它說：「只有我和你了解沒有死和沒有生的道理，你果是憂愁嗎？我果是歡樂嗎？」凡是物種都有化機，它遇到水，就變成斷續像絲的草叫做「𢇇」。得到水土就變成青苔，生在丘陵上，就變為車前草。車前草得到糞壤，就變成烏足草，烏足草的根變成金龜子的幼蟲，它的葉子變成蝴蝶。蝴蝶很快就變化成幼蟲，生長在灶下，形狀像脫殼似的，牠的名叫做鴝掇。鴝掇經過了一千日變成鳥，牠的名叫乾餘骨。乾餘骨口裡的唾沫變為斯彌，斯彌變成蠛蠓；頤輅蟲又從蠛蠓蟲中生出來；黃軦蟲又是從九猷蟲生出來的；瞀芮蟲是從螢火蟲生出來的。羊奚草比合不箰、久竹兩種草，便生出青寧蟲；青寧蟲生豹，豹生馬，馬生人，人又返回微生物「幾」中去。萬物都是從「幾」產生出來的，萬物又都返歸於生命的化機中。

達生❶

達生之情者，不務生之所無以為；達命之情者，不務知之所無奈何。養形必先之物，有餘而形不養者有之矣；有生必先無離形，形不離而生亡者有之矣。生之來不能卻，其去不能止。悲夫！世之人以為養形足以存生；而養形果不足以存生，則世奚足為哉！雖不足為而不可不為者，其為不免矣。夫欲免為形者，莫如棄世。棄世則無累，無累則正平，正平則與彼更生，更生則幾矣。事奚足棄而生奚足遺？棄事則形不勞，遺生則精不虧。夫形全精復，與天為一。天地者，萬物之父母也，合則成體，散則成始。形精不虧，是謂能移❷；精而又精，反以相天❸。

子列子❹問關尹❺曰：「至人潛行不窒❻，蹈火不熱，行乎萬物之上而不慄❼。請問何以至於此？」關尹曰：「是純氣之守也，非知巧果敢之列。居，予語女！凡有貌象聲色者，皆物也，物與物何以相遠？夫奚足以至乎先？是色而已。則物之造乎不形而止乎無所化，夫得是而窮之者，物焉得而止焉！彼將處乎不淫之度⑧，而藏乎無端之紀，游乎萬物之所終始，壹其性，養其氣，合其德，以通乎物之所造。夫若是者，其天守全，其神無郤⑨，物奚自入焉！夫醉者之墜車，雖疾不死。骨節與人同而犯害與人異，其神全也，乘亦不知也，墜亦不知也，死生驚懼不入乎其胸中，是故遻物而不慴⑩。彼得全於酒而猶若是，而況得全於天乎？聖人藏於天，故莫之能傷也。復讎者不折鏌干⑪，雖有忮心者⑫不怨飄瓦，是以天下平均。故無攻戰之亂，無殺戮之刑者，由此道也。不開人之天，而開天之天，開天者德生，開人者賊生。不厭其生，不忽於人，民幾乎以其真！」

仲尼適楚，出於林中，見痀僂者承蜩⑬，猶掇⑭之也。仲尼曰：「子巧乎！有道邪？」曰：「我有道也。五六月累丸二而不墜⑮，則失者錙銖⑯；累三而不墜，則失者十一；累五而不墜，猶掇之也。吾處身也，若厥株拘⑰；吾執臂也，若槁木之枝；雖天地之大，萬物之多，而唯蜩翼之知。吾不反不側⑱，不以萬物易蜩之翼，何為而不得！」孔子顧謂弟子曰：「用志不分，乃凝於神，其痀僂丈人⑲之謂乎！」

顏淵問仲尼曰：「吾嘗濟乎觴深之淵，津人操舟若神。吾問焉，曰：『操舟可學邪？』曰：『可。善游者數能。若乃夫沒人，則未嘗見舟而便操之也。』吾問焉而不吾告，敢問何謂也？」仲尼曰：「善游者數能，忘水也。若乃夫沒人之未嘗見舟而便操之也，彼視淵若陵，視舟之覆猶其車卻也。覆卻萬方陳乎前而不得入其舍，惡往而不暇！以瓦注者巧⑳，以鉤注者憚㉑，以黃金注者殙㉒。其巧一也，而有所矜，則重外也。凡外重者內拙。」

田開之㉓見周威公㉔，威公曰：「吾聞祝腎學生㉕，吾子與祝腎游，亦何聞焉？」田開之曰：「開之操拔篲㉖以侍門庭，亦何聞於夫子！」

威公曰：「田子無讓，寡人願聞之。」開之曰：「聞之夫子曰：『善養生者，若牧羊然，視其後者而鞭之。』」威公曰：「何謂也？」田開之曰：「魯有單豹[27]者，巖居而水飲，不與民共利，行年七十而猶有嬰兒之色；不幸遇餓虎，餓虎殺而食之。有張毅[28]者，高門縣薄[29]，無不走也，行年四十而有內熱之病以死。豹養其內而虎食其外，毅養其外而病攻其內，此二子者，皆不鞭其後者也。」仲尼曰：「無入而藏，無出而陽，柴立其中央。三者若得，其名必極。夫畏塗者，十殺一人，則父子兄弟相戒也，必盛卒徒而後敢出焉，不亦知乎！人之所取畏者，衽席之上，飲食之間；而不知為之戒者，過也。」

祝宗人玄端以臨牢筴[30]，說彘曰：「汝奚惡死？吾將三月豢[31]汝，十日戒，三日齊[32]，藉白茅[33]，加汝肩尻乎雕俎[34]之上，則汝為之乎？」為彘謀，曰不如食以糠糟而錯之牢筴之中，自為謀，則苟生有軒冕之尊，死得於腞楯[35]之上，聚僂[36]之中則為之。為彘謀則去之，自為謀則取之，所異彘者何也？

桓公田於澤，管仲御，見鬼焉。公撫管仲之手曰：「仲父何見？」對曰：「臣無所見。」公反，誒詒[37]為病，數日不出。齊士有皇子告敖[38]者曰：「公則自傷，鬼惡能傷公！夫忿滀[39]之氣，散而不反，則為不足；上而不下，則使人善怒；下而不上，則使人善忘；不上不下，中身當心，則為病。」桓公曰：「然則有鬼乎？」曰：「有。沉有履[40]，竈有髻[41]。戶內之煩壤，雷霆處之[42]；東北方之下者，倍阿鮭蠪躍之[43]；西北方之下者，則泆陽[44]處之。水有罔象[45]，丘有峷[46]，山有夔[47]，野有彷徨[48]，澤有委蛇。」公曰：「請問，委蛇之狀何如？」皇子曰：「委蛇，其大如轂，其長如轅，紫衣而朱冠。其為物也，惡聞雷車之聲，則捧其首而立。見之者殆乎霸。」桓公辴然[49]而笑曰：「此寡人之所見者也。」於是正衣冠與之坐，不終日而不知病之去也。

紀渻子[50]為王養鬭雞。十日而問：「雞已乎？」曰：「未也，方虛憍而恃氣[51]。」十日又問，曰：「未也。猶應響景。」十日又問，曰：「未也。猶疾視而盛氣。」十日又問，曰：「幾矣。雞雖有鳴者，已無變矣，望之似木雞矣，其德全矣。異雞無敢應者，反走矣。」

孔子觀於呂梁[52]，縣水三十仞，流沫四十里，黿鼉魚鼈之所不能游也。見一丈夫游之，以為有苦而欲死也，使弟子並流而拯之。數百步而出，被髮行歌而游於塘下。孔子從而問焉，曰：「吾以子為鬼，察子則人也。請問，蹈水有道乎？」曰：「亡，吾無道，吾始乎故，長乎性，成乎命。與齊俱入[53]，與汩[54]偕出，從水之道而不為私焉。此吾所以蹈之也。」孔子曰：「何謂始乎故，長乎性，成乎命？」曰：「吾生於陵而安於陵，故也；長於水而安於水，性也；不知吾所以然而然，命也。」

梓慶[55]削木為鐻[56]，鐻成，見者驚猶鬼神。魯侯見而問焉，曰：「子何術以為焉[57]？」對曰：「臣工人，何術之有！雖然，有一焉。臣將為鐻，未嘗敢以耗氣[58]也，必齊以靜[59]心。齊三日，而不敢懷慶賞爵祿；

齊五日，不敢懷非譽巧拙；齊七日，輒然忘吾有四枝形體也。當是時也，無公朝[60]，其巧專而外骨消；然後入山林，觀天性；形軀至矣，然後成見鐻[61]，然後加手焉；不然則已。則以天合天，器之所以疑神者，其是與！」

東野稷[62]以御見莊公，進退中繩，左右旋中規。莊公以為文弗過也，使之鉤百而反[63]。顏闔[64]遇之，入見曰：「稷之馬將敗。」公密[65]而不應。少焉，果敗而反。公曰：「子何以知之？」曰：「其馬力竭矣，而猶求焉，故曰敗。」

工倕[66]旋而蓋[67]規矩，指與物化而不以心稽，故其靈臺[68]一而不桎。忘足，屨之適也；忘要，帶之適也；知忘是非，心之適也；不內變，不外從，事會之適也。始乎適而未嘗不適者，忘適之適也。

有孫休[69]者，踵門而詫[70]子扁慶子[71]曰：「休居鄉不見謂不修，臨難不見謂不勇；然而田原不遇歲，事君不遇世，賓[72]於鄉里，逐於州部，則胡罪乎天哉？休惡遇此命也？」扁子曰：「子獨不聞夫至人之自行邪？忘其肝膽，遺其耳目，芒然[73]彷徨乎塵垢之外，逍遙乎無事之業，是謂為而不恃，長而不宰。今汝飾知以驚愚，修身以明汙，昭昭乎若揭日月而行也。汝得全而形軀，具而九竅，無中道夭於聾盲跛蹇而比於人數，亦幸矣，又何暇乎天之怨哉！子往矣！」孫子出。扁子入，坐有間，仰天而歎。弟子問曰：「先生何為歎乎？」扁子曰：「向者休來，吾告之以至人之德，吾恐其驚而遂至於惑也。」弟子曰：「不然。孫子之所言是邪？先生之所言非邪？非固不能惑是。孫子所言非邪？先生所言是邪？彼固惑而來矣，又奚罪焉！」扁子曰：「不然。昔者有鳥止於魯郊，魯君說之，為具太牢以饗之，奏九韶以樂之，鳥乃始憂悲眩視，不敢飲食。此之謂以己養養鳥也。若夫以鳥養養鳥者，宜棲之深林，浮之江湖，食之以委蛇，則平陸而已矣。今休，款啟寡聞之民也，吾告以至人之德，譬之若載鼷以車馬，樂鴳以鐘鼓也。彼又惡能無驚乎哉！」

【注釋】❶達生　達是暢通的意思。達生，謂通達本性的情實。這篇論養生應神完而與自然化合為一，和〈養生主〉相發明。王夫之說，這篇在外篇中，涵義尤為深刻。雖然什引博喻，而語脈自相貫通。並且文辭沉邃，足以表達微言。雖然不是出於莊子手筆，但卻得莊子的真意。❷能移　與造化更生的意思。移是轉移造化。❸反以相天　反本還元，輔助自然之道的意思。相，助。❹子列子　即列禦寇。❺關尹　姓尹，名喜，字公度，為函谷關令，所以稱關尹。❻窒　塞。❼慄　恐懼。❽不淫之度　謂止於所守的分際。淫，過。❾郤　同「隙」。❿遻物而不慴　謂遇而不恐。遻，遇、觸的意思。慴，懼的意思。⓫鏌干　即鏌鋣干將，都是古代利劍。《吳越春秋》說，吳王闔閭命干將造劍，劍成有二狀，一曰干將，二曰鏌鋣。鏌鋣是干將妻名。⓬忮心者　褊心的人。褊，急躁的意思。⓭痀僂者承蜩　痀僂，曲腰的樣子。痀和「傴」同，《抱朴子・對俗》作「傴僂」。承的初文是「丞」，借為「黏」。承蜩，用竿黏蟬。⓮掇　《說文》：「掇，拾取也。」⓯五六月累丸二而不墜　五六月，黏蟬的時候。丸，一種能圓轉的彈子。重累二丸在竿頭不墜落下來。用以形容竿子拿得很穩。⓰失者錙銖　二十四銖為兩，六銖為錙，是一種很輕微的量。失者錙銖，是說黏蟬時很少差錯。⓱吾處身也二句　厥，豎。拘或作「枸」，《列子・黃帝》作「駒」，同音通用。株枸，枯樹根。謂身體豎立像枯樹根。⓲不反不側　毫不變動。反側，變動。⓳丈人　年老者之稱。⓴以瓦注者巧　謂用瓦器賤物而戲賭射者，既無心矜惜，故巧而中也。注，射。㉑以鉤注者憚　用銀銅製造的鉤帶賭者，其物稍貴，恐射不中的，所以心中怖懼。㉒以黃金注者殙　黃金是極貴之物，用黃金賭，不免矜而惜之，所以心智昏亂而不中。殙，昏。《列子・黃帝》作「惛」。㉓田開之　姓田，名開之。㉔周威公　《史記・周本紀》，考王封其弟於河南，是為桓公，桓公卒，子威公立，恐即此威公，據崔譔說名叫竈。㉕學生　學養生之道。㉖拔篲　掃帚。㉗單豹　姓單名豹。魯國隱者。㉘張毅　姓張名毅，亦魯人。㉙高門縣薄　高門，富貴之家。縣薄，垂簾。㉚祝宗人玄端以臨牢筴　祝宗人，祝史。祭宗廟時祭官。玄端，衣冠。牢，就是豕室。筴，木柵。謂祝宗人在未祭之先，穿戴玄端冠服到牢筴說彘。彘，豬。㉛豢　同「豢」，養的意思。㉜齊　與「齋」字相通。㉝藉白茅　藉白茅以表示潔淨。藉，鋪。㉞雕俎　畫飾的俎。俎是祭祀時盛犧牲的器具。㉟滕楯　王念孫說：滕讀為輇，楯讀為輴，都是柩車。㊱聚僂　柩車飾。眾飾所聚，故曰聚。其形中高四下，故曰僂。㊲誒詒　懈怠煩悶的樣子。㊳皇子告敖　皇子複姓，告敖名，齊賢人。㊴忿滀，滿。滀，結聚的意思。㊵沉有履　沉，水汙泥。其中有鬼名履。㊶竈有髻　竈神，其狀如美女，穿赤衣，名髻。㊷戶內之煩壤二句　謂門戶內糞壤之中，其間有鬼，名曰雷霆。㊸東北方之下者二句　謂居宅中東北方牆下有鬼，名倍阿鮭蠪，狀如小兒，長一尺四寸，黑衣赤幘，帶劍持戟。㊹泆陽　神名，豹頭馬尾，一作狗頭。㊺罔象　水神名，狀如小兒，赤黑色，赤爪，大耳長臂。㊻峷　形狀如狗，有角，文身五采。㊼夔　大如牛，狀如鼓，一足行。㊽彷徨　狀如蛇，兩頭，五采文。㊾囅然　大笑的樣子。㊿紀渻子　姓紀，名渻子。一作「消子」。(51)虛憍而恃氣　《列子·黃帝》憍作「驕」。張湛注說：「是無實而自矜者。」(52)呂梁　水名。其地解釋者不同。或言是西河離石有黃河懸絕之處，名呂梁。或言蒲州二百里有龍門，河水所經，瀑布而下，亦名呂梁。或言宋國彭城縣之呂梁。(53)與齊俱入　齊通「臍」。謂水漩渦處似臍。(54)汩　湧波。(55)梓慶　魯國大匠。梓，官名，掌管木工的官。慶，人名。(56)鐻　懸鐘磬的架子，雕猛獸做飾物。(57)子何術以為焉　本句《太平御覽》五三〇引作「子一何巧矣，何術以至此？」(58)耗氣　耗氣則心動，心動則精神不專一，所以說不曾敢因之耗氣。(59)靜　是「瀞」的省寫，今通作「淨」。(60)無公朝　忘掉權勢，好像不是為公家削治一樣。(61)然後成見鐻　見同「現」。王先謙說：「如全鐻在目。」近人以為本句是衍文。(62)東野稷　姓東野，名稷。古代善駕車的人。(63)鉤百而反　鉤，圓而曲的意思。反同「返」，一復也。謂驅馬回旋，像鉤那樣彎曲，反覆百度，自誇其能。(64)顏闔　《家語》作顏回，《荀子》及《新序》俱作顏淵。惟《呂氏春秋》作顏闔。〈人間世〉說：「顏闔傳衛靈公太子。」則不與魯莊公同時，所以有人說上文莊公當是衛莊公。王先謙說：「〈哀公〉篇作顏淵，則魯定公是也。」(65)密　默。(66)工倕　見〈胠篋〉注㉝。(67)蓋　超越的意思。(68)靈臺　就是心。謂心有靈智，所以稱靈臺。(69)孫休　姓孫，名休，魯人。(70)詑　告。(71)子扁慶子　子扁猶如扁子，姓扁，字慶子。(72)賓　通「擯」，擯斥的意思。(73)芒然　無知的樣子。芒同「茫」。

【語　譯】通達本性情實的人，不做本性所無的分外的事；通達命運情實的人，不做命運所不能勉強的事。頤養形體必先需用貨財衣食，但是貨財衣食富足了，而不能頤養形體的仍舊很多；（可見外物不足以養形。）有了本性必先不要離開形體，但是徒具有形體而喪失本性的也所在多有。生命要降生不能阻止它，生命要死亡，也不能留住它。悲哀呀！世間人以為頤養形體就可以保全本性；然而養形決不可以保存本性，那世間的養形事有什麼值得去做的呢？雖然養形的事不值得去做，但又不能不去做的，是因為人免不了仍要做分內的事。要想避免頤養形體，不如拋棄世俗之見不去做分外的事，能夠拋棄世俗之見就不會有憂累，沒有憂累就合於真正平等之道，合於真正平等之道，就日新不已與時推移，能夠日新不已與時推移就近於大道了。世俗的事為什麼要拋棄，而生命為什麼要遺忘？拋棄世俗的事就不會勞形，遺忘生命就精神不虧損。形體不勞精神不虧，就和玄天之德化合為一了。天地，是萬物的父母，天地相合就成為形體，離散就返於未生的時候。形體精神都不虧損，這叫做「能移」；遺忘又遺忘，拋棄又拋棄，反歸本元，這才有助於自然的大道。

列子問關尹說：「至德的人潛伏水中行走也沒妨礙，踏在火上行走也不熱，在萬物的上面行走也不恐懼。請問為什麼能夠到達這個地步。」關尹說：「是因為能夠保守純和之氣，修養恬淡之心的緣故。並不是智慧技巧、果決勇敢所能做到的。坐下，我告訴你。凡是有形貌、影像、聲音、顏色的，都是物，物和物為什麼有距離呢？怎麼樣才能處在物之先？是因為有聲色沒聲色的分別罷了。（惟有無聲無色，斷絕視聽，）那物才能夠到達沒有聲色和留止在物之先的境地，能夠到達這個境地而窮盡其中的道理，那才不受外物的控制。他將處於自然的分際，和無始無終的自然紀綱冥合，遊心在萬物初始的境界，純一本性，涵養元氣，蘊藏玄德，和自然界造物相通。能夠做到這樣的人，他的天機充滿，精神不虧，外物何從入於靈府呢？酒醉的人掉在車下，雖有疾病也不至於死亡。骨節結構和常人相同，然而損害卻和常人迥異，是因為精神凝聚的緣故，乘車也不知道，墜車也不知道，死生驚懼的事情都不能侵入心胸，所以雖然和外物相摩擦，內心也不會驚恐。酒醉的人還能夠這樣，何況自然無心的人呢？聖人和自然化合，所以任何外物不能傷害他。復仇的人不去折斷仇人的劍，（因為劍無心，）即使急性的人，也不會埋怨掉在頭上的瓦片，（因為瓦片無心，）所以天下均等平靜，沒有攻伐戰亂的事情，沒有殺戮刑罰的禍患，都是由於自然無為的大道啊？不要運用智慧去尋求自然，要順乎本性去應合自然，順乎本性的冥合道德，運用智慧的就戕害天性了。不厭棄自然，不運用人為，那百姓就歸返於本真了。」

孔子到楚國去，經過一座樹林，看見一個曲背老人在用竿捕蟬，像用手拿東西那麼容易。孔子說：「你是技術巧妙呢？或是有特殊的方法呢？」（老人回答）說：「我是有方法的。當五六月捕蟬的時候，能疊兩顆彈丸在竿頭，（然後拿著竿去捕蟬，）而丸不掉下來，那（捕蟬）失手的機會就很少了。疊了三顆彈丸而不掉，那失手的機會只有十分之一。疊五顆彈丸而不掉，（那捕蟬的容易）就像拾取東西一樣了。我在捕蟬的時候，身體像樹木一樣的站在那裡，我拿竿的手臂，像枯枝一樣的不動，即使天地是那麼大，萬物是那麼的多，而只專神貫注在蟬翼上面，除此之外，別無所知。我毫不變動，不因萬物而牽引我專注蟬翼的精神。（這樣捕蟬）哪裡有捕不到的道理。」孔子回頭對弟子們說：「專一心志不分散，然後才能精神凝聚，這就是曲背老丈人的寫照啊！」

顏淵問孔子說：「我曾經歷過觴深的深淵，渡船的人把持船舵像有神助一樣。我問他說：『把持船舵可以學習的嗎？』（船夫回答）說：『可以的。會游泳的也是屢次學習才會的。像那潛在水底的人，縱使未看到船，但到船上就會輕易機巧的駕駛起來。』我問他原因，他不告訴我，請問這是為什麼？」孔子說：「會游水的屢次學習就會，是因為他忘掉水會淹死人。至於潛水的人，從未看到船，一到船上就輕巧的駕駛起來，那是他看深淵好像是丘陵，看翻船像車倒退一樣。所以翻船對於他來講，一點也不放在心上。所以任何危險他都是從容閒暇的。用便宜的瓦器做賭注的，射箭時（心裡沒有負擔），就很巧妙，用比較貴重的帶鉤做賭注的，射箭時（心裡擔心射不中），就會恐懼，用貴重的黃金做賭注的，射箭時（心裡負擔更重），就昏亂起來。他的技巧還是一樣，而是因為心裡有所顧忌，看重外物的人內心就昏拙了。」

田開之拜見周威公。威公說：「我聽祝腎學養生之道，你跟祝腎學習，聽見什麼道理沒有？」田開之說：「我只是拿著掃帚恭侍門庭罷了，沒有聽見夫子說什麼？」威公說：「田先生不要謙讓，寡人希望聽聽。」開之說：「聽夫子說：『會養生的人，像放牧羊群一樣，看最後的一隻就用鞭趕牠。』」威公說：「這是什麼緣故？」田開之說：「魯國有名叫單豹的，居住山巖，飲用泉水，不跟人爭利，年紀已經七十歲了，還像是嬰兒的氣色；不幸碰到餓虎，餓虎就把他搏殺吃掉了。又有名叫張毅的，凡是富貴人家，垂簾高第，沒有不去奔走，年紀四十而得內熱病死了。單豹修養內心，而虎吃他的外形，張毅求其外形而病侵他的內心，這兩個人，都是（各走極端）沒有趕最後不及的羊（使其折中）的緣故啊！」孔子說：「不要藏匿已經深入的東西，不要表露已經在外的事物，無心像樹木一樣的樹立在中道。這三項能夠做到的話，那就可稱為至極的聖人了。畏懼道路不平靖的人，十人之中或有一人被殺害，於是父子相警惕戒備，必定要集合很多人才敢出門，這不是很明智嗎？但是人所應該畏懼的，是在生活起居飲食的中間，然而不知道戒備，這是極大的過失啊！」

主祭官穿著禮服到豬圈前面，向要祭祀的豬說：「你為什麼怕死？我飼養你三個月，十天戒三天齋，用白茅鋪座位，將你的肩臀放在雕飾的祭器上，難道你不願意嗎？」替豬打算，將說不如用糠糟飼養而放在牢圈裡頭。為自己打算，假使生前有富貴的尊榮，死後能夠放在柩車之上，棺飾之中就去做了。替豬打算就不做，為自己打算就去做，為自己和為豬的打算不一樣，是為什麼呢？

桓公在大澤中打獵，管仲駕車，看見了鬼魂。桓公拉著管仲的手問說：「仲父看見了什麼？」管仲回答說：「我沒有看到什麼。」桓公回宮，煩悶生起病來，好幾天沒上朝。齊國士子有名叫皇子告敖的說：「桓公是自己傷害自己，鬼魂怎麼能夠傷害桓公呢？大概人忿怒聚結邪氣，於是精魂離散不能復原，就感到心虛元氣不足，邪氣上而不下，會使人善怒，邪氣下而不上，會令人善忘，這樣上下不和，爭相攻心那就病了。」桓公說：「這樣說那麼有鬼沒有？」回答說：「有的。汙泥有履鬼，廚竈有髻神。戶內糞土，有雷霆的神在那裡。東北方的牆基下，有倍阿鮭蠪鬼在那裡活動。西北方的牆基下，有泆陽鬼在那裡。水裡面有罔象鬼，山丘上有峷，高山有夔，曠野有彷徨鬼，大澤有委蛇鬼。」桓公說：「請問，委蛇鬼的形狀怎麼樣？」皇子說：「委蛇鬼，大像車轂，長像車轅，穿紫衣戴紅帽。那鬼物，不喜歡聽雷響車行的聲音，聽到了就捧著頭站在那裡，看見的人將要成為霸王。」桓公大笑的說：「這就是寡人所看到的。」於是穿好衣冠和他坐，不多久，不知不覺的病就好了。

紀渻子替齊王飼養鬥雞。養了十天，齊王問說：「養好了沒有？」紀渻子回答說：「還沒有，雞性驕矜，自恃意氣，不能使用。」過了十天又問。回答說：「沒有，還是聽到聲音、看到影子，就衝動起來。」過了十天又問。回答說：「沒有，還是顧視快速，意氣強盛。」過了十天又問。回答說：「差不多了。雞雖然有鳴叫的，沒有反應了，看去像木頭雞一樣，性能已經完備了，其他的雞沒有敢應戰的，一看就回頭跑了。」

孔子在呂梁地方觀看瀑布，高懸有二十四丈，沖擊的水花流到四十里遠，黿鼉魚鱉等水族，都不能在裡面游。忽然看見一個壯夫在浮游，以為是有憂患想投水自盡的，連忙叫弟子沿著水流去拯救他。流了好幾百步才浮出來，見他散著頭髮唱著歌游到岸邊。孔子奇怪而問他說：「我以為你是鬼，詳細看你是個人。請問，游水有方法嗎？」回答說：「沒有，我沒有方法。我開始時和原來一樣，長大後游在水裡漸漸成為習慣，既成習慣，見水不怕，就自然而然的游了。和回旋的水一起沉下去，和波浪一起浮起來，順從水性而不任由自己。這就是我會游水的原因。」孔子說：「什麼是始乎故，長乎性，成乎命？」回答說：「我出生在陸地就習慣陸地生活，這是故；長大後游於水而習慣在水裡游，這是性；不知道我為什麼而能夠這樣，這是命。」

梓慶削木頭做鐘架，做成，看見的人都驚異以為是鬼斧神工。魯侯看到問說：「你用什麼技術做成的？」梓慶回答說：「我是一個工人，有什麼技術可言呢？不過有一件事可以說說。那就是我將雕造鐘架的時候，不敢耗損元氣，必定齋戒使心中潔淨，不存雜念。齋戒了三天，不敢存有獲得慶賞爵祿的念頭。齋戒了五天，不敢存有批評是非巧拙的念頭。齋戒了七天，就忘掉我還有四肢形體了。當那個時候，沒有存有朝廷的觀念，技巧專一而外慮消失。然後進入山林，觀察樹木本質的好壞，木的形質完全合用了，（然後像是看見天成的鐘架在眼前一樣。）然後才下手施工，不是這樣的話就不做。這樣以我的自然和木質的自然相應合，鐘架所以像鬼斧神工的原因，或且就是這個緣故吧！」

東野稷以善於駕車服事莊公，進退合乎法度像繩那麼直，左右旋轉合乎軌則像規那麼圓。莊公以為就是用工具織成的花紋也不能比這更有條理了。叫他讓馬回旋像鉤那樣彎曲，做了一百次都是走一樣的軌跡。顏闔看到了，進見莊公說：「東野稷的馬要失事了。」莊公默然而不答。不久，果然失事回來。莊公說：「你怎麼知道的呢？」顏闔回答說：「馬力耗盡，而還要強求，所以知道必定會失事。」

工倕用手旋轉，而技藝超過用規矩的，手指和所用工具化合為一，不必用心衡量了，所以他的心志專一而不受拘束。忘記了足，鞋子就舒適了；忘記了腰，帶子就舒適了。知道忘了是非，心情就舒適了。心志不變，外不從物，所在之處就都舒適了。本性閒適無所不閒適的，是忘記以閒適為閒適。

有名孫休的，親自到子扁慶子門前告訴他說：「我鄉居沒有出來，說我沒修身，臨患難沒有出來，說我沒勇氣。但是田畝不逢豐年，奉事國君沒遇聖明的時代，被鄉里排斥，被州邑驅逐，那是什麼罪過呢？皇天呀！我為什麼遇到這樣的命運呢？」扁子說：「你沒有聽到至人修身的行為嗎？內忘形體的肝膽，外棄耳目的聰明，無心的超越在世俗之外，逍遙在無為的境地，這叫做率性而為，不仗恃自己的才能，化育萬物而不居功。現在你表揚自己的智慧來顯露別人的愚昧，修養自己清高的行為，來彰明別人的污下，自炫才能的像舉著日月在走路。你能夠保全形體，具備九竅，沒有中道變成耳聾，目瞎腳跛足蹇而不化為鬼物，也可以說幸運了，還為什麼來埋怨天道呢？你可以走了。」孫休走了，扁子回屋，坐了一會，仰天長歎。弟子問說：「先生為什麼長歎呢？」扁子說：「剛才孫休來，我告訴他至人的德行，我恐怕他驚異而更陷於迷惑。」弟子說：「不會的。假使孫休所說是對的，先生所說是不對的，不對的不能迷惑對的。孫休所說是不對的，而先生所說是對的，那他是有迷惑才來的。又有什麼錯誤呢？」扁子說：「不是這樣的。從前有海鳥棲止在魯國郊野，魯國國君很高興，準備太牢的筵席來款待牠，演奏九韶的樂章歡迎牠，但是海鳥悲傷憂愁，目光迷亂，不敢飲食。這叫做用奉養自己的方法來養鳥。若是用養鳥的方法養鳥的，應該讓牠棲止在深林裡，浮游在江湖上，讓牠選擇喜歡吃的食物，那鳥就像處在平陸一樣了。現在孫休，是識見寡少的人，我告訴他至人的德行，譬如像用車馬載小鼷鼠，用鐘鼓來歡愉小鴳雀，他怎麼能不驚駭呢？」

山木❶

莊子行於山中，見大木，枝葉盛茂，伐木者止其旁而不取也。問其故，曰：「无所可用。」莊子曰：「此木以不材得終其天年。」夫子出於山，舍於故人之家。故人喜，命豎子殺雁而烹之❷。豎子請曰：「其一能鳴，其一不能鳴，請奚殺？」主人曰：「殺不能鳴者。」明日，弟子問於莊子曰：「昨日山中之木，以不材得終其天年；今主人之雁，以不材死；先生將何處？」莊子笑曰：「周將處夫材與不材之間。材與不材之間，似之而非也，故未免乎累。若夫乘道德而浮游則不然。无譽无訾，一龍一蛇❸，與時俱化，而无肯專為；一上一下，以和為量❹，浮游乎萬物之祖；物物而不物於物，則胡可得而累邪！此神農黃帝之法則也。若夫萬物之情，人倫之傳，則不然。合則離，成則毀；廉則挫，尊則議，有為則虧❺，賢則謀，不肖則欺，胡可得而必乎哉！悲夫！弟子志之，其唯道德之鄉乎！」

市南宜僚❻見魯侯，魯侯有憂色。市南子曰：「君有憂色，何也？」魯侯曰：「吾學先王❼之道，修先君❽之業；吾敬鬼尊賢，親而行之，无須臾離居；然不免於患，吾是以憂。」市南子曰：「君之除患之術淺矣！夫豐狐文豹，棲於山林，伏於巖穴，靜也；夜行晝居，戒也；雖飢渴隱約❾，猶且胥疏❿於江湖之上而求食焉，定也；然且不免於罔羅機辟之患。是何罪之有哉？其皮為之災也。今魯國獨非君之皮邪？吾願君刳形去皮，洒心去欲⓫，而游於無人之野。南越有邑焉，名為建德之國。其民愚而朴，少私而寡欲；知作而不知藏，與而不求其報；不知義之所適，不知禮之所將；猖狂⓬妄行，乃蹈乎大方；其生可樂，其死可葬。吾願君去國捐俗，與道相輔而行。」君曰：「彼其道遠而險，又有江山，我無舟車，奈何？」市南子曰：「君無形倨，無留居⓭，以為君車。」

君曰：「彼其道幽遠而無人，吾誰與為鄰？吾無糧，我無食，安得而至焉？」市南子曰：「少君之費，寡君之欲，雖無糧而乃足。君其涉於江而浮於海，望之而不見其崖，愈往而不知其所窮。送君者皆自崖而反，君自此遠矣！故有人者累，見有於人者憂。故堯非有人，非見有於人也。吾願去君之累，除君之憂，而獨與道遊於大莫之國。方⑭舟而濟於河，有虛船來觸舟，雖有惼⑮心之人不怒；有一人在其上，則呼張歙之⑯；一呼而不聞，再呼而不聞，於是三呼邪，則必以惡聲隨之。向也不怒而今也怒，向也虛而今也實。人能虛己以游世，其孰能害之！」

北宮奢⑰為衛靈公賦斂以為鐘⑱，為壇乎郭門之外，三月而成上下之縣。王子慶忌⑲見而問焉，曰：「子何術之設？」奢曰：「一之間，無敢設也。奢聞之，『既雕既琢，復歸於朴。』侗乎⑳其無識，儻乎其怠疑㉑；萃乎芒乎㉒，其送往而迎來；來者勿禁，往者勿止；從其彊梁㉓，隨其曲傅㉔，因其自窮，故朝夕賦斂而毫毛不挫，而況有大塗者乎！」

孔子圍於陳蔡之間，七日不火食㉕。大公任往弔之曰：「子幾死乎？」曰：「然。」「子惡死乎？」曰：「然。」任曰：「予嘗言不死之道，東海有鳥焉，名曰意怠㉖。其為鳥也，翂翂翐翐㉗，而似無能；引援而飛，迫脅而棲；進不敢為前，退不敢為後；食不敢先嘗，必取其緒㉘。是故其行列不斥，而外人卒不得害，是以免於患。直木先伐，甘井先竭。子其意者飾知以驚愚，修身以明汙，昭昭乎如揭日月而行，故不免也。昔吾聞之大成之人曰：『自伐者無功，功成者墮，名成者虧。』孰能去功與名而還與眾人！道流而不明，居得行而不名處；純純常常，乃比於狂；削迹捐勢，不為功名，是故無責於人，人亦無責焉。至人不聞，子何喜哉？」孔子曰：「善哉！」辭其交遊，去其弟子，逃於大澤；衣裘褐，食杼栗；入獸不亂群，入鳥不亂行。鳥獸不惡，而況人乎！

孔子問子桑雩㉙曰：「吾再逐於魯，伐樹於宋，削迹於衛，窮於商周，圍於陳蔡之間㉚。吾犯此數患，親交益疏，徒友益散，何與？」子桑雽曰：「子獨不聞假人之亡[31]與？林回棄千金之璧，負赤子[32]而趨。或曰：『為其布[33]與？赤子之布寡矣；為其累與？赤子之累多矣；棄千金之璧，負赤子而趨，何也？』林回曰：『彼以利合，此以天屬也。』夫以利合者，迫窮禍患害相棄也；以天屬者，迫窮禍患害相收也。夫相收之與相棄亦遠矣。且君子之交淡若水，小人之交甘若醴[34]；君子淡以親，小人甘以絕。彼無故以合者，則無故以離。」孔子曰：「敬聞命矣！」徐行翔佯[35]而歸，絕學捐書，弟子無挹[36]於前，其愛益加進。異日，桑雽又曰：「舜之將死，真泠[37]禹曰：『汝戒之哉！形莫若緣，情莫若率[38]。緣則不離，率則不勞；不離不勞，則不求文以待形；不求文以待形，固不待物。』」

莊子衣大布而補之[39]，正緳係履[40]而過魏王。魏王曰：「何先生之憊邪？」莊子曰：「貧也，非憊也。士有道德不能行，憊也；衣敝履穿，貧也，非憊也；此所謂非遭時也。王獨不見夫騰猿乎？其得柟梓豫章[41]

也，攬蔓其枝而王長其間㊷，雖羿、逢蒙㊸不能眄睨也。及其得柘棘枳枸㊹之間也，危行側視，振動悼慄；此筋骨非有加急而不柔也，處勢不便，未足以逞其能也。今處昏上亂相之間，而欲無憊，奚可得邪？此比干之見剖心徵㊺也夫！」

孔子窮於陳蔡之間，七日不火食，左據槁木，右擊槁枝，而歌猋氏之風㊻，有其具而無其數㊼，有其聲而無宮角，木聲與人聲，犁然㊽有當於人之心。顏回端拱㊾還目㊿而窺之。仲尼恐其廣己而造大也，愛己而造哀(51)也，曰：「回，無受天損易，無受人益難(52)。無始而非卒也，人與天一也(53)。夫今之歌者其誰乎？」回曰：「敢問無受天損易。」仲尼曰：「飢渴寒暑，窮桎(54)不行，天地之行也，運物之泄也(55)，言與之偕逝之謂也。為人臣者，不敢去之。執臣之道猶若是，而況乎所以待天乎？」「何謂無受人益難？」仲尼曰：「始用四達，爵祿並至而不窮，物之所利，乃非己也，吾命有在外者也。君子不為盜，賢人不為竊。吾若取之，何哉！故曰，鳥莫知於鷾鴯[56]，目之所不宜處，不給視，雖落其實，棄之而走。其畏人也，而襲諸人間，社稷存焉爾。」「何謂無始而非卒？」仲尼曰：「化其萬物而不知其禪[57]之者，焉知其所終？焉知其所始？正而待之而已耳。」「何謂人與天一邪？」仲尼曰：「有人，天也；有天，亦天也。人之不能有天，性也，聖人晏然[58]體逝而終矣！」

莊周游乎雕陵之樊[59]，覩一異鵲自南方來者，翼廣七尺，目大運寸[60]，感周之顙而集於栗林。莊周曰：「此何鳥哉，翼殷不逝[61]，目大不覩？」蹇裳躩步[62]，執彈而留[63]之。覩一蟬，方得美蔭而忘其身；螳蜋執翳而搏之[64]，見得而忘其形；異鵲從而利之，見利而忘其真。莊周怵然[65]曰：「噫！物固相累，二類相召[66]也！」捐彈而反走，虞人逐而誶之[67]。莊周反入，三日不庭[68]。藺且[69]從而問之：「夫子何為頃間甚不庭乎？」莊周曰：「吾守形而忘身[70]，觀於濁水而迷於清淵。且吾聞諸夫子曰：『入其俗，從其俗。』今吾游於雕陵而忘吾身，異鵲感吾顙，游於栗林而忘真，栗林虞人以吾為戮，吾所以不庭也。」

陽子⑪之宋，宿於逆旅。逆旅人有妾二人，其一人美，其一人惡，惡者貴而美者賤。陽子問其故，逆旅小子對曰：「其美者自美，吾不知其美也；其惡者自惡，吾不知其惡也。」陽子曰：「弟子記之！行賢而去自賢之行，安往而不愛哉！」

【注釋】❶山木　這篇大意是教人處世避免禍患的方法。其主旨在任道德而浮游、空虛而已。柳子厚說：「可以和〈人間世〉參看。」❷豎子殺雁而烹之　豎子，僮僕。雁即鵝。《說文》：「雁，鵝也。」鵝同「鵝」。王念孫說：「烹讀為享，享與饗通。」饗，款待的意思。❸无譽无訾二句　訾，毀。龍、蛇比喻通塞、貴賤。无譽无訾就是榮辱兩忘。一龍一蛇就是屈伸自得。❹以和為量　和即「和光同塵」的「和」，有中和之意；量則有度量，準則的意思。❺尊則議二句　王叔岷氏說：「議、虧二字，疑當互錯。《呂氏・必己》：尊則虧。《淮南・說林》：有為則議。是其證。」今譯文從之。❻市南宜僚　姓熊，名宜僚。楚國人。隱居在市南，所以稱市南宜僚。❼先王　指王季、文王。❽先君　指周公、伯禽。❾隱約　成玄英說：「猶斟酌。」阮毓崧說：「隱約猶隱忍。」❿胥疏　奚侗說：「胥疏當作疎疎。謂遠跡也。」按：即遠離的意思。⓫刳形去皮洒心去欲　刳形，謂忘身。去皮，謂忘國。洒心，謂去智。去欲，謂息貪。⓬猖狂　無心的樣子。⓭留居　滯守的意思。⓮方　並之意。⓯惼　躁急的意思。⓰呼張歙之　謂呼來船撐開收斂。張，開。歙，斂。⓱北宮奢　姓北宮，名奢。居北宮，因即以為姓。衛國大夫。⓲鐘　謂編鐘。小鐘的意思，古代樂器，分上下兩排，按律呂大小次序編而懸掛之，所以下文說「上下之縣」。⑲王子慶忌　周王子。大夫。⑳侗乎　無知的樣子。㉑儻乎其怠疑　儻乎，無所趨的樣子。怠疑與「佁儗」義似。不前的意思。㉒萃乎芒乎　謂物之萃聚茫然不知的樣子。萃，聚。芒同「茫」。㉓從其彊梁　謂不顧的即使多力，亦聽其自由。從，放任的意思。彊梁，多力的意思。㉔隨其曲傳　謂曲附於己者亦隨之。㉕七日不火食　見〈天運〉注㊲。㉖意怠　燕鳥。㉗翂翂翐翐　緩慢飛不高的樣子。㉘緒餘。㉙子桑雽　姓桑，名雽，隱居的人。㉚再逐於魯五句　孔子初為魯委吏乘田，魯亂，孔子適齊。第二次孔子為魯定公相，齊人忌之，饋女樂，孔子乃去衛。故曰再逐於魯。餘見〈天運〉注㉞至㊲。㉛亡　逃亡。㉜赤子　謂嬰孩。初生小孩，皮膚紅赤，所以叫赤子。㉝布　財帛。㉞君子之交淡若水二句　謂君子之交淡泊如水，比喻永久不變。醴是甜酒。謂小人之交以利結合，故甘如醴。利不可常，故亦不可久。按《禮記‧表記》云：「君子之接如水，小人之接如醴，君子淡以成，小人甘以壞。」注云：「接，交也。」本篇則直接用「交」，疑本篇出於漢代。㉟翔佯　閒暇逍遙自得的樣子。㊱無挹　無可挹取的意思。挹，取。㊲泠　曉告。㊳形莫若緣二句　謂形與形相接，莫若緣順，情與情相感，莫若率真。㊴大布而補之　用粗布做衣服，破了又加補，所以說大布而補之。㊵正緳係履　緳與「絜」通。《說文》：「絜，麻一耑也。」正緳，謂整齊麻的一端，用來拴鞋，鞋沒有帶，用麻來繫。㊶枏梓豫章　都是高大的樹木。㊷攬蔓其枝而王長其間　攬蔓，把捉的意思。王讀去聲。王長，自得的樣子。㊸羿逢蒙　羿即后羿，古代善射的人。逢蒙是羿的弟子。㊹柘棘枳枸　都是有刺的壞木。㊺比干之見剖心徵　從前殷紂無道，比干忠諫，被剖心而死。徵，徵驗。㊻猋氏之風　猋氏，即神農，謂神農氏時代的風尚。㊼有其具而無其數　數，節奏，謂有枝擊木，而無節奏。㊽犁然　謂木聲與人聲相比次。犁，比。㊾端拱　正立拱手。㊿還目　還音「旋」。眼睛回旋。(51)廣己而造大也二句　廣己，謂恐其高視自己，而不在規矩之中。愛己，謂恐其切念自己，而動於性情之中。都是有己之累。兩己字都是孔子自謂。(52)無受天損易二句　天損的時候，不容不安，所以為易。人益之來欲辭不能，所以為難。這兩句頂上「廣己而造大」而言。(53)無始而非卒也二句　現在說是開始，昨天就是結束，則所謂始即是卒。謂變化無窮，所以說：「無始而非卒。」

「人益」和「天損」都是出於自然。所以說「人與天一也」。這兩句頂上「愛己而造哀」而言。(54)栓　塞。(55)天地之行也二句　謂天地之氣流行，所以運動萬物發泄而不可阻遏。泄，發。(56)鷾鴯　燕子。(57)禪　代謝的意思。(58)晏然　安然。(59)游乎雕陵之樊　謂游在粟園藩籬之內。雕陵，陵名。樊，藩。(60)運寸　運，縱。猶言直徑。運寸，謂直徑一寸。(61)翼殷不逝　謂展翼棲止樹木而不去。殷，廣。逝，去。(62)蹇裳躩步　蹇同「褰」，引取的意思。躩步，謂疾行。(63)留　窺伺等待機會的意思。(64)執翳而搏之　謂據木葉自蔽以搏蟬。翳，蔽。(65)怵然　驚惕的樣子。(66)二類相召　謂蟬召螳螂，螳螂召鵲，都是自相招害。(67)虞人逐而誶之　虞人，掌管粟園的人。誶，責問的意思。虞人疑莊周來盜粟，所以逐而責問之。(68)不庭　王念孫說，庭當讀為「逞」。不逞，不快的意思。(69)藺且　姓藺，名且，莊子弟子。(70)守形而忘身　形謂自己形體與外物的接觸，身有自身所處的環境的意思。謂只顧自己形體與外物之接觸，而忘自身所處的環境，不能直接的解釋為形體與自身。(71)陽子　姓陽，名朱，字子居，秦國人。

【語　譯】莊子在山中行走，看見有一棵很大的樹木，枝葉長得很茂盛。可是伐木的工匠，停止在旁邊而不動手，莊子問他是什麼緣故，匠人回答說：「這樹木雖大，但沒有用處。」莊子說：「這樹木因為材料不好，沒有用處，所以能夠享盡它天賦的壽命。」於是從山裡出來。住在一個朋友家裡，他朋友很高興，就命童僕殺鵝，款待客人。童僕問說：「有一隻鵝會叫，一隻不會叫，請問殺哪一隻？」主人說：「殺那隻不會叫的。」第二天，弟子問莊子說：「昨天山中的樹木，因為它是沒用的材料，所以得能享盡天賦的壽命，現在主人的鵝，因為無用不會叫而被殺，先生將處於有用呢？還是無用呢？」莊子笑說：「我將處於有用和沒用的中間，(但是)處於有用和無用的中間，像是近乎道而事實上並不是道，所以還是不能免於係累。假使是與道德化合而逍遙物外就不會了，（那時）忘掉讚譽，也忘掉譏評，或且出動，或且靜處，順著時勢的變化去做，不肯偏滯專為。或是潛屈，或是飛動，總是以和光同塵，為行為的準則。然後遊心在萬物沒有開始的境界，役萬物而不為外物所役使，那怎麼會受物累呢？這是神農、黃帝處世的法則啊！至於那萬物自然的實理，人事變化的過程就不是這樣的了。有合就有離，有成就有毀，清廉的就被毀傷，尊貴的就遭受攻擊，有為的就遭非議，賢能的就遭受謀害，不賢的遭受欺淩，（這樣看來，）怎麼可以偏執一方呢？悲哀呀！弟子們記著（處世要免物累）只有逍遙道德的境界了吧！」

市南宜僚拜見魯侯，魯侯面現憂愁，市南子說：「你面有憂愁是為什麼呢？」魯侯說：「我學先王治國的道理，修治先君的功業。敬重鬼神，尊崇賢人，躬自實踐履行，不敢一會兒懈怠，然而仍然不能避免禍患，我因此憂愁。」市南子說：「你避免禍患的方法太淺了。譬如那皮毛豐美的狐狸，和身上有紋彩的豹子，在山林中棲止，在巖穴裡藏匿，可以說是靜了，夜晚出來，白天伏居，可以說是小心了。即使飢渴不堪，還是遠去江湖無人之地而尋找食物，可以說謹慎了，但是還不能避免羅網和機辟的禍害，這是犯什麼罪呢？那就是因為身上好看的紋皮給牠們的災害啊！現在魯國，不就是你的皮嗎？我希望你忘掉形體，拋棄國家不用智慧，寡欲息貪，而逍遙在沒有人的空寂的境地。南越有一個城邑，稱為建德之國，當地百姓愚昧而純樸，沒有私心，也沒有物慾。只知耕作，而不知道蓄藏，只知施與而不求人酬報。不知道義的行為，也不知道禮的儀式，無心順物而行，卻合乎大道。生時快樂，死後安息。我希望你離開你的國家，捐棄世俗的事情，和大道相並而行。」魯侯說：「那建德之國道途遙遠而險阻，又有江河丘山的阻隔，我沒有車船，怎麼辦呢？」市南子說：「你不要自以尊貴，態度高傲，不要固執一偏，這就可以算做是你的車子了。」魯侯說：「那裡路上幽靜而遙遠沒有人，誰和我做伴呢？我又沒有米糧，沒有食品，怎麼可以去呢？」市南子說：「減少你的浪費，去掉你的欲望。雖然沒有糧食也可以自足。你可以渡過江河，飄浮海上，遠望看不見崖岸，愈走愈不知窮止。送你的人都從岸邊回來，你從此就超越世俗沒有憂愁了。所以擁有人民的就有係累，被人所役使的就會憂愁。堯並非役使人民，也不是受人役使的。我希望拋棄你役使人民的係累，捐除你治國安民的憂愁和大道化合，逍遙在無人虛寂的『大莫之國』的國度裡。譬如雙船並行渡河，被空船碰到，即使是躁急的人也不會忿怒；假使是有一個人在船上，就會呼喊把船撐開，叫一次沒聽見，再叫沒聽見，於是第三次叫，必定接著就罵起來。起先不發怒，而現在發怒，就是因為起先是空船，現在船上有人了。人能夠虛己以處世，那誰能夠傷害他呢？」

北宮奢替衛靈公募工鑄造編鐘，在城門外設壇祭告，(就在那裡鑄造，)三個月就完成了上下兩排的編鐘，王子慶忌看了就問說：「你用什麼方法？(這麼快就完成。)」北宮奢回答說：「我只是專一心志罷了，不敢用什麼方法。我聽說：『世俗雕飾琢磨，崇尚華靡，應讓它返復純樸。』無知的樣子不起情識，無慮的樣子不急於求成。任由人民聚散，因此人民來來往往，不計其數。來的人不禁止，去的人也不阻撓，隨順各人的力量，聽任其自然，任由各人捐輸，所以早晚在勸募，因為是自由捐獻，百姓不覺得有什麼損失，何況是用大道化民的呢？」

孔子在陳國與蔡國之間被圍，七天沒有炊爨飲食。太公任去安慰他說：「你幾乎死亡了嗎？」孔子說：「是的。」太公任又問：「你厭惡死亡嗎？」孔子說：「是的。」太公任說：「我試說不死的道理。東海地方有一隻鳥，牠名叫『意怠』。那隻鳥，行動遲緩，不能高飛，像是無能的樣子。必定要結伴才飛，棲止時又必定在群鳥的中間。前進時不領先，退卻時不居後，吃的時候不敢先嘗，必定吃所剩餘的。所以在鳥群中不會被排斥，外人也不能傷害牠，因此能夠不受禍患。大凡直的樹木，會先被砍伐，甘泉的井水，會先涸竭。你的意向是表揚自己的智慧，來顯露別人的愚昧，修養自己清高的行為，來彰明別人的汙下，自炫才能的像舉著日月在走路，所以不免受禍害。我曾經聽大德的人說：『自誇才能的不會成功，功成不退的就會失敗，名聲彰顯的就會受毀辱。』誰能夠拋棄功名，返復本真和平常人一樣呢？大道流行天下而不顯露；道德流行天下而不居名。純樸無華，與物混同，以至於像愚狂無知一樣。削除聖名形跡，捐棄權勢，不求功名，所以不責求於人，人也不責求於他。至人是這樣的不求聲聞，你又何必喜好聲名而招禍患呢？」孔子說：「這意見很好。」於是辭別交遊的朋友，離開他的弟子，逃到大水澤的地方去隱居，穿著粗裘布衣，吃著野生的果實。走入獸群，野獸不驚亂；走入鳥群，鳥類不擾動。連鳥獸都不厭棄他，何況是人類呢？

孔子問子桑雽說：「我兩次不用於魯，在宋國遭遇到『伐樹』的禍患，在衛國受到『削跡』的恥辱，在商周困窮，在陳蔡圍困，我遭受這許多禍患，親戚交遊更為疏遠，弟子朋友離散，是什麼原因呢？」子桑雽說：「你難道沒有聽到假國人逃亡的故事嗎？（假國亡了）林回拋棄價值千金的玉璧，背著嬰孩逃難。有的人說：『（這樣做）是為了貪圖財貨嗎？那嬰孩比玉璧不值錢；是怕拖累嗎？那嬰孩又比玉璧拖累多了。（那麼）拋棄千金的玉璧，背著嬰孩逃難，是為什麼呢？』林回說：『我和玉璧不過是因利而相結合，和嬰孩則是天性的關聯。』凡是因利而結合的，在困窮禍患災害的時候，必會相遺棄；天性關聯的，在困窮禍患災害的時候，必會收容。那收容和遺棄，相差太遠了。而且君子的交情平淡像清水，小人的交情甜美如醇醴。君子以道合，所以永遠相親，小人以利聚，所以有時相絕。凡是無故自合的，便會無故而分離。」孔子說：「我誠懇的接受你的教言！」於是慢步自得的走回去，斷絕有為的學術，捐棄聖跡的書籍，弟子們無所取益，但他們卻更加親愛起來。過了不久，桑雽又說：「舜臨終的時候，曉諭禹說：『你要小心呀！形體與外物相接，必要隨順自然，情感與外物相接，必要坦誠率真。隨順自然自與外物相合不離，坦誠率真就不煩勞心安排。不離不勞，就不必要求節文修飾外形了，不求節文修飾外形，自不必求助於外物了。』」

莊子穿了一件補綴過的粗布大褂，用麻繩拴著破鞋，來見魏王。魏王說：「先生為什麼這樣狼狽呢？」莊子說：「我是貧寒，不是狼狽。讀書人不能躬行道德，那才是狼狽。穿著破衣破鞋，只是貧寒，不是狼狽。這只是沒有遇到聖明的時代罷了。君王難道沒有看到跳躍的猿猴嗎？當牠處在枏、梓、豫、章等大樹上的時候，拉著樹枝，意氣自得，即使是善射的后羿、逢蒙也不能奈何牠；當牠處在柘、棘、枳、枸有刺的壞樹上時，要小心走路，不敢正視，連手足動作也恐懼害怕。所以這樣，並不是筋骨比以前有什麼不便，而是受環境的限制，不能表現牠的才能。現在處在君昏臣亂的時代中，要想不狼狽，怎麼可能呢？這是比干之被剖心的明證啊！」

孔子在陳、蔡之間受圍困，七天沒有炊爨飲食，靠著枯樹，拿著枯枝在敲擊，而唱出神農時代的歌謠，有樂具而沒有節奏，有歌聲而沒有歌調，然而擊木聲和歌聲很有條理的迎合人的心意。顏回很恭敬的站在那裡聽，回過頭來窺看。孔子恐怕他看做曠達自放以至於自大，思念太切以至於哀傷，於是就說：「回呀！不受自然的損傷容易，不受人為的利祿困難，任何開始都是結束，自然和人為是一樣的，現在唱歌的是誰呢？」顏回說：「請問什麼叫不受自然的損傷容易呢？」孔子說：「譬如飢、渴、寒、暑以及窮困不顯達，都是天地流行運動萬物的結果，我只要順應這自然的變化就可以了。就像為人臣的，不敢不奉行國君的命令一樣。做人臣的都不敢違背國君的命令，何況我們對待自然，又怎麼敢違背呢？（能夠順應自然的變化，就不會受自然的損傷了，所以說不受自然的損傷容易。）」顏回又問：「什麼叫不受人為的利祿困難呢？」孔子說：「初次進用，就旁通四達，無往不利，爵祿富貴不斷而來，但這都是外物的，並不是自己性分內本有的，是我的命運偶然和外物相接觸罷了。君子不肯為盜，賢人不肯為竊。（虛受富貴就像盜竊，君子賢人都不肯竊據富貴。）我為什麼要取富貴，是為什麼呢？譬如：鳥類中沒有比鷾鴯更聰明了，有危險不應該看的地方，牠不看，即使掉下嘴中的食物，牠也棄置不顧而飛去。牠這樣的怕人，可是仍寄居人間，只是因為生存的土地在人間而已。（爵祿外物，君子不該接受而接受，道理和鷾鴯一樣，所以說不受人為的利祿困難呀。）」顏回又問：「什麼叫任何開始都是結束？」孔子說：「萬物變化無窮無盡，不知道誰是演變的主宰，誰知道什麼是結束呢？（結束也可以說是開始。）誰知道什麼是開始呢？（開始也可以說是結束。）我們只有盡其天年，順應自然的變化罷了。（這不就是任何開始都是結束嗎？）」顏回又問：「什麼叫人為和自然是一樣的呢？」孔子說：「（人為的事，是自然安排好的，所以說）人為，也就是自然。（自然的變化，也是自然安排好的，所以說）自然的事，也出於自然。（自然的事，是不知所以然，不是人性所具有的，所以說）人為不能改變自然，是性分。因此聖人終身安然順應自然的變化而已。（這不就是人為和自然一樣嗎？）」

有一天，莊周到雕陵果園裡遊玩，看見一隻奇異的鵲鳥從南方飛來，翅膀有七尺大，眼睛直徑有一寸。碰到莊周的額上而停在一處栗林裡。莊周說：「這是什麼鳥，翅膀大而不高飛，眼睛大而不看人？」於是提起衣裳趕過去，拿著彈弓等候著射牠。當這時，看到一隻蟬，正隱在樹蔭，忘記了自己，有一隻螳螂躲在樹葉暗處，想要搏殺蟬，但是只顧抓蟬而忘記自己，因此鳥鵲乘機而搏牠，但只顧貪利而忘記自己性命。莊周看了，警惕的說：「唉！物類本是只顧目前的利慾，而忘掉身後的禍害，(不知謀利於別人的，別人也從而利之，)兩者是相對的啊！」因此拋棄彈弓回頭走，管園的人看到了，(以為他要偷栗子)就追在後面責問他。莊周回來，三天都不愉快，他的弟子藺且問他說：「夫子為什麼最近不愉快呢？」莊周說：「我只顧到自己形體和外物的接觸，而忘掉自身所處的環境，看慣了濁水，對清淵卻迷惑起來。我曾經聽夫子說過：『入一個地方，要守一個地方的風俗習慣。』現今我在雕陵遊玩而忘記了處身的環境，異鵲碰到我的額上，只顧跟在後面而進入栗林，忘記自己不應該進去，以至於受管理栗園人的侮辱，這是我不愉快的原因呀！」

陽子到宋國，住在旅舍中，旅舍主人有兩個妻妾，其中一個美麗，而一個醜陋，醜陋的受人尊敬，美麗的反而受人鄙視。陽子問是什麼緣故？旅舍的童子回答說：「那美麗的自以為美麗，因此大家就不以她為美；醜陋的自謙醜陋，因此大家反而不以她為醜陋了。」陽子說：「弟子們記住！具備賢德而能拋棄自己引以為賢的行為，到任何地方都會受人的敬愛了。」

田子方❶

田子方侍坐於魏文侯❷，數稱谿工。文侯曰：「谿工❸，子之師邪？」子方曰：「非也，无擇之里人也；稱道數當❹，故无擇稱之。」文侯曰：「然則子无師邪？」子方曰：「有。」曰：「子之師誰邪？」子方曰：「東郭順子❺。」文侯曰：「然則夫子何故未嘗稱之？」子方曰：「其為人也真，人貌而天虛❻，緣❼而葆真，清而容物。物無道，正容以悟之，使人之意也消。无擇何足以稱之！」子方出，文侯儻然❽終日不言，召前立臣而語之曰：「遠矣，全德之君子！始吾以聖知之言、仁義之行為至矣，吾聞子方之師，吾形解❾而不欲動，口鉗而不欲言。吾所學者直土梗耳，夫魏直為我累耳！」

溫伯雪子❿適齊，舍於魯。魯人有請見之者，溫伯雪子曰：「不可，吾聞中國之君子，明乎禮義而陋於知人心，吾不欲見也。」至於齊，反舍於魯，是人也又請見。溫伯雪子曰：「往也蘄⑪見我，今也又蘄見我，是必有以振我⑫也。」出而見客，入而歎。明日見客，又入而歎。其僕曰：「每見之⑬客也，必入而歎，何邪？」曰：「吾固告子矣：『中國之民⑭，明乎禮義而陋乎知人心。』昔之見我者，進退一成規，一成矩，從容⑮一若龍，一若虎，其諫我也似子，其道⑯我也似父，是以歎也。」仲尼見之而不言。子路曰：「吾子欲見溫伯雪子久矣，見之而不言，何邪？」仲尼曰：「若夫人者，目擊而道存矣，亦不可以容聲矣⑰。」

顏淵問於仲尼曰：「夫子步亦步，夫子趨亦趨，夫子馳亦馳；夫子奔逸絕塵⑱，而回瞠⑲若乎後矣！」夫子曰：「回，何謂邪？」曰：「夫子步，亦步也⑳；夫子言，亦言也；夫子趨，亦趨也；夫子辯，亦辯也；夫子馳，亦馳也；夫子言道，回亦言道也；及奔逸絕塵而回瞠若乎後者，夫子不言而信，不比㉑而周，无器而民滔乎前㉒，而不知所以然而已矣。」

仲尼曰：「惡！可不察與；夫哀莫大於心死，而人死亦次之。日出東方而入於西極，萬物莫不比方㉓，有目有趾者，待是而後成功，是出則存，是入則亡。萬物亦然，有待也而死，有待也而生。吾一受其成形，而不化以待盡，效物而動，日夜無隙，而不知其所終；薰然㉔其成形，知命不能規乎其前，丘以是日徂㉕。吾終身與女交一臂而失之，可不哀與！女殆著乎吾所以著也。彼已盡矣，而女求之以為有，是求馬於唐肆㉖也。吾服女也甚忘㉗，女服吾也亦甚忘。雖然，女奚患焉！雖忘乎故吾，吾有不忘者存。」

孔子見老聃，老聃新沐，方將被髮而乾，慹然㉘似非人。孔子便而待之㉙，少焉見，曰：「丘也眩與，其信然與？向者先生形體掘若槁木，似遺物離人而立於獨也。」老聃曰：「吾游於物之初。」孔子曰：「何謂邪？」曰：「心困焉而不能知，口辟㉚焉而不能言，嘗為女議乎其將㉛。至陰肅肅㉜，至陽赫赫㉝；肅肅出乎天，赫赫發乎地；兩者交通成和而物生焉，或為之紀而莫見其形。消息滿虛[34]，一晦一明，日改月化，日有所為，而莫見其功。生有所乎萌，死有所乎歸，始終相反乎無端而莫知乎其所窮。非是也，且孰為之宗！」孔子曰：「請問游是。」老聃曰：「夫得是，至美至樂也，得至美而游乎至樂，謂之至人。」孔子曰：「願聞其方。」曰：「草食之獸不疾易藪[35]，水生之蟲不疾易水，行小變而不失其大常[36]也，喜怒哀樂不入於胸次[37]。夫天下也者，萬物之所一也。得其所一而同焉，則四支百體將為塵垢，而死生終始將為晝夜而莫之能滑[38]，而況得喪禍福之所介[39]乎！棄隸者若棄泥塗，知身貴於隸也，貴在於我而不失於變。且萬化而未始有極也，夫孰足以患心！已為道者解乎此。」孔子曰：「夫子德配天地，而猶假至言以修心，古之君子，孰能脫[40]焉？」老聃曰：「不然。夫水之於汋[41]也，無為而才自然矣。至人之於德也，不修而物不能離焉，若天之自高，地之自厚，日月之自明，夫何修焉！」孔子出，以告顏回曰：「丘之於道也，其猶醯雞[42]與！微夫子之發吾覆也，吾不知天地之大全也。」

莊子見魯哀公㊸。哀公曰：「魯多儒士，少為先生方者。」莊子曰：「魯少儒。」哀公曰：「舉魯國而儒服，何謂少乎？」莊子曰：「周聞之，儒者冠圜冠者，知天時；履句屨者㊹，知地形；緩佩玦者㊺，事至而斷。君子有其道者，未必為其服也；為其服者，未必知其道也。公固以為不然，何不號於國中曰：『無此道而為此服者，其罪死！』」於是哀公號之五日，而魯國無敢儒服者，獨有一丈夫儒服而立乎公門。公即召而問以國事，千轉萬變而不窮。莊子曰：「以魯國而儒者一人耳，可謂多乎？」

百里奚㊻爵祿不入於心，故飯牛而牛肥，使秦穆公忘其賤，與之政也。有虞㊼氏死生不入於心，故足以動人。宋元君將畫圖，眾史皆至，受揖而立；舐筆和墨，在外者半。有一史後至者，儃儃然㊽不趨，受揖不立，因之舍。公使人視之，則解衣般礴㊾臝㊿。君曰：「可矣，是真畫者也。」

文王觀於臧[51]，見一丈夫[52]釣，而其釣莫釣[53]，非持其釣有釣者也，常釣也。文王欲舉而授之政，而恐大臣父兄之弗安也；欲終而釋之，而不忍百姓之無天也。於是旦而屬之大夫曰：「昔者寡人夢見良人，黑色而頾[54]，乘駁馬而偏朱蹏[55]，號曰：『寓而政於臧丈人，庶幾乎民有瘳[56]乎！』」諸大夫蹴然[57]曰：「先君王也[58]。」文王曰：「然則卜之。」諸大夫曰：「先君之命，王其無它，又何卜焉！」遂迎臧丈人而授之政。典法無更，偏令無出[59]。三年，文王觀於國，則列士壞植散群[60]，長官者不成德，斔斛[61]不敢入於四竟。列士壞植散群，則尚同也；長官者不成德，則同務也；斔斛不敢入於四竟，則諸侯無二心也。文王於是焉以為大師，北面而問曰：「政可以及天下乎？」臧丈人昧然[62]而不應，泛然[63]而辭，朝令而夜遁[64]，終身無聞。顏淵問於仲尼曰：「文王其猶未邪？又何以夢為乎？」仲尼曰：「默，女無言！夫文王盡之也，而又何論刺焉！彼直以循斯須[65]也。」

列御寇為伯昏無人射，引之盈貫[66]，措杯水其肘上，發之，適矢復沓，方矢復寓[67]。當是時，猶象人[68]也。伯昏無人曰：「是射之射，非不射之射也。嘗與汝登高山，履危石，臨百仞之淵，若能射乎？」於是無人遂登高山，履危石，臨百仞之淵，背逡巡，足二分垂在外[69]，揖御寇而進之。御寇伏地，汗流至踵。伯昏無人曰：「夫至人者，上闚青天，下潛黃泉，揮斥[70]八極，神氣不變。今女怵然[71]有恂目[72]之志，爾於中也殆矣夫！」

肩吾問於孫叔敖[73]曰：「子三為令尹而不榮華，三去之而無憂色。吾始也疑子，今視子之鼻間栩栩然[74]，子之用心獨奈何？」孫叔敖曰：「吾何以過人哉！吾以其來不可卻也，其去不可止也，吾以為得失之非我也，而無憂色而已矣。我何以過人哉！且不知其在彼乎，其在我乎？其在彼邪？亡乎我；在我邪？亡乎彼。方將躊躇，方將四顧，何暇至乎人貴人賤哉！」仲尼聞之曰：「古之真人，知者不得說，美人不得濫，盜人不得劫，伏戲黃帝不得友。死生亦大矣，而無變乎己，況爵祿乎！若然者，其神經乎大山而無介，入乎淵泉而不濡，處卑細而不憊，充滿天地，既以與人，己愈有。」

楚王與凡[75]君坐，少焉，楚王左右曰凡亡者三。凡君曰：「凡之亡也，不足以喪吾存。夫『凡之亡不足以喪吾存』，則楚之存不足以存存。由是觀之，則凡未始亡而楚未始存也。」

【注釋】❶田子方　姓田，名无擇，字子方。魏賢人，文侯的老師。郭慶藩說：「擇當讀為斁。擇、斁都是從睪聲，古通用。」《說文》：「斁，厭也。」無厭則有常，所以字子方。《呂氏春秋．當染》記載：田子方學於子貢，不得為魏文侯老師。本篇即以人名為篇名，沒有什麼意義。通篇在討論全德的君子，發揮〈德充符〉的主旨。陸長庚說：「可以與〈大宗師〉參看。」❷魏文侯　畢萬的七世孫，武侯的父親。❸谿工　姓谿，名工，亦魏賢人。❹稱道數當　當，合的意思。謂其議論有合於理。❺東郭順子　居在東郭，因以為氏，名順子，子方的老師。❻人貌而天虛　郭象本子在「天」字斷句，「虛」字屬下讀。作「人貌而天，虛緣而葆真」。俞樾說：「《淮南注》，虛，心也。人貌天虛，相對成義。」今譯文從之。❼緣　順。❽儻然　自失的樣子。❾形解　解，散。形解與〈齊物論〉「嗒焉若喪其偶」，意義相同。❿溫伯雪子　姓溫，名伯，字雪子，楚懷道的人。⓫蘄同「祈」，求的意思。⑫振我　振，動。謂感動我的意思。⑬之　作是講。就是此的意思。⑭民　根據上文，民字亦當為君子。⑮從容　舉動。⑯道　同「導」。教導的意思。⑰目擊而道存矣二句　謂目光所觸，而大道自存，無可以容語言。擊，同「及」。容聲，用語言的意思。⑱奔逸絕塵　急跑的意思。⑲瞠　直視的樣子。⑳步亦步也　此「也」字作「者」字解。下面「亦趨也」、「亦馳也」的「也」字相同。㉑比　親比。㉒无器而民滔乎前　器，指名位。章炳麟說：滔借為「舀」。《說文》：「舀，抒臼也。」抒，提也。與〈山木〉的「弟子無挹於前」的「挹」字意同，請參看〈山木〉注㊱。无器而民舀乎前，與上文「不言而信，不比而周」同意。㉓比方　從日為方向。㉔薰然　叢生的樣子。㉕日徂　徂，往。謂與時俱變，日新不已。㉖唐肆　空馬房也。唐，空。㉗吾服女也甚忘　郭象：「服，思存之謂。甚忘，謂過去之速。」過去的陳跡，轉瞬即逝，要想亦步亦趨，是不可能的事。㉘慹然　不動的樣子。慹借假為「蟄」。㉙便而待之　謂屏隱而等待之。便借為「屏」，便、屏一聲之轉。㉚辟　卷不開的意思。㉛將　章炳麟說：「將、牉聲義通，粗略的意思。」㉜肅肅　陰氣寒冷的樣子。㉝赫赫　陽氣熱的樣子。㉞消息滿虛　消，滅。息，生。《易經》說：「天地盈虛，與時消息。」孔穎達疏：「天之寒暑往來，地之陵谷遷貿，盈則與時而息，虛則與時而消。」㉟不疾易藪　疾，患。藪，澤。謂食草的野獸不患移易藪澤。㊱行小變而不失其大常　小變，謂獸、蟲移易居處，不過從東到西，仍舊有草有水，則是不失大常。以比喻人之生死，是小變而已，而人處大道之中，隨變任化，未始非我，則為不失大常。㊲次　作中講。㊳滑　亂。㊴介　介意。㊵脫　免。㊶汋　激水聲。㊷醯雞　甕中的蠛蠓。㊸莊子見魯哀公　司馬彪說：「莊子與魏惠王、齊威王同時，在哀公後百二十年。」按《莊子》書中多為寓言，其敘述故事，大抵類此。錢賓四氏說：「此等皆晚出之證。」㊹履句屨者　謂穿方形的鞋子。句，方。㊺緩佩玦者　緩是五色條繩，穿玉玦以飾佩。玦，決的意思。㊻百里奚　姓孟，字百里奚，秦賢人。本是虞國人，虞亡後，就到秦國去。㊼有虞　就是大舜。姓嬀，字重華。㊽儃儃然　舒閒的樣子。㊾般礴　箕踞而坐。㊿臝　同「裸」，赤體的意思。(51)臧　靠近渭水的地名。(52)丈夫　喻姜太公。(53)其釣莫釣　王念孫說：「其釣，非持其釣，皆指鉤而言。古人謂鉤為鈞。」(54)頓　頰鬚。(55)偏朱蹏　一蹄偏赤。(56)瘳　《說文》：「瘳，病愈也。」引申有「救」的意思。(57)蹵然　驚懼的樣子。(58)先君王也　俞樾說：「先君之下擬奪命字。」(59)偏令無出　王叔岷氏說：「偏，唐寫本作篇。」謂政令不出的意思。(60)壞植散群　即解散朋黨的意思。植，主。列士必先有主，而後有徒眾。(61)斔斛　六斛四斗叫斔。斔斛都是量器。(62)昧然　若無所聞的樣子。(63)泛然　若不相屬的樣子。(64)朝令而夜遁　太公佐周滅紂，受封於齊，歷史無遁逃的記載，這裡說夜遁，是《莊子》的寓言。(65)以循斯須　斯須，猶如須臾。謂文王託於夢，以迎太公，特順應一時之宜而已。(66)盈貫　朱駿聲說：「貫借為彎。」盈貫，滿弓的意思。(67)適矢復沓二句　沓借為「韘」。《說文》：「韘，射決也。所以拘弦。」宣穎說：「前矢適去，而後矢復搭（沓），搭者方發，而後來之矢，復寓於弦上。」(68)象人　木偶人。(69)背逡巡二句　宣穎說：「背臨深淵，逡巡後退，足以三分計，二分垂在虛空。」(70)揮斥　放縱的意思。(71)怵然　恐懼的樣子。(72)恂目　雙目眩惑的意思。恂作「眩」講，一本作「眴」。(73)孫叔敖　楚國的賢相，即《論語》的令尹子文。(74)栩栩然　歡暢的樣子。(75)凡　國名，周公之後，國都在今河南省輝縣境內。

【語　譯】田子方陪著魏文侯坐，屢次稱讚谿工。文侯說：「谿工是你的老師嗎？」子方說：「不是的，是我的同鄉。因為稱說議論，都合道理，所以我稱讚他。」文侯說：「那麼你沒有老師嗎？」子方說：「有的。」文侯說：「你的老師是誰呢？」子方說：「東郭順子。」文侯說：「那夫子為何沒有稱揚他呢？」子方說：「他為人純真，雖然形貌和常人一樣，而內心卻契合自然，隨順外物而不失其本性，清介不阿而能包容萬物。如遇無道的人，（不用言語責備，）就自正容儀，用行為啟悟他，使人的私心自然消除，我如何可以稱揚他呢？」子方出去後，文侯很失意的樣子，整天沒說話，召侍立的臣子而告訴他說：「東郭順子的道德太深遠了，真是一個全德的君子呀！

起初我以為聖智的言論，仁義的行為，是最高的境界了。我聽了子方老師的言行，使我形體解脫而不想動，嘴巴緊閉而不想說話，我過去所學的，簡直是土塊罷了，那魏國國君的尊位，真是我的拖累呀！」

溫伯雪子到齊國去，經過魯國。魯國有人想拜見他。溫伯雪子說：「不可以。我聽說魯國的君子，只知道形式的禮義而輕視人性的本真。我不想見他。」到了齊國，回來時又經過魯國，那個人又去求見。溫伯雪子說：「從前他要見我，現在又要見我，想必有什麼啟發我吧！」於是就出去接見客人，進來時就嘆氣。第二天見了客人，進來又嘆氣。他的學生問說：「每次見那個客人，必定進來嘆氣，是什麼緣故呢？」溫伯雪子說：「我本來就告訴你了：『魯國的君子，只知道形式上的禮義，而輕視人性的本真。』剛才來見我的，前進後退，都像規矩那樣有法度，舉動行為，又像龍虎一樣的容儀。他勸諫我，好像兒子對待父親；教導我，又像父親對待兒子，（太注重形式了）所以我嘆氣。」孔子看見他而沒有話說。子路說：「夫子早已想見溫伯雪子了，現在看見了又不說話，是為什麼呢？」孔子說：「像這樣的人，眼睛一看，就已經了解是修道的人，不必用語言來表達了！」

顏淵問孔子說：「夫子走我也跟著走，夫子快走我也跟著快走，夫子跑我也跟著跑，但是當夫子奔跑絕塵的時候，我只有在後面直著眼睛看了。」孔子說：「顏回呀！你這是說什麼呀？」顏回說：「夫子走，我也跟著走，就是夫子說話，我也跟著說話；夫子快走，我也跟著快走，就是夫子辯說，我也跟著辯說；夫子奔跑，我也跟著奔跑，就是夫子論道，我也跟著論道；至於夫子奔逸絕塵，我直著眼睛在後面看的，是說夫子沒有說什麼，眾人自然信服，不與人親比，而情意自然周遍；沒有爵位，而百姓自然歸向，我不知道這是什麼緣故罷了。」孔子說：「唉！怎麼可以不體察呢？哀傷的事，沒有比心死更重大的了，人死還在其次哩！太陽由東方出來，在西邊沒入，萬物沒有不順著這個方向的，凡是有眼有足的動物，也是順應太陽的出沒而行動的。日出而作，日入而息，萬物都是這樣的，等待造化去了，便順應而死；等待造化來了，便順應而生。我從造化那裡受形生下來，不死就等待形體的耗損淨盡，順應外物的感應而運動，日夜如此，沒有間斷，而不知道其結果，人就是這樣自然的生下形體。知道命運不能預先推測，那我只有順應造物的變化與時俱往而已。我終身和你相處，而你不能了解這道理，這豈不可哀嗎？你大概是看到我顯著的形象，那顯著的形象已成為過去的陳跡，而你還認為是存在的而去追求，這無異是到空馬房去求馬。（過去的都已過去了）我想學你的陳跡是不可能的，你要學我的陳跡也是不可能的，即使這樣，你也不必憂患，雖然過去的陳跡已經過去了，但那沒有過去的還存在著哩！」

孔子去見老子，老子剛洗過頭髮，正披散著頭髮讓它乾著，凝神不動像枯木，看不出是個人。孔子就退出等候他。過了不久，去見老子說：「是我眼睛迷惑了嗎？或且是真的嗎？剛才先生的形體，直立像是枯木，又像是遺棄外物脫離人間而到獨化的境地。」老聃說：「我遊心在萬物沒開始的境界。」孔子說：「這句話怎麼說呢？」老子說：「（這種境界很難說）好像心困窘而不能夠知道，口張開而不能說出，我嘗試為你講論一些大概情形吧！（天地陰陽之氣，）至陰的氣，必是極其寒冷；至陽的氣，必是極其炎熱。（陰生於陽，所以）寒冷的氣出於天，（陽又生於陰，所以）炎熱的氣出於地。陰陽二氣交通和合，萬物就生長了。（這種現象）像是有人在主宰支配，但是看不到它的形體。陰消陽息，夏滿冬虛的四時變化，夜晦晝明，日遷月移，日新不已，但沒有看到它的功能。生物誕生，有它降生的起源；死亡，也有它歸宿的地方。這種生死始終雖然相反，但找不出它的端倪，而不知道它的窮盡。若非造化自然的道，那是誰做自然的宗主呢！」孔子說：「請問遊心於『物之初』的心得如何？」老聃說：「能夠得到『物之初』的境界，那是極完美極快樂的，得到極完美的境界，遊身在極快樂的地域，那就可以稱為至人了。」孔子說：「請問方法是怎麼樣？」老子說：「譬如食草的野獸，不怕移居草澤；生長水中的毛蟲，不怕移居池沼，這都是小變居處，而不失大常啊！（了解這個道理，那麼）喜、怒、哀、樂的變化，就不會擾亂我的心懷了。說起天下，那是萬物同一的名稱。知道天下是萬物同一的名稱，那麼四肢百體都是塵垢，而死生終始不過像晝夜一樣，不能擾亂人的心胸了，何況身外的得、失、禍、福的細故呢？拋棄身外的得、失、禍、福，像拋棄泥土一樣，因為知道自身比得、失、禍、福更貴重啊！知道貴重的在於本身的宗主，（不在於外物的得、失、禍、福，）那就能與時俱變（而不會因外界的變化而覺得喪失了什麼）。並且萬物的變化，未曾有終極的時候，那還有什麼可以使內心憂慮的呢？這只有修道的達人，才能了解這個道理。」孔子說：「夫子道德可以配合天地，還要談論『至言』以修養心性，古代的君子，誰能夠不談修養心性呢？」老聃說：「不是的。水相沖激，自然而成聲，這是水自然的性質，至人的道德，（也像水相激成聲一樣，是自然的性質，）不是修為的，外物自然不能稱揚他，像天自然那麼高，地自然那麼厚，日月自然那麼光明，它們又有什麼修為呢？」孔子出來，把這些話告訴顏回說：「我對於大道，像是甕中的蠛蠓呢！不是夫子揭穿甕蓋，我還不知道天地多大呢！」

莊子見魯哀公。哀公說：「魯國儒士很多，很少研究像先生這一途的。」莊子說：「魯國儒士很少。」哀公說：「全魯國都是穿儒者服裝，怎麼可以說少呢？」莊子說：「我聽說，儒者戴圓形帽，是表示知道天時；穿方形鞋，是表示知道地理；佩著五彩絲帶繫的玉玦，是表示臨事有決斷。君子有了儒者的修養，未必穿著儒者的服裝；穿著儒者的服裝，未必有儒者的修養。你假使以為不對，何不命令國中說：『沒有儒者的修養，而穿著儒者服裝的人，要處死罪。』」於是哀公命令國中，經過五天，魯國沒有人敢穿儒者的服裝。只有一個男子，穿著儒者的服裝站在哀公的門前。哀公就召見而問他國事，千變萬化的詢問，他都應答不窮。莊子說：「全魯國只有一個儒者，可以說是多嗎？」

百里奚不把爵祿放在心上，所以（做事專心）餵牛而牛肥，使秦穆公不覺得他卑賤，把政事委託給他。大舜有虞氏不把死生觀念存在心中，（父母叫他做完廩浚井危險的事，他都去做，）所以能夠感動天下人。宋元君要畫圖，許多畫師都來了，受命揖拜站立在一起，嘴裡咬著筆尖，手裡調著墨色，還有一半在外面。有一個畫師後到，很寬舒的樣子不快走，受命揖拜而不站在那裡，就直接到畫室去了，元君派人去看他，已經脫下衣服裸體箕踞盤坐。元君說：「可以了，他才是真正的畫家哩！」

文王到渭水附近臧地方去巡視，看見一個人在釣魚，但是他的釣沒有鉤，他不是靠著鉤來釣魚的，而是別有所釣的，（這樣的釣魚方法）可以說是最高明的釣魚方法了。文王要推舉他，授他政事，又怕大臣父兄等心中不安；要想放棄不舉用他，又不忍心百姓沒有人管理照顧。於是第二天早朝時，召集群臣告訴他們說：「昨夜我夢見一個善人，臉孔黑色，頰旁有髯，騎一匹雜色的馬，而有一隻紅色的蹄，命令我說：『委託國政給臧地方的丈人，那百姓才庶幾有救了！』」諸大夫急迫不安的說：「這是先君王季歷的命令呀！」文王說：「那麼，我們就占卜吧！」諸大夫說：「先君王的命令，王不應該猜疑，占卜做什麼呢？」於是就迎接臧丈人，把國政委託給他。（臧丈人執政以後，）一切典章法制，都沒有變更，文告辭令，也沒有一篇出來。過了三年，文王巡視國政，那列士都解散朋黨，長官們不居功，別種的度量衡，不敢在國內施行。列士解散朋黨，是因為天下大同，不競忠諫；長官不居功，那是因為政事劃一都順自然；別種的度量衡不敢用於國內四境，是因為諸侯沒有異心。文王於是拜他為太師，執弟子禮而問他說：「這種政治可以推廣到全天下嗎？」臧丈人聽了這話，愚昧的樣子而沒有回答，毫無牽掛的樣子而辭別了。早晨下令，夜晚就隱遁了，終身沒有聲聞。顏回問孔子說：「文王的道德，還不能使人信服嗎？不然他為什麼要假託做夢而去請臧丈人呢？」孔子說：「沉默吧！你不要亂說啊！文王（由諸大夫來決定，而不由自己來決定）可以說是合理的，又有什麼可以批評的呢？他只是順著一時的人情罷了！」

列禦寇射箭給伯昏無人看。他拉滿弓，右手發射，左手靜止著，可以放一杯水在手肘上而不搖動，發射之快，無以復加；第一枝箭剛發出去，第二枝箭又搭在箭弦上；第二枝箭剛射出去，第三枝箭又在弦上了。在這個時候，他像木偶人一樣。伯昏無人說：「這只是有心的射箭，並不是無心忘懷的射箭，試和你爬上高山，走在危險的巖石上，臨著百仞的深淵，（在那時候）你能夠射嗎？」於是伯昏無人就爬上高山，走上危險的巖石，臨著百仞的深淵，倒行後退，腳有三分之二懸空在外，請列禦寇上去。列禦寇恐懼伏在地上，汗流到腳跟上。伯昏無人說：「那至人，上測青天，下度黃泉，放縱八極，神氣不變。現在你爬上高山就有驚恐目眩的心意，你心中危殆了。（怎麼還能射呢？）」

肩吾問孫叔敖說：「你三次做楚國的令尹，而不覺得榮華，三次免去令尹，而沒有憂慮的神色。我起初懷疑你（怎麼會這樣的淡泊），現在看你的氣度，無憂無慮很自得的樣子（那是實在的了）。請問你內心如何才能這樣？」孫叔敖說：「我有什麼過人的地方呢？我只是認為富貴來了，不能推辭；富貴去了，我也不能挽回它。我認為身外的窮通得失都不是我能夠做主的，因此我沒有憂喜的心情，我有什麼過人的地方呢？並且不知道那可貴的是在令尹呢，還是在我？如果是在令尹，那與我無關；如果是在我，那又與令尹無關（這樣人我兩無關，任其自然好了）。我正逸豫自得，我正磅礴萬物，哪有工夫留心外物對我貴賤的問題呢？」孔子聽了說：「古代真人，有智慧的人，不得和他辯說，美色也不能淫濫他，盜賊不能劫奪他，連伏羲、黃帝也不能和他做朋友。死生的事情，是一件大事，也不能改變影響他，何況爵祿小事，他豈放在心中呢？像這樣的人，他神遊經過泰山而沒有阻礙，潛入深泉而不會溼，屈處卑賤而不覺得疲憊，神明充滿天地，盡以與人，而自己愈有。」

楚文王與凡僖侯同坐。不久，楚王左右的人來說凡國亡的一共有三個。凡僖侯說：「凡的亡國，不能影響我的存在。凡國的滅亡，既不能影響我的存在，則楚國的存在，也不能說楚王的存在是存在的。從這一點看來，那麼，凡國也未曾亡，而楚國也未曾存。」

知北遊❶

知北遊於玄水❷之上，登隱弅❸之丘，而適遭無為謂❹焉。知謂無為謂曰：「予欲有問乎若❺：何思何慮則知道？何處何服則安道？何從何道則得道？」三問而無為謂不答也，非不答，不知答也。知不得問，反於白水❻之南，登狐闋❼之上，而睹狂屈焉。知以之言也問乎狂屈❽。狂屈曰：「唉！予知之，將語若。」中欲言而忘其所欲言。知不得問，反於帝宮，見黃帝而問焉。黃帝曰：「無思無慮始知道，無處無服始安道，無從無道始得道。」知問黃帝曰：「我與若知之，彼與彼不知也，其孰是邪？」黃帝曰：「彼無為謂真是也，狂屈似之；我與汝終不近也。夫知者不言，言者不知，故聖人行不言之教。道不可致，德不可至。仁可為也，義可虧也，禮相偽也。故曰：『失道而後德，失德而後仁，失仁而後義，失義而後禮。禮者，道之華而亂之首也。』故曰：『為道者日損，損之又損之，以至於無為，無為而無不為也。』今已為物也，欲復歸根，不亦難乎！其易也，其唯大人[9]乎！生也死之徒[10]，死也生之始，孰知其紀[11]！人之生，氣之聚也；聚則為生，散則為死。若死生為徒，吾又何患！故萬物一也，是其所美者為神奇，其所惡者為臭腐；臭腐復化為神奇，神奇復化為臭腐。故曰：『通天下一氣耳。』聖人故貴一。」知謂黃帝曰：「吾問無為謂，無為謂不應我，非不應我，不知應我也。吾問狂屈，狂屈中欲告我而不我告，非不我告，中欲告而忘之也。今予問乎若，若知之，奚故不近？」黃帝曰：「彼其真是也，以其不知也；此其似之也，以其忘之也；予與若終不近也，以其知之也。」狂屈聞之，以黃帝為知言。

天地有大美而不言，四時有明法而不議，萬物有成理而不說。聖人者，原天地之美[12]而達萬物之理，是故至人無為，大聖不作，觀於天地之謂也。今彼神明至精，與彼百化，物已死生方圓，莫知其根也，扁然⑬而萬物自古以固存。六合為巨，未離其內；秋豪為小，待之成體。天下莫不沉浮⑭，終身不故；陰陽四時運行，各得其序。惛然⑮若亡而存，油然⑯不形而神，萬物畜而不知。此之謂本根，可以觀於天矣。

齧缺⑰問道乎被衣⑱，被衣曰：「若正汝形，一汝視，天和將至；攝⑲汝知，一汝度，神將來舍。德將為汝美，道將為汝居，汝瞳焉⑳如新生之犢而無求其故！」言未卒，齧缺睡寐。被衣大說，行歌而去之，曰：「形若槁骸，心若死灰，真其實知，不以故自持。媒媒晦晦㉑，無心而不可與謀。彼何人哉！」

舜問乎丞㉒曰：「道可得而有乎？」曰：「汝身非汝有也，汝何得有夫道？」舜曰：「吾身非吾有也，孰有之哉？」曰：「是天地之委形也；生非汝有，是天地之委和也；性命非汝有，是天地之委順也；孫子非汝有，是天地之委蛻㉓也。故行不知所往，處不知所持，食不知所味。

天地之彊陽㉔氣也，又胡可得而有邪？」

孔子問於老聃曰：「今日晏閒，敢問至道。」老聃曰：「汝齊戒，疏瀹而心㉕，澡雪㉖而精神，掊擊㉗而知！夫道，窅然㉘難言哉！將為汝言其崖略㉙。夫昭昭生於冥冥，有倫㉚生於無形，精神生於道，形本生於精，而萬物以形相生，故九竅者胎生，八竅者卵生。其來無迹，其往無崖，無門無房，四達之皇皇㉛也。邀於此者㉜，四枝㉝彊，思慮恂㉞達，耳目聰明，其用心不勞，其應物無方。天不得不高，地不得不廣，日月不得不行，萬物不得不昌，此其道與！且夫博之不必知，辯之不必慧，聖人以斷㉟之矣。若夫益之而不加益，損之而不加損者，聖人之所保㊱也。淵淵乎㊲其若海，魏魏乎㊳其終則復始也，運量萬物而不匱。則君子之道，彼其外與！萬物皆往資焉而不匱，此其道與！中國有人焉，非陰非陽，處於天地之間，直且為人，將反於宗。自本觀之，生者，喑醷物也㊴。雖有壽夭，相去幾何？須臾之說也。奚足以為堯桀之是非！果蓏㊵有理，人倫雖難，所以相齒。聖人遭之而不違，過之而不守。調而應之，德也；偶而應之，道也；帝之所興，王之所起也。人生天地之間，若白駒之過郤㊶，忽然而已。注然勃然㊷，莫不出焉；油然漻然㊸，莫不入焉。已化而生，又化而死，生物哀之，人類悲之。解其天弢㊹，墮其天袠㊺，紛乎宛乎㊻，魂魄將往，乃身從之，乃大歸乎！不形之形，形之不形，是人之所同知也，非將至之所務也，此眾人之所同論也。彼至則不論，論則不至。明見無值，辯不若默。道不可聞，聞不若塞。此之謂大得。」

東郭子㊼問於莊子曰：「所謂道，惡乎在？」莊子曰：「無所不在。」東郭子曰：「期而後可㊽。」莊子曰：「在螻蟻。」曰：「何其下邪？」曰：「在稊稗。」曰：「何其愈下邪？」曰：「在瓦甓。」曰：「何其愈甚邪？」曰：「在屎溺。」東郭子不應。莊子曰：「夫子之問也，固不及質。正獲之問於監市履狶也㊾，每下愈況。汝唯莫必，無乎逃物。

至道若是，大言亦然。周偏咸三者，異名同實，其指一也。嘗相與游乎無何有之宮，同合而論，無所終窮乎！嘗相與無為乎！澹而靜乎！漠而清乎！調而閒乎！寥已吾志，無往焉而不知其所至，去而來不知其所止，吾已往來焉而不知其所終；彷徨乎馮閎[50]，大知入焉而不知其所窮，物物者與物無際[51]，而物有際者，所謂物際者也；不際之際[52]，際之不際者也[53]。謂盈虛衰殺，彼為盈虛非盈虛[54]，彼為衰殺非衰殺，彼為本末非本末，彼為積散非積散也。」

妸荷甘[55]與神農[56]同學於老龍吉[57]。神農隱几闔戶晝瞑，妸荷甘日中奓戶[58]而入曰：「老龍死矣！」神農隱几擁杖而起，嚗然[59]放杖而笑，曰：「天知予僻陋慢訑[60]，故棄予而死。已矣夫子！無所發予之狂言[61]而死矣夫！」弇堈弔[62]聞之，曰：「夫體道者，天下之君子所繫焉。今於道，秋豪之端萬分未得處一焉，而猶知藏其狂言而死，又況夫體道者乎！視之無形，聽之無聲，於人之論者，謂之冥冥，所以論道，而非道也。」於是泰清問乎无窮[63]曰：「子知道乎？」無窮曰：「吾不知。」又問乎無為，無為曰：「吾知道。」曰：「子之知道，亦有數[64]乎？」曰：「有。」曰：「其數若何？」無為曰：「吾知道之可以貴，可以賤，可以約，可以散，此吾所以知道之數也。」泰清以之言也問乎無始曰：「若是，則無窮之弗知與無為之知，孰是而孰非乎？」無始曰：「不知深矣，知之淺矣；弗知內矣，知之外矣。」於是泰清中而歎曰：「弗知乃知乎！知乃不知乎！孰知不知之知？」無始曰：「道不可聞，聞而非也；道不可見，見而非也；道不可言，言而非也。知形形之不形乎！道不當名。」無始曰：「有問道而應之者，不知道也。雖問道者，亦未聞道。道無問，問無應。無問問之，是問窮也；無應應之，是無內也。以無內待問窮，若是者，外不觀乎宇宙，內不知乎太初[65]，是以不過乎崑崙[66]，不游乎太虛[67]。」

光曜問乎無有[68]曰：「夫子有乎？其無有乎？」光曜不得問，而孰視其狀貌，窅然空然，終日視之而不見，聽之而不聞，搏之而不得也。光曜曰：「至矣！其孰能至此乎！予能有無矣，而未能無無也；及為無有矣，何從至此哉！」

大馬之捶鉤者[69]，年八十矣，而不失豪芒[70]。大馬曰：「子巧與？有道與？」曰：「臣有守[71]也。臣之年二十而好捶鉤，於物無視也，非鉤無察也。是用之者，假不用者也以長得其用，而況乎無不用者乎！物孰不資[72]焉！」

冉求[73]問於仲尼曰：「未有天地可知邪？」仲尼曰：「可。古猶今也。」冉求失問而退，明日復見，曰：「昔者吾問：『未有天地可知乎？』夫子曰：『可。古猶今也。』昔日吾昭然，今日吾昧然，敢問何謂也？」仲尼曰：「昔之昭然也，神者先受之；今之昧然也，且又為不神者求邪？無古無今，無始無終。未有子孫而有子孫，可乎？」冉求未對。仲尼曰：「已矣，未應矣！不以生生死，不以死死生。死生有待邪？皆有所一體。

有先天地生者物邪？物物者非物。物出不得先物也，猶其有物也。猶其有物也，無已。聖人之愛人也終無已者，亦乃取於是者也。」

顏淵問乎仲尼曰：「回嘗聞諸夫子曰：『無有所將[74]，無有所迎。』回敢問其游。」仲尼曰：「古之人，外化而內不化，今之人，內化而外不化。與物化者，一不化者也。安化安不化，安與之相靡[75]，必與之莫多。狶韋氏之囿，黃帝之圃，有虞氏之宮，湯武之室[76]。君子之人，若儒墨者師，故以是非相整[77]也，而況今之人乎！聖人處物不傷物。不傷物者，物亦不能傷也。唯無所傷者，為能與人相將迎。山林與！皋壤[78]與！使我欣欣然而樂與！樂未畢也，哀又繼之。哀樂之來，吾不能禦，其去弗能止。悲夫，世人直謂物逆旅耳！夫知遇而不知所不遇，知能能而不能所不能。無知無能者，固人之所不免也。夫務免乎人之所不免者，豈不亦悲哉！至言去言，至為去為。齊知之所知，則淺矣。」

【注釋】❶知北遊　知，識的意思。是莊子假設的人名。以知到北方去遊的經過，推衍自然的道理。並說明至道玄絕，顯晦無常的涵義。可以與〈大宗師〉參看。❷玄水　喻玄妙的境界。北方叫玄。❸隱弅　謂隱然有起勢。弅，土丘突起的樣子。❹無為謂　假託的名字。大道本來是無為無謂的。❺若　你。❻白水　謂昭著的地方。❼狐闋　狐疑空靜的意思。假託以為丘名。❽狂屈　猖狂放屈，不拘形跡。也是假託名字。❾大人　虛靜無為，自然合道的人。❿徒　從。謂隨從其後的意思。⓫紀　倫。先後次序的所在。⓬原天地之美　謂聖人以覆載為心，其本原和天地相同。原，本。⓭扁然　遍生的樣子。⓮沉浮　即浮沉、升降的意思。謂萬物都是由此升降變化日新不已。⓯惛然　闇昧無知的樣子。⓰油然　有生意的樣子。⓱齧缺　王倪弟子。⓲被衣　王倪的老師。⓳攝　收攝、收斂的意思。⓴瞳焉　未有知的樣子。㉑媒媒晦晦　謂昧昧無知的樣子。媒同「昧」。㉒丞　古得道的人，舜的老師。㉓蛻　蛇蟬所解脫的皮。形形相禪，所以叫做蛻。㉔彊陽　即健動的意思。㉕疏瀹而心　疏瀹有灑濯的意思。而作「你」講。下兩句而字意思相同。㉖澡雪　精潔的意思。㉗掊擊　掊除的意思。㉘窅然　深幽的樣子。㉙崖略　崖是邊際。略是大略。㉚有倫　謂有形之類。倫，類。㉛皇皇　《漢書》顏師古注說：「室無四壁曰皇。」皇皇謂大通廣博的意思。㉜邀於此者　謂循順這個道理。邀與「徼」同，循的意思。此指道。㉝枝　和肢體的「肢」字相同。㉞恂　通。㉟斷　斷絕。引申有拋棄的意思。㊱保　守。㊲淵淵乎　深而難測的樣子。㊳魏魏乎　和「巍巍」同。高大無窮的樣子。㊴喑醷物也　氣聚的東西。㊵果蓏　木實叫果，草實叫蓏。一說有核的叫果，沒核的叫蓏。㊶白駒之過郤　白駒一說是駿馬，一說是日光。郤，孔隙。㊷注然勃然　注、勃都是興起的樣子。㊸油然漻然　油、漻都是入死的樣子。㊹天弢　謂自然的弓袋。弢，弓囊。㊺天袠　謂自然的劍囊。袠，劍囊。㊻紛乎宛乎　謂紛綸宛轉、釋散的樣子。㊼東郭子　居住東郭，所以稱東郭子。即無擇的老師東郭順子。㊽期而後可　郭象說：「欲令莊子指明所在。」㊾正獲之問於監市履狶也　正獲和監市都是管理市場的官員，但職務不同。狶，大豬。監市履豬，愈履豬不容易肥的地方，愈知道豬的肥瘦。所以說每況之於下賤。用來比喻道不離物。㊿彷徨乎馮閎　彷徨，猶翱翔。馮閎，虛廓的意思。(51)物物者

與物無際　物物者，上一物字是動詞，下一物字是名詞。物物者，謂主宰萬物的，也就是道。照莊子的意思，物之所在，也就是道之所在。所以道與物沒有界限。際，邊際、界限的意思。(52)不際之際　道本無際，然道不離物，而見於物際。(53)際之不際者也　道雖然見於物際，但道的本身，畢竟還是沒有界限的。(54)彼為盈虛非盈虛　彼指道。富貴為盈，貧賤為虛。道表現在盈虛的事物中，那就是際。所以說彼為盈虛。但是盈虛的本身終竟不是道，所以又說非盈虛。下三句句法同。(55)婀荷甘　姓婀，字荷甘。(56)神農　不是三皇的神農，另一個人。(57)老龍吉　懷道的人。(58)奓戶　推門。(59)嚗然　放杖的聲音。(60)僻陋慢訑　章炳麟說慢借為「謾」。《說文》：謾訑皆訓欺。訑即「詑」之今字。王叔岷說：「卷子本《玉篇》引作謾誕。」成玄英說：「是偏僻鄙陋慢訑不專的意思。」(61)狂言　就是至言。(62)弇堈弔　弇堈，體道的人。弔是名。宣穎說：「弇堈來弔。」(63)泰清无窮　泰，大。成玄英說：「至道弘曠恬淡清虛，囊括无窮，所以用泰清，无窮為名。」(64)數　林希逸說：「歷歷可言的叫數。」(65)太初　宇宙的開始。(66)崑崙　山名。喻至高至遠的境地。參見〈大宗師〉注⑯。(67)太虛　與〈逍遙遊〉所說的「無何有之鄉」同義。(68)光曜問乎無有　光曜、無有，都是託名。(69)大馬之捶鉤者　大馬，官號。楚國的大司馬。捶，打鍛。鉤，腰帶。(70)不失豪芒　調拈捶鉤的輕重，無豪芒之差。豪芒，喻細微。(71)守　即道。古代讀道像守一樣。(72)資　有憑藉的意思。與上文「萬物皆往資焉而不匱」的「資」字同義。(73)冉求　姓冉名求，孔子弟子。(74)將　送。(75)靡　順。(76)狶韋氏之囿四句　呂惠卿說：「所謂囿、圃、宮、室，是表示世道愈衰，遊的愈少，居住的愈狹。」(77)螫　糅。有調和的意思。(78)皋壤　平原的意思。

【語　譯】知往北方遊歷，到了玄水的旁邊，走在隱弅的丘陵上，恰巧碰到了無為謂。知對無為謂說：「我想請教你一些問題。如何思想，如何考慮，就了解道？如何居處，如何行動，就安於道？由何路徑，用何方法，就可以得到道？」問了三次而無為謂沒有答覆，並不是不回答，不知道怎麼回答。知不能得到答覆，就回到白水南邊，登狐闋的上面，看到了狂屈也在那裡。於是知就把剛才問的問題轉問狂屈。狂屈說：「唉！我知道，就要告訴你。」但是心裡想說而忘記所要說的話。知又不能得到答覆，於是回到帝宮裡，拜見黃帝向他請教。黃帝說：「沒有思想、沒有考慮才了解道；沒有居處，沒有行動，才能安於道；沒有途徑，沒有方法，才能夠得到道。」知又問黃帝說：「我和你知道這個道理，無為謂和狂屈不知道這個道理，到底知道和不知道是誰對呢？」黃帝說：「那無為謂是真正懂得道，狂屈可以說近似道。我和你畢竟不能近道。因為知道的人是不說的，說的人不知道。所以聖人要實行『不言之教』。道不是用語言可以招致的，德不是自稱至德而得到的。仁是可以作為的，義是可以虧損的，禮是相互作偽的。所以說：『道隱蔽了，德才出現；德衰敗了，仁才出現；仁失掉了，義才出現；義沒有了，禮才興起。禮是道的浮華和亂的開始。』所以說：『修道的又天天去掉浮華虛偽，消損又消損，一直達到無為的境地，能夠無為，那就無所不為了。』現在已經把道看成物，要想復歸道的本源，那豈不是很困難嗎？容易做到的，恐怕只有得道的至人了。生，是死的繼承，死，是生的開始，誰知道其中的規律呢？人生下來，是氣的聚積，氣聚便是生，氣散便是死。死生本來是互為循環的，我又有什麼憂慮的呢？萬物本來是一體的呀！人們把所認為美的稱為神奇，把所厭惡的稱為臭腐，臭腐的可以化為神奇，神奇的又再化為臭腐。所以說『全天下只是一氣流通罷了』，聖人因此重視『一』的本體。」知對黃帝說：「我問無為謂，無為謂不答覆我，並不是不答覆我，而是不知道如何回答我。我問狂屈，狂屈心裡想告訴我，然而沒有告訴我，並不是不告訴我，是心裡想要告訴而忘記了。現在我問你，你知道，為什麼說不能近道呢？」黃帝說：「無為謂是真正懂得道，因為他不知道。狂屈近似道，因為他忘記了。我和你終竟不能近道，因為知道了。」狂屈聽了，認為黃帝說的話很有道理。

天地有大美，然而不言語；四時有明顯的季節，然而不議論；萬物有生成的道理，然而卻不說話。聖人是推原天地的大美，通達萬物的道理，因此至人無為，大聖沒有作為，這是效法天地的自然法則呀！道的神明極其精妙，和萬物化合，萬物的生、死、方、圓，都是自然的演變，所以不知道它的根源，萬物從古以來就自然的生存著。天地四方可以說是巨大了，但還沒有離開大道的內中。秋天獸類剛生的毫毛，可以說是微小了，但是依靠大道而自成形體。天下的事物沒有不沉浮變化的，不會終身永遠那樣。陰陽四時按照自然的規律運行，各有順序。大道是茫昧的樣子像是不存在而又是存在的。自然產生沒有形跡，但有神妙的作用。萬物受它化育而不自知，這叫做道的本根，懂得這個道理，就可以觀察自然的天道了。

齧缺向被衣問道，被衣說：「你端正你的形體，專一你的視聽，那自然的和氣就會來到。收攝你的知識，專一你的思念，神明就會來棲止。你將會表現出美好的德性，你就與大道化合了。你應該無知無識的像初生的小牛，不要去研求事物的所以然。」話沒談完，齧缺就睡著了。被衣很高興，唱著歌走了，說：「形體無識像枯乾的骸骨，內心寂靜像息滅的灰燼，純實的真知，不固執自己的成見，(順應自然的變化，)混混沌沌像沒有心機不可以和他計劃什麼。那是什麼人呢？」

舜問丞說：「道可以獲得而佔有嗎？」丞說：「你的身體都不是你自己所有，你怎麼能夠佔有道呢？」舜說：「我身體不是我所有，那是誰所有的呢？」丞說：「你的形體是天地寄託你的。生命也不是你所有的，是天地寄託你的沖和之氣。性命也不是你所有的，是天地寄託你的自然法則。子孫也不是你所有的，是天地寄託你的蛻變。所以行動不知道去哪裡，家居不知道做些什麼，飲食也不知道是什麼味道。這一切都是天地運動的氣體所形成的，你怎麼能夠得到而佔有呢？」

孔子問老聃說：「今天閒暇，特來請教什麼是至道？」老聃說：「你先齋戒，洗滌你的心靈，潔淨你的精神，捐除你的知識。道是深幽而不容易表達的，我姑且給你說個大略吧！那顯明的東西是從看不見的東西產生的，有形的東西是從無形中產生的，精神是從大道中產生的，形體是從精氣中產生的，而萬物都是因形體相互而產生，所以九竅的動物胎生，八竅的動物卵生。生下來沒有痕跡，死後也沒有界限，沒有出來的門戶，也沒有歸宿房屋，四面通達，廣博逍遙，人順應這個道理，就四肢堅強，思想智慮通達，耳聰目明。雖然用心也不勞苦，順應萬物，沒有一定的方向。天不得到它不能高大，地不得到它不能廣博，日月不得到它不能運行，萬物不得到它不能壯大，這就是至道吧！並且學問廣博的人，不必有真智，辯論的人不必有聰慧，聖人已經棄絕智慧了。至於那增加了並不見得增加，減損了也並不見得減損，這才是聖人所貴重的。道深幽像大海一樣，高大無窮剛終結又再開始，運轉萬物並不覺得貧乏，聖人君子之道，豈是外在的麼？萬物都依賴資生而不匱乏。這就是至道吧！譬如中國有人，不偏陰也不偏陽，處身在天地之間，姑且稱他是人，既是人，將來還是要返回本源的。從根本看起來，所謂生命，是氣聚集的物體。即使有長壽夭折的區別，但其間距離能有多遠呢？由這樣看來人生不過須臾罷了。何必去評論堯是桀非呢！木果和草果有它生長的道理，人類的道理雖然複雜，但也自有順序（就像果蓏的生長道理一樣，任其自然而已）。聖人遭遇了也不違背它，過去的就不留住，調和而順應它，這就是德；無心而順應它，這就是道。這就是帝王所興起的道理啊！人生於天地之間，像在孔隙看白駒跑過一樣。一霎眼間，就過去了，而萬物蓬勃的興起，沒有不生長的，萎縮的衰敗下去，沒有不死亡的。已經順著自然的變化而生出來了，又順應自然的變化而死去，生物看到哀傷它，人類看到悲痛它，其實，死不過只是像解開自然的弓套，毀壞了自然的劍囊，紛紜消散，魂魄將往，形體跟著死亡，這叫做大歸吧！從沒有形體到有形體，(這叫做生，) 又從有形體到沒有形體，(這叫做死，) 這是每個人都知道的事情，並不是求道的人所注意的事，這是眾人共同的議論。傳道的人是不議論的，因為議論不能求得大道。顯明的地方是不會遇見大道的，所以與其辯論，不如無言。道是不能夠聽到的，聽見不如杜塞，(假使能深明這個意思) 這就叫做得道了。」

東郭子問莊子說：「所謂道，在什麼地方呢？」莊子說：「道是無所不在的。」東郭子說：「請指明一個地方吧。」莊子說：「在螻蟻身上。」東郭子說：「為什麼這麼卑下呢？」莊子說：「在稊稗裡面。」東郭子說：「為什麼更卑下呢？」莊子說：「在瓦甓裡面。」東郭子說：「為什麼卑下得更厲害了呢？」莊子說：「在屎溺裡面。」東郭子不再說了。莊子說：「夫子的問題，沒有接觸到本質。從前正獲問監市的判斷豬肥瘦的方法，那就是越是卑下，越是明顯。你不要固執成見，(認為屎溺裡面沒有道，) 天地間沒有離開物的道。至道是這樣的，偉大的言論也是這樣的。周、徧、咸三個字，名稱不同，實質是一樣的，它的意義也是一樣的，嘗試著逍遙在什麼都沒有的地方。(把不同的議論)同一起來評論，那就可以看出大道是沒有窮極了。嘗試一起無為吧！沖淡而安靜吧！寂寞而清虛吧！調和而閒逸吧！使我心志寂寥虛空，出去了不知道所要到的地方，回來了又不知要留止什麼地方，我已經往往來來，而不知道終始的情形。彷徨在廣大虛廓的境地，大智的人體會到這個境界，(所以逍遙自得) 而不知道窮盡。主宰物的道和物沒有界限，然而物與物有界限，這就是所謂物的界限。沒有界限的道是寄託在有界限的物中，道雖寄託物的界限中，而究竟還是沒有界限的。譬如充盈、空虛、衰退、消殺，道雖然也寄託在充盈、空虛之中，然而道並不是充盈空虛。道也寄託在衰退、消殺之中，但道不是衰退消殺，道也可以說是根本和梢末，但是並不是根本和梢末的本身，道就是物的聚積和消散，但是並不是積聚和消散的本身。」

妸荷甘與神農同跟著老龍吉學道。神農靠著几案關門白天睡覺，妸荷甘中午推門進去，說：「老龍死了！」神農靠著几案扶著拐杖站起來，剝的一聲放下拐杖笑說：「天知道我僻陋愚怠，所以拋棄我死了。完了，夫子，沒有留下一句啟發我的話就死了！」弇堈弔聽見了說：「體悟道體的人，是天下的君子所歸向的對象，現在老龍對於道體，連秋毫末端的萬分之一還沒得到，卻還知道懷藏至言而死，何況是體道的人呢！道是看不見形體，聽不到聲音，一般人議論的，稱它為冥冥，所以議論的道，並不是道。」於是泰清問無窮說：「你懂得道嗎？」無窮說：「我不知道。」又問無為。無為說：「我知道。」泰清說：「你所知道的道，有具體的說明嗎？」無為說：「有。」泰清說：「具體的說明是什麼？」無為說：「我知道的道可以貴為帝王，可以賤為僕隸，可以約聚為生，可以分散為死，這是我知道道的具體說明。」泰清把這些話去問無始說：「假使如此，那麼無窮不知道道，無為知道道，誰對誰不對呢？」無始說：「不知道才深合道的本體，知道的就粗淺了。不知是內涵，知道是外在。」於是泰清抬頭嘆息說：「不知就是知，知是不知啊！誰懂得不知的知呢？」無始說：「道不是用耳朵聽來的，用耳朵聽來的不是道。道不能用眼睛看的，用眼睛看的不是道。道不可以說的，說的便不是道。知道主宰形體的並不是形體嗎！道是不應當有名稱的。」無始說：「有人問道馬上回答的，是不知道道的人。即是問道的人，也是沒聽過道的。道是不能問的，問了也不能回答。不能問而一定要問，這種問是空洞的。不能回答而一定要回答，這種問答是不會有內容的。用沒有內容的話去回答空洞的話，這樣，外不能觀察宇宙，內不知道的原始，所以不能跨越崑崙，遊心太虛的境地。」

光曜問於無有說：「夫子是有呢？還是無有呢？」光曜沒有得到回答，詳細看了無有的狀貌，看見他很空虛的樣子。整天看他也沒有看到些什麼，聽也沒聽到些什麼，整天去捉也捉不到什麼。光曜說：「這是最高的境界了。誰能夠到達這個境界呢？我能夠到無的境界，而不能到達無無的境界。及至要做到無，倒不是無而是有了，我從何才能夠到達無的境界呢？」

楚國大司馬家裡有一個打鉤的工匠，已經八十歲了，打的帶鉤子沒有絲毫的毛病，大司馬問他說：「你是技術精巧呢？還是有特殊的方法？」工匠說：「我是有方法的。當我二十歲時喜好打鉤帶，對於別的東西都不看，不是帶鉤不去觀察。這是我用心的地方，但這種用心是由於對旁的事物不用心的結果，所以能夠永久發揮妙用，何況連不用心的心也沒有呢，那萬物誰不憑藉它而發揮自己的妙用呢？」

冉求問孔子說：「在沒有天地之先的情況，可以知道嗎？」孔子說：「可以。古代像現在一樣。」冉求沒有聽清楚就走了，明天再問孔子，說：「昨天我問夫子：『未有天地之先的情況可以知道嗎？』夫子說：『可以。古代和現在一樣。』昨天我還很明白，今天我又不明白了，請問是什麼緣故？」孔子說：「昨天很明白，是因為你用精神先領會了，今天不明白，是你從形象上再求了解吧？本來是沒有古，也沒有今，沒有開始，也沒有結束，譬如沒有子而有孫可以嗎？」冉求沒有回答。孔子說：「罷了，不要再談了，本來不是用生來生出一個死，不用死來使生死去。死生是相對待的嗎？死和生都是一體的。有在天地以前就生出來的物嗎？主宰物的，它本身並不是物。物的出生並不能先於物，因為這個物生出以前還有其他的物存在。物出生前還有物的存在，

（這樣推衍）就沒有窮止了。聖人愛人始終沒有完的時候，也正是取法天地自然的道理。」

顏淵問孔子說：「我曾經聽夫子說過：『不要對過去有所留戀，不要對未來有所期待。』請問是什麼原因？」孔子說：「古代的人，表面與時變化而內心不變，現在的人內心變化而表面不變。和物變化的，只有不化的道。變化不變化，要無心隨順外物，必定要恰當隨分，狶韋氏的苑囿，黃帝的園圃，虞舜的宮殿，湯武的屋宇，（都是聖人遊樂的地方，但是由囿而圃，由圃而宮，由宮而室，世愈衰，地方愈狹，）君子的人，像儒墨相反的師承，還可以用是非相調和，何況現在不是儒墨的人呢？聖人順應物而不傷害物，物也不能傷害他。唯有不傷害任何物的人，才能夠和人相交際。山林呀！土地呀！使我很高興的快樂起來，可是快樂還是沒有完畢，悲哀接著就來，哀樂來時，我不能抗禦它，去的時候，也不能挽回，悲哀呀！世人只是做哀樂的旅舍罷了，世人知道所遇的事情，那所不遇的事情，卻不能知道，知道自己能夠做到的事，就以為是能，自己所不能做到的事卻不能了。人們不知道不能夠做的事太多了，這本來就是人所不能避免的事，人總是勞心避免所不能避免的事。豈不是太悲哀了嗎？至言是沒有語言的，至為是沒有行為的，想把自己所不知道的事物也要強使知道，那就太膚淺了。」

雜篇

庚桑楚❶

老聃之役❷庚桑楚者，偏❸得老聃之道，以北居畏壘❹之山，其臣之畫然知者❺去之，其妾之挈然仁者❻遠之；擁腫❼之與居，鞅掌❽之為使。居三年，畏壘大壤❾。畏壘之民相與言曰：「庚桑子之始來，吾洒然❿異之。今吾日計之而不足，歲計之而有餘。庶幾其聖人乎！子胡不相與尸而祝之，社而稷之⓫乎？」庚桑子聞之，南面而不釋然。弟子異之。庚桑子曰：「弟子何異於予？夫春氣發而百草生，正得秋而萬寶成⓬。夫春與秋，豈無得而然哉？天道已行矣。吾聞至人，尸居環堵之室⓭，而百姓猖狂⓮不知所如往。今以畏壘之細民而竊竊焉⓯欲俎豆⓰予於賢人之間。我其杓⓱人之邪！吾是以不釋於老聃之言。」弟子曰：「不然。夫尋常⓲之溝，巨魚無所還其體，而鯢鰌⓳為之制；步仞之丘陵，巨獸無所隱其軀，而孽狐⑳為之祥。且夫尊賢授能，先善與利，自古堯舜以然，而況畏壘之民乎！夫子亦聽矣！」庚桑子曰：「小子來！夫函車之獸，介㉑而離山，則不免於罔罟之患；吞舟之魚，碭㉒而失水，則蟻能苦之。故鳥獸不厭高，魚鼈不厭深。夫全其形生之人，藏其身也，不厭深眇㉓而已矣。且夫二子者，又何足以稱揚哉！是其於辯也，將妄鑿垣牆而殖蓬蒿也。簡髮而櫛，數米而炊，竊竊乎又何足以濟世哉！舉賢則民相軋，任知則民相盜。之數物㉔者，不足以厚民。民之於利甚勤，子有殺父，臣有殺君，正晝為盜，日中穴阫㉕。吾語汝，大亂之本，必生於堯舜之間，其末存乎千世之後。千世之後，其必有人與人相食者也！」

南榮趎㉖蹴然正坐曰：「若趎之年者已長矣，將惡乎託業以及此言邪？」

庚桑子曰：「全汝形，抱汝生，無使汝思慮營營。若此三年，則可以及此言也。」南榮趎曰：「目之與形，吾不知其異也，而盲者不能自見；耳之與形，吾不知其異也，而聾者不能自聞；心之與形，吾不知其異也。

而狂者不能自得。形之與形亦辟[27]矣，而物或間之邪？欲相求而不能相得？今謂趎曰：『全汝形，抱汝生，勿使汝思慮營營。』趎勉聞道達耳[28]矣！」庚桑子曰：「辭盡矣。曰奔蜂不能化藿蠋[29]，越雞[30]不能伏鵠卵，魯雞[31]固能矣。雞之與雞，其德非不同也，有能與不能者，其才固有巨小也。今吾才小，不足以化子。子胡不南見老子！」南榮趎贏糧[32]，七日七夜至老子之所。老子曰：「子自楚之所來乎？」南榮趎曰：「唯。」老子曰：「子何與人偕來之眾也？」南榮趎懼然顧其後。老子曰：「子不知吾所謂乎？」南榮趎俯而慚，仰而歎曰：「今者吾忘吾答，因失吾問。」老子曰：「何謂也？」南榮趎曰：「不知乎？人謂我朱愚[33]。知乎，反愁我軀。不仁則害人，仁則反愁我身；不義則傷彼，義則反愁我己。我安逃此而可？此三言者，趎之所患也，願因楚而問之。」老子曰：「向吾見若眉睫之間，吾因以得汝矣，今汝又言而信之。若規規然[34]若喪父母，揭竿而求諸海也。汝亡人[35]哉，惘惘乎[36]！汝欲反汝情性而無由入，可憐哉！」南榮趎請入就舍，召其所好，去其所惡，十日自愁，復見老子。老子曰：「汝自洒濯[37]，孰哉鬱鬱乎[38]！然而其中津津乎[39]猶有惡也。夫外韄者不可繁而捉，將內揵[40]；內韄者不可繆而捉，將外揵[41]。外內韄者，道德不能持，而況放道[42]而行者乎！」南榮趎曰：「里人有病，里人問之，病者能言其病，然其病，病者猶未病也。若趎之聞大道，譬猶飲藥以加病也，趎願聞衛生之經而已矣。」老子曰：「衛生之經，能抱一[43]乎？能勿失乎？能無卜筮而知吉凶乎？能止乎？能已乎？能舍諸人而求諸己乎？能翛然[44]乎？能侗然[45]乎？能兒子乎？兒子終日嗥而嗌不嗄[46]，和之至也；終日握而手不掜[47]，共其德也；終日視而目不瞚[48]，偏不在外也。行不知所之，居不知所為，與物委蛇，而同其波，是衛生之經已。」南榮趎曰：「然則是至人之德已乎？」曰：「非也。是乃所謂冰解凍釋者，能乎？夫至人者，相與交食乎地而交樂乎天，不以人物利害相攖，不相與為怪，不相與為謀，不相與為事，翛然而往，侗然而來，是謂衛生之經已。」曰：「然則是至乎。」曰：「未也。吾固告汝曰：『能兒子乎？』兒子動不知所為，行不知所之，身若槁木之枝而心若死灰。若是者，禍亦不至，福亦不來。禍福無有，惡有人災也！」

宇泰定㊾者，發乎天光㊿。發乎天光者，人見其人，人有修者，乃今有恆；有恆者，人舍之，天助之。人之所舍，謂之天民；天之所助，謂之天子。

學者，學其所不能學也；行者，行其所不能行也；辯者，辯其所不能辯也。知止乎其所不能知，至矣；若有不即是者，天鈞(51)敗之。

備物以將形，藏不虞以生心(52)，敬中以達彼，若是而萬惡至者，皆天也，而非人也，不足以滑成，不可內於靈臺(53)。靈臺者有持，而不知其所持，而不可持者也。不見其誠己而發，每發而不當，業入而不舍，每更為失。為不善乎顯明之中者，人得而誅之；為不善乎幽閒之中者，鬼得而誅之。明乎人，明乎鬼者，然後能獨行。券內者，行乎無名；券外者，志乎期費[54]。行乎無名者，唯庸有光；志乎期費者，唯賈人也，人見其跂[55]，猶之魁然[56]。與物窮者，物入焉；與物且[57]者，其身之不能容，焉能容人！不能容人者無親，無親者盡人[58]。兵莫憯[59]於志，鏌鋣[60]為下，寇莫大於陰陽，無所逃於天地之間。非陰陽賊之，心則使之也。

道通，其分也，其成也毀也。所惡乎分者，其分也以備；所以惡乎備者，其有以備。故出而不反，見其鬼；出而得，是謂得死。滅而有實，鬼之一也。以有形者象無形者而定矣。出無本，入無竅。有實而無乎處，有長而無乎本剽[61]，有所出而無竅者有實[62]。有實而無乎處者，宇也。有長而無本剽者，宙也。有乎生，有乎死，有乎出，有乎入，入出而無見其形，是謂天門。天門者，無有也，萬物出乎無有。有不能以有為有，必出乎無有，而無有一無有，聖人藏乎是。古之人，其知有所至矣。惡乎至？有以為未始有物者，至矣，盡矣，弗可以加矣。其次以為有物矣，將以生為喪也，以死為反也，是以分已。其次曰始無有，既而有生，生俄而死。以無有為首，以生為體，以死為尻；孰知有無死生之一守者，吾與之為友。是三者雖異，公族也，昭景也，著戴也[63]，甲氏也，著封也[64]，非一也[65]。有生，黬也[66]，披然曰移是[67]。嘗言移是，非所言也。雖然，不可知者也。臘者之有膍胲[68]，可散而不可散也；觀室者周於寢廟，又適其偃[69]焉，為是舉移是。請嘗言移是。是以生為本，以知為師，因以乘是非；果有名實，因以己為質；使人以為己節，因以死償節。若然者，以用為知，以不用為愚，以徹為名，以窮為辱。移是，今之人也，是蜩與學鳩同於同也。

蹍[70]市人之足，則辭以放鶩[71]，兄則以嫗，大親則已矣。故曰，至禮有不人，至義不物，至知不謀，至仁無親，至信辟金[72]。

徹志之勃[73]，解心之謬[74]，去德之累，達道之塞，貴富顯嚴名利六者，勃志也。容動色理氣意六者，謬心也。惡欲喜怒哀樂六者，累德也。去就取與知能六者，塞道也。此四六者不盪胸中則正，正則靜，靜則明，明則虛，虛則無為而無不為也。

道者，德之欽也；生者，德之光也；性者，生之質也。性之動，謂之為；為之偽，謂之失。知者，接也；知者，謨也；知者之所不知，猶睨[75]也。動以不得已之謂德，動無非我之謂治，名相反而實相順也。

羿工乎中微而拙乎使人無己譽。聖人工乎天而拙乎人。夫工乎天而俍乎人[76]者，唯全人能之。唯蟲能蟲，唯蟲能天。全人惡天？惡人之天？而況吾天乎人乎！

一雀適羿，羿必得之，威[77]也；以天下為之籠[78]，則雀無所逃。是故湯以胞人籠伊尹[79]，秦穆公以五羊之皮籠百里奚[80]。是故非以其所好籠之而可得者，無有也。介者拸畫[81]，外非譽也；胥靡[82]登高而不懼，遺死生也。夫復謵不餽而忘人[83]，忘人，因以為天人矣。故敬之而不喜，侮之而不怒者，唯同乎天和者為然。出怒不怒，則怒出於不怒矣；出為無為，則為出於無為矣。欲靜則平氣，欲神則順心，有為也，欲當則緣於不得已，不得已之類，聖人之道。

【注釋】❶庚桑楚　姓庚桑，名楚，老君弟子。是一個隱居的人，本篇就以人名為篇名，這篇說明至人的德行，教人要像枯木的無情，死灰的無心，禍福不至，就沒有人為的災害了。朱子說：「全篇都是禪。」❷役　學徒弟子。❸偏　少的意思。❹畏壘　山名，在魯國。❺畫然知者　謂經畫為智。❻挈然仁者　謂挈度為仁。❼擁腫　淳樸無知的樣子。❽鞅掌　不修儀容。❾大壤　壤同「穰」。豐收。❿洒然　驚奇的樣子。⓫尸而祝之社而稷之　尸祝，見〈逍遙遊〉注㊽。社稷，見〈胠篋〉注❾。這裡尸祝社稷四個字都用為動詞。⓬正得秋而萬寶成　俞樾說：「得字疑是衍文。」王叔岷氏說：「寶字有的本子作實。」今譯文均從之。⓭尸居環堵之室　尸居，寂處如死尸。一丈叫堵。環堵之室，比喻室之小。⓮猖狂　無心的樣子。⓯竊竊焉　細語的樣子。⓰俎豆　都是祭器，這裡用為動詞，有奉祀的意思。⓱杓　標杓。⓲尋常　八尺叫尋。倍尋叫常。⓳鯢鰌　都是小魚。⓴蘖狐　野狐。㉑介　獸無偶叫介。單獨的意思。㉒碭　與「蕩」通。流蕩的意思。㉓眇　遠。㉔之數物　之作此講。數物指尊賢授能，先善與利。㉕日中穴阫　日中，就是正午。阫，牆。日中穴牆，謂無所畏忌。㉖南榮趎　姓南榮，名趎。庚桑楚弟子。趎字也作「疇」，或作「儔」，又作「壽」。《淮南子》作「幬」。㉗辟　金巨源引《荀子注》謂讀為嬖。嬖，親的意思。㉘勉聞道達耳　勉，勉強。達耳，謂僅達於耳，還未入於心。㉙奔蜂不能化藿蠋　奔蜂，小蜂。藿蠋，豆藿中大青蟲。成玄英說：「細腰土蜂，能化桑蟲為己子，而不能化藿蠋。」㉚越雞　小雞，今之荊雞。㉛魯雞　大雞，今之蜀雞。㉜贏糧　見〈胠篋〉注㊴。㉝朱愚　猶顓愚。王念孫說：「朱通銖。《廣雅》：銖，鈍也。」㉞規規然　失神的樣子。一說細碎的樣子。㉟亡人　逃亡的人。㊱惘惘乎　無知的樣子。㊲洒濯　即洗濯其心的意思。㊳孰哉鬱鬱乎　宣穎說：「像熟物的氣，蒸鬱其中。」㊴津津乎　不盡的樣子。㊵外韄者不可繁而捉二句　韄，縛。揵，閉。王先謙說：「外韄者，耳目為外物所縛。

不可以繁擾而捉搤之，將必內閉其心，以息耳目之紛。」㊶內韄者不可繆而捉二句　繆，亂。王先謙說：「內韄者，心思為欲所縛，不可以繆亂而捉搤之，將必外閉其耳目，以絕心思之緣。」㊷放道　謂雖道德不能扶持，何況依放道德而行的。放，依。㊸抱一　《道德經》說：「載營魄抱一，能無離乎。」守真不二的意思。㊹翛然　往來無係的樣子。㊺侗然　順物無心的樣子。㊻終日嗥而嗌不嗄　謂整天啼哭而喉嚨不嘶啞。嗥，號。嗌，咽喉。嗄，楚人謂啼極無聲叫嗄。㊼掜　捉，捉物的意思。㊽瞚　目動的意思。㊾宇泰定　謂器宇閒泰而靜定。宇，器宇。㊿發乎天光　謂心閒就光明。所謂虛則靜，靜則明。武內義雄說：「以下疑向注本所無，為郭象加入。」51天鈞　見〈齊物論〉注㊾。52藏不虞以生心　謂退藏不思慮之地，以活其心。虞，臆度。生，養。53靈臺　見〈達生〉注68。54券內者四句　券內者行乎無名，謂契合於內的，尚實斂華，雖行而無名跡。券，合。武延緒說：「費疑實字誤，期實就是求實。」〈人間世〉：「其求實無已。」求實就是貪欲。55跂　謂企想分外的意思。56魁然　魁，安。安然，謂人見其企求外分，而自己反以為安。57且　苟且。58盡人　盡是他人。59憯慘，毒的意思。60鏌鋣　亦作「莫邪」。見〈大宗師〉注㊻及〈達生〉注⑪。61本剽　本，始。剽一作「標」，末的意思。62有所出而無竅者有實　宣穎說：「此九字當為衍文。」馬其昶說：「此言無本而有所出，無竅而又有所入，是之謂有實。上下錯舉，互備為文也。」今譯文姑從之，以供參考。63昭景也著戴也　王敔曰：「戴謂所從出之宗。」就是以昭景的謚號為氏。64甲氏也著封也　王敔曰：「某甲某氏，以所封之國邑為號。」65非一也　馬其昶說：「也與邪同。」66有生黬也　郭嵩燾說：「有生，塵也。塵聚集的地方叫黬。」67披然曰移是　錢賓四氏說：「披然，猶紛然。移是，謂是非無定，隨時地而移易。」68膍胲　一曰牛百葉，一曰牛蹄。69偃　一本偃下有「溲」字。屏廁叫做偃。70蹍　踏踩的意思。71則辭以放驁　辭謝以放肆自引罪。放驁，妄的意思。72至信辟金　辟猶「屏」，作棄講。謂金玉是小信的質（讀去聲），至於大信就免除了。73徹志之勃　徹同「撤」。勃，亂的意思。撤志則奪於外誘，內心就勃然而亂了。74謬　一作「繆」。繫縛的意思。75睨　斜視。斜視一方，就不能普遍。76俍乎人　俍，有工巧的意思。俍乎人與上文「拙乎人」相反。77威　孫詒讓說：

「威當依崔譔本作或，不必得也。」今譯文從之。⑱籠　籠絡的意思。⑲湯以胞人籠伊尹　胞與「庖」通。成玄英說：「伊尹，湯時賢相，能調鼎，負玉鼎以干湯，湯知其賢，又順其性，故以庖廚而籠之。」⑳秦穆公句成玄英說：「百里奚沒狄，狄人愛羊皮，秦穆公以五色羊皮而贖之。」㉑介者拸畫　人既已刖足，外界的非譽也不放在心上，所以就不拘法度了。介，刖足的人。拸畫，不拘法度的意思。㉒胥靡　刑徒的人。㉓復謵不餽而忘人　謂人雖反覆讐我，而我不答，人侮之而不怒的意思，所以說忘人。謵，謵讐。餽，遺。

【語　譯】老子的弟子，有一個叫庚桑楚的，稍得到老聃的道術，住在北方畏壘山中，他的僕役中有智慧的走了，婢妾中自以為有仁道的也疏遠了。樸實無知的和他一起居住，不修儀容的人供他驅使。住了三年，畏壘地方大為豐收。畏壘地方百姓相互說道：「庚桑子剛來時，我們驚異他與眾不同。現在我們每天計算倒不足，以年計算卻有餘。他是個聖人吧！為什麼不擁護他做領袖，管理國家呢？」庚桑子聽了，向南坐著，心裡很不高興，弟子們很奇怪。庚桑子說：「你們認為我有什麼奇怪呢？當春天地氣發動而百草叢生，秋天穀物收成，春季與秋季，是沒有什麼緣故就這樣的嗎？是天道運行的結果哩！我聽說，至人安居在狹小的陋室裡，百姓無知的樣子不知道去跟著他學習。現在畏壘地方的百姓，都私下議論要像賢人一樣的尊奉我，我將做人的模範嗎？我因此對夫子老聃的話有些不了解。」弟子說：「不是的。譬如那平常的小水溝，大魚不能旋轉牠的身體，而鯢鰌小魚卻轉動自如；低矮的小丘，大野獸不能隱蔽牠的身軀，而細小的狐狸卻認為很好。尊敬賢人，擢用才能，授官良才給予利祿，自從堯、舜以來都是如此，何況是畏壘地方的百姓呢？夫子你就聽從他們的話吧！」庚桑子說：「你們過來聽著吧！那能吞車的大獸，單獨離開山林，就不免會有被網羅捕捉的危險。吞船的大魚，離開水而上了陸地，螞蟻反會欺侮牠。所以鳥獸不嫌山太高，魚鼈不嫌水太深，就像那全形養生的人，藏身山林，也是不嫌深遠罷了。而且那堯、舜兩個人，又有什麼值得稱揚的呢？他們這樣辨別賢能，像是在推毀牆垣而種植雜草做屏障。選擇長髮才梳它，數著米粒去煮飯，這樣計較的又如何可以救世呢？推舉賢才，百姓就會相傾軋，任用才智，百姓就會詐偽，這幾種做法都不能夠使百姓淳厚，百姓孜孜為利，於是子殺其父，臣殺其君，白晝盜賊橫行，正午挖人牆垣。我告訴你，社會大亂的本源，必定是產生在堯舜的時代，其末流影響到千年以後。千年以後，必定會有人吃人的事發生哩！」南榮趎驚懼地端坐那裡說：「像我的年齡也真大了，要怎麼樣學習才能夠做到這些話呢？」庚桑子說：「保你的形體，守你的本性，不要使你的思慮營營逐逐。這樣三年，就可以做到所說這些話的地步了。」南榮趎說：「天賦予每人的眼睛，形狀沒有什麼不同，但盲人的眼睛卻看不見顏色；天賦予每人的耳朵，形狀沒有什麼不同，但聾人的耳朵卻不能聽見聲音；天賦予每人的心，形狀沒有什麼不同，但狂人的心卻不能夠自適。人的形體和形體，本來都是一樣的，是因為外物的間隔而有分別的嗎？盲聾的人要看要聽，不盲聾的人要不聽不看，都是不可能的事嗎？現在對我說：『保你的形體，守你的本性，不要使你的思慮營營逐逐。』我勉強聽得入耳了。」庚桑子說：「話已經說盡了。小蜂不能化為大青蟲，小越雞不能孵大鴻鵠卵，而魯國的大雞就可以了。雞和雞，牠的性能不一樣，有的能夠做到，有的不能夠做到，才能也有大小呀！現在我的才能小，不能夠教導你，你為什麼不到南方見老子呢？」（於是）南榮趎帶著糧食，走了七天七夜，到老子的住所。老子說：「你從庚桑楚的地方來的嗎？」南榮趎說：「是的。」老子說：「你為什麼和這麼多人一起來呢？」南榮趎驚異的回頭向後看。老子說：「你不知道我所說的意思嗎？」南榮趎羞愧得低下頭來，仰天嘆息說：「現在我忘記應該回答些什麼，因此也忘記了要問什麼。」老子說：「這話是什麼意思呢？」南榮趎說：「如果說是不懂呢，人說我愚笨無知；如果說懂得呢，反而憂愁自己惹禍。不仁會害人，行仁則憂愁自己違背大道；不義會傷人，行義則憂愁自己違背本性。我怎麼可以避免？這三個問題是我所憂慮的，希望因庚桑楚先生的關係來請教。」老子說：「剛才我看你眉目之間的神態，我就了解你的心意了，現在你又說，那可以證實了。你失神的樣子像喪失父母一樣，拿著竹竿短小的東西，要去探測大海。你是失去本性的人，真是無知呀！你想要恢復本性而又不知怎麼去做，可憐呀！」南榮趎回到家中，修養所好的道德，拋棄所惡的仁義，十天以後還自覺憂慮，再去見老子。老子說：「你自己滌淨本心，精熟的氣充滿體內，然而內心還有些微的係累，那耳目受聲色所引誘，不可以繁擾而控制它，必定要不用心智來平息耳目的紛亂。心智被物慾所牽繫，不可以繆亂控制它，必定要不用聰明來斷絕心神的活動。耳目心智都被外物所困擾，即使有道德的人也不能自持了。何況是倣效大道而行的人呢？」南榮趎說：「我的鄉里有位病人，鄰居去問候，病人能夠自己說出病狀，但他的病還沒有達到不能醫治的地步。像我這樣聽聞大道，譬如像吃藥反而加重病勢，我只是希望聽得保全本性的常道罷了。」老子說：「要知道保全本性的常道，先得問自己能不離本性嗎？能使本性自得嗎？能不必卜筮就知道吉凶嗎？能守於本分嗎？能不追求外物嗎？能捨棄倣效別人而求於自己嗎？能從來沒拘束嗎？能無心而順物嗎？能像赤子之心嗎？赤子整天號哭而聲音不嘶啞，這是心氣和順的極致；整天握拳而不必是拿東西，這是德性自然的結果；整天看而眼珠不動，是看不偏向的結果；走路沒有目的，不知道要去哪裡，停下來也不知道要做什麼，隨順外物，同外物浮沉，這是外物的常道。」南榮趎說：「這些就是至人的德性嗎？」老子說：「不是的。這像冰塊化解，凍氣消失一樣，不是出於自然的領悟，可以說是功能嗎？那至人，是循順地而自然的飲食，隨從天而自然的歡樂，不因人我利害的事擾亂內心，不標新立異，不圖謀計算，不互相交接，沒有拘束而往，無心順物而來，這叫做保全本性的常道。」南榮趎說：「照這許多話去做，就可以達到最高的境界了嗎？」老子說：「還沒有。我已經告訴過你：『能夠像赤子嗎？』赤子動作沒有目的，不知道要做什麼，行走也不知道要去哪裡，形體像枯樹的枝條，而心靈像消滅的灰燼。能夠這樣，那禍不會到，福也不會來。禍福沒有了，哪裡還有人為的災難呢？」

形貌安詳的人，會發出自然的光輝。發出自然光輝的人，眾人看他和平常人沒有什麼不同。人能循順自然修為的，必恆久無時間斷。恆久無時間斷的，人會來歸附，天也會佑助他。人所來舍止的就稱為天民，天所來佑助的就稱為天子了。

要學的人，是學他所不能學到的東西，躬行實踐的人，是要行他所不能行的事情，辯論的人，是要辯他所不能辯的言論。一個人能夠止於所不知的，就達到知的極點了。假使有不這樣的，天然的本性就要虧損了。

了解物的性質而隨順它的形體，不要煩擾思慮，使內心舒暢，敬修內智，以通達外物，這樣做而還遭遇災害的，那都是天命了。不是人為所可避免的，因此不足以損害我已經成就的德性，不可擾亂自己的內心。內心是可以操持的，但不知道要如何去操持，所以還是不可操持的，內心還沒有做到誠意而發於外，那每發的內心必不合道理。物慾佔據了內心而不能捨棄，反而更喪失了本真。明顯地做不善的事，任何人可以刑罰他。暗中做不善的事，鬼可以刑罰他。修養到對人沒有愧怍，對鬼沒有羞慚，然後才能夠達到慎獨的境界。行為契合於道的，所行沒有名跡；行為合乎外物的，希望外物為我所用。行為沒有名跡的，看似平常卻日漸光輝；志在財貨的，是商人的行為，人看他已經很危險了，他自己反以為很安穩。與外物相始終的，外物亦來歸向；與外物苟且的，他自身都不能相容，如何能夠容人呢？不能夠容人的沒有親近的人，沒有親近的人，就盡是他人了。兵器沒有比心志更慘毒利害的了，鏌鋣利劍還在其次哩！盜寇沒有比喜怒藏在心中更大的了，在天地之間是不能避免的。不是喜怒害他，是自己心志割了自己啊！從道的立場看，是通而為一的，萬物的區別就是生成，萬物的生成就是毀滅。厭惡萬物區分的原因，是區分的時候，各備其體。（這就違反了道通為一的原則。）所以萬物厭惡區分而各備其體，人本來就各備其體的，所以心馳外物，不知道返回本源的，那就加速死亡了。追逐外物，自以為得到了，那是得到死的預兆。迷滅本性，徒具有形體的存在，像行屍走肉，只可說是鬼的一種罷了。能夠以有形的身體達到無形忘我的境界，那心靈就靜止安定了。大道的降生沒有緣故，毀滅了也沒有因由，有具體的事實而沒有看得見的所在，有久長的淵源而沒有開始的本根，有出生的處所而看不見竅孔，但有具體的事實，有具體的事實，而沒有確實的所在，這就構成空間的宇，有久長的淵源而沒有開始的本根，這就構成時間的宙。有降生，有死亡，有顯形，有寂滅。顯形、寂滅都看不見它的經過，這叫做「天門」。天門，便是「無有」。萬物就由「無有」出來。但是「有」也不能從「有」生有，必定要從「無有」生出來。但是「無有」還是「無有」，聖人就是處身在那種境界裡。古時候的人，他們的智慧已達到登峰造極的地步了，是怎樣的登峰造極呢？他們以為在宇宙的起初是未嘗有物的，這就算「至矣！盡矣！」不可以再增加一分。其次是以為有物了，以生認為是喪失，以死反而認為是回歸。這就有了區分。其次認為起初是「無有」，以後才有「生」，但「生」不久就「死」去。這樣是以「無有」當做頭，以「生」當做軀體，以「死」當做是脊骨的末端。誰知道有、無、死、生本來是一體的，我就和他交遊作朋友。這三種情況雖然不同，而是同一源流。譬如楚的宗脈，有昭、景二族，是用先人的謚號為姓；甲氏一族，是用先人的封邑為姓，其實還不都是楚的同一族嗎？生命像是灰塵的聚集，世人紛然說是「移是」了。現在試說「移是」的道理，但既然是「移是」，就可以無言了，雖然這樣，但「移是」的道理也是不容易知道的。譬如：大祭的時候，具備犧牲祭品，那牛的四肢五臟在平時是可以分散的，但當充為祭品時，又不可分散了。又如遊觀宗廟的人，必定參觀廟堂寢殿各處，又到便廁的地方，(但是廟堂是讌饗的地方，便廁是洗手的地方，當他到便廁的地方，則是把廟寢的「是」移到便廁了。因此是非的移易，是沒有一定的。)這臘祭、觀廟兩件事，可以用「移是」的道理來說明。再試說「移是」吧！「是」以自己的生存為主，以自己的成見為行為準則，因此是非紛起，終至各有名實，各以自己的是非為是非了。使別人遵從自己的節義，於是大家都甘心用死來報償他的節義。像這樣，有用的就是智慧，不用的就是愚笨，通徹就是榮譽，窮困就是恥辱，「移是」的都是現在的人，這是蜩蟬和小鳩同具相同中又相同的見解呀！

踩了市人的腳，就陪罪說這是自己放縱的錯誤，假使是哥哥踩了弟弟的腳，便憐惜地慰問，假使是父子至親，那就不用說了。所以說最尊貴的禮儀，是把別人當做自己看；最崇高的節義，是不知道有外物的存在；最高明的智慧，是不用謀略；最親愛的仁心，是沒有親疏的分別；最誠信的保證，是不用金玉為質的。

外物相誘的悖亂，心靈他用的束縛，拋棄道德的係累，通暢大道的阻塞，富有、尊貴、顯達、威勢、聲名、利益，這六項是心志的擾亂者；容貌、動作、顏色、情理、氣度、意欲，這六種是心靈的束縛者；厭惡、愛好、喜悅、憤怒、悲傷、歡樂，這六項是德性的妨礙；去捨、從就、收受、施與、智慧、才能，這六項是道心的蔽障。這四種六項不擾亂心胸，就能夠平正，心胸平正就會定靜，定靜就會純明，純明就會虛空，心裡虛空，就能夠無為而無不為了。

所謂道，是德的陳列；生，是盛德的光華；性，是生的本質。本性的活動，便是作為了。作為而離開本性，那就喪失大道了。知覺是用於對外物的接觸；智慧是用為處世的謀略。有智慧的人，所不能知的事物，就像眼睛斜視一方，不能周遍。行動出於不得已，那就是無為的道德，行動都有自我的存在，那是有為的事功。（萬物的產生，都是由於性的運動，因此有為也是出於無為，所以）這兩種名義上雖相反，而實際上是相順的。

后羿精於射中細微的物體，卻不能讓人不稱譽他。聖人善於隨順自然，而不善於做人為的事。善於隨順自然而又善於人為的事，只有全德的人才能做到。唯有昆蟲能夠盡己之能，唯有昆蟲能夠契合自然。全德的人厭惡天然嗎？是厭惡人為的天然呀！何況我任由變化，不知是天然的呢？還是人為的呢？

一隻麻雀飛過后羿的眼前，后羿必定射到牠，但只能獲得一隻而已，以天下為鳥籠，則麻雀一隻也跑不掉。所以湯用廚夫來籠絡伊尹，秦穆公用五隻羊皮籠絡百里奚。因此不是用他所愛好的去籠絡他而可以得到的，可以說是沒有的。一隻腳的人不守法度，是不計較外界的非議，徒役的人登上高處而不畏懼，是忘掉死生。外人非議，我不報復，這是忘記了人、我的分別。忘記了人、我的分別，那就是自然的人了。所以尊敬他也不見得高興，侮辱他也不見得發怒，只有純任自然的人才能夠這樣。別人發怒的事而我不發怒，發怒也出於不發怒了。別人作為的事而我不作為，則作為的事也是無為了。要寂靜，應先心平氣和，要神明，應先隨順心意，要有為的事合於道理，那只有順於不得已。不得已之類，那就是聖人的大道了。

徐无鬼❶

徐无鬼因女商❷見魏武侯❸，武侯勞之曰：「先生病矣！苦於山林之勞，故乃肯見於寡人。」徐无鬼曰：「我則勞於君，君有何勞於我！君將盈耆欲，長好惡，則性命之情病矣；君將黜耆欲，掔❹好惡，則耳目病矣。我將勞君，君有何勞於我！」武侯超然不對。少焉，徐无鬼曰：「嘗語君，吾相狗也。下之質❺執飽而止，是狸德也；中之質若視日，上之質若亡其一。吾相狗，又不若吾相馬也。吾相馬，直者中繩，曲者中鉤，方者中矩，圓者中規，是國馬也，而未若天下馬也。天下馬有成材，若卹若失❻，若喪其一❼，若是者，超軼絕塵❽，不知其所。」武侯大說而笑。徐无鬼出，女商曰：「先生獨何以說吾君乎？吾所以說吾君者，橫❾說之則以《詩》《書》《禮》《樂》，從❿說之則以〈金版〉〈六弢〉⓫，奉事而大有功者不可為數，而吾君未嘗啟齒。今先生何以說吾君，使吾君說若此乎？」徐无鬼曰：「吾直告之吾相狗馬耳。」女商曰：「若是乎？」曰：「子不聞夫越之流人乎？去國數日，見其所知而喜；去國旬月，見所嘗見於國中者喜；及期年也，見似人者而喜矣；不亦去人滋久，思人滋深乎？夫逃虛空者，藜藋柱乎鼪鼬之逕⑫，踉位其空⑬，聞人足音跫然⑭而喜矣，而況乎昆弟親戚之謦欬其側者乎！久矣夫莫以真人之言謦欬⑮吾君之側乎！」

徐无鬼見武侯，武侯曰：「先生居山林，食芧栗，厭⑯蔥韭，以賓⑰寡人，久矣夫！今老邪？其欲干酒肉之味邪？其寡人亦有社稷之福邪？」徐无鬼曰：「无鬼生於貧賤，未嘗敢飲食君之酒肉，將來勞君也。」君曰：「何哉，奚勞寡人？」曰：「勞君之神與形。」武侯曰：「何謂邪？」徐无鬼曰：「天地之養也一，登高不可以為長，居下不可以為短。君獨為萬乘之主，以苦一國之民，以養耳目鼻口，夫神者不自許也。夫神者，好和而惡姦[18]；夫姦，病也，故勞之。唯君所病之，何也？」武侯曰：「欲見先生久矣。吾欲愛民而為義偃兵[19]，其可乎？」徐无鬼曰：「不可。愛民，害民之始也；為義偃兵，造兵之本也；君自此為之，則殆不成。凡成美，惡器也；君雖為仁義，幾且偽哉！形固造形，成固有伐，變固外戰。君亦必無盛鶴列[20]於麗譙[21]之間。無徒驥[22]於錙壇之宮，無藏逆於得！無以巧勝人，無以謀勝人，無以戰勝人。夫殺人之士民，兼人之土地，以養吾私與吾神者，其戰不知孰善？勝之惡乎在？君若勿已矣，修胸中之誠，以應天地之情而勿攖[23]。夫民死已脫矣，君將惡乎用夫偃兵哉！」

黃帝[24]將見大隗[25]乎具茨[26]之山，方明為御，昌寓驂乘，張若謵朋前馬，昆閽滑稽後車[27]；至於襄城[28]之野，七聖皆迷，無所問塗。適遇牧馬童子，問塗焉，曰：「若知具茨之山乎？」曰：「然。」「若知大隗之所存乎？」曰：「然。」黃帝曰：「異哉小童！非徒知具茨之山，又知大隗之所存。請問為天下？」小童曰：「夫為天下者，亦若此而已矣，又奚事焉！予少而自遊於六合之內，予適有瞀病[29]，有長者教予曰：『若乘日之車[30]而遊於襄城之野。』今予病少痊，予又且復遊於六合之外。夫為天下，亦若此而已。予又奚事焉！」黃帝曰：「夫為天下者，則誠非吾子之事。雖然，請問為天下。」小童辭。黃帝又問。小童曰：「夫為天下者，亦奚以異乎牧馬者哉！亦去其害馬者而已矣！」黃帝再拜稽首，稱天師而退。

知士無思慮之變則不樂，辯士無談說之序則不樂，察士無凌誶[31]之事則不樂，皆囿於物者也。招[32]世之士興朝，中民之士[33]榮官。筋力之士矜難[34]，勇敢之士奮患，兵革之士樂戰，枯槁之士宿名[35]，法律之士廣治，禮樂之士敬容，仁義之士貴際。農夫無草萊之事則不比，商賈無市井之事則不比。庶人有旦暮之業則勸，百工有器械之巧則壯。錢財不積則貪者憂，權勢不尤則夸者悲，勢物之徒[36]樂變，遭時有所用，不能無為也。此皆順比於歲[37]，不物於易者也，馳其形性，潛之萬物，終身不反，悲夫！

莊子曰：「射者非前期而中[38]，謂之善射，天下皆羿[39]也，可乎？」惠子曰：「可。」莊子曰：「天下非有公是也，而各是其所是，天下皆堯也，可乎？」惠子曰：「可。」莊子曰：「然則儒墨楊秉[40]四，與夫子為五，果孰是邪？或者若魯遽[41]者邪？其弟子曰：『我得夫子之道矣，吾能冬爨鼎而夏造冰矣。』魯遽曰：『是直以陽召陽，以陰召陰，非吾所謂道也，吾示子乎吾道。』於是乎為之調瑟，廢一於堂，廢一於室，鼓宮宮動，鼓角角動，音律同矣[42]。夫或改調一弦，於五音無當也，鼓之二十五弦皆動，未始異於聲，而音之君已[43]。且若是者邪？」惠子曰：「今夫儒墨楊秉，且方與我以辯，相拂以辭，相鎮以聲，而未始吾非也，則奚若矣？」莊子曰：「齊人蹢子於宋者，其命閽也不以完[44]，其求鈃鍾也以束縛[45]，其求唐子也而未始出域[46]，有遺類矣！夫楚人寄而謫閽者[47]，夜半於無人之時而與舟人鬬，未始離於岑而足以造於怨也[48]。」

莊子送葬，過惠子之墓，顧謂從者曰：「郢人堊慢[49]其鼻端若蠅翼，使匠石斲之。匠石運斤成風，聽而斲之，盡堊而鼻不傷，郢人立不失容，宋元君聞之，召匠石曰：『嘗試為寡人為之。』匠石曰：『臣則嘗能斲之。雖然，臣之質[50]死久矣。』自夫子之死也，吾無以為質矣，吾無與言之矣。」

管仲[51]有病，桓公[52]問之，曰：「仲父之病病矣，可不謂，云至於大病，則寡人惡乎屬國[53]而可？」管仲曰：「公誰欲與？」公曰：「鮑叔牙[54]。」曰：「不可。其為人絜廉善士也。其於不己若者不比之[55]。又一聞人之過，終身不忘。使之治國，上且鉤[56]乎君，下且逆乎民。其得罪於君也，將弗久矣。」公曰：「然，則孰可？」對曰：「勿已，則隰朋[57]可。其為人也，上忘而下畔[58]，愧不若黃帝而哀不己若者。以德分人謂之聖，以財分人謂之賢。以賢臨人，未有得人者也；以賢下人，未有不得人者也。其於國有不聞也。其於家有不見也。勿已，則隰朋可。」

吳王浮於江，登乎狙之山。眾狙見之，恂然(59)棄而走，逃於深蓁(60)。有一狙焉，委蛇(61)攫搔，見巧乎王。王射之，敏給搏捷矢(62)。王命相者趨射之，狙執死。王顧謂其友顏不疑(63)曰：「之(64)狙也，伐其巧恃其便，以敖予(65)，以至此殛(66)也。戒之哉！嗟乎，無以汝色驕人哉！」顏不疑歸而師董梧(67)以助其色，去樂辭顯，三年而國人稱之。

南伯子綦(68)隱几而坐，仰天而噓。顏成子(69)入見曰：「夫子，物之尤(70)也，形固可使若槁骸，心固可使若死灰乎？」曰：「吾嘗居山穴之中矣。當是時也，田禾(71)一覩我，而齊國之眾三賀之。我必先之，彼故知之；我必賣之，彼故鬻之。若我而不有之，彼惡得而知之？若我而不賣之，彼惡得而鬻之？嗟乎！我悲人之自喪者，吾又悲夫悲人者。吾又悲夫悲人之悲者，其後而日遠矣。」

仲尼之楚，楚王觴(72)之，孫叔敖(73)執爵而立，市南宜僚受酒而祭曰(74)：

「古之人乎！於此言已。」曰：「丘也聞不言之言矣，未之嘗言，於此乎言之。市南宜僚弄丸而兩家之難解[75]。孫叔敖甘寢秉羽而郢人投兵[76]。丘願有喙三尺[77]。」彼[78]之謂不道之道，此之謂不言之辯，故德總乎道之所一。而言休乎知之所不知，至矣。道之所一者，德不能同也；知之所不能知者，辯不能舉也；名若儒墨而凶矣。故海不辭東流，大之至也；聖人並包天地，澤及天下，而不知其誰氏。是故生無爵，死無謚，實不聚，名不立，此之謂大人。狗不以善吠為良，人不以善言為賢，而況為大乎！夫為大不足以為大，而況為德乎！夫大備矣，莫若天地；然奚求焉，而大備矣。知大備者，無求，無失，無棄，不以物易己也。反己而不窮，循古而不摩[79]，大人之誠。

子綦有八子，陳諸前，召九方歅[80]曰：「為我相吾子，孰為祥？」九方歅曰：「梱[81]也為祥。」子綦瞿然[82]喜曰：「奚若？」曰：「梱也將與國君同食以終其身。」子綦索然[83]出涕曰：「吾子何為以至於是極也？」九方歅曰：「夫與國君同食，澤及三族，而況於父母乎！今夫子聞之而泣，是禦福也。子則祥矣，父則不祥。」子綦曰：「歅，汝何足以識之，而梱祥邪？盡於酒肉，入於鼻口矣，而何足以知其所自來？吾未嘗為牧而牂生於奧[84]，未嘗好田而鶉生於宎[85]，若勿怪，何邪？吾所與吾子遊者，遊於天地。吾與之邀樂於天，吾與之邀食於地，吾不與之為事，不與之為謀，不與之為怪；吾與之乘天地之誠，而不以物與之相攖，吾與之一委蛇而不與之為事所宜[86]，今也然[87]，有世俗之償焉！凡有怪徵者，必有怪行，殆乎，非我與吾子之罪，幾天與之也！吾以是泣也。」無幾何而使梱之於燕，盜得之於道，全而鬻之則難，不若刖之則易，於是刖而鬻之於齊，適當渠公之街[88]，然身食肉而終。

齧缺[89]遇許由，曰：「子將奚之？」曰：「將逃堯。」曰：「奚謂邪？」曰：「夫堯，畜畜然仁，吾恐其為天下笑。後世其人與人相食與！夫民，不難聚也；愛之則親，利之則至，譽之則勸，致其所惡則散。愛利出乎仁義，捐仁義者寡，利仁義者眾。夫仁義之行，唯且無誠[90]，且假夫禽貪[91]者器。是以一人之斷制利天下，譬之猶一覕[92]也。夫堯知賢人之利天下也，而不知其賊天下也，夫唯外乎賢者知之矣。」

有暖姝[93]者，有濡需[94]者，有卷婁[95]者。所謂暖姝者，學一先生之言，則暖暖姝姝而私自說也，自以為足矣，而未知未始有物也，是以謂暖姝者也。濡需者，豕蝨是也，擇疏鬣[96]自以謂廣宮大囿，奎蹏曲隈[97]，乳間股腳，自以為安室利處，不知屠者之一旦鼓臂布草操煙火，而己與豕俱焦也。此以域進，此以域退[98]，此其所謂濡需者也。卷婁者，舜也。羊肉不慕蟻，蟻慕羊肉，羊肉羶也。舜有羶行，百姓悅之，故三徙成都，至鄧之虛[99]而十有萬家。堯聞舜之賢，舉之童土之地[100]，曰冀得其來之澤，舜舉乎童土之地，年齒長矣，聰明衰矣，而不得休歸，所謂卷婁者也。是以神人惡眾至，眾至則不比，不比則不利也。故無所甚親，無所甚疏，抱德煬[101]和以順天下，此謂真人。於蟻棄知，於魚得計，於羊棄意。以目視目，以耳聽耳，以心復心。若然者，其平也繩，其變也循。古之真人，以天待人，不以人入天，古之真人。

得之也生，失之也死；得之也死，失之也生。藥也其實，堇也，桔梗也，雞癰也，豕零也[102]，是時為帝[103]者也，何可勝言！句踐也以甲楯三千棲於會稽[104]。唯種也能知亡之所以存，唯種也不知其身之所以愁[105]，故曰，鴟目有所適，鶴脛有所節，解之也悲[106]。故曰，風之過河也有損焉，日之過河也有損焉。請只風與日相與守河，而河以為未始其攖也，恃源而往者也。故水之守土也審，影之守人也審[107]，物之守物也審。故目之於明也殆，耳之於聽也殆，心之於殉也殆，凡能其於府也殆，殆之成也不給改。禍之長也茲萃，其反也緣功[108]，其果也待久[109]。而人以為己寶，不亦悲乎！故有亡國戮民無已，不知問是也。故足之於地也踐，雖踐，恃其所不蹍而後善博也；人之於知也少，雖少，恃其所不知而後知天之所謂也。知大一，知大陰，知大目，知大均，知大方，知大信，知大定，至矣。大一通之，大陰解之，大目視之，大均緣之，大方體之，大信稽之，大定持之。盡有天循，有照冥，有樞始，有彼則。其解之也[110]，似不解之者；其知之也似不知之也。不知而後知之。其問之也，不可以有崖，而不可以無崖。頡滑[111]有實，古今不代，而不可以虧，則可不謂有大揚搉[112]乎！闔不亦問是已，奚惑然為！以不惑解惑，復於不惑，是尚大不惑。

【注釋】❶徐无鬼　姓徐，字无鬼，緡山人（今山東金鄉縣附近），魏隱居的人。本篇即以人名為篇名，其大略在發明絕聖去智，無為而無不為的道理；闡發老子上德不德的意旨。❷女商　姓女，名商，魏的宰臣。❸武侯　文侯的兒子。畢萬十世孫。❹掔　引去。❺質　品質。指狗的品質。❻若卹若失　劉師培說：「卹由侐引申。」《說文》：「侐，靜也。」失一本作「佚」，奔佚的意思。❼若喪其一　一指形體。謂精神不動，像沒有自己形體一樣。❽超軼絕塵　軼，徹。轍、徹古今字。謂超過群馬，疾馳若飛，不起塵埃。❾橫　比喻遠。❿從　比喻近。⓫金版六弢　都是《周書》的篇名。版一作「板」。⓬藜藋柱乎鼪鼬之逕　藜，蒿。藋，商藋，像藜。藜、藋都是生在沒人到的地方。高可過人，所以說藜藋柱乎。柱，塞的意思。鼪鼬，野鼠。⓭踉位其空　踉，一本作「良」，長的意思。長位其空，謂久處虛空無人的地方。⓮跫然　喜的樣子。崔譔說是「行人之聲」，恐怕不對。⓯謦欬　比喻談笑。⓰厭　通「饜」，飽的意思。⓱賓　與「擯」通，棄的意思。⓲好和而惡姦林希逸說：「和，同物。姦，自私。」今譯文從之。⑲偃兵　偃息兵戈。⑳鶴列　陳列兵器。㉑麗譙　高樓。㉒徒驥　徒，步兵。驥，騎兵。㉓攖　攖擾。㉔黃帝　軒轅氏。見〈大宗師〉注⑲。㉕大隗　古代修道的人。㉖具茨　山名，在滎陽、密縣交界的地方，也叫秦隗山。㉗方明為御四句　方明、昌寓、張若、謵朋、昆閽、滑稽都是人名。在右的叫驂，在左邊的叫御。前馬，即在馬前引導。後車，即在車後隨從。㉘襄城　在秦隗山南方，就是黃帝訪道的地方。㉙瞀病　風眩冒亂的病。㉚乘日之車　以日為車，日出而作，日入而息，與日俱往，日新不已。㉛淩誶　猶淩雜的意思。㉜招　洪頤煊說：「招，通作高。墨子，招木近伐，亦謂高木。」㉝中民之士　善治民的人。中與「得」古音同，所以中有得的意思。㉞矜難　以禦難自矜。㉟宿名　就是取得聲名。俞樾說：「宿讀為縮，縮，取也。」㊱勢物之徒　謂逞勢生事的人。物，事。㊲順比於歲　順歲時相追逐，無一時刻停止。㊳非前期而中　郭象注：「不期而中，謂誤中者也。」期，準的。謂不是所先約定的目標而誤中。㊴羿　即后羿。古代善射的人。見〈德充符〉注⑪。㊵儒墨楊秉　儒，姓鄭名緩。墨，名翟。楊，名朱。秉，公孫龍的字。㊶魯遽　姓魯，名遽。周初人。㊷廢一於堂五句　謂放置一瑟在堂，放置一瑟在室，鼓堂中宮商，室內弦應而動，這是五音六律聲音相同的緣故。廢，置。㊸夫或改調一弦五句　宣穎說：「莊子駁魯遽之道，未足為異，言無論二瑟五音相應，姑就一瑟言之，當其本調既成，五音各有定弦，今或改調一弦，而為變調，則於本調之五音，移動而無當也，宜不相應矣。乃鼓之廿五弦，亦隨之而變，無不相應，此豈於五音之外，有異聲哉！蓋五音可旋相為宮，今所改一弦，即是變調之宮，如君主然，則餘弦自隨之而動也。」意思是說，假使是改變調子，就和五音不合，但一彈，那廿五弦都響起來，那是因為改變的是宮調，可以支配其他聲調罷了，沒有什麼奧妙的道理，現在魯遽用這個道理誇耀弟子，是非沒有定見，於此可見。㊹其命閽也不以完　閽，守門人。郭象注：「使門者守之，出便不保其全。」這是齊人不慈，但他自以為是。㊺其求鈃鐘也以束縛　鈃，似小鐘而長頸。束縛是恐怕破傷。姚鼐說：「鈃上求字衍。」㊻其求唐子也而未始出域　唐，失。錢賓四氏說：「域字當借作閾。謂子已亡失，而求之不出門閾之外，如何可得。」㊼楚人寄而蹢閽者　謂寄居人家，而怒責守門的人。蹢當借為「謫」。謫，怒的意思。㊽夜半於無人之時而與舟人鬭二句　謂夜半沒人時，船還未靠岸，而和船夫鬥，恐有性命的危險。和上句所說的「寄而蹢閽」的事，都足以造怨。離同「麗」。麗有附的意思。岑，岸。麗岸就是靠岸。㊾堊慢　成玄英說：「堊，白善土。」就是現在的石灰。慢同「漫」，汙的意思。㊿質　施技的地方。謂非有立不失容的郢人，則匠石也無從施其技能。(51)管仲　姓管，名仲，字夷吾，齊桓公相。桓公尊他為仲父。(52)桓公　即小白。一匡天下，九合諸侯，成為霸王，都是管仲的力量。(53)屬國　託付國政。(54)鮑叔牙　姓鮑，字叔牙，是管仲的朋友。(55)不比之　不與為友。比，親比的意思。《列子・力命》作不比之人，謂不以人比數。(56)鉤　反。(57)隰朋　姓隰，名朋。齊國賢人。(58)上忘而下畔　謂不自矜才能，故在上位的人和他相忘；汎愛眾，故在下位的人不忍叛離他。畔與「叛」通，〈力命〉作「下不畔」，此處脫「不」字。(59)恂然　怖懼的樣子。(60)深蓁　荊棘叢生。(61)委蛇　從容的樣子。(62)敏給搏捷矢　謂用手搏而接射來的箭矢。給，也是敏的意思。捷同「接」。(63)顏不疑　姓顏，名不疑。吳王的朋友。(64)之　是、這的意思。(65)敖予　謂向我驕傲。敖同「傲」。(66)至此殛　謂自速其死。殛，死。(67)董梧　姓董，名梧。吳王的賢人。(68)南伯子綦　即〈齊物論〉中的南郭子綦。下面的隱几，並參閱〈齊物論〉注③。(69)顏成子　子綦門人。〈齊物論〉作「顏成子游」。參見〈齊物論〉注⑤。(70)尤　甚。(71)田禾　齊王姓名。(72)觴　酒器的總名。這裡用作動詞。(73)孫叔敖　楚莊王相。見〈田子方〉注(73)。(74)市南宜僚受酒而祭曰　市南宜僚見〈山木〉注⑥。古人飲酒必先祭，所以說「祭曰」。據《釋文》說：孫叔敖是楚莊王相，當時孔子還沒生。又《左傳・宣公十二年》，楚有能相宜僚，與孫叔敖同時，去孔子甚遠，所以這些都是寓言。(75)市南宜僚弄丸而兩家之難解　羅勉道說：「宜僚弄丸，丸八常在空，一在手。楚與宋戰，宜僚弄丸軍前，兩軍停戰觀之。」成玄英及《釋文》說法均不同。(76)孫叔敖甘寢秉羽而郢人投兵　孫叔敖靜臥養德，敵國不敢犯。羽，雩舞的人所拿的東西。郢人，指楚人。兵是兵器。投兵喻無所攻伐。(77)有喙三尺　謂既不知不言之言，即使有三尺之口，亦何益於辯。喙，口。(78)彼　指孫叔敖、市南宜僚二人。(79)循古而不摩　謂循順古道而行，無須與之擬似。摩，合。(80)九方歅　姓九方，名歅，善相的人。《淮南子》作

「九方皐」。81梱　子綦的兒子名。82瞿然　驚喜的樣子。83索然　流淚的樣子。84牂生於奧　牂，牝羊。西南角落叫奧。85宎　東南角落叫宎。86吾與之一委蛇句　林西仲說：「以上數語，與〈庚桑楚〉篇同意。」87今也然　嚴復說：「在然字斷句。」然，作乃講。88適當渠公之街　孫詒讓說：「當當為掌，渠當為康，街當為闉。」今譯文從之。89齧缺　見〈齊物論〉注67。90唯且無誠　即豈獨無誠。謂仁義既行，將為偽矣。唯與「惟」通。《博雅》說：「惟，豈也。」武延緒說：「且，疑㠯字譌，㠯通但，獨也。」91禽貪　奚侗說：「禽貪，猶凶貪。」92覞　割的意思。93暖姝　自許的意思。按暖姝的解釋很多，惟以文義觀之，以成玄英之說為是。94濡需　偷安自喜的意思。95卷婁　拘攣的意思。96疏鬣　疏，長。鬣，豬的鬃毛。97奎蹏曲限　奎，兩髀之間。蹏，豬蹄。曲限，謂胯內，指曲深的地方。98此以域進二句　謂進退都受環境的限制。域作區域、範圍講。99至鄧之虛　至鄧是地名。虛，一本作「墟」。100童土之地　地無草木叫童土。謂不生草木的地方。101煬　「養」的假借字。102堇也桔梗也雞癰也豕零也　都是草藥名。堇，又叫烏頭，治風痺。桔梗，治心腹血。雞癰，即雞頭草，服之延年。豕零，豬苓根，治渴病。103是時為帝　謂藥不分貴賤，能治癒疾病的為貴。帝，君王，引申有貴重之意。104句踐句　句踐，越王。吳王夫差伐越，句踐兵敗，困於會稽。見《國語．越語》。甲楯，本來是兵器，這裡替代士兵。會稽，山名，在今浙江紹興縣東南。105唯種也不知其身之所以愁　種，越大夫，姓文，名種，字少禽。越王兵敗，逃上會稽山，文種協助句踐復興。但當滅吳之後，文種被句踐所忌賜死。所以這裡說「不知其身之所以愁」。106鶴脛有所節二句　語意見〈駢拇〉。節，度的意思。107審　密而無間的意思。108其反也緣功　宣穎說：「要想返回自然，須循學力。」100其果也待久　宣穎說：「即使果於自克，也要等待時日，謂敗之速，救之亦難。」110盡有天循五句　舊本這幾句斷句作「盡有天，循有照，冥有樞，始有彼，則其解之也」，不合文意，茲不從之。111頡滑　錯亂的意思。112揚搉　大略、大凡的意思。

【語　譯】徐无鬼因女商的介紹去見魏武侯，武侯慰勞他說：「先生辛苦了，大概是因為居住山林的痛苦，所以才來見寡人的吧！」徐无鬼說：「我是來慰問你的勞苦，你慰問我什麼勞苦呢？你如果是充滿嗜欲，有喜好惡厭的心情，那性命的本質就受損害了；你如果拋棄嗜欲，屏除好惡的心情，那耳目就受損害了。所以我將慰問你的勞苦，你慰問我什麼勞苦呢？」武侯悵然沒有回答。過了一會，徐无鬼又說：「試告訴你，我會相狗哩，下等的品質，只求吃飽就算了，這是狐狸的性情；中等的品質，意氣高遠，像是抬頭看太陽；上等的狗，像是忘記了自己的形體。我相狗的技術，又不如我相馬。我相馬時，無論是馬齒、馬背、馬首、馬眼，都要合乎繩墨規矩，直、曲、方、圓合度，這是全國罕見的好馬，但是還不如冠絕天下的良馬，這種馬有天成的良材。像是靜止，又像是奔逸，像是忘掉自己。像這樣的馬，跑起來超軼絕塵，不知道牠的止境。」武侯聽了，很高興的笑了起來。徐无鬼出來，女商說：「先生是說什麼使我國君那麼高興呢？我用以勸說我國君的，從遠處說，則用《詩》、《書》、《禮》、《樂》；從近處說，則用〈金板〉、〈六弢〉，奉侍國君而大有功的不可勝計，而我國君從來沒有笑過，現在先生說些什麼，使我國君那麼高興呢？」徐无鬼說：「我只告訴他說我會相狗相馬罷了。」女商說：「只是這樣嗎？」徐无鬼說：「你沒聽說越地流放的人說的話嗎？離開國家才幾天，看見他認識的人就高興；離開國家旬月，看到曾經在國中見到的東西就高興；等到離開國家一年以後，看到樣子像人的就高興。這不就是離開國家愈久，思念家鄉人就愈深嗎？至於那逃到沒有人煙地方的人，藜藋野草充塞鼪鼬的途徑，長久住在巖穴，聽到人走路的腳步聲，就欣然的高興起來了，又何況兄弟親戚在旁邊談笑呢！很久了，沒有人以親切的語言在我國君旁邊談笑了。」

徐无鬼見武侯，武侯說：「先生居住在山林裡，三餐吃芧栗，飽聞蔥韮的味道，離開寡人，已經很久了。現在老了，是要出仕來求酒肉的味道，還是我國家有福氣（要得到你的幫助了）嗎？」徐无鬼說：「我出生貧賤，不敢吃國君的酒肉，是特地來慰問你啊！」武侯說：「為什麼？何必要慰問寡人呢？」徐无鬼說：「慰問你的形體和精神。」武侯說：「這是怎麼說呢？」徐无鬼說：「天地養人是一樣的普遍，（不因為是國君而放縱恣欲，）在高位不以為就是尊貴，處下位不以為就是卑賤，國君做萬乘國家的人主，讓一國的百姓受苦，來使自己的耳目鼻口享受，那神明是不允許的。神明，是喜好均平，厭惡自私。自私，是一種病態，所以要慰問的。但國君卻病了，是什麼緣故呢？」武侯說：「我要見先生很久了，我想愛人民，為了道義停止戰爭，可以嗎？」徐无鬼說：「不可以。愛民，是害民的開始；為了道義停止戰爭，是促成戰爭的本源。你由這方面來著手，恐怕不會成功。美滿的成功，便是為惡的工具，即使你行仁義，恐怕也成虛偽了，凡是有形跡的必會造成形跡，有成功即有失敗。改變常道的會招來戰爭。你不要陳列兵器在高樓的下面，不要集合兵騎在錙壇的宮苑，不要違道而求欲，不要用巧詐取勝人，不要用計謀取勝人，不要用戰爭取勝人。殺害別國的百姓，吞併別國的土地，用來滿足一己的私欲和精神，為了這些來戰爭，不知誰有益處？勝利的價值又何在？你假使不停止這些戰爭的行為，修養自己心中的誠明，適應天地的本真，不要擾亂它，那百姓就可以避免死亡的災害，你又何必來停止戰爭呢？」

黃帝將去具茨山見大隗，方明擔任駕車，昌寓陪在車右，張若、謵朋在先頭引馬，昆閽、滑稽隨從車後。到了襄城的郊野，七個人都迷途了，沒有地方問路。恰巧遇到牧馬童子，於是就向他問路，說：「你知道具茨山在哪裡嗎？」童子回答說：「是的，知道。」又問：「你知道大隗住在哪裡嗎？」回答說：「是的，知道。」黃帝說：「這個小童子奇異呀！不但知道具茨山的地方，還知道大隗的所在（想必是高明的人了）。請問治理天下要怎樣？」小童說：「治理天下的人，就是這樣罷了，還要如何去做呢？我少年時就遊觀天下四方，我正有暈眩的病，有長輩教我說：『你乘坐日新不已的車子，遨遊在襄陽城的郊野。』現在我的病稍微好些，我又遨遊在天地四方之外。治理天下也像這樣罷了，我又要做什麼呢？」黃帝說：「治理天下，實在不是你的事情。雖然這樣，我還請問如何治理天下？」小童辭謝。黃帝又問。小童說：「治理天下的方法，和牧馬有什麼不同呢？只除去害群之馬罷了。」黃帝深拜叩首，尊稱天師而辭退。

智謀的人，要是沒有碰到思慮的機會，就不快樂；辯論的人，要是沒有碰到辯說的機會，就不快樂；明察的人，要是沒有碰到凌雜的事，就不快樂。這都是受外物的束縛。清高的士人可以振興於朝廷，善治百姓的可以榮享官祿，有氣力的可以克服危難，勇敢的人可以排除禍患。拿兵器的人喜歡戰爭，枯槁的人愛慕虛名，通曉法律的人可以發展治術，守禮教的人修飾儀容，行仁義的人嚴守分際。農夫沒有耕耘的事就不快樂，商賈沒有買賣的事就不快樂，百姓們早晚工作就會勤奮，工匠有器械的技巧就氣盛，不能積錢財而又貪心的人就憂愁。權勢不能超越而又自誇的人便覺悲傷，逞勢生事的人喜歡變亂。遭逢時世，然後才有被用的可能，不能夠無所作為呀！這些都是逐時俯仰，各守一事而不能變易的人。馳騁形體本性，沉溺外物，終身不知道覺悟，悲哀呀！

莊子說：「射箭的人誤中目標，就稱為善射，那全天下的人都是后羿了，這樣可以嗎？」惠子說：「可以。」莊子說：「天下沒有共同的是非，各人都以自己為是，那天下人都是堯了，這樣可以嗎？」惠子說：「可以。」莊子說：「那麼儒者鄭緩、墨者墨翟、楊朱、公孫龍四家，和你是五家了，究竟誰是誰非呢？或且像魯遽那樣的嗎？魯遽的弟子曾說：『我曾受夫子的道術，我能夠在冬天生火燒鼎，夏天取水造冰。』魯遽說：『這只是用陽來引陽，用陰來引陰，並不是我的道術。我表演我的道術給你看吧！』於是就調和瑟弦，放一張瑟在堂上，放一張瑟在內室，彈起這一張瑟的宮聲，那另一張瑟的宮聲也在響；彈這張瑟的角聲，那另一張瑟的角聲也在響，這是音律相同啊！姑且就一瑟來說，如果改變一弦而成變調，則和本調的五音都不相合了。但當一彈，那廿五弦都跟著響了，聲調並沒有什麼不同，不過是改變一調為宮調，像君主一樣（成為主音），其他的弦，自然就隨著而動了。現在你所說的不就是像這樣的道理嗎？」惠子說：「現在儒（鄭緩）、墨（翟）、楊（朱）、秉（公孫龍）將和我相辯論，以言辭相攻擊，以聲音相鎮壓，未必不是我的不對，那便怎樣了呢？」莊子說：「齊國有把小孩棄置在宋國的，就嚴命守門人，如果小孩私自外出，就殘斷他的肢體。而當他們求得了鈃鐘，恐它破傷而小心的包紮起來，有的人去尋找失掉的小孩，卻沒有走出門外，這是不知種類啊！楚人有寄居在別人家裡而怒責守門的人，又有夜半無人的時候和船夫爭鬥，而船還沒有靠岸哩！像這些舉動，只是徒然結怨罷了。」

莊子送葬，經過惠子的墳墓，回頭對後面隨從的人說：「郢地人有把石灰塗在鼻尖上，像蒼蠅翼那麼薄，讓匠石砍掉。匠石轉動斧頭像風那樣快，隨手砍去，把石灰砍掉了而鼻尖沒有損害，郢地人站在那裡面不改色。宋元君聽了，命匠石說：『試對我做看看。』匠石說：『我是曾經砍過，但那是需要有對手的，而我的對手已經死去很久了。』自從惠子死去以後，我就沒有對手了，我沒有可以談論的對象了。」

管仲有病，桓公問他說：「仲父的病已經很厲害了，有什麼話要說嗎？萬一有什麼不測，我要把國政託付給誰才好呢？」管仲說：「你要委任誰呢？」桓公說：「鮑叔牙。」管仲說：「不可以，鮑叔牙是一個廉潔的善良人，他對於不如自己的，就不和他交朋友。而且一聽別人有過失，終身不忘。假使讓他治理國政，對上拘束國君，對下違逆百姓。他將得罪國君，不會長久的。」桓公說：「那麼誰可以呢？」管仲回答說：「不得已的話，隰朋可以吧！他的為人，居高位而不自以為能，所以在上位的人會忘掉他，在下位的人也不會離叛他。自愧道德不如上帝，哀憐不如自己的人。以道德分潤別人叫做聖，以財分潤別人叫做賢，以賢能來向別人誇耀，沒有能夠得民心的，自謙賢才以為不如別人，沒有不得民心的。對於國事，好像沒有聽見，對於家事，好像沒有看見。假使不得已的話，隰朋可以吧！」

吳王渡過長江，登上猿猴的山上。許多猴子看見了，都恐懼跑走了，逃到深林裡。有一隻猴子，從容地抓爬，表現技巧給吳王看，吳王就射牠，牠敏捷地把箭接住。吳王命隨從的人來幫助射，那隻猴子終於抱著樹木死了。吳王回頭對朋友顏不疑說：「這隻猴子，自以為心思靈巧，依靠動作敏捷，向我誇耀，以至於喪命，要引以為警戒啊！唉！不要以驕傲的態度對待人啊！」顏不疑回去就拜董梧為師，來糾正他自己的態度，屏棄聲樂，辭去榮華，過了三年而國人稱讚他。

南伯子綦靠著几案坐著，仰天長嘆，顏成子進去看了說：「夫子是超越物外了吧！形體可以使它像枯骨，心志可以使它像死灰嗎？」子綦說：「我曾經隱居在山林巖穴裡面，當那時候，田禾一來看我，齊國百姓就祝賀他三次。我一定是先有了名聲，所以他們才知道。我必定是炫耀自己，所以他們才來找我。假使我沒有聲聞，他們如何能知道呢？假使我不炫耀自己，他們如何會來找我呢？唉！我悲傷人亡失自己的，我又悲傷人亡失自己的悲傷，我又悲傷人亡失自己悲傷的悲傷，以後就漸漸地一天疏遠一天了（而心也漸漸接近於死灰了）。」

孔子到楚國，楚王招待他喝酒，孫叔敖拿著酒壺站在旁邊，市南宜僚接了酒，祭告說：「古代的人啊！在這裡要說話了。」孔子說：「我曾經聽過無言的言論，沒有說過，在這裡要說無言的言論了。市南宜僚弄丸，避免了兩家的災難，孫叔敖靜臥養德，而使楚國免於用兵。我即使有三尺長的嘴巴，又有什麼用呢？」宜僚、叔敖二人可以說是無言的言論，孔子可以說是不言的言辯。所以德的總括就是要合乎道的純一，而語言停止於智慧所不能知的界限，這是最高明的了。道的純一，是德所不能和它同一的。智慧所不能知道的事，是言辯所不能包括的。聲名如果像儒、墨那樣，那就有災禍了。因此大海不辭向東流的河川，所以博大至極，聖人兼容天地，恩澤普及天下，而百姓卻不知道他是誰，所以在世時沒有爵位，死後沒有謚號。不積聚財貨，不樹立聲名，這就叫做大德的人。狗不因會叫就好，人不因會說話就是賢，何況是有心去成就偉大呢？有心成就偉大不足以成為偉大，何況是有心修德的呢？最完備的，沒有比天地更完備的了，然而他是追求什麼而獲臻最完備的呢？知道最完備的，是沒有追求，沒有喪失，沒有拋棄，不因外物而改變自己，反求自己而達於無窮的妙境，循順古道而不求其形似，這就是大人誠實的德性。

子綦有八個兒子，都站在面前，於是叫九方歅說：「替我相這幾個孩子，看誰最吉相？」九方歅說：「梱最吉祥。」子綦很驚喜的說：「為什麼？」九方歅說：「梱終身將和國君同坐同飲食。」子綦傷心流淚的說：「我孩子為什麼會到這個地步呢？」九方歅說：「和國君同飲食，恩澤將推及三族，何況是父母呢！現在你聽了這麼傷心流淚，是不要福祿了。兒子有福了，父親卻沒有福。」子綦說：「九方歅呀！你怎麼能夠了解梱吉祥呢？這不過是酒肉入於口鼻罷了，你知道酒肉是怎麼來的呢？我沒有畜牧，而西南屋角卻生出羊來，未曾喜好田獵，而東南方卻生出鷜鶉來，（這種沒有原因的福祥）你不認為奇怪，是什麼緣故呢？我和我兒子所遨遊的，是逍遙天地之間。我和他們與天同樂，與地共食，我和他們不興作事功，我和他們不圖計策劃，我不和他們作怪行，我和他們與天地之誠化合而不與外物相犯，我和他們放任而隨順自然，卻不和他們選擇所應該做的事，現在居然有世俗的報償。凡有奇怪的象徵，必定有奇怪的行事，恐怕這不是我和我兒子們的罪過，而是上天要賦予的吧！我因此而哭泣呀！」沒多久，命梱到燕國去，中途被強盜俘虜，強盜認為讓他有腳會逃走，不容易賣出去，不如砍斷他的腳容易賣，因此把他的腳砍斷而賣到齊國，正好掌管康公的門戶，而終身都是肉食。

齧缺碰到許由，說：「你要到什麼地方？」許由說：「我要逃避堯。」齧缺說：「為什麼呢？」許由說：「像堯，勤勞的在行仁義，我恐怕他將被天下所譏笑。後世大概要人與人互相殘殺了嗎？百姓是很容易召集的，愛他便親近，有利給他就歸順，稱讚他就勤勉，給他所厭惡的事就會離散。愛和利出自仁義，捐棄仁義的很少，以仁義為利的很多，所以仁義的行為，豈是不誠實的表現，而且是供給貪求的人做為工具。所以一個人的斷制天下，好像是一割而取其整齊（那百姓必定會受損傷了）。堯只知道賢人有利天下，而不知道賢人有害天下，這道理只有超越賢智界限的人才知道。」

有自以為是的，有偷安自喜的，有攣卷傴僂的。所謂自以為是的，只學習一位先生的言論，就自以為是洋洋得意，而認為很夠了，卻不知道宇宙開始本來無一物啊！這叫做自以為是。偷安自喜的，像是豬蝨子，選擇豬毛稀少的地方，就自以為是廣大的宮室、寬大的園囿了，在兩髀或兩股間，或在乳腋及腳肘處，自以為是安穩的房屋、有利的處所，不知道宰豬的舉起手臂，安置柴草放火燃燒，自身和豬同被燒焦了。這是和環境同榮進，又是和環境同退亡，這就是所謂偷安自喜的。攣卷傴僂的是舜，羊肉不愛慕螞蟻，螞蟻卻愛慕羊肉，是因為羊肉有羶味。舜也有羶味的行為，百姓喜悅他，所以三次遷徙，百姓歸附成了都邑。至鄧地方，已經有十餘萬家了。堯聽到舜賢能，推舉他在沒有草木的地方，說希望他替百姓帶來恩澤，舜從沒有草木的地方被推舉了出來，年紀已經老了，耳目聰明也已經衰退了，可是不能退休歸養，這就是攣卷傴僂啊！所以神人厭惡大眾歸附，大眾歸附就不親比，不親比就不利了。所以沒有太過於親密，也不太過於疏遠，與道德化合，培養沖和之氣以順應天下，這叫做真人。對螞蟻來說，要屏棄智慧；對魚來說，要求自得；對羊來說，要拋除意念。用眼睛看眼睛所能見到的地方，用耳朵聽耳朵所能聽到的地方，用心思慮心所能知道的事物。像這樣子，平直像繩子一樣，變化都是隨順自然。古代真人，用自然的大道對待人事，不用人事摻雜自然，這就是古代的真人啊！

（從生的立場說）得之就是生，失之就是死；（從死的立場說）得之就是死，失之反是生。譬如藥材，論它的實用，像堇、桔梗、雞壅、豕零都是草生下等植物，但當要用到它的時候，那就名貴了，（世間事物，大多如此）怎麼講得完呢？句踐被夫差打敗，率領士兵三千退居會稽山，只有文種知道國亡了要用什麼計謀可以復存，但也只有文種不知道他自己會受殺身的憂愁。所以說，鴟鴞的眼睛有牠適用的地方（適用在夜晚，不適用在白天），鶴鳥的腳有牠的稟分，砍短了牠會悲傷。因此說，風吹過河，河水就有損失；太陽曬河，河水也有損失。現在風和太陽都與河水相守，而河水自以為沒有損失，那是因為有水源不斷地流下來呀！所以水守住土很固定，影守住人很固定，物守住造物很固定。（但其實仍是不斷的變化，推陳出新，不過一般人不知道罷了。）因此眼睛想要過分求明就危殆了；耳朵想要過分求聰就危殆了；心意過分追逐外物就危殆了。凡是才能潛藏內心就危殆，危殆的事形成了，就來不及改過，那禍害就滋長叢生了，即使想返回自然，也要依緣學力，想要自己克制，也要等待時日。然而世人卻以耳目心思之能為寶貴，這不是很悲哀的事嗎？所以滅亡國家，殺戮百姓的事永無休止，這都是不知道禍福的來源啊！因此腳行在地上，雖然腳所踩的只是像鞋那麼大的一塊地，但還要靠那沒有踩到的地方才可以遠行。人所能知道的事物很少，雖然是知道了一點，但也還要依靠所不知道的事物才能夠知道天道的自然。知道大一，知道大陰，知道大目，知道大均，知道大方，知道大信，知道大定，那就盡善盡美了。大一能貫通萬物，大陰能解除紛擾，大目能看萬物的自見，大均能順萬物的本性，大定能不撓自定。這一切做到了，就自有天然的道理，有清澈的領悟，有大道的樞紐，有隨順外物的法則，解釋的像是不解釋，知道的像是不知道，不知道而後才能知道。問的不可以有邊際，但也不可以沒有邊際。萬物雖然錯亂，但各有實理。古今不同，不可相替代，但也不可虧損，這樣論道能說沒有一個大略嗎？為什麼不問這奧妙的道理呢？為什麼迷惑呢？用不惑的道理，來解釋玄妙的迷惑，以恢復本性的不惑，然後達到大不惑的境地（那就契合大道了）。

則陽❶

則陽游於楚，夷節❷言之於王，王未之見，夷節歸。彭陽見王果❸曰：「夫子何不譚我於王？」王果曰：「我不若公閱休❹。」彭陽曰：「公閱休奚為者邪？」曰：「冬則擉❺鼈于江，夏則休乎山樊❻。有過而問者，曰：『此予宅也。』夫夷節已不能，而況我乎！吾又不若夷節。夫夷節之為人也，無德而有知，不自許，以之神其交❼。固，顛冥❽乎富貴之地，非相助以德，相助消也。夫凍者假衣於春。暍❾者反冬乎冷風。夫楚王之為人也，形尊而嚴；其於罪也，無赦如虎；非夫佞人❿正德，其孰能橈⓫焉！故聖人，其窮也使家人忘其貧，其達也使王公忘爵祿而化卑。其於物也，與之為娛⓬矣；其於人也，樂物之通而保己焉⓭；故或不言而飲人以和，與人竝立而使人化。父子之宜，彼其乎歸。居，而一閒其所施。其於人心者若是其遠也。故曰待公閱休。」

聖人達綢繆⑭周盡一體矣，而不知其然，性也。復命搖作⑮而以天為師，人則從而命之也。憂乎知而所行恆無幾時，其有止也若之何！生而美者，人與之鑑，不告則不知其美於人也。若知之，若不知之，若聞之，若不聞之，其可喜也終無已，人之好之亦無已，性也。聖人之愛人也，人與之名，不告則不知其愛人也。若知之，若不知之，若聞之，若不聞之，其愛人也終無已，人之安之亦無已，性也⑯。舊國舊都，望之暢然；雖使丘陵草木之緡⑰入之者十九，猶之暢然。況見見聞聞者也，以十仞之臺縣眾閒者也。

冉相氏⑱得其環中以隨成，與物無終無始，無幾無時。日與物化者，一不化者也，闔嘗舍之！夫師天而不得師天，與物皆殉，其以為事也若之何？夫聖人未始有天，未始有人，未始有始，未始有物，與世偕行而不替，所行之備而不洫⑲，其合之也若之何？湯得其司御門尹登恆⑳為之傅之，從師而不囿；得其隨成，為之司其名㉑；之名嬴法，得其兩見㉒。仲尼之盡慮，為之傅之。容成氏㉓曰：「除日無歲，無內無外㉔。」魏瑩㉕與田侯牟㉖約，田侯牟背之。魏瑩怒，將使人刺之。犀首公孫衍㉗聞而恥之曰：「君為萬乘之君也，而以匹夫從讎！衍請受甲二十萬，為君攻之，虜其人民，係其牛馬，使其君內熱發於背，然後拔其國。忌㉘也出走，然後抶㉙其背，折其脊。」季子㉚聞而恥之曰：「築十仞之城，城者既十仞矣，則又壞之，此胥靡㉛之所苦也。今兵不起七年矣，此王之基也。衍亂人，不可聽也。」華子㉜聞而醜之曰：「善言伐齊者，亂人也；善言勿伐者，亦亂人也；謂伐之與不伐亂人也者，又亂人也。」君曰：「然則若何？」曰：「君求其道而已矣！」惠子聞之而見戴晉人㉝。戴晉人曰：「有所謂蝸者，君知之乎？」曰：「然。」「有國於蝸之左角者曰觸氏，有國於蝸之右角者曰蠻氏，時相與爭地而戰，伏尸數萬，逐北㉞旬有五日而後反。」君曰：「噫！其虛言與？」曰：「臣請為君實之。君以意在四方上下，有窮乎？」君曰：「無窮。」曰：「知遊心於無窮，而反在通達之國，若存若亡乎？」君曰：「然。」曰：「通達之中有魏，於魏中有梁，於梁中有王。王與蠻氏，有辨乎？」君曰：「無辨。」客出而君惝然㉟若有亡也。客出，惠子見。君曰：「客，大人也，聖人不足以當之。」惠子曰：「夫吹筦也，猶有嗃㊱也；吹劍首㊲者，吷㊳而已矣。堯舜，人之所譽也；道堯舜於戴晉人之前，譬猶一吷也。」

孔子之楚，舍於蟻丘之漿㊴，其鄰有夫妻臣妾登極者，子路曰：「是稯稯㊵何為者邪？」仲尼曰：「是聖人僕也。是自埋於民，自藏於畔。其聲銷，其志無窮，其口雖言，其心未嘗言，方且與世違而心不屑與之俱。是陸沉㊶者也，是其市南宜僚㊷邪？」子路請往召之。孔子曰：「已矣！彼知丘之著於己也，知丘之適楚也，以丘為必使楚王之召己也，彼且以丘為佞人也。夫若然者，其於佞人也羞聞其言，而況親見其身乎！而何以為存？」子路往視之，其室虛矣。

長梧封人[43]問子牢[44]曰：「君為政焉勿鹵莽，治民焉勿滅裂。昔予為禾，耕而鹵莽[45]之，即其實亦鹵莽而報予；芸而滅裂[46]之，其實亦滅裂而報予。予來年變齊[47]，深其耕而熟耰之，其禾繁以滋，予終年厭飧。」莊子聞之曰：「今人之治其形，理其心，多有似封人之所謂，遁其天，離其性，滅其情，亡其神，以眾為[48]。故鹵莽其性者，欲惡之孽，為性，萑葦蒹葭[49]，始萌以扶吾形，尋擢吾性；並潰漏發[50]，不擇所出，漂疽疥癰，內熱溲膏[51]是也。」

柏矩[52]學於老聃，曰：「請之天下遊。」老聃曰：「已矣！天下猶是也。」又請之，老聃曰：「汝將何始？」曰：「始於齊。」至齊，見辜人[53]焉，推而強之，解朝服而幕[54]之，號天而哭之曰：「子乎子乎[55]！天下有大菑，子獨先離[56]之，曰莫為盜！莫為殺人！榮辱立，然後睹所病；貨財聚，然後睹所爭。今立人之所病，聚人之所爭，窮困人之身使無休時，欲無至此，得乎！古之君人者，以得為在民，以失為在己；以正為在民，以枉為在己；故一形[57]有失其形者，退而自責。今則不然。匿為物而愚不識，大為難而罪不敢，重為任而罰不勝，遠其塗而誅不至。民知力竭，則以偽繼之，日出多偽，士民安取不偽[58]！夫力不足則偽，知不足則欺，財不足則盜。盜竊之行，於誰責而可乎？」

蘧伯玉[59]行年六十而六十化，未嘗不始於是之而卒詘之以非也，未知今之所謂是之非五十九非也。萬物有乎生而莫見其根，有乎出而莫見其門。人皆尊其知之所知而莫知恃其知之所不知而後知，可不謂大疑[60]乎！已乎已乎！且無所逃。此則所謂然與，然乎？

仲尼問於大史大弢、伯常騫、狶韋[61]曰：「夫衛靈公飲酒湛樂，不聽國家之政；田獵畢弋[62]，不應諸侯之際[63]；其所以為靈公者何邪？」大弢曰：「是因是也。」伯常騫曰：「夫靈公有妻三人，同濫[64]而浴。史鰌[65]奉御而進所，搏幣而扶翼[66]。其慢若彼之甚也，見賢人若此其肅也，是其所以為靈公也。」狶韋曰：「夫靈公也死，卜葬於故墓不吉，卜葬於沙丘而吉。掘之數仞，得石槨焉，洗而視之，有銘焉，曰：『不馮其子，靈公奪而里之[67]。』夫靈公之為靈也久矣，之二人何足以識之！」

少知問於太公調[68]曰：「何謂丘里[69]之言？」太公調曰：「丘里者，合十姓百名而以為風俗也，合異以為同，散同以為異[70]。今指馬之百體而不得馬，而馬係於前者，立其百體而謂之馬也。是故丘山積卑而為高，江河合水而為大，大人合并而為公。是以自外入者，有主而不執[71]；由中出者，有正而不距[72]。四時殊氣，天不賜，故歲成；五官殊職，君不私，故國治；文武大人不賜，故德備；萬物殊理，道不私，故無名。無名故無為，無為而無不為。時有終始，世有變化。禍福湻湻[73]，至有所拂者而有所宜；自殉殊面[74]，有所正者有所差。比於大澤，百材皆度；觀乎大山，木石同壇[75]。此之謂丘里之言。」少知曰：「然則謂之道，足乎？」大公調曰：「不然。今計物之數，不止於萬，而期曰萬物者，以數之多者號而讀之也。是故天地者，形之大者也；陰陽者，氣之大者也；道者為之公，因其大以號而讀之則可也，已有之矣，乃將得比哉！則若以斯辯，譬猶狗馬，其不及遠矣。」少知曰：「四方之內，六合之裡，萬物之所生惡起？」大公調曰：「陰陽相照相蓋相治[76]，四時相代相生相殺，欲惡去就於是橋起[77]，雌雄片合[78]於是庸有。安危相易，禍福相生，緩急相摩，聚散以成。此名實之可紀，精微之可志也。隨序之相理，橋運[79]之相使，窮則反，終則始。此物之所有，言之所盡，知之所至，極物而已。覩道之人，不隨其所廢，不原其所起，此議之所止。」少知曰：「季真之莫為，接子之或使[80]，二家之議，孰正於其情，孰徧於其理？」大公調曰：「雞鳴狗吠，是人之所知；雖有大知，不能以言讀其所自化，又不能以意其所將為。斯而析之，精至於無倫，大至於不可圍，或之使，莫之為，未免於物而終以為過。或使則實，莫為則虛。有名有實，是物之居；無名無實，在物之虛。可言可意，言而愈疏。未生不可忌[81]，已死不可徂[82]。死生非遠也，理不可覩。或之[83]使，莫之為，疑之所假。吾觀之本，其往無窮；吾求之末，其來無止。無窮無止，言之無也，與物同理；或使無為，言之本也，與物終始。道不可有，有不可無[84]。道之為名，所假而行。或使莫為，在物一曲，夫胡為於大方？言而足，則終日言而盡道；言而不足，則終日言而盡物。道物之極，言默不足以載；非言非默，議其有極。」

【注釋】❶則陽　姓彭，名陽。一說名則陽，字彭陽，魯國人。本篇以人名為篇名。陸樹芝說：「此篇在說明大道不可用言說表達，人應當止於所不知，不可求於跡象，不可求於事物，必言默兩忘，才合於大道。」❷夷節　姓夷，名節，楚國臣子。❸王果　楚國賢大夫。❹公閱休　楚國隱居的人。❺擉　刺。❻山樊　樊，邊。一說是陰的意思。山陰處住居，亦通。❼不自許二句　羅勉道說：「屈己隨人，而人莫測其所以也。」今譯文從之。❽顛冥　迷惑。❾暍　傷暑的意思。❿佞人　善於口辯之人。⓫橈　屈抑。⓬娛　姚鼐說：「娛當讀為娭。」娭，嬉戲的意思。⓭樂物之通而保己焉　阮毓崧說：「就是〈田子方〉篇『虛緣而葆真』，〈知北遊〉篇『外化而內不化』的意思。」⓮達綢繆　綢繆，纏綿。達綢繆，就是玄通的意思。⓯復命搖作　搖作，動的意思。曹受坤說：復疑「循」字之誤。循命搖作，即率性而動的意思。⓰人之安之亦無已二句　錢賓四氏說：「《中庸》說，至誠不息。至誠就是性，不息就是無已。」⓱緡　芒昧不明的意思。⓲冉相氏　古代的聖王。⓳洫　敗壞的意思。⓴門尹登恆　門尹，官號。登恆，姓登，名恆。商湯時賢人。或說門尹登恆就是伊尹。㉑為之司其名　林西仲說：「人不稱其師，而獨稱湯之能得師，是湯為師司其名。」㉒之名嬴法二句　之作是講。呂惠卿說：「其精為道，其嬴為法，見其名之所由生，則知法之所由成，是為兩見。」㉓容成氏　黃帝時造曆法的人。參見〈胠篋〉注㊲。㉔除日無歲二句　日積而成歲，則歲就是日，日也就是歲，渾全難分，有內才有外，內外無間。㉕魏瑩　魏惠王名。㉖田侯牟　田侯就是齊威王，名牟，桓公兒子。田恆的後代，所以稱田侯。㉗犀首公孫衍　犀首，魏官名，後來稱虎牙將軍。公孫衍當時做這個官。公孫衍三字原本無，依趙諫議本補入。㉘忌姓田，名忌。齊將。㉙抶　擊的意思。㉚季子　姓季，子是對有德者的稱呼。季子是魏國賢臣。㉛胥靡　見〈庚桑楚〉注㊷。㉜華子　姓華，子是美稱。也是魏賢臣。㉝戴晉人　姓戴，字晉人。梁的賢人。㉞逐北　追逐敗軍。㉟惝然　悵恨的樣子。㊱嗃　管聲。㊲劍首　謂劍環頭小孔。㊳吷　小聲。㊴蟻丘之漿　蟻丘，山名。漿，賣漿家。㊵稯稯　稯，亦作「總」。總總，人眾聚集的樣子。㊶陸沉　謂不必避人避世，已成隱遁。像沒有水自己沉，所以叫陸沉。㊷市南宜僚　姓熊，字宜僚。居住在市南，因稱市南宜僚。見〈山木〉注❻。㊸長梧封人　長梧，地名。當地有長樹之梧，因以為名。封人，守封疆的人。㊹子牢　孔子弟子，姓琴，宋人。㊺鹵莽　猶麤粗。淺耕稀種的意思。㊻滅裂　謂斷其草。㊼變齊　謂變而整齊。㊽以眾為　馳騖眾事。㊾萑葦蒹葭　都是蘆葦一類的雜草。㊿竝潰漏發　謂精氣散泄，上潰下漏。(51)漂疽疥癰內熱溲膏　漂疽，病瘡膿出。癰，也是疽一類的腫毒。溲膏，謂虛勞人尿上生肥白沫。(52)柏矩　姓柏，名矩，老子門人。(53)辜人　俞樾說：「辜之言枯也。謂磔之。《漢書注》，磔謂張其屍。」按此則辜人當是被刑戮後的屍體。(54)幕　覆蓋的意思。(55)子乎子乎　俞樾說：「子讀為嗞。」《說文》：「嗞，嗟也。」子乎就是嗟乎。感嘆辭。(56)離　同「罹」。遭遇的意思。(57)一形　王叔岷說：「一形疑原作一物。郭注成疏可證。」(58)日出多偽二句　吳汝綸說：「日出二句，疑注文誤入。」(59)蘧伯玉　見〈人間世〉注㊴。(60)疑　惑的意思。(61)大史大弢伯常騫狶韋　大史，官名。大弢、伯常騫、狶韋，三人都是史官的姓名。(62)畢弋　見〈胠篋〉注㊵。(63)際　會盟的事情。(64)濫　浴器。奚侗說：「濫當作鑑。鑑是大盆。」(65)史鰌　姓史，字魚。衛國賢大夫。(66)搏幣而扶翼　搏，爭取的意思。幣作帛講。現在的浴巾，就是史鰌奉御的東西。靈公看史鰌進來，使人爭先代捧而扶翼出去，以表示尊敬賢人。(67)不馮其子二句　馮同「憑」。

謂子孫無能憑依，以保其墓，靈公得而奪之。而作爾講，汝的意思。里是居處，古人稱窀穸叫蒿里。(68)少知問於太公調　假託的人名。謂知識淺狹，所以叫少知。太，大。公，正。調道德廣大，公正無私，又能調順萬物，所以叫太公調。假設二人，以論道理。(69)丘里　古代四井為邑，四邑為丘。五家為鄰，五鄰為里，鄰里井邑，風俗不同。(70)合異以為同二句　呂惠卿說：「合姓名為丘里，散丘里為姓名。」(71)有主而不執　有主宰而無偏執。呂惠卿說：「不執，有而無不容。」(72)有正而不距　得正理而物不能拒。呂惠卿說：「不拒，周行而無不偏。」(73)滀滀　流動的樣子。(74)自殉殊面　謂此是非，紛然固執，故各逐己見，而所向不同。殉，逐。面，向。(75)壇　基。(76)相蓋相治　俞樾說：「蓋讀為害，古字通。」相害相治，就是下文相生相殺的意思。(77)橋起　橋與「矯」同。矯起，蠭起的意思。(78)片合　王念孫說：「片與胖同。胖是半體肉。〈喪服〉傳說：夫妻胖合。」(79)橋運　橋用為接續道路，五行之運相續，所以叫橋運。(80)季真之莫為二句　季真、接子都是齊國賢人。遊於稷下。因託二人來論明道理。莫，無。使，為。季真以無為為道，接子以或為為道。(81)忌　禁。(82)徂　一作「阻」。礙。(83)之　《莊子義證》說：「之讀為其。」(84)道不可有二句　馬其昶說：「有不的有，讀為又。」謂道不可有，又不可無。即下文所說的「道物之極，言默不足以載」的意思。

【語　譯】則陽到楚國去遊玩，請夷節轉向楚王介紹，楚王沒有接見，夷節便回去了。則陽又去見王果，說：「夫子為什麼不向楚王介紹我呢？」王果說：「我不如公閱休有力量。」則陽說：「公閱休是幹什麼的？」王果說：「他的為人：冬天在江中刺鼈，夏天就到山旁休息。有過客問他，他就說：『這是我的住宅。』夷節已經不能替你介紹了，何況我呢？我又不如夷節。夷節的為人，沒有德行而有智慧，不好表現自己，因此人對他莫測高深。本來沉迷在富貴場中，就不能助人進德。相反地，卻能消損人的德性的。寒凍的人借衣，就像回到了春天一樣暖和，傷暑的人遇到涼風，就像暫時回到冬天一樣涼爽。楚王的為人，氣態尊貴而有威嚴，對於犯了罪的，像老虎一樣不放過他，假使不是善於口辯的人和盛德感人之士，誰能說服他呢？所以聖人困窮時，能使家人忘掉貧寒；顯達時，能使王公忘掉自己尊貴而變為謙卑。對於物，能夠和他同嬉；對於人，能夠與眾同樂而不失去本性。所以不言而能夠使人自得，和人同處而使人自化。父子的分際，各居其位，不相逾越，然而行為卻像自然那樣專一安閒。他和世俗人心相比較，不知差有多遠哩！所以說要找公閱休介紹。」

聖人玄通萬物，混同一體，然而不知為什麼會這樣，這是天賦稟性。返復天命，順性而動，以自然為準則，世人（認為只有聖人才能這樣，）於是就稱他名為聖人。只憂慮智識不足，然而智識無涯，因此憂慮沒有窮盡的一天，那所憂慮的如何能停止呢？天生美麗的，人給他鏡子，但不告訴他，他仍然不知道比別人美。像是知道，像是不知道，像是聽見，像是沒聽見。他的逗人喜愛終究沒有盡時，別人的喜愛他也相對的沒有盡時了。這是本性使然的啊！聖人愛人，是別人給他形容的，人要是不告訴他，他就不知道自己愛人。像是知道，像是不知道，像是聽見，像是沒聽見，那愛人的心終竟沒有盡時，而人安於他的愛，相對的也沒有盡時了。這同是本性使然的啊！自己的祖國和舊居的故鄉，看了心裡就暢舒喜歡，即使是掩蔽在丘陵草木之中十有八九，而只有十分之一可以看見，心裡仍舊暢舒喜歡，何況是親身見聞它原本的面目呢？像是十仞的高臺，高聳天空，大家都能看得見的呢！

冉相氏曉悟環中的道理，隨物自成，與物混同，沒有過去，沒有未來，也沒有現在。無時不與物化合，但內心卻守住本真，何曾須臾離開？要無心效法自然，不可有意效法自然，（假使是有意效法自然，那就）和外物一樣的追逐了。有心從事的，那要怎麼效法呢？聖人（通曉這個道理，所以人天兩忘，）從來不曾存有自然的觀念，也沒有人事的觀念。從沒有開始的觀念，也沒有結束的觀念，混跡世間，隨同浮沉而不停，德行完備而不敗壞，這樣無心合道，要怎麼效法呢？商湯得到司御門尹登恆為師傅，聽從師傅的意見而不限制他。得環中隨成的道理，因此人不稱揚他的師傅，卻稱湯能得人，但名生則法成，這名和贏法，就相互的都顯現了。孔子的無心智慮，去輔佐眾生（可以說是無心而為了）。容成氏說：「沒有時日，就沒有所謂的年歲。（時間是渾然一氣的，不容易去割斷。）沒有內就沒有外。（內外是渾然一環，是沒有畛域的。）」

魏瑩和田侯牟締結盟約。田侯牟背約，魏瑩發怒，將命人去行刺。犀首公孫衍聽見了，認為這是羞恥的事，就說：「你是擁有萬乘兵車的國君，現在叫一個匹夫去報仇，我願意率領二十萬士兵，為國君去攻伐他，俘虜他們的百姓，牽走他們的牛馬，讓他們的國君內心憂愁，背上生瘡，然後消滅他的國家，田忌逃亡，然後打他的後背，折斷他的脊骨。」季子聽了，引為羞恥，說：「築十仞高的城牆，現在已完成十仞了，再把它毀壞，這是徒役所痛心的事。如今沒有戰事已七年了，這是王的基業啊！公孫衍是擾亂國家的人，不可以聽他的話。」華子聽到，以為恥辱說：「說攻伐齊國的人，是亂人，不說攻伐齊國的人，也是亂人。說攻伐不攻伐而擾亂人的，也是亂人！」魏瑩說：「那要怎麼樣呢？」華子說：「你只順著自然的道理去做就是了。」惠子聽見了，去見戴晉人。戴晉人向魏瑩說：「有名叫蝸牛的，你知道嗎？」魏瑩說：「知道。」戴晉人又說：「有建立國家在蝸牛左角上的叫觸氏，有建立國家在蝸牛右角上的叫蠻氏，時常為了爭奪土地而打戰，死傷幾萬人，追逐敗兵十五天才回來。」魏瑩說：「奇怪呀！這是不實在的事情吧？」戴晉人說：「我來為你解答這個疑問。你推測天地四方有窮盡嗎？」魏瑩說：「沒有窮盡。」戴晉人說：「知道遊心於無窮的境界，而身反在四海之內通達的國家，這種事是若有若無嗎？」魏瑩說：「是的。」戴晉人又說：「在通達的國中有個魏國，在魏國中有個大梁（魏都），大梁中有大王，大王和蠻氏比起來，有什麼分別嗎？」魏瑩說：「沒有分別。」客人走了以後，魏瑩悵然好像做錯了些什麼。客人去後，惠子去見魏瑩，魏瑩說：「剛才的來客，是一個大德的人，聖人也不能和他相比。」惠子說：「譬如那吹簫的，聲音還很大，吹劍頭環孔的，聲音就很細小了。堯、舜是人人所稱譽的對象，要是在戴晉人面前稱道堯、舜，也好像是細小的聲音罷了。」

孔子到楚國去，住在蟻丘地方賣水漿人的家裡。鄰居有夫妻僕役爬到屋頂去看孔子的，子路說：「聚集一堆人是幹什麼的？」孔子說：「那些人是聖人的僕役，聖人自己混跡在平民之中，隱藏在壠畝之上。聲名消匿，心志無窮，隨人而言，而心裡未嘗起意。正將與世俗乖違而心志高遠，羞與世俗同列。這是隱身於世的高士，不就是市南宜僚嗎？」子路要去請見。孔子說：「算了吧！他已經知道我認識他，知道我要到楚國去，以為我必定求楚王聘請他，他將以為我是諂佞的人呢！假使這樣，他羞聞諂佞人的語言，何況親自相見呢！怎能還肯存在呢？」子路去看，市南宜僚果然避開，房屋已經沒有人了。

長梧封人問子牢說：「你處理政事不要粗心，管理百姓不要草率。從前我種田，耕地時粗心，收成也以粗心回報；耘草時輕率，結實時也以輕率回報。我來年改變了行為，深耕土地，仔細耘草，稻禾就繁茂，收成也豐盛了，終年都吃不完。」莊子聽了，說：「現在的人治理形體，修養心性，很像長梧封人所講的，遁逆自然，違離本性，消滅情實，喪失心神，馳騖眾人的事。這是鹵莽他的本性，甚而以物慾罪惡為自己的本性，荒穢的雜草開始萌芽，與形體相表裡，戕害本性，於是精氣渙散。上潰下漏，到處發生，像瘡疽出膿，虛勞消渴等都是。」

柏矩向老聃學道，說：「請到天下各處遊歷。」老聃說：「算了吧！天下到處都是一樣的呀！」柏矩又請求去，老聃說：「你將先到哪裡？」柏矩說：「先到齊國。」到了齊國，看見了一個受刑死的屍體，於是推正屍體，脫下朝服覆蓋他，呼天而哭，說：「唉呀！唉呀！天下有最大的災難，你先遭遇到，法官告訴說，不要做盜賊，不要去殺人。榮辱來了，然後看到弊病；貨財集聚，然後看到爭奪。現在建立人所弊病的榮辱，聚集人所爭奪的貨財，窮困人的形體，使它永無休息的時候，要想不到這個地步，能夠做得到嗎？古代統治人民的，有了功績，認為是百姓的辛勞；有了過失，就以為是自己的過錯。以政治所以正直，是因百姓的守法，政治所以枉曲，是因自己的愆失，如果有一個百姓受飢寒，就退而責備自己。現在就不是這樣了。故意隱藏事物，而責百姓不知道的過失；故設難為的事，而責不敢勇為的人；加重責任，而處罰不勝任的人；限期使到遠地，而誅殺不能到達的人。百姓智慧力量枯竭，就相率為偽，虛偽一天多過一天，百姓怎麼能不虛偽呢？力量不足，就產生虛偽；智慧不足，便產生欺詐；財用不足，就產生盜賊。盜賊的行為，要責罰誰才可以呢？」

蘧伯玉年紀六十，而六十年都在與時變化，未嘗不起初認為是對的，而最後卻斥為不對的，不知道現在所認為對的，是不是五十九年前所認為不對的呢？萬物看到它的生長，卻不知道生命的本根。只看見它產生，而不知道它產生的地方。人都重視他智慧所知的事物，而沒有人知道依靠他智慧所不知道的而後才能知道的道理，這不是個大疑惑嗎？算了吧！算了吧！人將不能避免這種錯誤了。這所謂是對的嗎？真的是對嗎？

孔子問太史大弢、伯常騫、狶韋三個人說：「衛靈公好飲酒，沉湎聲樂，不管國家的政事。田獵、網捕、箭射，不管諸侯的盟會，他為什麼諡號靈公呢？」大弢說：「靈是無道的諡號，所以就稱為靈呀！」伯常騫說：「靈公有三個妻子，用同一個澡盆洗澡。有一次，史鰌手捧御物到靈公那裡，靈公趕快叫人接過他手裡的東西，扶他出去。他男女同浴，是那樣的疏慢，看見賢人又是這樣尊敬。因此才稱為靈的呀！」狶韋說：「靈公死後，卜葬在祖先墳地，不吉利，卜葬在沙丘地方就吉利。掘地幾仞，發現一個石槨，洗乾淨了看看，上面刻有銘文說：『不能依靠子孫，靈公奪而埋葬這裡。』靈公之被稱為靈，早已經決定了，大弢、伯常騫兩個人如何能夠知道呢？」

少知問太公調說：「什麼是丘里的言論呢？」太公調說：「丘里，是集合十姓百人自成為一個風俗單位。聚合許多不同的成為相同，分散相同的成為許多不同。現在指出馬的百骸，卻看不見馬，而馬是根據『合異以為同』而來，是聚集百骸才成為馬的呀！所以丘山是聚積卑小才成為高大，江河是匯集許多小水才成為大水，大人并合八方成為天下。所以從外界認識這許多道理，心中就有所主，就不堅持成見。從內心發出的，有正道的本性而不被違拒。四時有不同的季節，天不偏私變易它，所以才能成歲。百官有不同的才能，國君不偏私那一人，所以國家能太平。文武材異，不是大人所賜，所以德性具備。萬物有不同的條理，大道不私，所以沒有稱調。沒有稱謂，所以能無為，無為就無所不為了。時序有開始有結束，世情有變化。禍福循環，所以在這方面乖違，在另一方面卻合宜了。各追逐自己的目標，趨向就不同了。（如果勉強去糾正雙方，）那名義上是改正，而事實上雙方都有出入了。譬如大澤，各種木材都有它合用的地方。看那大山，木石不同而聚集同處。這就叫丘里的言論。」少知說：「這就叫做道，可以嗎？」太公調說：「不是的，現在統計物的數字，不止於萬數，而限稱為萬物的原因，是用多數的來稱號它。所以天地，是形體中最大的；陰陽，是氣體中最大的。而總括起來，就稱為道。這是因為它大，所以才稱呼為道，是可以的。（道本來沒有名）已經有了這個名稱了，還可以與無名相比嗎？如果把有名的道和無名的理來區別，就譬如像狗和馬，相差實在太遠了。」少知說：「四方的裡面，大地的中間，萬物從何處產生呢？」太公調說：「陰陽之氣，互相感應，相消相長，四時循環，相生相殺，欲、惡、去、就，於是都產生了。雌雄交合，產生萬物，這是常道。安危是互易的，禍福是相生的。緩急壽夭，聚散生死，都是相摩須而成的。這些都是有名有實，可以辨識，或精或微，可以記載。隨四時的季節循環，五行運動，遁相驅使，物極則返，終則復始，這是萬物所具的現象，至於言論所能窮盡的，智識所能達到的，只是萬物的表面現象罷了。達道的人，不隨著物的消失，也不推究物的開始，這是議論所以止息的原因。」

少知說：「季真所說的無為，接子所說的有為，這兩家的議論，誰合於真實，誰偏於正理呢？」太公調說：「雞鳴狗吠，這是人所知道的，即使是大智慧的人，也不能用言語說明牠們叫的原因，也不能用心意推測牠們還要怎麼叫。把它分析起來，至精到極小，至大到無限，或有所使，莫有所為，都是從物體上來立論，終是不合情實。或有所使，就是真實；莫有所為，就是虛空。有名有實，是物的真實，無名無實，是物的虛空。可用言語表達，可用心意推測，便離開大道愈疏遠了。未生的不能推卻使它不生，已死的也不能阻止使它不死。死生的道理相隔並不遙遠，但是道理卻不可以看見。或有所使，莫有所為，都是促使後世懷疑的原因。我觀察它的開始，它過去是無窮盡的；我推求它的結束，未來是無盡止的。無窮無盡，是說不能用語言來說明，但是和物理相同。或有所使，莫有所為，是說它的本原，和物象同始終。道不能使它有，也不能使它無，道的名稱，都是有所依託而來的。或有所使，莫有所為，都是偏於一曲，怎麼可以使達大道的境界呢？能求道於言外之意，則整天說的都是道；不能忘言求意，則整天說的都是物。道和物最高的境界，都不是語言和沉默所能包括的。不是語言，不是沉默，那就是議論的極致了。」

外物❶

外物不可必，故龍逢誅，比干戮，箕子狂❷，惡來死，桀紂亡❸。人主莫不欲其臣之忠，而忠未必信，故伍員流於江，萇弘死於蜀❹，藏其血三年而化為碧。人親莫不欲其子之孝，而孝未必愛，故孝己憂而曾參悲❺。木與木相摩則然，金與火相守則流。陰陽錯行，則天地大絯❻，於是乎有雷有霆，水中有火，乃焚大槐。有甚憂兩陷而無所逃，螴蜳❼不得成，心若縣於天地之間，慰暋沉屯❽，利害相摩，生火甚多，眾人焚和，月固不勝火，於是乎有僓然❾而道盡。

莊周家貧，故往貸粟於監河侯❿。監河侯曰：「諾，我將得邑金，將貸子三百金，可乎？」莊周忿然作色曰：「周昨來，有中道而呼者。周顧視車轍中，有鮒魚焉。周問之曰：『鮒魚來！子何為者邪？』對曰：

『我，東海之波臣也。君豈⑪有斗升之水而活我哉？』周曰：『諾。我且南遊吳越之王，激西江之水而迎子，可乎？』鮒魚忿然作色曰：『吾失我常與⑫，我無所處。吾得斗升之水然⑬活耳，君乃言此，曾不如早索我於枯魚之肆！』」

任公子⑭為大鉤巨緇⑮，五十犗⑯以為餌，蹲乎會稽⑰，投竿東海，旦旦而釣，期年不得魚。已而大魚食之，牽巨鉤錎，沒而下，騖揚而奮鬐，白波若山，海水震蕩，聲侔鬼神，憚赫千里。任公子得若魚，離而腊之⑱，自制河以東，蒼梧以北⑲，莫不厭若魚者。已而後世輇才⑳諷說之徒，皆驚而相告也。夫揭竿累，趣灌瀆，守鯢鮒，其於得大魚難矣，飾小說以干縣令，其於大達亦遠矣，是以未嘗聞任氏之風俗，其不可與經於世亦遠矣。

儒以詩禮發冢。大儒臚傳㉑曰：「東方作矣，事之何若？」小儒曰：「未解裙襦，口中有珠。」「詩固有之曰：『青青之麥，生於陵陂。生不布施，死何含珠為？』接其鬢，壓㉒其顪，儒以金椎控其頤，徐別其頰，無傷口中珠！」

老萊子㉓之弟子出薪㉔，遇仲尼，反以告，曰：「有人於彼，修上而趨下，末僂㉕而後耳，視若營四海，不知其誰氏之子。」老萊子曰：「是丘也。召而來。」仲尼至。曰：「丘！去汝躬矜與汝容知，斯為君子矣。」仲尼揖而退，蹙然㉖改容而問曰：「業可得進乎？」老萊子曰：「夫不忍一世之傷而驁㉗萬世之患，抑固窶㉘邪，亡其略弗及邪？惠以歡為驁㉙，終身之醜，中民之行進焉耳，相引以名，相結以隱。與其譽堯而非桀，不如兩忘而閉其所譽。反無非傷也，動無非邪也。人躊躇㉚以興事，以每成功。奈何哉其載㉛焉終矜爾！」

宋元君㉜夜半而夢人被髮闚阿門㉝，曰：「予自宰路之淵㉞，予為清江使㉟河伯㊱之所，漁者余且㊲得予。」元君覺，使人占之，曰：「此神龜也。」君曰：「漁者有余且乎？」左右曰：「有。」君曰：「令余且會朝。」明日，余且朝。君曰：「漁何得？」對曰：「且之網得白龜焉，其圓(38)五尺。」君曰：「獻若之龜。」龜至，君再欲殺之，再欲活之，心疑，卜之，曰：「殺龜以卜吉。」乃刳龜，七十二鑽而無遺筴。仲尼曰：「神龜能見夢於元君，而不能避余且之網；知能七十二鑽而無遺筴，不能避刳腸之患。如是，則知有所困，神有所不及也。雖有至知，萬人謀之。魚不畏網而畏鵜鶘(39)。去小知而大知明，去善而自善矣。嬰兒生無石師(40)而能言，與能言者處也。」

惠子謂莊子曰：「子言無用。」莊子曰：「知無用而始可與言用矣。天地非不廣且大也，人之所用容足耳。然則廁足而墊之(41)致黃泉，人尚有用乎？」惠子曰：「無用。」莊子曰：「然則無用之為用也亦明矣。」

莊子曰：「人有能遊，且得不遊乎？人而不能遊，且得遊乎？夫流遁之志，決絕之行，噫，其非至知厚德之任與！覆墜而不反，火馳而不顧，雖相與為君臣，時也，易世而無以相賤。故曰至人不留行(42)焉。夫尊古而卑今，學者之流也。且以狶韋氏之流觀今之世，夫孰能不波[43]，唯至人乃能遊於世而不僻，順人而不失己。彼教不學，承意不彼。

「目徹為明，耳徹為聰，鼻徹為顫[44]，口徹為甘，心徹為知，知徹為德。凡道不欲壅，壅則哽[45]，哽而不止則跈[46]，跈則眾害生。物之有知者恃息，其不殷[47]，非天之罪。天之穿之，日夜無降[48]，人則顧塞其竇[49]。胞有重閬[50]，心有天遊。室無空虛，則婦姑勃谿[51]；心無天遊，則六鑿[52]相攘。大林丘山之善於人也，亦神者不勝。德溢乎名，名溢乎暴[53]，謀稽乎誸[54]，知出乎爭，柴生乎守官，事果乎眾宜[55]。春雨日時，草木怒生，銚鎒[56]於是乎始修，草木之到植者過半而不知其然。

「靜默可以補病，眥搣[57]可以休老，寧可以止遽。雖然，若是，勞者之務也，非佚者之所未嘗過而問焉。聖人之所以駴天下[58]，神人未嘗過而問焉；賢人所以駴世，聖人未嘗過而問焉；君子所以駴國，賢人未嘗過而問焉；小人所以合時，君子未嘗過而問焉。演門[59]有親死者，以善毀爵為官師，其黨⑥⓪人毀而死者半。堯與許由天下⑥①，許由逃之；湯與務光⑥②，務光怒之，紀他⑥③聞之，帥弟子而踆於窾水⑥④，諸侯弔之，三年，申徒狄因以踣河⑥⑤。

「荃⑥⑥者所以在魚，得魚而忘荃；蹄⑥⑦者所以在兔，得兔而忘蹄；言者所以在意，得意而忘言。吾安得夫忘言之人而與之言哉！」

【注釋】❶外物　不是我性分以內的，都是外物。本篇在說明修道的人，必須知道外物不可恃，而在我者無所傷，然後才可以優遊於世而虛靜心神，以怡養自然的天機。❷龍逢誅三句　龍逢、比干見〈人間世〉注❾和❿。箕子狂見〈大宗師〉注❽。❸惡來死二句　惡來，蜚廉的兒子，紂的力士，讒譭諸侯，武王伐紂，一併被殺。桀被放死在南巢，紂自焚死在鹿臺。這裡說明為惡也未必永久無殃。❹伍員流於江二句　伍員就是伍子胥，與萇弘事見〈胠篋〉注⓭和⓮。❺孝己憂而曾參悲　孝己，殷高宗兒子，遭後母之難，憂苦而死。曾參至孝，而父母憎惡他，常遭受絕糧鞭打，因此悲泣。❻絯　同「駭」，動的意思。❼螴蜳　怵惕的意思。❽慰暋沉屯　憂鬱煩悶沉迷昏亂的意思。慰，鬱。暋，悶。沉，深。屯，難。❾僓然　隳壞的意思。❿監河侯　即魏文侯。⓫豈　王引之說：「豈，猶其也。」⓬常與　指水。⓭然　作則講。⓮任公子　任，國名。謂任國的公子。⓯巨緇　司馬彪說是大黑綸。綸是青絲線。⓰犗　郭象說是犍牛。犍牛就是閹牛，閹牛必肥。引申有肥牛的意思。⓱會稽　見〈徐无鬼〉注104。⓲離而腊之　謂把魚剖開風乾。離，分剖。腊，乾肉。⓳制河以東二句　制應作「浙」。浙河就是現在浙江。蒼梧，山名，在今廣西蒼梧縣。⓴輇才　現在稱為批評家。輇，量人的意思。㉑大

儒臚傳　大儒，碩儒。傳語告下叫臚。㉒壓　一本作「擪」。擪，用指按的意思。㉓老萊子　楚人。太史公疑老萊子就是老子。《史記．仲尼弟子列傳》：仲尼之所嚴事，於周則老子，於楚則老萊子。㉔出薪　採柴。㉕末僂　後背俯曲。㉖蹙然　不安的樣子。㉗驁　輕，不重視的意思。㉘窶　貧窮。引申胸中沒有蓄備。㉙恧以歡為驁　謂施惠以博眾人的歡心，使人稱譽，長己之傲。驁同「傲」。㉚躊躇　從容的意思。㉛載　為。吳汝綸說：「《淮南子》反性之本，在於去載，去載則虛。」㉜宋元君　宋國國君，名佐，平公子，謚號元。㉝阿門　曲室的門。㉞宰路之淵　宰路，淵名。神龜所居住的地方。㉟清江使　神名。㊱河伯　河神。㊲余且　捕魚的人。㊳圓　與「運」通，直徑的意思。㊴鵜鶘　水鳥。㊵石師　就是碩師。㊶廁足而墊之　廁足，置足。墊一作「塹」。塹，掘下的意思。㊷不留行　即不往著的意思。㊸波　「頗」的假借字，偏頗的意思。㊹顫　馬其昶說：「顫讀為馨。」香味遠聞叫馨。㊺哽　哽塞。㊻跈　王念孫說：「跈讀為抮。抮，戾也。」㊼殷　盛。㊽降　武延緒說：「降疑當為隙，〈德充符〉、〈田子方〉可證。」今譯文從之。㊾竇　孔穴。㊿胞有重閬　胞，腹中胎。閬，空曠的意思。(51)勃谿　反戾的意思。(52)六鑿　指六情。六情就是視、聽、嗅、味、觸、意識。一說是喜、怒、哀、樂、愛、惡。(53)名溢乎暴　名之溢外，由於表暴。(54)謀稽乎誸　誸，急。急而後稽考其智謀。(55)柴生乎守官二句　一本在守字斷句，作「柴生乎守，官事果乎眾宜」。柴，梗塞。官即官知止的官。柴生乎守官，謂所以閉塞不通，由於拘守太過。事果乎眾宜，謂徇眾所好。(56)銚鎒　銚，削。鎒，像鋤頭一樣的農器。(57)眥媙　媙，按摩。謂以兩手按摩目眥。養生家的方術。(58)駴天下　謂改百姓的視聽。(59)演門　宋城門名。(60)黨　鄉黨。(61)堯與許由天下　事見〈逍遙遊〉注㊸。(62)湯與務光　見〈大宗師〉注❽。(63)紀他　見〈大宗師〉注❽。(64)踆於窾水　踆古「蹲」字。窾水，水名。(65)申徒狄因以踣河　踣同「仆」。申徒狄踣河事見〈大宗師〉注❽。(66)荃　魚笱，捕魚的工具。一說是香草。(67)蹄　兔罥，捕兔的工具。用為絆兔腳，因此叫蹄。

【語譯】外來的事物，都是沒有一定的，所以龍逢被誅殺，比干被剖心，箕子偽為瘋狂，惡來身死，桀紂滅亡。人主沒有不希望他的臣子忠心，然而忠心卻未必得到國君的信任。所以伍員的屍體被拋棄江中漂流，萇弘在四川自殺，蜀人把他的血收藏起來，過了三年，變為碧玉。父母沒有不希望他兒子孝順，但是兒子孝順，卻未必得父母的歡心，所以孝己憂苦而死，曾參也被父親責打而悲傷。木頭和木頭相摩擦就燃燒，金屬和火在一起會被鎔化。陰陽二氣，運行錯亂，天地就會大變，於是有雷霆電擊，雨水中發射電光起火，燃燒了大槐樹。人有非常憂慮的事情，就是利與害交陷不能避免，因此心中怵惕恐懼，到最後還是一事無成，心像高懸天空中，憂鬱煩悶，沉迷昏亂，利與害輾轉相摩，內心焦熱生火更多起來，眾人都這樣，那就焚毀了內心清和之氣，像月亮一樣的清和之氣，是經不起慾火的燃燒，因此精神頹廢，生機盡喪了。

莊周家中貧窮，所以向監河侯借米。監河侯說：「可以的，等我收了市邑的賦稅以後，就借給你三百金，可以嗎？」莊周忿怒變色說：「我昨天來的時候，在途中有人叫我，我回頭一看，在車輪壓下去的地方，有一條鮒魚在那裡。我問他說：『鮒魚呀！你是幹什麼的呢？』鮒魚回答說：『我是東海的水族，你有沒有斗升的水來救我呢？』我說：『可以的，我將到南方遊說吳和越的國王，引西江的水來迎救你！可以嗎？』鮒魚忿怒變色的說：『我失掉了在水裡的正常生活，我只求斗升的水就可以活命了。你這樣說，倒不如早點到乾魚鋪去找我吧！』」

任公子喜歡釣大魚，做了一魚釣，和一條黑色的長繩子，用五十隻肥牛做食餌，坐在會稽山上，把魚竿伸到東海裡，天天在那裡釣，一年都沒有釣到一條魚。過了些時候，有一條大魚來吞餌，牽動大鉤，沉到海裡，奔騰翻擾，振動鬐鰓，白浪湧起像山一樣高，海水震盪，聲音和鬼神叫一樣的嚇人，千里遠的人都畏懼。任公子釣到這條魚，剖開風乾，從浙江以東、蒼梧以北地方的百姓，沒有不吃過這條魚的，以後喜好批評諷刺的人，都驚異傳述這個故事。那個拿小魚竿細繩，到小水溝旁邊，只能釣泥鰍、小鯽魚，要想釣大魚是很困難的，就像粉飾淺陋的學識，要去求取高名，距離通達的地步就很遠了。所以從來沒有聽過任氏釣魚的事情，距離治天下的也是很遠的呀！

儒者因為研究《詩》《書》《禮》《樂》而去掘古墓，大儒傳話下來說：「太陽出來了，事情辦的怎麼樣了？」弟子說：「裙子短襖沒有脫下來，屍體的口中還含著一顆珠呢！」（大儒諷刺的說：）「古詩上面記載著說：『青青的麥穗，生在小土丘上面，在世的時候，不肯布施，死了含顆珠幹什麼？』（於是命令弟子說）拿著屍體的鬢毛，按著屍體的鬍子，用鐵鎚敲屍體的下顎，慢慢的拉開兩頰，不要損壞了口裡的珠子。」

老萊子的弟子出去採柴，遇見了孔子，回來告訴老萊子說：「我遇到一個人，上身長下身短，稍有點彎背，耳朵貼在後面，眼光高遠像有經營天下的志向，不知道是什麼人？」老萊子說：「這一定是孔丘，你去叫他。」孔子來了。老萊子說：「孔丘呀！改變你矜持的外貌，拋棄你的智慧，便可以成為君子了。」孔子拜揖退出，很慚悚動容的問道：「我的德業可以行世嗎？」老萊子說：「不忍一時的損傷，而遺萬世的禍患，是因為學識淺陋不明白這個道理呢？還是智略不及呢？以施捨恩惠受人歡心為驕傲，這是終身的羞恥，只有庸人才輕易這樣做。以虛名相標榜，以私利相結合。所以與其稱讚堯而毀謗桀，不如把兩者都忘掉而不加以稱譽。違反物性，就要損傷，擾動心靈，都不是正道。聖人小心謹慎去創興事業，以謀求事功，為什麼你要有為，這樣終竟不過驕矜而已。」

宋元君在夜半夢見一個人披頭散髮，站在曲門外邊窺看，說道：「我從宰路的清淵，做清江的使者，到河伯那地方去，被漁夫余且捕獲了。」元君醒了，命人占卜，卜人說：「這是神龜啊！」元君說：「捕魚的有沒有叫余且的？」左右的人說：「有的。」元君說：「命余且來朝見。」第二天，余且來朝見。元君說：「你捕到什麼呢？」余且回答說：「我網到一隻白龜，牠的直徑有五尺。」元君說：「把你的龜獻來。」白龜獻來了，元君又想殺牠，又想養活牠，心裡猶豫不決。就叫卜人占卜，卜人說：「殺白龜用為占卜，大吉。」於是就把龜殺了用為卜卦，共計卜了七十二次，沒有不應驗的。孔子說：「神龜能託夢給宋元君，而不能避免余且的網獲，智慧能夠使七十二次占卜都應驗，自己不能逃避殺身的禍患。這樣看起來，智慧也有困窮的時候，神靈也有不及的地方。即使是極有智慧的人，萬人去謀害他，終竟還是不可逃避。譬如魚不怕魚網，卻怕吃魚的鵜鶘，人如果能夠拋棄小智，大智自然就明顯出來，忘記自己的好處，自然能夠顯出好處出來。嬰孩生來沒有老師教他，自然會說話，是因為和會說話的人在一起啊！」

惠子對莊子說：「你所說的話沒有用處。」莊子說：「知道無用才可以和他談有用的道理。譬如那地，並不是不廣大，人所用的，只是容足的地方罷了，假使把立足以外的地方都掘深到黃泉，人所站的那一小塊地方，還有用處嗎？」惠子說：「沒有用。」莊子說：「那麼無用的用處也就可以明白了。」

莊子說：「人能夠順從本性的，哪裡有不順通的呢？人如果不能順從本性，哪裡能順適呢？至如那浮流隱遁的志向，決絕棄世的行為，唉！那都不是大智厚德的人所應該做的。（用世的人）即使遇到覆滅墜亡也不回頭，即使背馳大道也不返顧，（這兩種人）雖然互有長短，但要看時代的情況，假使時代變易，就沒有貴賤尊卑的分別了。所以說，至德的人不固執一偏，尊仰古代，卑視現代，這是一般世俗學者的行為，如果以狶韋氏的眼光來看當今之世，誰能夠沒有偏頗呢？唯有至德的人能夠與世同遊而不僻絕，（和流遁決絕的人不同。）隨順世人而不失掉正道（，和覆墜背馳的人不同）。他們尊古卑今的觀念，固然不必去學，但亦承受他們的意思，不必加以分別。

「眼睛通徹叫做明，耳朵通徹叫做聰，鼻子通徹叫做顫，嘴巴通徹叫做甘，心靈通徹叫做智，智慧通徹叫做德。大凡大道不要壅阻，壅阻了就會止塞，止塞久了，結果會行為乖戾，行為乖戾，許多禍害就會產生了。萬物有知覺的，都是依靠大氣流轉不息，假使氣流阻塞不盛，這並不是天的過失。天與萬物氣息相通，白天黑夜，沒有止息，（不能相通的，）是人以聲色嗜慾，阻塞了那通道。胞中的胎兒也有空隙的地方，（所以能夠運氣，）人心裡也應有空曠的地方，才能容受天機。房屋如果沒有空餘的地方，婦姑（相處一室）難免爭吵，就像人心裡假使沒有虛空的地方，（就不能與天相通，）那六情就會互相攘奪了。像大林丘山那樣清虛的地方，令人一見就心神舒適，也因為心神不能忍受六情的攘奪啊！道德顯露是因為名聲外揚，聲名外揚是相互標榜的結果，事情急迫了於是智慧產生，有了競爭才產生機智，阻塞不通是由於固執，事情要順從眾人所好才能施行。譬如春雨應時降下，草木隨著生長，人於是乎用鋤頭削器去修剪草木，但是修剪過後的樹木，還是大半都生出來，卻不知是什麼緣故哩！

「靜默可以補養疾病，用手按摩眼角可以防止衰老，心情寧靜，可以從容不迫。雖然這樣，不過這些都是勞動者休息的方法，不是寧靜者的處所，所以未嘗去過問。聖人用為改變天下百姓視聽的事務，神人未嘗去過問。賢人用以改革當世習俗的，聖人未嘗去過問。君子用以改革國家制度的，賢人未嘗去過問。小人用以迎合時機的，君子未嘗去過問。宋國地方有一個居民死了雙親，因為哀哭過度，而毀形瘦瘠，宋君褒揚他的孝行，賜他官師的爵銜。他鄉里人遇父母死就效法哀毀，因此死去的有大半。堯讓天下給許由，許由逃避不肯接受。湯把天下讓給務光，務光憤怒不肯接受。紀他聽了，（恐怕湯把天下讓給他，）帶了學生隱居在窾水旁邊，諸侯都去慰弔他，過了三年，申徒狄（慕他高名，）因此投河自殺了。

「魚笱是用為捕魚的工具，捕到了魚可以忘掉魚笱。兔罥是捕兔的工具，捕到了兔可以忘掉兔罥。語言是用為表達情意的工具，情意了解了可以忘掉語言。我哪裡能夠遇到忘言的人，而和他談話呢？」

寓言❶

寓言十九，重言❷十七，卮言日出❸，和以天倪❹。寓言十九，藉外論之。親父不為其子媒。親父譽之，不若非其父者也；非吾罪❺也，人之罪也。與己同則應，不與己同則反；同於己為是之，異於己為非之。重言十七，所以已言也，是為耆艾❻。年先矣，而無經緯本末以期年耆者❼，是非先也。人而無以先人，無人道也；人而無人道，是之謂陳人❽。卮言日出，和以天倪，因以曼衍，所以窮年❾。不言則齊，齊與言不齊❿，言與齊不齊也，故曰無言⓫。言無言，終身言，未嘗不言；終身不言，未嘗不言。有自也而可，有自也而不可；有自也而然，有自也而不然。惡乎然？然於然。惡乎不然？不然於不然。惡乎可？可於可。惡乎不可？不可於不可。物固有所然，物固有所可，無物不然，無物不可。非卮言日出，和以天倪，孰得其久！萬物皆種也，以不同形相禪，始卒若環，莫得其倫，是謂天均⑫。天均者天倪也。

莊子謂惠子曰：「孔子行年六十而六十化，始時所是，卒而非之，未知今之所謂是之非五十九非也。」惠子曰：「孔子勤志服知也⑬。」莊子曰：「孔子謝之矣⑭，而其⑮未之嘗言。孔子云：『夫受才乎大本，復靈以生⑯。鳴而當律，言而當法，利義陳乎前，而好惡是非直服人之口而已矣。使人乃以心服，而不敢蘁立⑰，定天下之定。』已乎已乎⑱！吾且不得及彼乎！」

曾子再仕而心再化，曰：「吾及親仕，三釜⑲而心樂；後仕，三千鍾⑳不洎㉑，吾心悲。」弟子問于仲尼曰：「若參者，可謂无所縣其罪㉒乎？」曰：「既已縣矣。夫無所縣者，可以有哀乎？彼視三釜三千鍾，如鸛雀蚊虻㉓相過乎前也。」

顏成子游㉔謂東郭子綦㉕曰：「自吾聞子之言，一年而野，二年而從，三年而通，四年而物，五年而來，六年而鬼入，七年而天成，八年而不知死，不知生，九年而大妙。

「生有為，死也勸[26]，公[27]以其死也，有自也；而生陽也，無自也。而果然乎？惡乎其所適？惡乎其所不適？天有歷數，地有人據[28]，吾惡乎求之？莫知其所終，若之何其無命也？莫知其所始，若之何其有命也？有以相應也，若之何其無鬼邪？無以相應也，若之何其有鬼邪？」

眾罔兩[29]問於景曰：「若向也俯而今也仰，向也括[30]而今也被髮，向也坐而今也起，向也行而今也止，何也？」景曰：「搜搜也，奚稍問也[31]！予有而不知其所以。予，蜩甲也，蛇蛻也，似之而非也。火與日，吾屯[32]也；陰與夜，吾代[33]也。彼吾所以有待邪？而況乎以有待者乎！彼來則我與之來，彼往則我與之往，彼強陽[34]則我與之強陽。強陽者又何以有問乎！」

陽子居[35]南之沛[36]，老聃西遊於秦，邀於郊[37]，至於梁而遇老子。老子中道仰天而嘆曰：「始以汝為可教，今不可也。」陽子居不答。至舍，進盥漱巾櫛，脫屨戶外，膝行而前曰：「向者弟子欲請夫子，夫子行不閒，是以不敢。今閒矣，請問其故㊳。」老子曰：「而睢睢盱盱㊴，而誰與居？大白若辱，盛德若不足㊵。」陽子居蹴然㊶變容曰：「敬聞命矣！」其往也，舍者迎將㊷，其家公㊸執席，妻㊹執巾櫛，舍者避席㊺，煬者避竈㊻。其反也，舍者與之爭席㊼矣。

【注釋】❶寓言　寓，寄的意思。謂言在此而意寄於彼。王夫之說：「本篇和〈天下〉篇同是《莊子》全書的序例。」全篇在說明〈齊物論〉無是非、無論辯的大旨。尤其最後「罔兩問影」一段，更是據〈齊物論〉加以發揮。至第一段則在說明著書的旨趣。❷重言　陸德明說：「為人所重的言論。」即所謂託黃帝、堯、舜、孔子、顏回之類。其言論為世人所重視的，所以叫重言。❸卮言日出　卮是酒器，滿則傾，空則仰，隨物而變，不執一守故。以比喻語言，則是隨人、物、時、空不同而立論，自己沒有成見，所以叫做卮言。胡遠濬說：「凡寓言、重言，都是卮言。」日出，就是日新不已。❹天倪　見〈齊物論〉注(88)。❺罪　陶鴻慶說：「罪，累也。」❻耆艾　五十歲叫艾，六十歲叫耆。壽考者的別稱。❼而無經緯本末以期年耆者　楊守敬說：「『年耆者』當依古鈔本作『來者』。」經緯就處事說，本末就立言說。謂不但以古人為重，並且以經緯本末為重。❽陳人　謂年老而已，就如現在口語老朽的人一樣。❾因以曼衍二句　又見〈齊物論〉，參見〈齊物論〉注(90)和(91)。❿齊與言

不齊　成玄英說：「齊，不言也。」謂不言與言，既然不一，終無可齊之日，所以要言無言，〈則陽〉所謂「非言非默，議有所極」，可以參看。⑪故曰無言　郭象說：「雖有言，而我竟不言也。」成玄英說：「故曰言無言。」按注疏所說，無字上應該有言字。今譯文從之。按高山寺本無上有言字。⑫天均　就是天然循環的道理。也就是「天鈞」。鈞是陶輪，圓形沒有始終，所以說「始卒若環」。⑬勤志服知也　服，用。謂勤勞心志，從事多智。也與「邪」同。⑭謝之矣　謂謝絕智慧不用。下文舉孔子的一段話，來證明孔子已經謝絕智慧了。⑮其　作豈講。⑯夫受才乎大本二句　大本謂太初。章太炎說：「復借為伏。」謂伏藏靈氣而降生。⑰蘁立　王叔岷說：「蘁與迕通。《文選注》引作忤，在迕字斷句。」《莊子義證》說：「立定形近，誤衍一字。」今譯文從之。⑱已乎已乎　自本句以下是莊子語。⑲釜　六斗四升。⑳鍾　六斛四斗。㉑洎　及。㉒无所縣其罪　縣，係。章太炎說：「《說文》，罪，捕魚竹罔。這裡以利祿比網羅。」㉓如鸛雀蚊虻　俞樾說：「雀字衍，鸛當依古本作觀。」王叔岷說：「《闕誤》作如觀鳥雀蚊虻。」㉔顏成子游　子綦弟子。㉕東郭子綦　像〈齊物論〉中的南郭子綦。因居住在東郭，所以叫東郭子綦。㉖死也勸　馬其昶說：「勸當作虧。」今譯文從之。㉗公　共的意思。㉘人據　章太炎說：「人借為夷。據借劇。有急促的意思。急促和平夷相對。謂地有險夷難易。」今譯文從之。㉙罔兩　見〈齊物論〉注94。㉚括　謂括髮。㉛搜搜也二句　劉師培說：「搜與謏同。搜搜，區區的意思。稍與肖同。肖有小的意思。奚肖問，謂何問之小也。」㉜屯　聚。引申有出現的意思。㉝代　代謝。㉞強陽　往來健動的意思。㉟陽子居　姓陽名朱。㊱沛　地名，即彭城，現在的江蘇徐州。㊲邀於郊　邀作約講，約於郊，謂相約在沛郊見面。㊳請問其故　一本作「請問某過」。義亦可通。㊴睢睢盱盱　跋扈的樣子。㊵大白若辱二句　這兩句是《道德經》文。原文盛作「廣」。㊶蹴然　不安的樣子。㊷舍者迎將　舍者，指旅舍客人。將，送的意思。㊸家公　旅舍主人。㊹妻　即店主人的妻子。㊺避席　先坐的客人，避席而走。㊻煬者避竈　煬者，燃火的人。避竈，謂不敢當竈。畏懼陽子居的威嚴。㊼爭席　爭奪席位，比喻相親。

【語　譯】這本書寓言佔十分之九，就寓言中，引重的話又佔十分之七，談話像酒杯中的水一樣，隨地而改變形狀，日出不窮，自己沒有主見，但總和自然的道理相和合。寓言十分之九，是借另外的事來討論這件事，（因為自己說話，人多不信。）就像做父親的不替自己兒子做媒，父親稱讚自己的兒子，總不如別人稱讚的可信。（所以只好用寓言了。）這不是我的係累，而是眾人俗見的錯誤。一般人都是和自己意見相同就應和，不和自己意見相同的就反對。和自己意見相同的就以為是對的，和自己意見不同的就以為是不對的。引重的話佔了十分之七，是用來阻止天下爭辯的，因此引重的必是前輩年老有學問的人。但只是年齡大，而沒有抱負學識以為後學信從，這也不能稱為先輩。人如果沒有學識可使人信從，便不能盡立人之道，只是年齡比人高，那只能稱為老朽罷了。隨時隨地改變的話是日新不已，但總和自然的事理相合，因任推衍到無邊際的境界，來享盡天然的歲月。不發言論，物理自然齊一，但是不言與言物理都不能齊一，言與不言物理也不能齊一，所以說，不如因任物理之本身而立說。因任物理的本身而立說，像是終身在說話，而又像是未曾說過話一樣，終身未曾說過話，卻又是未嘗不說哩！有的由於偏見，認為事務是可以的，有的由於自己的主觀，認為不可以的，有的認為是對的，有的認為不對。為什麼認為是對的呢？因為自己以為是對的，所以就稱是對的了。為什麼以為是不對的呢？因為自己以為是不對的，所以就稱為是不對的，為什麼以為是可以的呢？因為自己以為是可以的，就稱為是可以的。為什麼以為是不可以的呢？因為自己認為不可以，所以就說不可以。物固然有對的，物本來有可以的，（這是就物的性分不同來說。假使就一般的道理說，）沒有什麼東西不對的，沒有什麼東西不可以的。因此要不是隨物而變日新不已的語言，順著自然的推衍，誰能夠傳得長久呢？萬物都有種類，以不同的形狀傳流後代，始終循環，像環一樣沒有端倪，這就叫天然均平的道理。這天然均平的道理，就是自然的分際。

莊子對惠子說：「孔子年紀六十，在六十年中，不斷改變自己。起初認為是對的，以後又以為不對了，不知現在以為對的，不就是五十九歲以前以為不對的嗎？」惠子說：「孔子是勤勉從事智慧的嗎？」莊子說：「孔子已經謝絕智慧了，難道他沒有說過嗎？孔子說：『人受才於自然，伏藏靈氣降生下來，雖音聲最合乎聲律，語言可以做天下人的法則，利害和義理在當前，能夠辨別他們的好壞和是非，這些才智，也只不過是服人之口罷了。能使人心服而不敢違背，這樣才可以定天下的定理。』算了吧！算了吧！我況且還不及孔子哩！」

曾子再做官時，心境和上次做官不同，他說：「我能夠奉侍雙親時，做官所得的俸祿，雖然只有三釜米，心裡覺得很快樂。後來做官，有三千鍾俸祿，但雙親已去世，不及養親，所以心裡悲哀。」孔子弟子聽了，去問孔子說：「像曾參這樣，可以說沒有受俸祿的影響了吧！」孔子說：「他心裡已經懸繫俸祿了，假使心裡不懸繫在俸祿上面，哪裡會因俸祿多寡而哀傷呢？要是不懸繫俸祿的人，看三釜三千鍾，卻像蚊子在面前飛過去一樣的不足重視。」

顏成子游向東郭子綦說：「自從我聽你講道，一年之後，反於樸實，二年之後，和世俗相順，三年之後，通達不滯留陳跡，四年之後，便與物混同，情識不生，五年之後，神靈都來依歸，六年之後，能夠納造化於胸中，七年之後，便能動合天然，八年之後，不知道死生的變化，九年之後，悟解大道玄妙的境界了。

「人生在世，是有為，死了都要虧損，因此，大家都以為萬物的死亡，（是由有變無，）有來由的。萬物的降生，是由陽氣交動，（是從無變有，）是沒有來由的。（所以看見物死就悲傷，物生就高興。）你也是這樣的嗎？那你怎麼知道生是快意的，死是不快意的呢？天有一定的氣數，地有危險平坦的分別，（都是自然的，）我如何去了解呢？（自然界日來月往）沒有人知道它的究竟，怎麼說沒有命運的注定呢？（生死循環）沒有人知道它的端倪，怎樣說是命運的注定呢？（物理相感）必定彼此相應，（像是有人主宰）怎麼說沒有鬼呢？但也有不相應的時候，怎麼說有鬼呢？」

半陰影問影子說：「剛才你低著頭，現在你抬起頭，剛才你束著頭髮，現在你又將頭髮散開。剛才你坐著，現在又起來，剛才你在行走，現在又停止了，這是什麼緣故？」影子說：「這是小事，為什麼你要問這小問題呢？我自然而然就這樣，自己也不知道是什麼緣故啊！我像蟬的外殼、蛇的蛻皮一樣，像蟬和蛇又不是蟬和蛇。火光和日光出來了，我就出現了，黑暗和深夜，我就消滅了。形體，是我所等待而產生的，何況形體還要有所待呢？（這樣說，宇宙間的生物都是自化的了。）形體來了，我就隨著而來了，形體去了，我就隨著形體而去了。形體往來運動，我就跟著往來運動，這種往來運動都是出於自然，又有什麼可問的呢？」

陽子居向南到沛地方去，老聃恰巧要向西到秦地去，約在路上碰面，去到梁地，遇到了老子，老子在途中向天長歎說：「起初我以為你還可以教育，現在我才知道你不堪造就了。」陽子居聽了，沒有出聲，到了旅舍，侍奉老子梳洗以後，就脫了鞋子，膝行向前請教說：「剛才弟子想請問夫子，夫子正在路上沒有空閒，所以不敢問，現在夫子空閒了，請問剛才夫子說弟子不可教，是什麼緣故？」老子說：「你態度跋扈，目空一切，人看你就駭怕，誰敢跟你在一起呢？（你要知道）真正清白的人，不自以為清白，反自覺得像有缺點似的，有盛德的人，不自以為道德清高，反覺得自己欠缺什麼似的。」陽子居改容變色的說：「我敬從夫子的教誨。」當陽子居來旅舍的時候，旅舍裡的客人都迎接他，旅舍主人替他安排座位，女主人替他拿漱洗器具，先坐的客人都躲開了，燒飯的人都側身不敢正坐，等陽子居去的時候，旅舍裡的客人對他都極其親熱，不拘形跡，隨便的爭席位了。

讓　王❶

堯以天下讓許由❷，許由不受。又讓於子州支父❸，子州支父曰：「以我為天子，猶之可也。雖然，我適有幽憂之病，方且治之，未暇治天下也。」夫天下至重也，而不以害其生，又況他物乎！唯無以天下為者，可以託天下也。

舜讓天下於子州支伯。子州支伯❹曰：「予適有幽憂之病，方且治之，未暇治天下也。」故天下大器也，而不以易生，此有道者之所以異乎俗者也。

舜以天下讓善卷❺，善卷曰：「予立於宇宙之中，冬日衣皮毛，夏日衣葛絺❻；春耕種，形足以勞動；秋收斂，身足以休食；日出而作，日入而息，逍遙於天地之間而心意自得。吾何以天下為哉！悲夫，子之不知予也！」遂不受。於是去而入深山，莫知其處。

舜以天下讓其友石戶之農❼，石戶之農曰：「捲捲乎❽后之為人，葆力❾之士也！」以舜之德為未至也，於是夫負妻戴，攜子以入於海，終身不反也。

大王亶父居邠❿，狄人⓫攻之；事之以皮帛而不受，事之以犬馬而不受，事之以珠玉而不受，狄人之所求者土地也。大王亶父曰：「與人之兄居而殺其弟，與人之父居而殺其子，吾不忍也。子皆勉居矣！為吾臣與為狄人臣奚以異！且吾聞之，不以所用養害所養。」因杖筴而去之。民相連而從之，遂成國於岐山⓬之下。夫大王亶父，可謂能尊生矣。能尊生者，雖貴富不以養傷身，雖貧賤不以利累形。今世之人居高官尊爵者，皆重失之，見利輕亡其身，豈不惑哉！

越人三世弒其君，王子搜⓭患之，逃乎丹穴。而越國無君，求王子搜不得，從之丹穴⓮。王子搜不肯出，越人薰之以艾。乘以王輿。王子搜援綏⑮登車，仰天而呼曰：「君乎！君乎！獨不可以舍我乎！」王子搜非惡為君也，惡為君之患也。若王子搜者，可謂不以國傷生矣，此固越人之所欲得為君也。

韓魏相與爭侵地。子華子⑯見昭僖侯⑰，昭僖侯有憂色。子華子曰：「今使天下書銘⑱於君之前，書之言曰：『左手攫⑲之則右手廢，右手攫之則左手廢，然而攫之者必有天下。』君能攫之乎？」昭僖侯曰：「寡人不攫也。」子華子曰：「甚善！自是觀之，兩臂重於天下也，身亦重於兩臂。韓之輕於天下亦遠矣，今之所爭者，其輕於韓又遠。君固愁身傷生以憂戚不得也！」僖侯曰：「善哉！教寡人者眾矣，未嘗得聞此言也。」子華子可謂知輕重矣。

魯君⑳聞顏闔㉑得道之人也，使人以幣先焉。顏闔守陋閭，苴布㉒之衣而自飯牛。魯君之使者至，顏闔自對之。使者曰：「此顏闔之家與？」顏闔對曰：「此闔之家也。」使者致幣，顏闔對曰：「恐聽者謬而遺使者罪，不若審之。」使者還，反審之，復來求之，則不得已。故若顏闔者，真惡富貴也。故曰，道之真以治身，其緒餘以為國家，其土苴㉓以治天下。由此觀之，帝王之功，聖人之餘事也，非所以完身養生也。今世俗之君子，多危身棄生以殉物，豈不悲哉！凡聖人之動作也，必察其所以之與其所以為。今且有人於此，以隨侯之珠㉔彈千仞之雀，世必笑之。是何也？則其所用者重而所要者輕也。夫生者，豈特隨侯㉕之重哉！

子列子㉖窮，容貌有飢色。客有言之於鄭子陽㉗者曰：「列禦寇，蓋有道之士也，居君之國而窮，君無乃為不好士乎？」鄭子陽即令官遺之粟。子列子見使者，再拜而辭。使者去，子列子入，其妻望㉘之而拊心曰：「妾聞為有道者之妻子，皆得佚樂，今有飢色。君過而遺先生食，先生不受，豈不命邪㉙。」子列子笑謂之曰：「君非自知我也。以人之言而遺我粟，至其罪我也又且以人之言，此吾所以不受也。」其卒，民果作難而殺子陽。

楚昭王失國㉚，屠羊說㉛走而從於昭王。昭王反國，將賞從者，及屠羊說。屠羊說曰：「大王失國，說失屠羊；大王反國，說亦反屠羊。臣之爵祿已復矣，又何賞之有！」王曰：「強之！」屠羊說曰：「大王失國，非臣之罪，故不敢伏其誅；大王反國，非臣之功，故不敢當其賞。」王曰：「見之！」屠羊說曰：「楚國之法，必有重賞大功而後得見，今臣之知不足以存國而勇不足以死寇，吳軍入郢，說畏難而避寇，非故隨大王也。今大王欲廢法毀約而見說，此非臣之所以聞於天下也。」王謂司馬子綦曰：「屠羊說居處卑賤而陳義甚高，子綦㉜為我延之以三旌㉝之位。」屠羊說曰：「夫三旌之位，吾知其貴於屠羊之肆也；萬鍾之祿，吾知其富於屠羊之利也；然豈可以貪爵祿而使吾君有妄施之名乎！說不敢當，願復反吾屠羊之肆。」遂不受也。

原憲㉞居魯，環堵之室，茨㉟以生草；蓬戶不完，桑以為樞；而甕牖二室，褐以為塞；上漏下濕，匡坐而弦。子貢乘大馬，中紺而表素，軒車不容巷，往見原憲。原憲華冠縰履[36]，杖藜而應門[37]。子貢曰：「嘻！先生何病？」原憲應之曰：「憲聞之，無財謂之貧，學而不能行謂之病。今憲，貧也，非病也。」子貢逡巡[38]而有愧色。原憲笑曰：「夫希世而行，比周而友，學以為人，教以為己，仁義之慝[39]，輿馬之飾，憲不忍為也。」

曾子居衛，縕袍無表，顏色腫噲[40]，手足胼胝[41]。三日不舉火，十年不製衣，正冠而纓絕，捉衿而肘見，納屨而踵決。曳縰而歌〈商頌〉，聲滿天地，若出金石。天子不得臣，諸侯不得友。故養志者忘形，養形者忘利，致道者忘心矣。

孔子謂顏回曰：「回，來！家貧居卑，胡不仕乎？」顏回對曰：「不願仕。回有郭外之田五十畝，足以給飦粥[42]；郭內之田十畝，足以為絲麻；鼓琴足以自娛，所學夫子之道者足以自樂也。回不願仕。」孔子愀然[43]變容曰：「善哉回之意！丘聞之：『知足者不以利自累也，審自得者失之而不懼，行修於內者無位而不怍。』丘誦之久矣，今於回而後見之，是丘之得也。」

中山公子牟[44]謂瞻子[45]曰：「身在江海之上，心居乎魏闕[46]之下，奈何？」瞻子曰：「重生。重生則利輕。」中山公子牟曰：「雖知之，未能自勝也。」瞻子曰：「不能自勝則從，神无惡乎[47]？不能自勝而強不從者，此之謂重傷。重傷之人，無壽類矣。」魏牟，萬乘之公子也，其隱巖穴也，難為於布衣之士；雖未至乎道，可謂有其意矣。

孔子窮於陳蔡之間[48]，七日不火食，藜羹不糝[49]，顏色甚憊，而弦歌於室。顏回擇菜，子路、子貢相與言曰：「夫子再逐於魯，削跡於衛，伐樹於宋，窮於商周，圍於陳蔡[50]，殺夫子者無罪，藉[51]夫子者無禁。弦歌鼓琴，未嘗絕音，君子之無恥也若此乎？」顏回無以應，入告孔子。孔子推琴喟然而嘆曰：「由與賜，細人也。召而來，吾語之。」子路、子貢入。子路曰：「如此者可謂窮矣！」孔子曰：「是何言也！君子通於道之謂通，窮於道之謂窮。今丘抱仁義之道以遭亂世之患，其何窮之為！故內省而不窮於道，臨難而不失其德，天寒既至，霜雪既降，吾是以知松柏之茂也。陳蔡之隘[52]，於丘其幸乎！」孔子削然[53]反琴而弦歌，子路扢然[54]執干而舞。子貢曰：「吾不知天之高也，地之下也。」古之得道者，窮亦樂，通亦樂。所樂非窮通也，道德於此，則窮通為寒暑風雨之序矣。故許由虞於潁陽[55]而共伯得乎共首[56]。

舜以天下讓其友北人無擇[57]，北人無擇曰：「異哉后之為人也，居於畎畝之中而遊堯之門！不若是而已，又欲以其辱行漫我，吾羞見之。」因自投清泠之淵[58]。

湯將伐桀，因卞隨[59]而謀，卞隨曰：「非吾事也。」湯曰：「孰可？」曰：「吾不知也。」湯又因瞀光[60]而謀，瞀光曰：「非吾事也。」湯曰：「孰可？」曰：「吾不知也。」湯曰：「伊尹[61]何如？」曰：「強力忍垢[62]，吾不知其他也。」湯遂與伊尹謀伐桀，剋之，以讓卞隨。卞隨辭曰：「后之伐桀也謀乎我，必以我為賊也；勝桀而讓我，必以我為貪也。吾生乎亂世，而無道之人再來漫我以其辱行，吾不忍數聞也。」乃自投椆水[63]而死。湯又讓瞀光曰：「知者謀之，武者遂之，仁者居之，古之道也。吾子胡不立乎？」瞀光辭曰：「廢上，非義也；殺民，非仁也；人犯其難，我享其利，非廉也。吾聞之曰，非其義者，不受其祿，無道之世，不踐其土。況尊我乎！吾不忍久見也。」乃負石而自沉於廬水。

昔周之興，有士二人處於孤竹[64]，曰伯夷、叔齊[65]。二人相謂曰：「吾聞西方有人，似有道者，試往觀焉。」至於岐陽，武王聞之，使叔旦往見之，與之盟曰：「加富二等，就官一列。」血牲而埋之。二人相視而笑曰：「嘻，異哉！此非吾所謂道也。昔者神農之有天下也，時祀盡敬而不祈喜[66]；其於人也，忠信盡治而無求焉。樂與政為政，樂與治為治，不以人之壞自成也，不以人之卑自高也，不以遭時自利也。今周見殷之亂而遽為政，上謀而下行貨[67]，阻兵而保威，割牲而盟以為信，揚行以說眾，殺伐以要利，是推亂以易暴也。吾聞古之士，遭治世不避其任，遇亂世不為苟存。今天下闇，周德衰，其竝乎周以塗吾身也，不如避之以潔吾行。」二子北至於首陽之山68，遂餓而死焉。若伯夷、叔齊者，其於富貴也，苟可得已，則必不賴。高節戾行，雖樂其志，不事於世，此二士之節也。

【注釋】❶讓王　就是辭讓帝王的名位。所以全篇都是在說明輕視高貴，重視養生，安貧樂道的道理。蘇軾說：「〈盜跖〉、〈漁父〉、〈讓王〉、〈說劍〉，內容淺陋，不合大道。」大概是後人依託的。❷堯以天下讓許由　見〈逍遙遊〉注43。❸子州支父　姓子，名州，字支父，隱居的人。❹子州支伯　即子州支父。❺善卷　姓善，名卷，隱居的人。❻葛絺　夏天穿的麻布衣服。❼石戶之農　石戶，地名。農，農人。❽捲捲乎　用力的樣子。❾葆力　勸力的意思。❿大王亶父居邠　大王亶父，王季的父親，文王的祖父。邠，地名，在陝西省。⓫狄人　北方的異族。⓬岐山　山名，在陝西省岐山縣西北。⓭王子搜　搜，王子名。《淮南子》作「翳」。俞樾說：「翳以前沒有三世弒君的事。《史記．越王句踐世家》《索隱》以搜是翳的兒子無顓。根據《竹書紀年》記載，翳被他兒子所弒，越人殺他兒子，立無余做國君，又被殺，再立無顓。是無顓以前三個國君都不得善終，則王子搜應該就是無顓的異名了。」⓮丹穴　齊南方的山洞。⓯綏　《說文》：「綏，車中靶也。」段注：「靶，各本作把。……按靶是，把非。靶者，轡也。」⓰子華子　魏國人。⓱昭僖侯　韓侯。俞樾說：「韓國有昭侯、僖王，沒有昭僖侯。」⓲銘　成玄英說：「書記也。」像現在的契約。⓳攫　取的意思。⓴魯君　魯侯，魯哀公，一說是魯定公。㉑顏闔　阮毓崧以為就是顏回。成玄英說：「姓顏，名闔，魯國隱居的人。」㉒苴布　一本苴作「麤」。就是粗布衣服。㉓土苴　司馬彪說：「土苴像糞草。」㉔隨侯之珠　成玄英說：「隨國近濮水，濮水出寶珠，相傳靈蛇所啣以報恩，隨侯得到，所以叫隨侯之珠。」㉕隨侯　俞樾說：「侯字下應有珠字。」今譯文從之。㉖子列子　即列禦寇。㉗鄭子陽　鄭國的宰相。㉘望　責望。㉙豈不命邪　楊樹達說：「不作非講，豈不命邪，就是豈非命邪。」㉚楚昭王失國　楚昭王，名軫，平王兒子。失國事見《左傳．定公四年》及《史記》與《吳越春秋》，指吳王闔閭與伍子胥攻楚的事情，昭王出奔隨國。㉛屠羊說　屠羊的人，名叫說。㉜子綦　俞樾說：「綦字是衍文。」一本子綦作「子其」。㉝三旌　就是三公。㉞原憲　孔子弟子，姓原，名思，字憲。㉟茨　用草蓋屋。㊱華冠縰履　華冠，是用樺樹皮做的帽子。縰履，是沒有跟的鞋子。㊲杖藜而應門　用藜做杖。沒有童僕，所以自己應門。㊳逡巡　不安的樣子。㊴仁義之慝　謂假借仁義做姦惡的事。慝，奸惡的意思。㊵腫噲　虛浮。㊶手足胼胝　因為自己力作，所以手腳起繭。胼胝，俗謂起繭，皮堅的意思。㊷飦粥　就是現在口語所說的稀飯。飦字或作「饘」。糜粥。㊸愀然　變色的樣子。㊹中山公子牟　魏公子。名牟，封中山，所以稱中山公子。㊺瞻子　魏國的賢人。㊻魏闕　天子兩觀。喻榮華富貴。㊼不能自勝則從二句　從作放講。一本在神字斷句。謂若不勝情欲，則宜從順心神。茲不取。《呂氏春秋》注本句說：「謂人不能自勝其情欲則放之。神無所憎惡，言當寧神以保性也。」今譯文從之。㊽孔子窮於陳蔡之間　見〈天運〉注㊲。㊾藜羹不糝　謂藜菜的羹湯，不加米糝。糝，末屑。㊿再逐於魯五句　再逐於魯，見〈山木〉注㉚，餘見〈天運〉注㉞至㊲。(51)藉　凌藉的意思。(52)隘　困厄的意思。(53)削然　取琴的聲。(54)扢然　奮勇的樣子。(55)潁陽　潁水之陽。地在河南洛縣南。(56)共伯得乎共首　共伯名和，修行而好賢，周厲王之難，天子之位曠絕，諸侯擁立他為天子，共伯不得已而即王位。十四年，天下大旱，屋舍焚毀。卜卦說是厲王作祟，於是又立宣王，共伯又復為諸侯，逍遙得意於共山之首。山在河北省共縣境內。(57)北人無擇　複姓北人，名無擇，一作「亡擇」。(58)清泠之淵　清泠是淵名。在河南南陽西崿縣。(59)卞隨　姓卞，名隨，得道隱居的人。(60)瞀光　姓瞀，名光。也是得道隱居的人。(61)伊尹見〈庚桑楚〉注(79)。(62)強力忍垢　垢，辱。阻兵需要強力，弑君需要忍垢。(63)椆水　或作桐水，在河南省潁川縣。(64)孤竹　國名，在遼西。殷時諸侯國。(65)伯夷叔齊　孤竹君的二子。(66)不祈喜　俞樾說：「喜當作禧。」不祈禧，謂不求福。(67)上謀而下行貨　謂以爵祿誘天下的意思。王念孫說：「上當作尚，下字後人誤加。」《呂氏春秋》正作「上謀而行貨」。(68)首陽山　山名，在河南省偃師縣西北。

【語　譯】堯讓天下給許由，許由不肯接受。又讓給子州支父，子州支父說：「讓我做天子，也還可以。但是我正患有重病，將要醫治，沒有時間去治理天下。」天下的政事是最重要的了，而不肯以治理天下的事妨害生命，何況其他的事呢？只有能無為治理天下的，才可以把治理天下的事託付給他。

舜讓天下給子州支伯。子州支伯說：「我正患有重病，將要去醫治，沒有時間去治理天下。」天子的爵位是最大的名器，而不肯以天子的名位來換生命，這是有道的人，所以和凡夫俗子不同的原因。

舜把天下讓給善卷，善卷說：「我生活在宇宙中，冬天穿皮毛的衣服，夏天穿細麻的衣服，春天耕種，形體可以勞動，秋天收成，身體可以休息飽食。太陽出來了去工作，太陽下山了就休息，自由自在的逍遙在天地之中，心意舒暢自得。我要治理天下做什麼，悲哀呀！你不了解我啊！」不肯接受。於是離開到深山裡去隱居，沒有人知道他的住處。

舜把天下讓給他的朋友石戶的農夫。石戶的農夫說：「用力工作呀！國君的為人，真是勤勞的人啊！」認為舜的道德還沒有修養到最高的境界，於是丈夫背上背著東西，妻子頭上頂著家具，帶著子女隱居海邊，終身沒有回來。

太王亶父居住在邠地方，狄人去攻伐他，太王亶父送他們獸皮財帛不接受，送他們犬馬家畜不接受，送他們珍珠寶玉不接受，狄人要的是土地。太王亶父說：「跟人的哥哥居住而讓他的弟弟去戰爭死亡，跟人的父親居住而讓他的兒子去戰爭死亡，我不忍心這樣做。你們自己努力吧，做我的臣民，和做狄人的臣民沒有什麼不同。並且我聽說，不能因為土地而殺害人民。」於是就扶著杖離開了。百姓相連不斷地跟著走，到岐山的下面又成了一個國家。太王亶父可以說是能夠重視生命了。能重視生命的，即使富貴也不肯因享受而傷害心身，即使貧賤也不肯因利祿疲困形體。當今世上居高官尊爵的人，都是重視失去富貴利祿，碰到利祿就不顧到自己的身體，這不是迷惑嗎？

越國人殺了三世的國君。王子搜很憂慮，於是就逃到丹穴去（不肯做國君）。越國沒有國君，找王子搜沒有找到，跟蹤到了丹穴，王子搜不肯出來，越國人用艾草薰他，迫他出來，讓他坐上國君的車輿。王子搜拿著繮繩，向天呼喊說：「做國君幹什麼呀！不可以讓我離開嗎？」王子搜並不是厭惡做國君，是厭惡做國君的憂患。像王子搜這樣，可以說是不肯以君位傷害生命了，這正是越國人要他來做國君的原因啊！

韓國和魏國互相爭奪土地。子華子拜見昭僖侯，昭僖侯臉有憂色。子華子說：「現在讓天下的人到你面前來寫銘約，銘約裡面這麼寫：『左手取到銘約就砍去右手，右手取到銘約就砍去左手，但是取銘約的人必得有天下。』你願意去取銘約嗎？」昭僖侯說：「（我不能因要天下而砍掉雙臂呀！）我不願取銘約。」子華子說：「很好。從這點看起來，兩臂比天下更重要啊！身體又比兩臂貴重，韓國比起天下，不重要很多呀！現在所爭的，又比韓國不重要很多。你何必憂愁傷害生命而擔心不能得到呢？」昭僖侯說：「說得很好。勸我的人很多，從來沒有聽過這樣的話。」子華子可以說是知道輕重的了。

魯國國君聽說顏闔是一個得道的人，就派人帶著幣帛禮品去聘請他。顏闔居住在簡陋的閭巷，穿粗布衣服自己在餵牛。魯國的使者來了，顏闔自己接待。使者問說：「這是顏闔的家嗎？」顏闔回答說：「這是我的家。」使者就奉上幣帛禮品，顏闔說：「恐怕聽錯了，讓使者受責，不如查問清楚再來。」於是使者回去查問清楚，當再來找他時，已經不在了。所以像顏闔，是真厭惡富貴了。所以說，道的本真治理心身，道的殘餘治理國家，道的糟粕治理天下。由此看來，帝王的功業，是聖人的餘事，並不是用為全身養生的。現在世俗的君子，大多是危害形體，捐棄生命以追逐外物，這不是可悲的事嗎？凡是聖人的動作，必定要觀察世人的趨向和百姓的所為。譬如現在有那麼一個人，用隨侯的寶珠去彈射千仞高的小鳥，世人必定會笑他。為什麼呢？因他用貴重的物品去求輕微的東西。那生命，難道只是隨侯珠那麼貴重而已的嗎？

列子困窮，面容有飢餓的顏色。客人有告訴鄭子陽的說：「列禦寇是有道的賢士，居住在你的國家而困窮，你不是不愛賢士嗎？」於是鄭子陽就派遣官員送米粟給列子。列子見使者，辭謝不接受。使者走了，列子進去，他的妻子責備他而拍著心胸說：「我聽說有道的人的妻子，都能得到安逸快樂，現在餓得面有飢色。相國派人送你糧食，你不肯接受，這不是命中注定嗎？」列子笑著對他妻子說：「相國並不了解我，而是聽別人說才送我米粟，將來他豈不也會聽別人的話來加罪我嗎？因此我不接受。」終竟，百姓果然作亂，殺了鄭子陽。

楚昭王棄國逃亡，屠羊說也跟著昭王出走。昭王返國，要獎賞跟從的人，找到了屠羊說。屠羊說說：「大王失國，我放棄了屠羊，現在大王返國，我也恢復屠羊，那我的爵祿已經恢復了，又有什麼可獎賞的呢？」昭王說：「你勉強接受吧！」屠羊說說：「大王失國，不是我的罪過，所以我不該接受誅罰；大王返國，也不是我的功勞，所以我也不敢接受獎賞。」昭王說：「來見我。」屠羊說說：「楚國的法律，必定要有重賞大功的人才得晉見，現在我的才智不足以保存國家，勇敢也不足以消滅敵人。吳國軍隊入侵郢都，我畏懼而逃避敵人，並不是有意追隨大王。現在大王要廢置法律，毀約而召見我，這並不是我願意傳聞於天下的事情。」昭王對司馬子綦說：「屠羊說居處卑賤而表現的義理很高，你替我請他擔任三公的職位。」屠羊說說：「三公的職位，我知道比屠羊的鋪子高貴，萬鍾的俸祿，我知道比屠羊的利益豐富，但是哪裡可以貪圖爵位俸祿而使我的國君得到濫賜的惡名呢？我不敢接受，希望重返我的屠羊的鋪子。」於是不接受。

原憲在魯國居住，狹小的房間，用生草蓋頂，蓬草編成的門戶也不完整。用桑木做門樞，用破甕做窗，粗布衣隔開兩個房間。（遇到下雨）屋頂漏水，地上潮溼，他卻端坐弦歌（，毫不以為意）。子貢騎著大馬，穿著素白的大衣，襯著紫紅的內裡，高大的車子，進不去巷子，走去見原憲。原憲戴著樺樹皮帽子，拖著沒有後腳跟的鞋子，扶著藜木杖，親自來接迎。子貢說：「嘻！先生是什麼病呢？」原憲說：「我聽說，沒有財帛叫做貧，讀書不能實踐叫做病。現在我是貧，不是病。」子貢不安而感到羞愧。原憲笑說：「行動迎合世俗，牽親引戚，結交朋黨。為學是求自己名聲，教育學生是為自己生活，假託仁義去做壞事，盛飾車馬以炫耀富有，（這種行為，）我不肯去做啊！」

曾子在衛國居住，麻布的袍服，沒有表裡，臉色蒼白，手足生了硬皮。三天沒有炊火煮飯，十年沒有縫製衣裳，戴著帽子而帶子斷了。拉著衣襟，手臂就露出來，穿著鞋子，後腳跟就突出來。拖著破鞋，吟著〈商頌〉，聲音充滿四周，好像金石彈奏出來的一樣。天子不能請他做臣子，諸侯不能和他交朋友。所以修養心志的人就忘掉自己的形骸，保養形體的人就忘記利祿，修道的人就忘記心智了。

孔子對顏回說：「顏回呀！來！你家庭貧窮，居住陋巷，為什麼不出仕做官呢？」顏回答說：「不願意出仕做官。我有城廓外的田五十畝，種稻收成，足夠煮稀飯吃；城廓內的田十畝，種桑栽麻，足夠織絲麻做衣服穿。彈琴可以自己消遣，跟著夫子學道，可以愉樂心志。我不願出仕做官。」孔子改變臉容說：「很好呀！顏回的心志！我聽說：『知足的人不因為利祿勞苦自己；心意自得的人，遇到損失也不恐懼；修養內心的人，沒有得到爵位也不羞愧。』我聽到這話很久了，現在卻在顏回身上看到了，這是我的收穫。」

中山公子牟對瞻子說：「形體隱居在江海的旁邊，心裡還留戀著朝廷的榮華，要怎麼辦？」瞻子說：「要重視養生之道，重視養生，就輕視利祿。」中山公子牟說：「我雖然知道，但是不能克服情欲。」瞻子說：「不能自己克制就順應著去做；順應著去做，精神就不會有所憎惡了。要是不能自己克制而勉強克制不去順應，這是兩面受傷害了。兩面受損害的人，就不會長壽了。」魏牟是萬乘國家的公子，他隱居巖穴，要比平民困難得多了。雖然還沒有悟解道的境界，也可以說有清高的心意了。

孔子在陳、蔡之間受圍困，七天沒有炊爨飲食，喝著藜菜的羹湯，沒有米粒，臉色非常疲困，在房裡彈琴唱歌。顏回在郊野揀菜回來，子路、子貢互相講論著說：「夫子兩次不用於魯，在衛國受『削跡』的恥辱，在宋國遭遇到『伐樹』的禍患，在商周困窮，在陳蔡間受圍。要殺害夫子的沒有被治罪，要欺淩夫子的沒有被禁阻。還弦歌彈琴，沒有斷絕過，君子無恥到這個地步了嗎？」顏回沒有話回答，進去告訴孔子。孔子推開琴長嘆說：「子由和子貢，是淺見的小人呀！叫他們來，我告訴他們。」子路、子貢進來。子路說：「這個樣子，可以說是困窮的了。」孔子說：「這是什麼話呢？君子通曉道理的叫做通達，對道理不通曉的才叫做困窮。現在我懷仁義之道遭遇亂世的禍患，有什麼困窮的呢？所以內心反省，對道理無不通曉，臨災難而不失平素的德行。天氣寒冷了，霜雪下降了，我才知道松柏的茂盛。陳蔡的困阨，對我說倒是有好處的呢！」（說完）孔子拿起琴彈著唱起歌來。子路也奮勇地拿著干戚起舞。子貢說：「我不知天有多高，地有多厚呀！」古代有道的人，困窮也快樂，顯達也快樂，所快樂的不受困窮或顯達的影響，道德修養到這個地步，那困窮或顯達只是四時寒暑的循環罷了。因此許由很快樂的隱居在潁水的北邊，而共伯能不因得失而逍遙在共首山下。

舜把天下讓給他朋友北人無擇，北人無擇說：「舜的為人很奇怪呀！出身在甽畝中的農家，而卻到堯的朝廷做臣子，不但是這樣，而且又把自己的污辱來沾污我。我羞恥看他。」因此自己投入清冷淵自殺了。

湯將要去攻伐桀，向卞隨商量。卞隨說：「這不是我的特長。」湯說：「那麼誰可以呢？」卞隨說：「我不知道。」湯又向瞀光商量。瞀光說：「不是我的特長。」湯說：「誰可以呢？」瞀光又說：「我不知道。」湯說：「伊尹怎麼樣？」瞀光說：「他為人強健有力，可以忍受恥辱，其他的我不知道。」湯就向伊尹商量伐桀的事，把桀克服了，要將天下讓給卞隨。卞隨辭讓說：

「國君攻伐桀的時候向我商量，必定以為我是不仁的人；現在戰勝桀而要把君位讓給我，必定以為我是貪圖富貴的人。我生逢亂世，而遭受無道的人以他的羞恥行為來污辱我，我不能忍受屢次的來煩擾。」於是自己投入椆水自殺而死。湯又把天下讓給瞀光說：「有智慧的人去計劃天下的事，有武力的人去平定天下，有仁心的人來治理天下，從古以來就是這樣的。你為什麼不即君位來治理天下呢？」瞀光辭讓說：「廢棄君上，不是義的行為；殺戮百姓，不是仁心的行為；百姓去冒險犯難，我來安享榮華富貴，不是廉的行為。我聽說，不合義的，不接受俸祿，無道的國家，不站在它土地上。何況尊崇我呢？我不能長久忍受這樣不合理的事。」於是抱著石頭自投廬水而死。

從前周朝的興起，有兩個賢士，居住在孤竹，名叫伯夷、叔齊。兩個人商量說：「我聽說西方有聖人，像是有道的人，試去看看。」於是到了岐山的南面，武王聽了，命叔旦去見他們。和他們立盟說：「加祿二級，授官一等。」用牲血寫在盟書上，埋在壇下。兩人相對笑說：「嘻！奇怪呀！這並不是我所認為的道呀！從前神農治理天下，歲時祭祀，很誠敬的致祭而不求賜福；對於百姓，用忠信的道理來對待他們，而不要求什麼。高興來參與政事的，就讓他參與；高興來管理政事的，就讓他管理。不因人的失敗來顯出自己的成功，不因人的卑賤來表示自己的高尚，不因遭遇機會而貪利自私。現在周朝看到商殷政事混亂而就要奪取政權，引用謀略，以爵祿引誘天下人，會師孟津來誇耀武威，殺牲結盟以求相信任，宣揚自己的長處來取悅百姓，藉殺伐來求取利祿。這是以暴力來消滅禍亂呀！我聽說古代的人，遇到太平盛世而不逃避責任，遇到亂世也不苟且偷生。現在天下不明，周道德衰敗，和周一起來污辱我的行為，我不如離開以保存我高潔的行為。」兩個人向北到首陽山上隱居，於是餓死在那裡。像伯夷、叔齊這種人，對於富貴要是苟且可以得到，就不會來依賴了。清高的節操，不合世俗的行為，單獨舒暢自己的心志，不追逐奔競世事，這是兩個隱士的節操。

盜跖❶

孔子與柳下季❷為友，柳下季之弟，名曰盜跖。盜跖從卒九千人，橫行天下，侵暴諸侯，穴室樞戶，驅人牛馬，取人婦女，貪得忘親，不顧父母兄弟，不祭先祖。所過之邑，大國守城，小國入保❸，萬民苦之。孔子謂柳下季曰：「夫為人父者，必能詔❹其子；為人兄者，必能教其弟。若父不能詔其子，兄不能教其弟，則無貴父子兄弟之親矣。今先生，世之才士也，弟為盜跖，為天下害，而弗能教也，丘竊為先生羞之。丘請為先生往說之。」柳下季曰：「先生言為人父者必能詔其子，為人兄者必能教其弟，若子不聽父之詔，弟不受兄之教，雖今先生之辯，將柰之何哉！且跖之為人也，心如涌泉，意如飄風，強足以拒敵，辯足以飾非，順其心則喜，逆其心則怒，易辱人以言。先生必無往。」孔子不聽，顏回為馭，子貢為右，往見盜跖。盜跖乃方休卒徒大山之陽，膾人肝而餔❺之。孔子下車而前，見謁者曰：「魯人孔丘，聞將軍高義，敬再拜謁者。」謁者入通，盜跖聞之大怒，目如明星，髮上指冠，曰：「此夫魯國之巧偽人孔丘非邪？為我告之：『爾作言造語，妄稱文武，冠枝木之冠，帶死牛之脅❻，多辭繆說，不耕而食，不織而衣，搖脣鼓舌，擅生是非，以迷天下之主，使天下學士不反其本，妄作孝弟而儌倖❼於封侯富貴者也。子之罪大極重❽，疾走歸！不然，我將以子肝益晝餔之膳！』」孔子復通曰：「丘得幸於季，願望履幕下。」謁者復通，盜跖曰：「使來前！」孔子趨而進，避席反走，再拜盜跖。盜跖大怒，兩展其足，案劍瞋目，聲如乳虎，曰：「丘來前！若所言，順吾意則生，逆吾心則死。」孔子曰：「丘聞之，凡天下有三德：生而長大，美好無雙，少長貴賤見而皆說之，此上德也；知維天地，能辯諸物，此中德也；勇悍果敢，聚眾率兵，此下德也。凡人有此一德者，足以南面稱孤矣。今將軍兼此三者，身長八尺二寸，面目有光，脣如激❾丹，齒如齊貝，音中黃鐘，而名曰盜跖，丘竊為將軍恥不取焉。將軍有意聽臣，臣請南使吳越，北使齊魯，東使宋衛，西使晉楚，使為將軍造大城數百里，立數十萬戶之邑，尊將軍為諸侯，與天下更始，罷兵休卒，收養昆弟，共祭先祖。此聖人才士之行，而天下之願也。」盜跖大怒曰：「丘來前！夫可規以利而可諫以言者，皆愚陋恆民之謂耳。今長大美好，人見而說之者，此吾父母之遺德也。丘雖不吾譽，吾獨不自知邪？且吾聞之，好面譽人者，亦好背而毀之。今丘告我以大城眾民，是欲規我以利而恆民畜我也，安可長久也！城之大者，莫大乎天下矣。堯舜有天下，子孫無置錐之地；湯武立為天子，而後世絕滅；非以其利大故邪？且吾聞之，古者禽獸多而人少，於是民皆巢居以避之，晝拾橡栗，暮棲木上，故命之曰有巢氏之民。古者民不知衣服，夏多積薪，冬則煬之，故命之曰知生之民。神農之世，臥則居居，起則于于，民知其母，不知其父，與麋鹿共處，耕而食，織而衣，無有相害之心，此至德之隆也。然而黃帝不能致德，與蚩尤戰於涿鹿之野，流血百里。堯舜作，立群臣；湯放其主，武王殺紂。自是之後，以強陵弱，以眾暴寡。湯武以來，皆亂人之徒也。今子修文武之道，掌天下之辯，以教後世，縫衣淺帶⑩，矯言偽行，以迷惑天下之主，而欲求富貴焉，盜莫大於子。天下何故不謂子為盜丘，而乃謂我為盜跖？子以甘辭說子路而使從之，使子路去其危冠，解其長劍，而受教於子，天下皆曰孔丘能止暴禁非。其卒之也，子路欲殺衛君而事不成，菹於衛東門之上，是子教之不至也。子自謂才士聖人邪？則再逐於魯，削跡於衛，窮於齊，圍於陳蔡，不容身於天下。子教子路菹此患，上無以為身，下無以為人，子之道豈足貴邪？世之所高，莫若黃帝，黃帝尚不能全德，而戰涿鹿之野，流血百里。堯不慈，舜不孝，禹偏枯，湯放其主，武王伐紂，文王拘羑里。此六子⑪者，世之所高也，孰論之，皆以利惑其真而強反其情性，其行乃甚可羞也。世之所謂賢士，伯夷、叔齊。伯夷、叔齊辭孤竹之君至餓死於首陽之山，骨肉不葬。鮑焦⑫飾行非世，抱木而死。申徒狄諫而不聽，負石自投於河，為魚鼈所食。介子推至忠也，自割其股以食文公，文公後背之，子推怒而去，抱木而燔死⑬。尾生⑭與女子期於梁下，女子不來，水至不去，抱梁柱而死。此六者，無異於磔犬流豕操瓢而乞者，皆離⑮名輕死，不念本養壽命者也。世之所謂忠臣者，莫若王子比干、伍子胥。子胥沉江，比干剖心⑯，此二子者，世謂忠臣也，然卒為天下笑。自上觀之，至於子胥、比干，皆不足貴也。丘之所以說我者，若告我以鬼事，則我不能知也；若告我以人事者，不過此矣，皆吾所聞知也。今吾告子以人之情：目欲視色，耳欲聽聲，口欲察味，志氣欲盈。人上壽百歲，中壽八十，下壽六十，除病瘦⑰死喪憂患，其中開口而笑者，一月之中不過四五日而已矣。天與地無窮，人死者有時，操有時之具而託於無窮之間，忽然無異騏驥之馳過隙也。不能說其志意，養其壽命者，皆非通道者也。丘之所言，皆吾之所棄也，亟去走歸，無復言之！子之道，狂狂汲汲⑱，詐巧虛偽事也，非可以全真也，奚足論哉！」孔子再拜趨走，出門上車，執轡三失，目芒然無見，色若死灰，據軾⑲低頭，不能出氣。歸到魯東門外，適遇柳下季。柳下季曰：「今者闕然數日不見，車馬有行色，得微往見跖邪？」孔子仰天而歎曰：「然。」柳下季曰：「跖得無逆女意若前乎？」孔子曰：「然。丘所謂無病而自灸也，疾走料虎頭，編虎須⑳，幾不免虎口哉！」

子張㉑問於滿苟得㉒曰：「盍不為行？無行則不信，不信則不任，不任則不利。故觀之名，計之利，而義真是也。若棄名利，反之於心，則夫士之為行，不可一日不為乎！」滿苟得曰：「無恥者富，多信者顯。夫名利之大者，幾在無恥而信。故觀之名，計之利，而信真是也。若棄名利，反之於心，則夫士之為行，抱其天乎！」子張曰：「昔者桀紂貴為天子，富有天下，今謂臧聚㉓曰，女行如桀紂，則有怍色，有不服之心者，小人所賤也。仲尼墨翟，窮為匹夫，今謂宰相曰，子行如仲尼墨翟，則變容易色稱不足者，士誠貴也。故勢為天子，未必貴也；窮為匹夫，未必賤也；貴賤之分，在行之美惡。」滿苟得曰：「小盜者拘，大盜者為諸侯，諸侯之門，仁義存焉。昔者桓公小白殺兄入嫂㉔而管仲為臣，田成子常殺君竊國㉕而孔子受幣。論則賤之，行則下之，則是言行之情悖戰於胷中也，不亦拂㉖乎！故書曰：『孰惡孰美？成者為首，不成者為尾。』」子張曰：「子不為行，即將疏戚無倫，貴賤無義，長幼無序；五紀六位㉗，將何以為別乎？」滿苟得曰：「堯殺長子㉘，舜流母弟㉙，疎戚有倫乎？湯放桀，武王殺紂，貴賤有義乎？王季為適㉚，周公殺兄㉛，長幼有序乎？儒者偽辭，墨者兼愛，五紀六位將有別乎？且子正為名，我正為利。名利之實，不順於理，不監㉜於道。吾日與子訟於无約㉝曰：『小人殉財，君子殉名。其所以變其情，易其性，則異矣；乃至於棄其所為而殉其所不為，則一也。』故曰：無為小人，反殉而天；無為君子，從天之理。若枉若直，相而天極；面觀四方，與時消息。若是若非，執而圓機[34]；獨成而意，與道徘徊[35]。無轉而行，無成而義，將失而所為。無赴而富，無徇而成，將棄而天。比干剖心，子胥抉眼[36]，忠之禍也；直躬證父[37]，尾生溺死，信之患也；鮑子立乾，勝子不自理，廉之害也；孔子不見母[38]，匡子不見父[39]，義之失也。此上世之所傳，下世之所語，以為士者正其言，必其行，故服其殃，離[40]其患也。」

无足[41]問於知和[42]曰：「人卒未有不興名就利者。彼富則人歸之，歸則下之，下則貴之。夫見下貴者，所以長生安體樂意之道也。今子獨無意焉，知不足邪，意知而力不能行邪，故推正不忘邪？」知和曰：「今夫此人以為與己同時而生，同鄉而處者，以為夫絕俗過世之士焉；是專無主正，所以覽古今之時，是非之分也，與俗化世，去至重，棄至尊，以為其所為也；此其所以論長生安體樂意之道，不亦遠乎！慘怛[43]之疾，恬愉之安，不監於體；怵惕之恐，欣懽之喜，不監於心；知為為而不知所以為，是以貴為天子，富有天下，而不免於患也。」無足曰：「夫富之於人，無所不利，窮美究勢，至人之所不得逮，聖人之所不能及，俠人之勇力而以為威強，秉人之智謀以為明察，因人之德以為賢良，非享國而嚴若君父。且夫聲色滋味權勢之於人，心不待學而樂之，體不待象而安之。夫欲惡避就，固不待師，此人之性也。天下雖非我，孰能辭之！」知和曰：「知者之為，故動以百姓，不違其度，是以足而不爭，無以為故不求。不足故求之，爭四處而不自以為貪；有餘故辭之，棄天下而不自以為廉。廉貪之實，非以迫外也，反監之度。勢為天子而不以貴驕人，富有天下而不以財戲人。計其患，慮其反，以為害於性，故辭而不受也，非以要名譽也。堯舜為帝而雍[44]，非仁天下也，不以美害生也；善卷、許由[45]得帝而不受，非虛辭讓也，不以事害己。此皆就其利，辭其害，而天下稱賢焉，則可以有之，彼非以興名譽也。」無足曰：「必持其名，苦體絕甘，約養以持生，則亦久病長阨而不死者也。」知和曰：「平為福，有餘為害者，物莫不然，而財其甚者也。今富人，耳營鐘鼓筦籥之聲，口嗛(46)於芻豢醪醴之味，以感其意，遺忘其業，可謂亂矣；侅溺於馮氣(47)，若負重行而上也(48)，可謂苦矣；貪財而取慰(49)，貪權而取竭，靜居則溺，體澤則馮，可謂疾矣；為欲富就利，故滿若堵耳而不知避，且馮而不舍，可謂辱矣；財積而無用，服膺而不舍，滿心戚醮(50)，求益而不止，可謂憂矣；內則疑刼請之賊，外則畏寇盜之害，內周樓疏(51)，外不敢獨行，可謂畏矣。此六者，天下之至害也，皆遺忘而不知察，及其患至，求盡性竭財，單以反一日之無故而不可得也。故觀之名則不見，求之利則不得，繚(52)意絕體而爭此，不亦惑乎！」

【注釋】❶盜跖　《史記．伯夷列傳》說盜跖是黃帝時大盜。本篇說盜跖是柳下季弟弟，時代不合，就是孔子和柳下季也不同時，可以說都是寓言。歸有光說：「本篇都是說不矯戾行為，傷害本性，以求聲名富貴。」

❷柳下季　即柳下惠。姓展名禽，食采柳下，所以稱柳下季，也有說是因居住在柳下，所以就稱呼為柳下，惠

是謚號。❸保　小城。❹詔　教。❺餔　吃晚餐叫餔。❻冠枝木之冠二句　謂浮華雕飾，華葉繁茂，好像樹枝，所以叫枝木之冠。脅，肋。帶死牛之脅，謂用牛皮做革帶。❼儌倖　希望的意思。❽罪大極重　俞樾說：「極當作殛。」殛，誅的意思。謂罪大而誅重。❾激　明。❿縫衣淺帶　縫衣是儒服，寬而長大。縫也作「槰」。淺帶，謂縫帶使淺狹。⓫此六子　一本作「此七子」。近人認為「文王拘羑里」是後人妄添。據《史記》說：「紂無道，西伯文王為之嘆息，崇侯去密告，紂於是囚文王在羑里。」羑里在今河南彰德縣。⓬鮑焦　姓鮑，名焦。周時隱士。《韓詩外傳》說：「鮑焦荷擔采樵，檢橡子充飢，子貢遇到說：『吾聞非議政治的人，不到他國家土地，批評國君的，不受他利祿。現在你到了他國家土地，食其利祿可以嗎？』鮑焦說：『我聽說廉士重進而輕退，賢人易愧而輕死。』於是抱木立枯。」⓭介子推至忠也五句　文公即晉文公重耳，遭驪姬之難，出亡十九年，曾經絕食，介子推割腿肉給他吃，返國後，封賜跟從的人，把介子推忘掉了。子推也不說，逃到綿山隱居，等文公想起，派人去找，子推不肯下山。文公放火燒山，希望他逃出來，沒有想到子推卻抱樹燒死。⓮尾生　一作「微生」。《戰國策》作「尾生高」，魯國人。⓯離　與「麗」通。⓰比干剖心　見〈人間世〉注⓾。⓱瘦　王念孫說：「瘦當作瘐。瘐亦病也。」⓲狂狂汲汲　狂狂，失信。汲汲，不足的意思。⓳據軾　謂依靠車前橫木而坐。軾是車前橫木。⓴須　同「鬚」。㉑子張　孔子弟子。姓顓孫，名師，字子張。㉒滿苟得　姓滿，名苟得。假託為姓名。謂苟且貪得以滿足其心。㉓臧聚　謂臧獲盜濫竊聚的人。㉔桓公小白殺兄入嫂　齊桓公，名小白，殺兄子糾。入嫂，謂以嫂為家室。㉕田成子常殺君竊國　田成就是陳恒。見〈胠篋〉注⓫。㉖拂　拂戾。㉗五紀六位　五紀就是五倫，六位就是六紀。五倫即祖、父、身、子、孫。有的說是仁、義、禮、智、信五德。六紀是君臣、父子、夫婦，有的說是父母、兄弟、夫妻。㉘堯殺長子　崔譔說：「堯殺長子監考明。」㉙舜流母弟　弟就是象。孟子說是封，有的說是流放。㉚王季為適　王季，是周太王庶子季歷，就是文王的父親。太伯仲雍讓位不立，所以王季為適。適同「嫡」。㉛周公殺兄　謂誅管、蔡的事。參見《史記・管蔡世家》。㉜監　明。㉝日與子訟於无約　俞樾說：「日猶日者。」按一本日作「昔」。訟，辯論。无約，是託名，謂無拘約而聽於自然之道。㉞圓機　環中的意思。㉟與道徘徊　徘徊，轉變的意思。與道徘徊，謂與道過往。㊱比干剖心二句　比干剖心見前注。子胥忠諫夫差，夫差殺之。子胥說：「我死後，懸頭吳門東。要眼看越兵滅吳。」夫差恨他，把眼剜去，讓他看不見。因此說子胥抉眼。㊲直躬證父　躬的父親盜羊，躬出證明。事見《論語・子路》。㊳孔子不見母　孔子應聘周遊列國，母臨終，孔子未見。俞樾說：「孔子疑為仲子之誤。」即避兄離母的陳仲子。㊴匡子不見父　匡子，姓匡，名章，齊國人。諫諍其父，其父不從，被父憎嫌，於是出外遊學，其父臨終而未及見。㊵離　同「罹」。遭遇的意思。㊶无足　謂貪婪的人，不知足。㊷知和　謂知中和之道，守分清廉的人。都是假設的人名。㊸慘怛　悲傷。㊹雍　王念孫說：「雍當為推。謂推位於善卷、許由。」今譯文從之。㊺善卷許由　善卷見〈讓王〉注❺。許由見〈逍遙遊〉注㊸。㊻嗛　足，快意的意思。㊼侅溺於馮氣　侅溺，謂沉溺之深。馮氣，盛氣的意思。㊽若負重行而上也　一本上字下有坂字。㊾慰　章太炎說：「慰，怨的意思。」一本慰作「辱」。㊿慼醮　煩惱的意思。奚侗說：「醮，醮是的誤字。」醮顇，憂的意思。(51)內周樓疏　李頤說：「重樓內帀，疏窗外通。謂設備守具。」(52)繚　纏。謂纏束其志意。

【語　譯】孔子和柳下季是朋友，柳下季的弟弟，名叫盜跖。盜跖有部屬九千人，橫行天下，侵略暴奪諸侯，打家劫舍，搶人牛馬，擄人婦女，貪利忘記了親戚，不顧父母兄弟，不祭祀祖先。所經過的地方，大國嚴守城池，小國保守治邑，百姓都引以為苦。孔子對柳下季說：「做人父親的，必定能夠管他的兒子。做人哥哥的，必定能教他的弟弟。假使做父親的不能管他的兒子，做哥哥的不能教他的弟弟，那就無所謂父子兄弟的關係了。現在先生是當世的才士，弟弟做盜賊首領，傷害天下人而不能教他，我真替先生感到羞恥，我願意替先生去勸說他。」柳下季說：「先生說做人父親的必定能夠管他的兒子，做人哥哥的必定能夠教他的弟弟，但是假使兒子不聽父親的管束，弟弟不接受哥哥的教導，即使像先生你這樣會說話，又有什麼辦法呢？而且跖的為人，心智像湧泉一樣的無窮，意志像飄風一樣的不定，強勇足以抵抗敵人，才智足以掩飾過錯，順從他的心意就高興，違背他的心意就發怒，容易用語言侮辱人，先生你不要去。」孔子不聽，叫顏回駕車，子貢在右，去見盜跖。盜跖正和部屬在太山的南面休息，在那裡煮人的心肝吃飯。孔子下車，走到前面去，見了隨從的人說：「魯國人孔丘，聽說將軍義行高超，特地來拜見。」隨從的人進去通報，盜跖聽了大怒，氣得眼睛亮得像明星，頭髮像要把帽子衝掉的樣子，說：「這不就是魯國那位巧詐虛偽的孔丘嗎？替我告訴他：『你巧作語言，妄造文字，假託效法文王、武王，戴著像樹枝樣浮華的帽子，圍著大牛皮的帶子，繁瑣的文辭，錯誤的論說。不耕田而吃飯，不織布而穿衣，誇耀口辯，搬弄是非，迷惑天下的君主，使天下的學士不能返復本性，假託孝悌的聲名，希望得到封侯的富貴。你的罪孽極其深重，趕快走吧！不然的話，我將把你的肝臟當做午餐了。』」孔子再請通報說：「我榮幸和柳下季結交，希望能夠進去拜見。」隨從的人再為通報，盜跖說：「讓他進來。」孔子俯身向前，又離開席位退後，拜見盜跖。盜跖大怒，伸開兩腳，扶著劍，張大眼睛，聲音像小老虎，說：「你前來。你所說的，順從我的意思，就讓你活命，違背我的意思就要處死。」孔子說：「我聽說，天下有三種美德：生下長大，美好無雙，無論老少貴賤，見了都喜歡他，這是上德。智慧包羅天地，能辨別一切事理，這是中德。勇猛慓悍，果決敢為，聚集徒眾，率領兵卒，這是下德。凡人具有一種美德，就可以即君位而治理國家了。現在將軍兼具這三種美德，身長八尺二寸，面目有光彩，嘴唇像朱砂紅色，牙齒整齊像珠貝，聲音洪大，合乎黃鐘，而名稱卻叫盜跖，我為將軍羞恥而不以為然。將軍有意聽我的意見，我願往南出使吳越，向北出使齊魯，東去出使宋衛，西去出使晉楚，讓他們為將軍造大城，寬廣數百里，建立幾十萬戶的城邑。尊封將軍為諸侯，使天下人重新開始生活，停止戰爭，休息士卒，收養兄弟，供奉祭祀祖先。這是聖人才士的行為，天下人的希望啊！」盜跖大怒說：「丘，上前來！你要知道可以用利祿去規勸，可以用語言去諫正的，都是愚昧、鄙陋、平庸的人民罷了。我長大美好，人見了就喜悅的，這是我父母遺留的德性，你即使不稱讚我，我自己難道不知道嗎？而且我聽說：『喜歡當面稱讚別人的，也喜歡背後毀謗別人。』現在你告訴我可以有大的城邑，眾多的人民，是用利祿規勸我，把我看做平庸的人，怎麼可以長久呢？城邑大的，沒有比天下更大的了。堯、舜擁有天下，他的子孫沒有立錐的地方；湯、武立為天子，而後世滅絕。這不是因為有大利祿的嗎？而且我聽說古代禽獸多，百姓少，於是百姓都居住在樹巢上而逃避野獸。白天揀橡栗子吃，晚上睡樹巢上，所以名叫有巢氏的人民。古代百姓不知道穿衣服，夏天多積存木材，冬天燃燒禦寒，所以名叫知道生存的百姓。神農的時代，百姓安靜的睡臥，舒服安適的起來。百姓只知有母親，不知有父親，和麋鹿共處，耕田而吃，織布而穿，沒有相害的心意，這是道德極盛的時代了。但是到了黃帝，不能繼承這種美德，和蚩尤在涿鹿的曠野打戰，流血百多里。堯舜時代，建立群臣百官。湯流放他的國君，武王殺紂。從此以後，強大的欺淩弱小，眾多的侵略少數。湯武以來，都是禍亂的徒眾呀！現在你修習文王、武王的大道，掌握天下的言論，以為後世的教材。穿著儒家寬大的衣服，淺狹的帶子，矯戾的言論，虛偽的行為，以迷惑天下的君主，而想求得富貴，最大的盜賊就是你了。天下為什麼不稱你叫盜丘，而稱我為盜跖呢？你用動聽的言辭勸說子路，使他跟從你，讓子路拋棄高的帽子，解掉長劍，而跟你受教。天下都說孔丘能夠阻止侵暴，禁止禍亂。

到了末了，子路要殺國君而沒有成功，自己反而在衛國東門被剁成肉醬，這是你的教育沒有成功。你自命是才士聖人嗎？兩次被魯國免職，在衛國受『削跡』的恥辱，在齊國困窮，在陳、蔡之間被圍困，不能在天下之中容身。你教導子路遭受剁成肉醬的禍患，既不能立身，又何以為人，你的道理哪裡值得聽從呢？世間所推崇的，莫過於黃帝了，黃帝尚且不能德行完備，而在涿鹿地方興起戰爭，流血百餘里。堯不慈，殺長子考監明，舜不孝，娶親不告訴父母，禹勞形治水，以致半身不遂，湯把國君放逐到南巢，武王伐紂，文王被禁拘在羑里。這六個君子，都是世人所推崇的，但是詳細的看起來，也都是因利祿而迷失了本真。極力的違反了他們的性情，他們的行為，仍舊是羞恥的。世上所說的賢士，要提到伯夷、叔齊了。伯夷、叔齊辭讓孤竹的國君而餓死在首陽山上，屍體沒有埋葬。鮑焦行為清高，非議俗世，抱著樹木枯死。申徒狄不聽勸諫，背石投河自殺，屍體被魚鼈吃掉。介之推是最忠心的了，自己割腿上肉給文公吃，文公以後忘記了他，之推憤怒離開，抱著樹木被燒死。尾生和女子相約在橋樑下會面，女子不來，當大水來了，他不離開，抱著橋柱死了。這六個人，無異是被殺的狗，沉水的豬，拿著瓢子討飯的人，都是貪利求名而輕生，不念本根而頤養天年的人啊！世間所說的忠臣，沒有比王子比干、伍子胥更忠心了，但是子胥被沉江，比干被剖心，這兩個人，世人都認為是忠臣，但終竟被天下人所恥笑。從以上種種情形看起來，以及子胥、比干，都是不足稱道的。你來勸說我的，假使告訴我鬼的故事，我不能知道；假使告訴我人間的事，不過如此罷了，都是我已經知道的了。現在我告訴你人的情性吧：眼睛要看顏色，耳朵要聽聲音，口裡要辨察味道，志氣要充滿。人的壽命，高的不過一百，其次八十，其次六十，除了疾病痛苦遭遇死喪憂患以外，其間能夠歡樂開口笑的，一個月之中也不過

四、五天而已。天地是無窮無盡的，人的生命是有限度的，拿有限度的生命寄託在無窮盡的天地之間，迅速得像千里馬跑過空隙一樣。不能舒適自己的意志，頤養天然壽命的，都不是通達道理的人。你所說的，都是我所揚棄的，趕快回去吧！不要再說了，你的道理，狂妄不足信，都是詐巧虛偽的事情，並不可以保存真性，不值得談論的啊！」孔子拜別，很快地離開，出門上車，（精神恍惚，）繮繩不覺掉了三次，眼睛茫然不見，面色像死灰一般，靠著軾，低著頭，氣息微弱。回到魯國東門外，恰巧遇到柳下季。柳下季說：「最近好幾天沒有見面，車馬像遠行的樣子，恐怕是去看跖了嗎？」孔子抬頭向天嘆息說：「是的。」柳下季說：「跖是不是不合你的意思，冒犯了你，像我從前所講的那樣嗎？」孔子說：「對的，我所謂沒有病而自己用艾來燒，急忙地去觸虎頭，捋虎鬚，而幾乎被虎口吃掉的呀！」

子張問滿苟得說：「為什麼不勤修德行呢？沒有德行就不能受人相信任用，不能受人相信任用，就不能得到利祿。所以觀察聲名，統計利祿的由來，仁義才是根本的啊！假使不圖名利，反躬自省，那讀書人的行為，還是不可以一天不行仁義的啊！」滿苟得說：「無恥的人多富有，誇言過實的人多顯達。名利最大的，幾乎都是由於無恥多言而來。所以觀察聲名，統計利祿，多言才是根本的。假使不圖名利，反躬自省，那讀書人的行為，只有抱守自然的本性了。」子張說：「從前桀紂，貴為天子，富擁天下，現在要是對盜竊的小人說：『你的行為像桀紂。』就有慚愧的顏色，有不服氣的樣子，（桀紂的行為）是小人所輕視的啊！孔子、墨翟，是困窮的平民，現在對宰相說：『你的行為像孔墨。』就改變容色說自己夠不上，讀書人的行為，是可尊貴的啊！所以有天子的權勢，未必可貴；困窮的平民，未必卑賤。貴賤的區別，在於行為的好壞。」滿苟得說：「小盜被拘囚，大盜卻做諸侯。諸侯家裡所做的，都合乎仁義。從前桓公小白殺了他哥哥，收納他嫂嫂，而賢人管仲做他的臣子。田成子常殺國君而竊據君位，而聖人孔子卻接受他的幣帛。評論時輕視它，實行時自己又這樣做，這是語言和行為的情實交戰在胸中，不是相互矛盾嗎？所以古書上說：『誰好誰壞呢？成功的就是稱讚的目標，不成功的就是被攻擊的對象。』」子張說：「你不修飾行為，將會親戚疏遠，沒有倫理，貴賤無別，不合事宜。長幼先後沒有次序。五倫六紀，要怎麼分別呢？」滿苟得說：「堯殺長子，舜放逐弟弟，這樣是親疏有倫嗎？湯放逐桀，武王殺紂，這樣是貴賤合宜嗎？王季佔奪嫡位，周公殘殺哥哥，這樣是長幼有次序嗎？儒家的虛偽言辭，墨家的兼愛，這樣五倫六紀有分別嗎？而且你正在求名，我正在求利，名利的事實，都與理不合，不明大道。我從前和你辯論約定說：『小人為財犧牲，君子為名犧牲。他們所追逐的事物和性情本質，雖然不同，至於他們犧牲自己生命去追逐外物，卻是一樣的。』所以說，不要像小人逐利，要反身順從你的本性，不要像君子求名，應該順從自然的道理，無論是曲是直，要幫助你的本性順應自然。觀看四方，隨著四時的變化而俱往。無論或是或非，要執守環中的道理，用獨化之心以成其意。隨道轉變，不要轉變你的行為，不要去學仁義之道，那將要失掉你的真性。不要追逐富貴，不要急求成功，那是背棄自然之道的。比干被剖心，子胥被挖眼，這是忠君的禍患。直躬證明父親偷羊，尾生守信而死，這是誠信的禍患。鮑焦抱樹枯死，申生不肯伸辯而死，這是廉潔的禍患。孔子沒有看到母親，匡子沒有看到父親，這是仁義的禍患。這許多都是古代的遺留，而為後世所傳說，認為是讀書人因為語言正直，行為果決，所以才遭災殃而受到禍患的啊！」

无足問知和說：「眾人沒有不求名就利的。假使他是富有，大家就歸附他，歸附就做他下屬，做他的下屬他就尊貴起來了，受人奉迎尊崇的，是保生長壽，安逸形體，快適心意的道理啊！現在你居然沒有這種意向，是智慧不足呢？還是知道而力量不能做到，故意推求正道念念不忘呢？」知和說：「現在假定有一個富貴的人，自以為和他同時出生，同鄉相處，於是就認為是個超群絕世的人了。這種是專愚無主不求正道的人。用這種觀念來看古今的時代，觀察是非的分際，只是隨世俗遷化，拋棄最重要的生命，最尊高的大道，去做分外的事，這樣和他論保生長壽，安逸形體，快適心意的道理，相差不是太遠了嗎？憂傷的疾病，愉悅的心情，不在形體上表現。驚懼的心情，歡欣的喜樂，不由內心來覺察。知道有為，不知道無為，所以即使貴為天子，富有天下，仍然不能免於禍患啊！」无足說：「那富有的人，無所不利，擁有天下的善美，人間的威勢，至德的人所不能達到，賢人所不能企及，依仗別人的勇力，為自己的威力，掌握別人的智謀，以為自己是明察的，靠著別人的道德，以為自己是賢良的，雖然沒有國土而尊嚴卻像國君一樣。而且那聲色滋味權勢對於人，心裡不必學習就覺得悅樂，形體不必模仿就覺得安適。那愛好、厭惡、逃避、趨赴，本來就不必老師教導就會的，這是人的本性。天下雖然認為我的議論不對，但誰能避免呢？」知和說：「知者所做的，是因百姓的需要而行事，而且不違背法度，所以知足而不爭奪，無所為而不外求，不知足才去追求，四處爭奪而不知自己貪心。道德充實所以辭讓外物，拋棄天下不認為是廉潔，廉潔和貪心的實質，不是由於外物的影響，而是由於各人內心的稟性不同。有天子的權勢，不以尊貴而驕傲人，富有天下，不以財貨戲弄人。權衡禍患，反覆考慮，認為傷生害性，所以辭讓而不接受，並不是求取聲名啊！堯、舜做帝王而推辭，並不是對天下仁愛，是不因為華美而殘害生命。善卷、許由得到帝位而不接受，不是虛意辭讓，是不因為政事傷害自己。

這都是趨利辭害，而天下人才稱讚他們賢明，這是他們原有避害的心理，實在沒有求名的意念啊！」无足說：「如果必定要保持聲名，勞苦形體，斷絕享受，儉約攝養，勉強生存，這是久病長困而不死罷了。」知和說：「均平是福，有餘是害，凡物都是這樣的，而財貨為害尤大。現在富人，耳朵要聽鐘鼓管籥的樂聲，嘴巴要吃牛羊美酒的厚味，以舒快他的心意，遺誤他的正業，可以說是迷亂了。沉溺而盛氣，像是背負重物走上山坡，可以說是勞苦了。貪取財寶，自取侮辱，羨慕權勢，竭盡情慮，安靜閒居就形體沉溺，形體充盈就心生憤懣，可以說是疾病了。想求富而逐利，內心充塞像牆堵隔著而不知道避免，而且貪求無厭，可以說是恥辱了。積聚貨財而沒有使用，還從事營求而不捨，滿心憂戚煩惱，求增益而不停止，可以說是憂心了。家裡恐怕小偷盜竊，外面畏懼寇盜賊害，內面則嚴密防守，樓固窗疏，不敢在外單獨行動，可以說是畏懼了。這六種，是天下最大的禍害，一般人都忘記而不知道審察，等到禍患來了，想挖盡心思，竭盡錢財，只求一天的無事也不能得到了。所以從名聲上說看不到，從利祿上說也得不到，反要極力委屈心身去爭求，這不是大迷惑嗎？」

說劍❶

昔趙文王❷喜劍，劍士夾門而客三千餘人，日夜相擊於前，死傷者歲百餘人，好之不厭。如是三年，國衰，諸侯謀之。太子悝❸患之，募左右曰：「孰能說王之意止劍士者，賜之千金。」左右曰：「莊子當能。」太子乃使人以千金奉莊子。莊子弗受，與使者俱，往見太子曰：「太子何以教周，賜周千金？」太子曰：「聞夫子明聖，謹奉千金以幣從者。夫子弗受，悝尚何敢言！」莊子曰：「聞太子所欲用周者，欲絕王之喜好也。使臣上說大王而逆王意，下不當太子，則身刑而死，周尚安所事金乎？使臣上說大王，下當太子，趙國何求而不得也！」太子曰：「然。吾王所見，唯劍士也。」莊子曰：「諾。周善為劍。」太子曰：「然吾王所見劍士，皆蓬頭突鬢垂冠❹，曼胡之纓❺，短後之衣，瞋目而語難，王乃說之。今夫子必儒服而見王，事必大逆。」莊子曰：「請治劍服。」治劍服三日，乃見太子。太子乃與見王，王脫白刃待之。莊子入殿門不趨，見王不拜。王曰：「子欲何以教寡人，使太子先？」曰：「臣聞大王喜劍，故以劍見王。」王曰：「子之劍何能禁制？」曰：「臣之劍，十步一人❻，千里不留行。」王大說，曰：「天下無敵矣！」莊子曰：「夫為劍者，示之以虛，開之以利，後之以發，先之以至。願得試之。」王曰：「夫子休就舍，待命令設戲請夫子。」王乃校劍士七日，死傷者六十餘人，得五六人，使奉劍於殿下，乃召莊子。王曰：「今日試使士敦劍❼。」莊子曰：「望之久矣。」王曰：「夫子所御❽杖，長短何如？」曰：「臣之所奉皆可。然臣有三劍，唯王所用，請先言而後試。」王曰：「願聞三劍。」曰：「有天子劍，有諸侯劍，有庶人劍。」王曰：「天子之劍何如？」曰：「天子之劍，以燕谿石城❾為鋒，齊岱為鍔，晉魏為脊，周宋為鐔，韓魏為夾；包以四夷，裹以四時；繞以渤海，帶以常山⑩；制以五行，論以刑德；開以陰陽，持以春夏，行以秋冬。此劍，直之無前，舉之無上，案之無下，運之無旁，上決浮雲，下絕地紀。此劍一用，匡諸侯，天下服矣。此天子之劍也。」文王芒然自失，曰：「諸侯之劍何如？」曰：「諸侯之劍，以知勇士為鋒，以清廉士為鍔，以賢良士為脊，以忠勝士為鐔，以傑豪士為夾。此劍，直之亦無前，舉之亦無上，案之亦無下，運之亦無旁；上法圓天以順三光，下法方地以順四時，中知民意以安四鄉⑪。此劍一用，如雷霆之震也，四封之內，無不賓服而聽從君命者矣。此諸侯之劍也。」王曰：「庶人之劍何如？」曰：「庶人之劍，蓬頭突鬢垂冠，曼胡之纓，短後之衣，瞋目而語難。相擊於前，上斬頸領，下決肝肺。此庶人之劍，無異於鬥雞，一旦命已絕矣，無所用於國事。今大王有天子之位而好庶人之劍，臣竊為大王薄之。」王乃牽而上殿。宰人上食，王三環之。莊子曰：「大王安坐定氣，劍事已畢奏矣。」於是文王不出宮三月，劍士皆服斃其處也。

【注釋】❶說劍　本篇以劍術諷諫趙王當以天下國家為意，不可以小道而亡國，文意淺陋，類似戰國辯士的言辭。後人都以為是偽作，並不重視。❷趙文王　就是趙惠王，名何，趙武靈王的兒子。好擊劍術，國漸衰敗。❸太子悝　悝，趙太子名。俞樾說：「趙惠文王以後是孝成王圓，太子悝大概沒有即位。」❹垂冠　壓低帽子，因為要鬥劍，所以帽子低傾。❺曼胡之纓　纓是冠纓。曼胡，堅固的意思。❻十步一人　據司馬彪注：「步字下當有殺字。」❼敦劍　敦，斷。謂敦斷劍術的勝負。❽御　用。❾燕谿石城　燕谿，地名，燕國地。石城在塞外。❿常山　北岳。⓫四鄉　四方的意思。

【語譯】從前趙文王喜歡劍術，劍士聚居在宮廷的有三千人，日夜在趙王面前擊劍，死傷的一年就有百多人，仍舊喜好不倦。這樣下去有三年，國家因此逐漸衰微，諸侯也圖謀攻伐他。太子悝很憂慮。召集左右的人說：「誰能夠改變王的意思，使他停止擊劍的，我賜他千金。」左右的人說：「莊子應該可以做到。」太子於是就命人進奉千金給莊子，莊子不接受，和使者一齊來見太子，說：「太子有什麼事要叫我做，而賜我千金呢？」太子說：「聽說夫子明達睿聖，所以致贈千金給隨從的人，夫子不接受，我怎麼敢說呢？」莊子說：「聽說太子要叫我做的是要斷絕大王的愛好。假使我上勸說大王而違背他的心意，下不合於太子的要求，則身將受刑罰而死，我要千金幹什麼呢？假使我上能改變大王的心意，下又合太子的要求，那趙國那麼大，要什麼沒有呢？」太子說：「對的。但我王所接見的，只有劍士呀！」莊子說：「很好。我就會劍術。」太子說：「但是王所接見的劍士，都是頭髮披散，鬢毛突出，帽子下垂，冠纓粗亂，短後襟的上衣，瞋目怒視，話說不出來，這樣王才高興，現在夫子必定要儒服去見王，事情必定不成。」莊子說：「請先備辦劍士服裝。」準備劍服三天，才去見太子，太子就和他一起去拜見趙王，趙王抽出劍來等候他。莊子入殿門，並不俯身急走，看見趙王也不拜。趙王說：「你有什麼可以指教我的？為何勞動太子先來介紹呢？」莊子說：「我聽說大王喜歡劍術，所以就以劍術來求見王。」趙王說：「你的劍術有什麼特殊的技能呢？」莊子說：「我的劍術，十步之內，就可以殺一個人，一直到千里遠，劍鋒不缺。」趙王大喜說：「這樣天下之中沒有敵手了。」莊子說：「劍術之道，要故意露出破綻，給予敵人可乘之機，動手在敵人之後，出劍在敵人之先，希望有機會試試看。」趙王說：「夫子先到館舍休息，等我安排擊劍比賽，再去請夫子。」於是趙王使劍士比賽七天，死傷的有六十多人，最後選拔出五、六人，讓他們奉劍在殿下，命人請莊子來。趙王說：「今天試和劍士們較量勝負。」莊子說：「盼望很久了。」趙王說：「夫子所用的劍把長短怎麼樣？」莊子說：「我所用的劍隨便都可以。但是我有三把劍，任王選用，請先說明然後再試劍。」王說：「希望聽聽是哪三把劍。」莊子說：「有天子的劍，有諸侯的劍，有庶人的劍。」趙王說：「天子的劍怎麼樣？」莊子說：「天子的劍，用燕谿石城做劍端，齊國泰山做劍刃，晉國、魏國做劍背，周朝、宋國做劍環，韓國、魏國做劍鋏。用四夷包紮，用四時圍裹，用渤海環繞，以常山為帶繐，用五行來控制，用刑罰德化來論斷，用陰陽為開合。以春夏來扶持，以秋冬來肅殺。這種劍，一直向前，沒有人可抵擋，向上沒有人能躲開，刺下沒有人能避免，揮舞起來，沒有人敢靠近，上可以斷浮雲，下可以絕地脈。這種劍使用起來，可以匡正諸侯，天下歸順。這是天子的劍。」趙文王茫然失神的說：「那麼諸侯的劍怎麼樣呢？」莊子說：「諸侯的劍，用智勇之士為劍端，用清廉之士為劍刃，用賢良之士為劍背，用忠聖之士為劍環，用豪傑之士為劍鋏。這種劍，一直向前，也沒有人敢抵擋，向上也沒有人能躲開，刺下也沒有人能逃避，揮舞起來，也沒有人敢靠近。上法渾圓的天象，隨著日月星三光而發光；下法方平的地理，順著四時的運行；中間調和百姓的心意，安撫四方。這種劍使用起來，像雷霆般地震動，四海之內，沒有不歸服而聽從國君的命令的了。這就是諸侯之劍。」趙王又問：「庶人的劍又是怎麼樣呢？」莊子說：「庶人的劍就是頭髮披散，鬢毛突出，帽子下垂，冠纓粗亂，短後襟的上衣，瞋目怒視，話說不出來。在面前相擊，上斬頭頸，下刺肺肝。這是庶人的劍，和鬥雞沒有什麼不同，一旦喪失生命，對國家沒有什麼用處。現在王有天子的尊位，反而喜愛庶人的劍術，我深深為大王所不取。」趙王於是便拉著莊子上殿。掌管膳食的官員進食，趙王環繞走了三圈（，心裡慚愧吃不下去）。莊子說：「大王安靜坐下，平定氣懣，我說的劍術已經完了。」於是趙文王三個月沒有走出宮門，劍士因王不用禮相款待，都自殺死了。

漁父❶

孔子遊乎緇帷之林❷，休坐乎杏壇❸之上。弟子讀書，孔子弦歌鼓琴，奏曲未半。有漁父者，下船而來，須眉交白❹，被髮揄袂❺，行原以上，距❻陸而止，左手據膝，右手持頤以聽。曲終而招子貢子路，二人俱對。客指孔子曰：「彼何為者也？」子路對曰：「魯之君子也。」客問其族。子路對曰：「族孔氏。」客曰：「孔氏者何治也？」子路未應，子貢對曰：「孔氏者，性服忠信，身行仁義，飾禮樂，選人倫，上以忠於世主，下以化於齊民❼，將以利天下。此孔氏之所治也。」又問曰：「有土之君與？」子貢曰：「非也。」「侯王之佐與？」子貢曰：「非也。」客乃笑而還，行言曰：「仁則仁矣，恐不免其身；苦心勞形以危其真。嗚呼，遠哉其分於道也！」子貢還，報孔子。孔子推琴而起曰：「其聖人與！」乃下求之，至於澤畔，方將杖拏[8]而引其船，顧見孔子，還鄉而立。孔子反走，再拜而進。客曰：「子將何求？」孔子曰：「曩者先生有緒言而去，丘不肖，未知所謂，竊待於下風，幸聞咳唾[9]之音以卒相丘也！」客曰：「嘻！甚矣子之好學也！」孔子再拜而起曰：「丘少而好學，以致於今，六十九歲矣，無所得聞至教，敢不虛心！」

客曰：「同類相從，同聲相應，固天之理也。吾請釋吾之所有而經子之所以[10]。子之所以者，人事也。天子諸侯大夫庶人，此四者自正，治之美也，四者離位而亂莫大焉。官治其職，人憂其事，乃無所陵。故田荒室露[11]，衣食不足，征賦不屬，妻妾不和，長少無序，庶人之憂也；能不勝任，官事不治，行不清白，群下荒怠，功美不有，爵祿不持，大夫之憂也；廷無忠臣，國家昏亂，工技不巧，貢職不美，春秋後倫，不順天子，諸侯之憂也；陰陽不和，寒暑不時，以傷庶物，諸侯暴亂，擅相攘伐，以殘民人，禮樂不節，財用窮匱，人倫不飭，百姓淫亂，天子有司之憂也。今子既上無君侯有司之勢而下無大臣職事之官，而擅飾禮樂，選人倫，以化齊民，不泰多事乎！且人有八疵，事有四患，不可不察也。非其事而事之，謂之摠⑫；莫之顧而進之，謂之佞⑬；希意道言，謂之諂⑭；不擇是非而言，謂之諛⑮；好言人之惡，謂之讒⑯；析交離親，謂之賊；稱譽詐偽以敗惡人，謂之慝⑰；不擇善否，兩容頰適⑱，偷拔其所欲，謂之險。此八疵者，外以亂人，內以傷身，君子不友，明君不臣。所謂四患者：好經大事，變更易常，以挂功名，謂之叨；專知擅事，侵人自用，謂之貪；見過不更，聞諫愈甚，謂之很；人同於己則可，不同於己，雖善不善，謂之矜。此四患也。能去八疵，無行四患，而始可教已。」孔子愀然⑲而歎，再拜而起曰：「丘再逐於魯，削跡於衛，伐樹於宋，圍於陳蔡。丘不知所失，而離此四謗者何也？」客悽然變容曰：「甚矣子之難悟也！人有畏影惡跡而去之走者，舉足愈數而跡愈多，走愈疾而影不離身，自以為尚遲，疾走不休，絕力而死。不知處陰以休影，處靜以息跡，愚亦甚矣！子審仁義之間，察同異之際，觀動靜之變，適受與之度，理好惡之情，和喜怒之節，而幾於不免矣。謹修而身，慎守其真，還以物與人，則無所累矣。今不修之身而求之人，不亦外乎！」

孔子愀然曰：「請問何謂真？」客曰：「真者，精誠之至也。不精不誠，不能動人。故強哭者雖悲不哀，強怒者雖嚴不威，強親者雖笑不和。真悲無聲而哀，真怒未發而威，真親未笑而和。真在內者，神動於外，是所以貴真也。其用於人理也，事親則慈孝，事君則忠貞，飲酒則歡樂，處喪則悲哀。忠貞以功為主，飲酒以樂為主，處喪以哀為主，事親以適為主，功成之美，無一其跡矣。事親以適，不論所以矣；飲酒以樂，不選其具矣；處喪以哀，無問其禮矣。禮者，世俗之所為也；真者，所以受於天也，自然不可易也。故聖人法天貴真，不拘於俗。愚者反此。不能法天而恤[20]於人，不知貴真，祿祿而受變於俗，故不足。惜哉，子之蚤湛於人偽[21]而晚聞大道也！」孔子又再拜而起曰：「今者丘得遇也，若天幸然。先生不羞而比之服役，而身教之。敢問舍所在，請因受業而卒學大道。」客曰：「吾聞之，可與往者與之，至於妙道，不可與往者，不知其道，慎勿與之，身乃無咎。子勉之！吾去子矣，吾去子矣！」乃刺船而去，延緣葦間。顏淵還車，子路授綏，孔子不顧，待水波定，不聞拏音而後敢乘。子路旁車而問曰：「由得為役久矣，未嘗見夫子遇人如此其威[22]也。萬乘之主，千乘之君，見夫子未嘗不分庭伉禮，夫子猶有倨傲之容。今漁父杖拏逆立，而夫子曲要磬折，再拜而應，得無太甚乎？門人皆怪夫子矣，漁父何以得此乎？」孔子伏軾而歎曰：「甚矣由之難化也！湛於禮義有間矣，而朴鄙之心至今未去。進，吾語女！夫遇長不敬，失禮也；見賢不尊，不仁也。彼非至仁，不能下人，下人不精，不得其真，故長傷身。惜哉！不仁之於人也，禍莫大焉，而由獨擅之。且道者，萬物之所由也，庶物失之者死，得之者生，為事逆之則敗，順之則成。故道之所在，聖人尊之。今漁父之於道，可謂有矣，吾敢不敬乎！」

【注　釋】❶漁父　成玄英說：「漁父是越相范蠡。」阮毓崧說：「漁父就是漁翁。」本篇即以漁父為篇名。藉漁父和孔子的問答以說明不宜分外追求外物，應該固守本真而大道自存的道理。羅根澤以〈漁父〉和〈讓王〉同是表現隱逸的意思，疑著作年代相等。而漁父故事，又大都產生在秦末漢初，因而定為是漢初道家隱逸派所作的作品。❷緇帷之林　樹林鬱茂，布葉垂條，又像帷幕，所以叫緇帷之林。❸杏壇　水澤中高的地方稱為壇，那地方多杏樹，所以叫杏壇。後世以孔子講學的地方叫杏壇。在今山東曲阜縣孔子廟大成殿前。❹須眉交白　須同「鬚」。交，亦作「皎」。俱的意思。❺揄袂　揮袖的意思。❻距　至。❼齊民　平民。齊，等。❽拏　橈。就是楫，船旁撥水的器具。❾咳唾　與謦欬意思相同。見〈徐无鬼〉注⓯。❿吾之所有而經子之所以　經，理。謂試就我之所得，以討論你的所為。⓫田荒室露　荒和露是荒蕪敗露的意思。⓬摠　濫。叨濫，包攬的意思。⓭佞　強進忠諫的意思。⓮諂　屈身下人，希承人意叫諂。⓯諛　奉迎順從，不問是非。⓰讒　張揚別人的過失。⓱慝　奸慝。親近的則稱譽他，厭惡的則毀敗他。⓲兩容頰適　善惡兩皆容納，顏貌調適，沒有迎拒的表情。⓳愀然　慚悚的樣子。⓴恤　憂。㉑蚤湛於人偽　蚤同「早」。人偽謂人事的浮偽。一本無「人」字。㉒威　威同「畏」。畏是敬的意思。

【語　譯】孔子到緇帷（茂密）的樹林中去遊玩，在杏壇上坐著休息，弟子們在讀書，孔子彈琴唱歌，一曲還沒有彈完。忽然有一個漁父下船走來，鬚眉都花白了，披著頭髮，捲著衣袖，走上河岸，到陸地就坐在那裡，左手抵著膝蓋，右手支著下顎聽唱歌，曲子彈完了，就招子貢、子路，兩個人都走過去。漁父指著孔子說：「他是幹什麼的？」子路回答說：「是魯國的君子。」又問是什麼氏族。子路回答說：「是孔氏。」漁父又問：「孔氏是研究什麼的？」子路沒有回答，子貢回答說：「孔氏這個人，修養忠信的行為，躬行仁義的道理，整飭禮樂的制度，化育人材，上則忠心當世的國君，下則教育全體的平民，要造福天下。這就是孔氏所研究的事業。」又問說：「有沒有國土呢？」子貢說：「沒有。」又問：「是位輔佐君王治理國政的人嗎？」子貢說：「不是的。」漁父於是笑著走回去，一邊走一邊說：「仁則可以說是仁了，但是恐怕不能挽救自己，勞苦心志，疲弊形體，喪失自己的本真。唉！離開大道太遠了啊！」子貢回來，告訴孔子。孔子推琴站起來說：「他是聖人吧！」就走下來見他，到了水邊，那漁父正拿著篙撐開船，回頭看見孔子，就轉身站在那裡。孔子恭敬回身走，再拜前進。漁父說：「你有什麼指教？」孔子說：「剛才先生說了一些議論而去，我不賢，不知道其中道理，特地前來受教，希望聽些教言，輔佐我不及的地方。」漁父說：「唉！你是太過好學了。」孔子再拜起身說：「我少年就學習，到了今天，已經六十九歲了，還沒有聽到大道的理論，怎麼敢不虛心呢？」漁父說：「大凡物類相同，就聚集在一起，聲調相同就互相應和，這是自然的道理。我願意以我所知道的，來討論你所做的事業。你所做的事業，是人事的問題。天子、諸侯、大夫、庶人，這四種人如果各盡本分，天下就大治了；這四種人如果逾越本分，天下就大亂了。所以官吏要盡忠職守，百姓要勤奮工作，不要逾越本分（那就好了）。所以田園荒蕪，屋舍破漏，百姓衣食不足，賦稅沒有繳納，妻妾不和，長幼沒有秩序，這是庶人的憂患；能力不能勝任，官事不去辦理，行為不清白，部屬荒怠職務，功業名聲都不足稱道，爵祿不能永久保持，這是大夫的憂患；朝廷沒有忠臣，國家昏亂，百工技藝不精巧，進貢物品不完美，春秋盟會不按規定，不順從天子命令，這是諸侯的憂患；陰陽不調和，寒暑不合時，傷害農作物，諸侯強暴作亂，擅自互相攻伐，殘害百姓，禮樂沒有法度，國家財政匱乏，人倫不修，百姓淫亂，這是天子執政者的憂患。現在你既然沒有天子執政的權勢，又沒有大臣事務的官職，而擅自修飭禮樂的制度，選擇人才，教化百姓，不是太多事了嗎？而且人有八種毛病，事情有四種禍患，你不能不知道。不是應該做的事而去做，叫做摠；人不聽從而強進忠言，叫做佞；觀察別人心意而進言，叫做諂；不辨認是非而說話，叫做諛；喜歡說人的壞話，叫做讒；疏遠朋友，離開親戚，叫做賊；稱譽詐偽的人而排斥異己，叫做慝；不辨別好壞，兩面討好，暗中引發人所喜愛的，叫做險。這八種毛病，在外會擾亂別人，在內會傷害自己，君子不和他做朋友，聖明國君也不用他為臣子。所說的四種禍患，就是喜歡辦理大事，改變過去制度，以求功名，叫做叨；依仗聰明，專權行事，侵害別人，師心自用，叫做貪；有過不改，聞人勸諫而變本加厲，叫做很；和他意見相同就可以，假使意見不相同，雖然是好的也認為不好，叫做矜。這叫做四種禍患。能夠除去八種毛病，不做四種禍患的事，然後才可以談到教育。」孔子改變容色而長嘆，再拜站起來說：「我兩次不受魯國任用，在衛國受到『削跡』的恥辱，在宋國受到『伐樹』的禍患，被圍困在陳蔡，我不知道有什麼過失，會遭遇到這四種恥辱，是為什麼呢？」漁父悲傷變容說：「你真是執迷不悟的了！人有畏懼影子、厭惡腳跡而逃跑的，跑得愈多而腳跡愈多，跑得愈快而影子跟著愈緊，自以為仍然跑得慢，還是趕快跑不停，終於力盡而死。不知道到陰暗地方影子就沒有了，不知道靜止足跡就沒有了，這也太愚昧了。你沉潛仁義的中間，辨別同異的分際，觀看動靜的變化，讓收受和給與都合乎禮法，調和好惡的情感，適應喜怒的節度，然而仍舊幾乎不免於禍患。你應該謹慎修飭你自己，小心保守你的本真，讓物與人各得其自適，這樣就可以避免禍患了。現在你不修飾自己而去要求別人，不是太重視外物了嗎？」孔子變容說：「什麼叫做本真呢？」漁父說：「本真，是精誠的最高境界，不精不誠，就不能感動人。所以勉強哭的，表面雖然很悲痛，但心裡不哀傷；勉強發怒的，表面雖然很嚴厲，但實際上沒有威勢；勉強和人親愛的，表面雖然在笑，然而態度卻不和藹。真正悲痛的，即使沒有哭聲也覺得哀傷；真正憤怒的，即使沒有發出來也有威嚴；真正和人親愛的，即使沒有笑也覺得和藹。真誠存於內心，精神表現在外，所以要保守本真啊！真誠用在人理方面，奉侍雙親必定孝順，奉事國君必定忠貞，飲酒則歡樂，處理喪事則悲哀。忠貞要以事功為主，飲酒以快樂為主，處理喪事以哀為主，奉事雙親以適意為主，成功的途徑不是只有一條的啊！事親只求適意，不論做什麼；飲酒只求快樂，不講究用什麼器具；處理喪事只求表達哀心，不問禮儀。禮儀是世俗人所做的事。本真是稟受自天然，天然是不能更改的啊！所以聖人效法天然只注意本真，不拘泥於世俗。愚昧的人恰與此相反。不能效法天然而去憂恤人事，不知保守本真，卻去隨從世俗的改變，所以心裡常不能滿足。可惜呀！你早年沉溺於人為的虛文，而沒有聽到大道啊！」孔子又再拜起身說：「現在我幸能遇到先生，像是上天有意的安排。先生不以為恥辱，而認我是弟子，親自教誨，請問您住在什麼地方，讓我去聽講而曉悟大道。」漁父說：「我聽說，能夠讓人接受的就傳授給他，至於奧妙的大道，是不能讓人接受的，不知其中妙理的，千萬不可傳授，自身才可沒有禍患。你自己勉勵吧！我離開你了，我離開你了！」於是撐開船而離去，順著蘆葦慢慢的走了。顏淵倒轉車子，子路讓孔子扶著纏繩，孔子不看，等待水波靜止，沒有聽到撐船的聲音，然後才敢上車。子路在車旁問說：「我在門下服役已經很久了，從沒有看見夫子對人這麼尊敬。萬乘的君主、千乘的國君，看到夫子都是平起平坐，夫子還有高傲的臉色。現在這位漁夫，扶著篙站著，夫子卻彎腰曲背，回答說話都要恭敬再拜，豈不是太過分了嗎？」門人都奇怪，漁夫怎麼值得這樣尊敬？」孔子靠著車軾嘆息說：「子由真是不容易教化呀！沉潛禮義也有一段時間了，而樸俗鄙陋的心理還不能改變。來！我告訴你，遇長者不敬，是不知禮儀；看到賢人不尊，是沒有仁心，如果他不是至人，就不能讓人謙遜，謙遜要是不精誠，就不能得到本真，因此就常常傷害自身。可惜呀！對人不仁，禍患沒有比這個更大的了，而你還有這種心理。而且大道，是萬物所由產生的本源，萬物不合乎道就會死亡，契合大道就能生存；做事違背大道就會失敗，隨順大道就會成功。所以大道所在的地方，聖人就尊敬它。現在漁父對於大道已經悟解了，我敢不尊敬他嗎？」

列禦寇❶

列禦寇之齊，中道而反，遇伯昏瞀人❷。伯昏瞀人曰：「奚方而反？」曰：「吾驚焉。」曰：「惡乎驚？」曰：「吾嘗食於十漿❸，而五漿先饋。」伯昏瞀人曰：「若是，則汝何為驚已？」曰：「夫內誠不解，形諜成光❹，以外鎮人心，使人輕乎貴老，而𩐋其所患❺。夫漿人特為食羹之貨，多餘之贏❻，其為利也薄，其為權也輕，而猶若是，而況於萬乘之主乎？身勞於國，而知盡於事，彼將任我以事，而效我以功，吾是以驚。」伯昏瞀人曰：「善哉觀乎！汝處己，人將保❼汝矣！」無幾何而往，則戶外之屨滿矣。伯昏瞀人北面而立，敦杖蹙之乎頤❽，立有間，不言而出。賓者❾以告列子，列子提屨，跣❿而走，暨乎門，曰：「先生既來，曾不發藥乎？」曰：「已矣，吾固告汝曰人將保汝，果保汝矣。

非汝能使人保汝，而汝不能使人無保汝也，而焉用之感豫出異[11]也！必且有感，搖而本才[12]，又無謂也。與汝游者又莫汝告也，彼所小言[13]，盡人毒[14]也。莫覺莫悟，何相孰也[15]！巧者勞而智者憂，無能者無所求，飽食而遨遊，汎若不繫之舟，虛而遨遊者也。」

鄭人緩也呻吟裘氏之地[16]。祇三年而緩為儒，河潤九里，澤及三族，使其弟墨。儒墨相與辯，其父助翟。十年而緩自殺。其父夢之曰：「使而子為墨者予也。闔胡嘗視其良[17]，既為秋柏之實矣？」夫造物者之報人也，不報其人而報其人之天。彼故使彼。夫人以己為有以異於人以賤其親，齊人之井飲者相捽也。故曰今之世皆緩也。自是，有德者以不知也，而況有道者乎！古者謂之遁天之刑[18]。聖人安其所安，不安其所不安；眾人安其所不安，不安其所安。

莊子曰：「知道易，勿言難。知而不言，所以之天也；知而言之，所以之人也；古之人，天而不人。」

朱泙漫⑲學屠龍於支離益⑳，單㉑千金之家，三年技成而無所用其巧。

聖人以必不必，故無兵㉒；眾人以不必必之，故多兵；順於兵，故行有求。兵，恃之則亡。

小夫之知，不離苞苴竿牘㉓，敝精神乎蹇淺㉔，而欲兼濟道物，太一形虛。若是者，迷惑于宇宙，形累不知太初。彼至人者，歸精神乎無始而甘冥乎無何有之鄉。水流乎無形，發泄乎太清。悲哉乎！汝為知在豪毛，而不知大寧！

宋人有曹商者，為宋王使秦。其往也，得車數乘；王說之，益車百乘。反於宋，見莊子曰：「夫處窮閭阨巷，困窘織屨，槁項黃馘㉕者，商之所短也；一悟萬乘之主而從車百乘者，商之所長也。」莊子曰：「秦王有病召醫，破癰潰痤㉖者得車一乘，舐痔者得車五乘，所治愈下，得車愈多。子豈治其痔邪，何得車之多也？子行矣！」

魯哀公問乎顏闔曰：「吾以仲尼為貞幹，國其有瘳乎？」曰：「殆哉圾㉗乎仲尼！方且飾羽而畫㉘，從事華辭，以支為旨㉙，忍性以視民而不知不信，受乎心，宰乎神，夫何足以上民！彼宜女與？予頤㉚與？誤而可矣。今使民離實學偽，非所以視民也，為後世慮，不若休之。難治也。」

施於人而不忘，非天布也。商賈不齒，雖以事齒之，神者弗齒。為外刑者，金與木㉛也；為內刑者，動與過也。宵人之離外刑者，金木訊之；離內刑者，陰陽食之。夫免乎外內之刑者，唯真人能之。

孔子曰：「凡人心險於山川，難於知天；天猶有春秋冬夏旦暮之期，人者厚貌深情。故有貌愿而益㉜，有長若不肖㉝，有順懁而達㉞，有堅而縵㉟，有緩而釬㊱。故其就義若渴者，其去義若熱。故君子遠使之而觀其忠，近使之而觀其敬，煩使之而觀其能，卒然問焉而觀其知，急與之期而觀其信，委之以財而觀其仁，告之以危而觀其節，醉之以酒而觀其側㊲，雜之以處而觀其色㊳。九徵至，不肖人得矣。」

正考父[39]一命而傴，再命而僂，三命而俯[40]，循牆而走，孰敢不軌[41]！如而夫者，一命而呂鉅，再命而於車上儛，三命而名諸父，孰協唐許[42]！

賊莫大乎德有心而心有睫[43]，及其有睫也而內視，內視而敗矣。凶德有五[44]，中德為首。何謂中德？中德也者，有以自好也而吡[45]其所不為者也。

窮有八極，達有三必，形有六府。美髯長大壯麗勇敢，八者俱過人也，因以是窮。緣循[46]偃佒[47]，困畏不若人，三者俱通達。知慧外通，勇動多怨，仁義多責。達生之情者傀，達於知者肖[48]；達大命者隨，達小命者遭。

人有見宋王者，錫車十乘，以其十乘驕穉[49]莊子。莊子曰：「河上有家貧恃緯蕭而食者，其子沒於淵，得千金之珠。其父謂其子曰：『取石來鍛之！夫千金之珠，必在九重之淵而驪龍頷下，子能得珠者，必遭其睡也。使驪龍而寤，子尚奚微之有哉！』今宋國之深，非直九重之淵也；宋王之猛，非直驪龍也；子能得車者，必遭其睡也。使宋王而寤，子為虀粉夫！」

或聘於莊子。莊子應其使曰：「子見夫犧牛乎？衣以文繡，食以芻叔，及其牽而入於大廟，雖欲為孤犢，其可得乎！」

莊子將死，弟子欲厚葬之。莊子曰：「吾以天地為棺槨，以日月為連璧，星辰為珠璣，萬物為齎送。吾葬具豈不備邪？何以加此！」弟子曰：「吾恐烏鳶㊿之食夫子也。」莊子曰：「在上為烏鳶食，在下為螻蟻食，奪彼與此，何其偏也！」

以不平平，其平也不平；以不徵徵，其徵也不徵。明者唯為之使，神者徵之。夫明之不勝神也久矣，而愚者恃其所見入於人，其功外也，不亦悲乎！

【注釋】❶列禦寇　禦，一本作「御」。列御寇即列子，參見〈逍遙遊〉注㊵，本篇即以人名為篇名。大旨是說明修內不炫外，去明養神為主。胡遠濬說：「與〈養生主〉相發明。」❷伯昏瞀人　楚國隱居的人。❸十

饗　饗，一本作「漿」。十漿，十家並賣漿。❹形諜成光　郭象注：「舉動便辟，而成光儀。」便辟是說習於威儀而不直的意思。❺韲其所患　韲，醞釀的意思。其作己講。謂醞釀自己的禍患。❻贏　利。❼保　附。❽敦杖蹙之乎頤　謂豎杖支柱下顎聽他說話。敦，豎。蹙，面頰皮皺的樣子。❾賓者　通賓客的人。❿跣　赤足。《說文》：「跣，足親地。」⓫而焉用之感豫出異　之作是講，此的意思。感豫出異，王先謙說：「先物施惠，豫出以感人，是自異也。」⓬搖而本才　搖，動。才一本作「性」。⓭小言　言不入道，所以叫小言。⓮人毒為人毒害。⓯何相孰也　馬其昶說：「《漢書》進孰注云，美語如成孰。」今譯文從之。⓰鄭人緩也呻吟裘氏之地　〈徐无鬼〉：「儒墨楊秉四。」成玄英說：「儒，姓鄭名緩。」呻吟，讀書的聲音。裘氏，地名。⓱視其良　良，墳墓。其作己講，和上文「韲其所患」的「其」字義同。⓲遁天之刑　見〈養生主〉譯文夾注。⓳朱泙漫　姓朱，名泙漫。⓴支離益　姓支離，名益。㉑單　同「殫」，盡的意思。㉒兵　交爭。㉓苞苴竿牘　宣穎說：「裹東西叫苞，用物襯墊叫苴。」凡送東西必定要苞裹，因此用為餽贈的意思。竿牘，謂以竹簡為書，苞苴竿牘指人事應酬的事情。㉔蹇淺　蹇難淺薄的意思。㉕槁項黃馘　槁項，頸項枯槁。黃馘，面黃熟的意思。㉖破癰潰痤　癰、痤都是毒腫瘡癤。㉗坂　危。㉘飾羽而畫　羽有自然的文彩。飾而畫之，則是人為的技巧。㉙以支為旨　謂從事流失的支辭以為本旨。㉚頤　頤養的意思。㉛金與木　金謂刀鋸斧鉞，木謂捶楚桎梏。都是刑具。㉜貌愿而益　愿，謹愨的意思。益與「溢」同，驕溢的意思。㉝長若不肖　馬其昶說：「若與而同義。」陸德明說：「外如長者，心實不似。」今譯文從之。㉞順懁而達　順一本作「慎」。懁，讀為「狷」，音義均同。達，佻達的意思。㉟堅而縵　縵，綿弱。謂外貌堅強而內心綿弱。㊱緩而釬　釬，急躁的意思。謂貌寬緩而內急躁。㊲側　俞樾說：「側當作則。」法則的意思。㊳雜之以處而觀其色　宣穎說：「雜處易淫。」所以說：「以觀其色。」㊴正考父　考，成。父，大。有考成大德而履正道之德，所以號正考父。孔子十代祖，宋大夫。㊵一命而傴三句　一命、再命、三命，為周代官秩的等級。小國之君，其卿三命，大夫再命，士一命。傴、僂、俯都是表示謙卑的態度。㊶孰敢不軌　謂人不敢以不法的事情侮辱他。軌，法。㊷孰協唐許　唐許，謂唐堯、許由。成玄英說：「誰同唐堯許由無為禪讓之風哉！」㊸心有睫　心有眼的意思。心有眼，謂看東西不用眼，而用心意猜度，所以說賊害。㊹凶德有五　指耳、目、口、鼻、心。㊺吡　訾的意思。㊻緣循　緣物順他，不能自立。㊼偃佒　即偃仰。謂俯仰從人。㊽達生之情者傀二句　傀，大。肖，小。謂任自然則大，任智則小。㊾穉　驕的意思。㊿鳶　鷙鳥。

【語　譯】列禦寇到齊國，中途回去，遇到伯昏瞀人。伯昏瞀人說：「為什麼中途回來呢？」列禦寇說：「我驚懼回來的。」伯昏瞀人說：「為什麼驚懼呢？」列禦寇說：「我曾經在十家賣漿舖吃飯，而有五家趕快先送給我。」伯昏瞀人說：「這樣，那你為什麼驚懼呢？」列禦寇說：「內心誠敬不怠，不能虛心，聚積不化，形態外露，而成威儀，用這外貌，來鎮服人心，使人看我比年老的還重視，恐怕自己的禍亂就要來了。賣漿家只是做些飲食買賣，賺些微利，所得很少，權力也輕，還這樣的相競爭，何況是萬乘的帝王呢？（更有人趨赴奔馳了。）形體為國家勞瘁，心智為政事愁憂，他將用我擔任國事，而求責我的功效，我所以驚懼。」伯昏瞀人說：「你觀察的很好！你應該靜居，則人自會歸附你。」不多時，伯昏瞀人去看列禦寇，門外的鞋子都排滿了。（可見去請教的人之多啊！）伯昏瞀人北面站著豎著杖，把頤頰靠在杖頭，站了一會兒，沒有說話就出去了。接待賓客的人去告訴列子，列子提著鞋，赤著腳，走到門口，說：「先生既然已經來了，為什麼不指教我呢？」伯昏瞀人說：「算了吧！我已經告訴你說，人將歸附你，果然人歸附你了。不是你能讓人歸附你，而是你不能使人不歸附你，你為什麼要表現出讓人覺得你與眾不同呢！必定是你有所感人的地方，因此搖動了你的本性，這又是無所謂的啊！和你在一起的，又不告訴你，他們所說的都是不入道的話，盡是毒害人的，不能覺醒，不能啟悟，為什麼盡說些好聽的話呢！巧妙者勞苦，聰智的憂慮，無能的人無所求，吃飽了到處遨遊，沒有係累的像是漂流的船，譬如像是空船而任意逍遙。」

鄭國人名叫緩的，吟詠在裘氏那地方。過了三年而緩成了儒者，像是河水滋潤九里遠，恩澤推及三族，使他的弟弟翟成為墨家，以後儒墨相互辯論，他父親幫助墨家。十年後，(緩怨父親幫助弟弟)便自殺了。他父親夢見他說：「讓你兒子成為墨家的是我。為什麼不去看我的墳墓，上面種的秋柏已經結實了。」造物者賦與人的，不是賦與人為，而是賦與天然。各人有各人的天性。而緩卻以為自己的學識和平常人不同，所以輕侮他父親，就像齊國人掘井，以為自己有造水之功，而拒絕其他人來飲水。所以說今世的人都是像緩一流的人物啊！自以為是，這種人，有德的人已認為是不智了，何況有道的人呢！古代稱這種叫違背天然的刑罰。聖人任物性的本然，不違反物性來順從自己，眾人是違反本性去追逐外物，不任物性去順應自然。

莊子說：「了解道很容易，不說出來卻困難，知道而不言，這就合乎天然了。知道而說出來，這是人為的，古代的人，合乎天然而不去做人為的事。」

朱泙漫跟著支離益學屠龍，耗盡千金的家產，三年學成，但是沒有地方可以表現他的技巧。

聖人以必然的事仍舊認為不必然，所以沒有相爭的事。眾人以不必然的事為必然，所以糾紛就多了。習慣了紛爭，行為就有所求。紛爭，要是依恃著它就會亡身。

俗人的智慧，不出於人事應酬，勞弊精神而從事淺陋的事，而想引導萬物普利群生，虛靜形體以合太一的道理。這樣的，已經被宇宙群形物累所迷惑，如何能夠知道太初的妙理呢？至人卻是精神歸向於沒有開始的分際，沉寂在無何有的境界。像流水在動而沒有形跡，動作不離本源，常無為而純任自然。悲傷呀！你的智慧細小得像是毫毛，不知道無為寂靜的大道。

宋國人有名叫曹商的，奉宋王命出使秦國，去的時候，只有幾輛車，秦王喜歡他，賜他百輛車子，返回宋國，見莊子說：「要是困窮住在陋巷裡，貧苦織屨為生，餓得頸枯面黃，這個我不能忍受。若是開悟萬乘的國君，而得隨從車輛百乘的，這是我的特長啊！」莊子說：「聽說秦王有病召醫治療，能夠醫好腫毒瘡痛的給他車一輛，舐好痔瘡的給他車輛五乘，所醫治的愈下，給車愈多，你難道是醫治秦王痔瘡的嗎？為什麼得車那麼多，你去吧！」

魯哀公問顏闔說：「我想用孔子來治理國政，魯國應該有救了吧！」顏闔說：「危險了，孔子呀！孔子正在從事雕琢刻畫提倡華麗的文辭，離析分流支脈為主旨，教示百姓隱匿本性，而不知自己沒有誠信，這樣下去，心裡接受，精神受它主宰，（慢慢就失去本性了，）如何可以為民表率呢？孔子的道可以適合你嗎？等待我頤養嗎？你說的是錯誤的呀！現在讓百姓離開本實學習虛偽，並不是教示百姓的方法，為後世謀慮，不如算了吧！不容易治理的啊！」

施捨給人而不忘掉，並不是自然普遍的道理，即使是商賈也輕視他，雖然有時表面上談論到，但精神上仍舊不以為然。

外部刑罰的，是斧鉞和桎梏，內部刑罰的，是動作和過失。小人遭受刑罰，是用斧鉞桎梏來訊問他，遭遇內刑的，是陰陽懲罰他。要避免內外刑罰的，只有真人才能夠做到。

孔子說：「太凡人心比山川還要險惡，比天道不容易推測。天還有春秋冬夏早晚的一定時候，人的外貌厚重內心深沉。（不容易了解）所以有外貌謹愨而行為驕溢，有形似長者心實不像，有形貌慎狷而內實佻達。有貌似堅強而內心軟弱，有貌似寬緩而內心躁急，所以他們趨向仁義像口渴需要水那麼急，捨棄仁義也像避熱逃火那麼快。因此君子要遠離他，看他是否忠心；親近他，看他是否敬慎；叫他做繁雜事，看他是否有才能；突然問他，看他是否多智；急促限期，看他是否守信；委託錢財，看他是否仁心；告訴他危險的事，看他是否變節；使他酒醉，看他是否有法則；處於混雜的地方，看他是否淫亂。這九種試驗過後，賢不肖就可以看出來了。」

正考父一命為士，就曲著背，再命為大夫，就彎著腰，三命為卿，就俯著身順著牆走路，（這樣恭敬）誰敢用不軌的事來欺侮他呢？如果是凡夫俗子，一命為士，就自矜高大起來，再命為大夫，就在車上輕狂起來，三命為卿，就叫伯叔的名字起來，誰能知道唐堯、許由禪讓的風尚呢？害禍沒有比有心行德、心中有眼更大了。到了心中有眼，就會紛擾，心中紛擾就敗壞大道了。凶德有五種，心中之德最為首要。什麼叫心中之德呢？心中之德，就是自以為是，批評自己認為不是的。

窮困有八種極端，通達有三種必然，形體有六個腑臟。美姿、有鬚、高身、偉大、強壯、妍麗、勇猛、果敢，這八種都超過人家，因多才被人役使而困窮。依賴外物，卑屈從人，懦怯荏弱，有這三項不如別人，就必然通達。智慧外露營逐外物，勇猛浮躁，招人怨讎，侈談仁義人必責望。明瞭生命真實的，心胸就會浩大豁達，任用智慧的就侷促狹小。通達天命的會隨順自然，了解命運的會隨遇而安。

有人去拜見宋王，宋王賜給他車子十輛，就以這十輛車向莊子誇耀。莊子說：「河邊有人因家貧，靠編織為生的，他兒子沉到淵水裡，得到了千金的珠子。父親就對兒子說：『拿石頭來打碎它，千金的珠子，必定要在九重深淵驪龍頷下才能得到，你能夠拿到珠子，必定是碰到龍睡覺。

假使龍是醒著的，你還能有存在的機會嗎？』」現在宋國的深，非但像九重的淵那麼深，宋王的兇猛，非但像驪龍那麼猛，你能夠得到車子，必定是碰到他睡覺，假使宋王是醒著，你已粉身碎骨了。」

有人要聘請莊子出仕。莊子對使者回答說：「你看見那祭祀的牛嗎？穿的是紋彩刺繡，吃的是芻草大豆，當要牽入太廟祭祀的時候，雖然要想做隻孤單的小牛，還能夠得到麼？」

莊子將死，弟子們商議要厚葬他，莊子說：「我用天地做棺槨，用日月做雙璧，星辰做珠璣，萬物做殉葬，我的葬具難道不具備嗎？有什麼比這個更好的呢？」弟子說：「我們是恐怕鳥雀老鷹吃掉夫子呀！」莊子說：「在地上會被鳥雀老鷹吃掉，在地下會被螻蟻吃掉，從鳥雀老鷹那裡搶過來給螻蟻吃，為什麼這樣偏心呢？」

用不平均的東西來平均萬物，即使是平均了也是不平均。用不應驗的東西來應驗萬物，即使應驗了也是不應驗。明智的被物所役使，神靈則是應驗萬物。明智的不如神靈早已是這樣的了，而愚昧的人卻仗恃他的明智沉溺於人事，用功力於苦心勞形，這不是可悲哀的嗎？

天下❶

天下之治方術❷者多矣，皆以其有為不可加矣。古之所謂道術者，果惡乎在？曰：「無乎不在。」曰：「神何由降？明何由出？」「聖有所生，王有所成，皆原於一。」不離於宗，謂之天人。不離於精，謂之神人。不離於真，謂之至人。以天為宗，以德為本，以道為門，兆於變化❸，謂之聖人。以仁為恩，以義為理，以禮為行，以樂為和，薰然慈仁，謂之君子。以法為分，以名為表，以參為驗，以稽為決，其數一二三四是也，百官以此相齒，以事為常，以衣食為主，蕃息畜藏，老弱孤寡為意，皆有以養❹，民之理也。古之人其備乎！配神明，醇天地❺，育萬物，和天下，澤及百姓，明於本數，係於末度❻，六通四辟，小大精粗，其運無乎不在。其明而在數度者，舊法世傳之史尚多有之。其在於《詩》《書》《禮》《樂》者，鄒魯之士搢紳先生多能明之。《詩》以道志，《書》以道事，《禮》以道行，《樂》以道和，《易》以道陰陽，《春秋》以道名分。其數散於天下而設於中國者，百家之學時或稱而道之。天下大亂，聖賢不明，道德不一，天下多得一察焉以自好⑦。譬如耳目鼻口，皆有所明，不能相通。猶百家眾技也，皆有所長，時有所用。雖然，不該不徧，一曲之士也。判天地之美，析萬物之理，察古人之全，寡能備於天地之美，稱神明之容。是故內聖外王之道，闇而不明，鬱而不發，天下之人各為其所欲焉以自為方。悲夫，百家往而不反，必不合矣！後世之學者，不幸不見天地之純，古人之大體，道術將為天下裂。

不侈於後世，不靡於萬物，不暉於數度，以繩墨自矯⑧而備世之急，古之道術有在於是者。墨翟、禽滑釐⑨聞其風而說之，為之大過，已之大順⑩。作為非樂，命之曰節用；生不歌，死無服。墨子氾愛兼利而非鬥，其道不怒；又好學而博，不異，不與先王同，毀古之禮樂。黃帝有咸池，堯有大章，舜有大韶，禹有大夏，湯有大濩，文王有辟雍之樂，武王周公作武。古之喪禮，貴賤有儀，上下有等，天子棺槨七重，諸侯五重，大夫三重，士再重。今墨子獨生不歌，死不服，桐棺三寸而無槨，以為法式。以此教人，恐不愛人；以此自行，固不愛己。未敗墨子道⑪，雖然，歌而非歌，哭而非哭，樂而非樂，是果類乎？其生也勤，其死也薄，其道大觳⑫；使人憂，使人悲，其行難為也，恐其不可以為聖人之道，反天下之心，天下不堪。墨子雖獨能任，奈天下何！離於天下，其去王也遠矣。墨子稱道曰：「昔者禹之湮洪水，決江河而通四夷九州也，名山三百⑬，支川三千，小者無數。禹親自操稾⑭耜而九雜⑮天下之川；腓无胈⑯，脛⑰无毛，沐甚雨，櫛疾風，置萬國。禹大聖也而形勞天下也如此。」使後世之墨者，多以裘褐為衣，以跂蹻為服，日夜不休，以自苦為極，曰：「不能如此，非禹之道也，不足為墨。」相里勤⑱之弟子五侯⑲之徒，南方之墨者苦獲、已齒、鄧陵子⑳之屬，俱誦墨經，而倍譎㉑不同，相謂別墨；以堅白同異之辯相訾，以觭偶不仵之辭㉒相應；以巨子為聖人，皆願為之尸，冀得為其後世，至今不決。墨翟、禽滑釐之意則是，其行則非也。將使後世之墨者，必自苦以腓無胈脛無毛，相進而已矣。亂之上也，治之下也。雖然，墨子真天下之好也。將求之不得也，雖枯槁不舍也。才士也夫！

不累於俗，不飾於物，不苟㉓於人，不忮於眾，願天下之安寧以活民命，人我之養畢足而止，以此白心，古之道術有在於是者。宋鈃、尹文㉔聞其風而說之，作為華山之冠㉕以自表，接萬物以別宥㉖為始；語心之容，命之曰心之行，以聏㉗合驩，以調海內，請欲置之以為主㉘。見侮不辱，救民之鬥，禁攻寢兵，救世之戰。以此周行天下，上說下教，雖天下不取，強聒而不舍者也，故曰上下見厭而強見也。雖然，其為人太多，其自為太少；曰：「請欲固置㉙五升之飯足矣，先生恐不得飽，弟子雖飢，不忘天下。」日夜不休，曰：「我必得活哉！圖傲乎救世之士㉚哉！」曰：「君子不為苛察，不以身假物，以為無益於天下者，明之不如已也。」以禁攻寢兵為外，以情欲寡淺為內，其小大精粗，其行適至是而止。

公而不黨，易而無私，決然無主，趣物而不兩，不顧於慮，不謀於知，於物無擇，與之俱往，古之道術有在於是者。彭蒙、田駢、慎到㉛聞其風而說之，齊萬物以為首，曰：「天能覆之而不能載之，地能載之而不能覆之，大道能包之而不能辯之，知萬物皆有所可，有所不可，故曰選則不徧，教則不至，道則無遺者矣。」是故慎到棄知去己而緣不得已，泠汰㉜於物以為道理，曰知不知，將薄知而後鄰傷之者也，謑髁无任㉝而笑天下之尚賢也，縱脫無行而非天下之大聖，椎拍輐斷㉞，與物宛轉，舍是與非，苟可以免，不師知慮，不知前後，魏然而已矣。推而後行，曳而後往，若飄風之還，若羽之旋，若磨石之隧㉟，全而無非，動靜無過，未嘗有罪。是何故？夫無知之物，無建己之患，無用知之累，動靜不離於理，是以終身無譽。故曰至於若無知之物而已，無用賢聖，夫塊不失道。豪傑相與笑之曰：「慎到之道，非生人之行而至死人之理，適得怪焉。」田駢亦然，學於彭蒙，得不教焉，彭蒙之師曰：「古之道人至於莫之是莫之非而已矣。其風窢然㊱，惡可而言？」常反人，不見觀，而不免於魭斷。其所謂道非道，而所言之韙不免於非。彭蒙、田駢、慎到不知道。雖然，概乎皆嘗有聞者也。

以本為精，以物為粗，以有積為不足，淡然獨與神明居，古之道術有在於是者。關尹㊲、老聃聞其風而說之，建之以常無有，主之以大一，以濡弱謙下為表，以空虛不毀萬物為實。關尹曰：「在己無居，形物自著。其動若水，其靜若鏡，其應若響。芴乎若亡，寂乎若清，同焉者和，得焉者失。未嘗先人而常隨人。」老聃曰：「知其雄，守其雌，為天下谿；知其白，守其辱，為天下谷。」人皆取先，己獨取後，曰受天之下垢；人皆取實，己獨取虛，無藏也故有餘，巋然而有餘。其行身也，徐而不費，無為也而笑巧；人皆求福[38]，己獨曲全，曰苟免於咎。以深為根，以約為紀，曰堅則毀矣，銳則挫矣。常寬容於物，不削於人，可謂至極。關尹、老聃乎！古之博大真人哉！

芴漠無形，變化無常，死與生與，天地並與，神明往與！芒乎何之，忽乎何適，萬物畢羅，莫足以歸，古之道術有在於是者。莊周聞其風而說之，以謬悠之說，荒唐之言，無端崖之辭，時恣縱而不儻，不以觭見之也。以天下為沈濁，不可與莊語，以巵言為曼衍，以重言為真，以寓言為廣。獨與天地精神往來而不敖倪於萬物，不譴是非，以與世俗處。其書雖瓌瑋而連犿[39]無傷也。其辭雖參差而諔詭[40]可觀。彼其充實不可以已，上與造物者遊，而下與外生死無終始者為友。其於本也宏大而辟，深閎而肆，其於宗也，可謂調適而上遂[41]矣。雖然，其應於化而解於物也，其理不竭，其來不蛻，芒乎昧乎，未之盡者。

惠施多方，其書五車，其道舛駁，其言也不中。厤物之意，曰：「至大無外，謂之大一；至小無內，謂之小一。無厚，不可積也，其大千里。天與地卑，山與澤平，日方中方睨，物方生方死。大同而與小同異，此之謂小同異；萬物畢同畢異，此之謂大同異。南方無窮而有窮，今日適越而昔來。連環可解也。我知天下之中央，燕之北越之南是也。氾愛萬物，天地一體也。」惠施以此為大，觀於天下而曉辯者，天下之辯者相與樂之。卵有毛，雞三足，郢有天下，犬可以為羊，馬有卵，丁子[42]有尾，火不熱，山出口，輪不蹍地，目不見，指不至，至不絕，龜長於蛇，矩不方，規不可以為圓，鑿不圍枘，飛鳥之未景嘗動也，鏃矢之疾而有不行不止之時，狗非犬，黃馬驪牛三，白狗黑，孤駒未嘗有母，一尺之棰，日取其半，萬世不竭。辯者以此與惠施相應，終身無窮。桓團、公孫龍[43]辯者之徒，飾人之心，易人之意，能勝人之口，不能服人之心，辯者之囿也。惠施日以其知與人之辯[44]，特與天下之辯者為怪，此其柢[45]也。然惠施之口談，自以為最賢，曰天地其壯乎！施存雄而無術。南方有倚㊻人焉曰黃繚，問天地所以不墜不陷，風雨雷霆之故。惠施不辭而應，不慮而對，偏為萬物說，說而不休，多而無已，猶以為寡，益之以怪。以反人為實而欲以勝人為名，是以與眾不適也。弱於德，強於物，其塗隩㊼矣。由天地之道觀惠施之能，其猶一蚊一虻之勞者也。其於物也何庸！夫充一尚可，曰愈貴道，幾矣！惠施不能以此自寧，散於萬物而不厭，卒以善辯為名。惜乎！惠施之才駘蕩而不得，逐萬物而不反，是窮響以聲，形與影競走也。悲夫！

【注釋】❶天下　研究《莊子》的學者都認為〈天下〉是《莊子》的後序。本篇大旨在列敘古今道術淵源所自，最後以自己意思結束，如《淮南子》的〈要略〉，太史公的〈自序〉，古人著書，體例如此。但自胡適之氏倡〈天下〉不是莊子自作之後，討論的人漸多，各持己見，至今還未有一致的結論。❷方術　道術。方，道。❸兆於變化　兆，即「逃」的借字，避的意思。避於變化，謂超乎窮通死生的變化。❹老弱孤寡為意二句　梁啟超說：「疑為意二字當在養字下。」今譯文從之。❺醇天地　章太炎說：「醇為準的假借字。」《易經》說：「易與天地準。」今譯文從之。❻明於本數二句　數就是法則、度量、刑辟、圖籍。本數猶言度數之本，也就是天道。度是制度。末度猶言度數之末，也就是人道。這裡是說古代道人，既明天道之本，又不離人道之末。❼天下多得一察焉以自好　郭象注以「天下多得一」斷句。得一就是偏得一術。王念孫說：「天下多得一察焉以自好，當為一句。一察，謂察其一端不知全體。」今譯文從之。❽矯 厲的意思。❾禽滑釐 姓禽，字滑釐，墨子弟子。❿為之大過二句 大同「太」。錢賓四氏說：「順與循通。已誤為己，己之太循，謂太循於己也。」⓫未敗墨子道 章太炎說：「未借為非，敗即伐字。言己非攻伐墨子之道。」今譯文從之。⓬觳 磽薄的意思。⓭名山三百 俞樾說：「山當作川。名川，大川也。」今譯文從之。⓮橐 應作「槖」。盛土的器具。⓯九雜 綜合的意思。九同「鳩」。⓰腓无胈 腓，小腿肚。胈，白肉。⓱脛 小腿骨。⓲相里勤 姓相里，名勤。南方的墨師。⓳五侯 孫詒讓說：「蓋姓五，古書伍子胥姓多作五。」⓴苦獲已齒鄧陵子 苦獲、已齒，二人姓字。俞樾說：「韓非云，自墨子死後，有相里氏之墨，有相夫氏之墨，有鄧陵氏之墨。」㉑倍譎 倍，同「背」。背異。譎，詭譎。㉒觭偶不仵之辭 觭偶就是奇偶。仵，倫次的意思。㉓茍 章太炎說：「茍，是苛的誤字。」今譯文從之。㉔宋鈃尹文 都是齊宣王時的人，俱遊稷下。宋鈃也叫宋牼，著書一篇。尹文著書兩篇。㉕華山之冠 華山上下均平，以帽子來表示自己的均平。㉖別宥 宥同「囿」。有所蔽叫囿。別囿就是去蔽。不為主觀成見所蔽。㉗聏 和藹的意思。㉘請欲置之以為主 梁啟超說：「請欲置是情欲寡之誤。情欲連上句讀。」今譯文從之。㉙請欲固置 梁啟超說：「這也是情欲固寡之誤。」㉚圖傲乎救世之士 錢賓四氏說：「圖，計擬之詞。謂我志在救世，世人必不傲慢我，故我必得活。」今譯文從之。㉛彭蒙田駢慎到 都是齊國隱士，俱遊稷下。彭蒙是田駢的老師。田駢有《田子》廿五篇，〈藝文志〉列為道家。慎到有《慎子》四十二篇，〈藝文志〉列為法家。㉜泠汰 聽放的意思。㉝謑髁无任 成玄英說：「謑髁，不定的樣子，謑髁无任是隨物順情，無所任用。」㉞椎拍輐斷 椎拍，笞撻。輐斷與刓斷同義。無圭角的意思。㉟隧 回轉的意思。㊱窢然 迅速的樣子。㊲關尹 名喜。為關吏，所以稱關尹。著《關尹子》九篇。〈藝文志〉列在道家。㊳求福 嚴復說：「求福，猶求備也。」今譯文從之。㊴瓌瑋而連犿 瓌瑋，奇特。連犿，宛轉的樣子。㊵諔詭 滑稽。㊶調適而上遂 調一作「稠」，調和的意思。陸長庚說：「上遂是達本返始的意思。」㊷丁子 蝦蟆的別名。㊸桓團公孫龍 都是趙人。公孫龍著有《公孫龍子》十四篇，〈藝文志〉列在名家。㊹與人之辯 王叔岷氏說：「古鈔卷子本沒有人字。」俞樾說：「之字衍文。」今譯文從之。㊺秪　大概的意思。㊻倚　同「畸」字，奇異的意思。㊼隩曲的意思。

【語　譯】天下研究方術的人非常多，都認為自己的學說是無以復加了。那麼古代所稱的道術，究竟在什麼地方？回答說：「無所不在。」又問說：「既然是無所不在，那麼神聖是從何降生？明王又是從何出現的呢？」回答說：「聖有它降生的緣由，王有它成功的因素，來源都是出於純一的道體。」不離開道的宗本的叫天人；不脫離道的精微的叫神人；不背離道的真實的叫至人；以自然為宗主，以純德為根本，以道體為門戶，超出窮通死生的變化的叫聖人；用仁來施行恩惠，用義來建立條理，用禮來規範行為，用樂來調和性情，用溫和、慈藹、仁愛的態度來感化世人，這叫做君子。用法度來別分，用名號來表明，用比較來考驗，用稽考來決斷，分析起來，像一、二、三、四那樣清楚。百官都是依照著這條理順序來掌理政事。把耕作視為日常的事務，以生產衣食當做主要的事，把子孫蕃衍，財物饒裕，老弱孤寡都能得到撫養放在心意上，這是百姓生存的道理。古代的聖人，對於道術都全備了吧，所以能夠配合神明，準則天地，化育萬物，調和天下，恩澤普及百姓，能夠明白大道的根本，又能夠聯繫禮、法、刑、名等末度，所以無論是在空間上的四面八方，事物上的或大或小，或精或粗，都隨機而運動，沒有不存在的。那顯明在典章法度上的，像古代相傳的歷史，還大部分記載著。那記載在《詩》、《書》、《禮》、《樂》裡面的，鄒魯的儒生，以及一般做過官的縉紳們，大多能夠通曉。《詩》是用來通達心志的；《書》是用為講述政事的；《禮》是用為規範行為的；《樂》是用為調和情性的；《易》是研究陰陽變化的；

《春秋》是講述名分的。這些典章散布在天下，施行在中國，諸子百家的學說常常稱引它，以後天下大亂，聖人賢人都隱居韜光晦跡，道德不像古代那樣純一，天下的人，多半各執一偏之見而自以為是。譬如像耳目鼻口都有它的功能，但是不能相互替用。也像百家學派及諸子技藝一樣，都有它的長處，在適當的時機，也有它的用處。但是不能包括全部，不能普遍周全，這些也仍算是一偏之見的人。他們割裂天地的純美，離析萬物虛通的道理，而觀察古昔全德的人，尚且很少能具備天地兩儀的淳美和適合神明的情狀。所以內聖外王的道理，幽暗而不能彰明，閉塞而不能光大，天下的人都各自認為他所喜好的自己的見解就是大道，可悲呀！諸子百家像這樣各走極端而不知反省悔悟，必然是不能和大道相合了。後世的學者，不幸不能見到天地的純美和古人的全體，這樣，道術就被天下人分裂了。

不使後世風俗侈奢，不浪費萬物，不炫耀典章制度，用規矩來勉勵自己，而適應世人急切的需要。古代的道術有這樣的一派。墨翟、禽滑釐聽到這種風教很喜歡它，但是，他們做得太過分，太堅持自己的意見。提倡非樂，講說節用，主張人生下來不必唱歌，死的時候不必守孝。墨子主張普遍的愛一切人，為他人謀福利，反對戰爭。他的學說主張不怨怒，又好學博聞，不知道簡擇，不和古代聖王相同，毀棄古代的禮樂。（古代的樂章，）黃帝有咸池，堯有大章，舜有大韶，禹有大夏，湯有大濩，文王有辟雍，武王、周公作武樂。古代的喪禮，貴賤有一定的禮儀，上下有一定的等級，像天子的棺槨有七重，諸侯五重，大夫三重，士兩重。如今墨子獨自主張生的時候不唱歌，死後不守孝，只用三寸厚的桐棺而沒有外槨，定為通行的儀式制度，而用這個制度來教人，恐怕不是愛人的道理；用這個制度來自己實行，實在是不愛自己。我不是要攻擊墨子的學說，不過，在應該唱歌的時候，他反對唱歌；應該哭泣的時候，他反對哭泣；應用奏樂的時候，他反對奏樂。這樣果是和人情相合的嗎？他主張人生時要勤苦，死的時候要薄葬，他的學說太磽薄了。使人憂愁，使人悲傷，實在不容易做到。恐怕這種學說不能算做聖人的大道，它和天下人的情性相反，天下人必定不能忍受的。墨子雖然自己一個人能夠實踐這種學說，但是天下人不能做到的話，那有什麼用呢？和天下人脫節了，距離聖王的大道就很遙遠了。墨子自己稱說：「從前大禹堵塞大水，疏導長江、黃河的水，使通達四境九州各地，當時大川有三百，支流有三千，小的水流不計其數，禹親自拿著畚箕鋤頭，聚集統括疏導天下無數的江河，累得小腿沒有肉，膝下沒有汗毛，冒著大雨，迎著烈風，終於奠定萬國。禹是大聖人，尚且為天下人勞苦到這樣的地步。」因而使後來的墨者，都用粗布做的衣服，穿麻草結成的鞋子，日夜不休的工作，以自己刻苦當為最高的理想。還說道：「不能做到這樣，就不是禹的道，也不配做墨子的學生。」以後相里勤的弟子五侯，以及南方的墨者苦獲、已齒、鄧陵子這一批人，都是研究墨子的學說，但是背馳怪異而和原來的墨子學說不同，互相稱對方是墨子的別派，用堅白同異的論辯來互相攻擊，用奇偶不倫的言辭相反對，推舉自己一派中的鉅子為聖人，都願意擁護他做領袖，希望繼承墨學的傳統，直到現在還紛爭不絕。墨翟、禽滑釐的用心是對的，但是實行的方式卻不對，這樣將會使後世的墨者，必定要自己刻苦做到小腿沒有肉，膝下沒有汗毛，互相競爭的地步罷了！這樣是擾亂天下的罪多，治理天下的功少。不過，墨子卻是真正愛天下的人，假使要找恐怕也不容易找到。他自己雖然刻苦到面目枯槁也不放棄主張，可稱得上是才士的了。

不被世俗所係累，不以外物來矯飾自己，待人不苛刻，對人不嫉妒，希望天下安寧，人民安居樂業。人和我的生活，都能夠溫飽就夠了。用這種觀念來表示內心的主張，古代的道術，有這麼一派。宋鈃、尹文聽到這種風教，非常羨慕，就做了一頂上下均平的華山冠戴起來，以表示自己的心志。他們主張應接萬物以去蔽為先，說明人類的心理狀態，認為是人類心理運行的自然結果。以親暱的態度來迎合人的歡心，以調和天下人的情欲，就以這種主張，做為學說的基礎。就是被人欺侮，也不認為是恥辱，用來阻止人民的爭鬥。禁止攻伐，寢息刀兵，用來阻止世間的戰爭。並以這種學說周遊天下，對上勸說國君，對下教育人民，雖然天下人都不贊成他的主張，仍舊是勉強的勸說而不肯停止。所以大家都說：「無論上下的人，都覺得討厭，他還是一定要表現。」不過，他為眾人打算得太多，為自己打算得太少，常說：「我的情欲本來少，只要求五升的米飯，就足夠一天的生活了。只恐天下人不得溫飽，自己雖然飢餓，也忘不了天下的百姓。」他們日夜不休的說：「我一定會活下去的，想世人必也不會向救世的人傲慢吧！」又說：「君子對外界事物不去苛求，不使自身被外物支配，認為凡是無益於天下的事，去研究闡明它，不如不去研究它。」他們用禁止攻伐寢息刀兵為對外的主張，用情欲淡薄為內在修養的要義。他們的學說，無論是大小精粗，所宣傳的也不過是這樣罷了。

公正而不偏黨，平易而沒有私心，處事像水流一樣的可東可西，沒有主見，隨著外物的法則，沒有人、我的分別。不起思慮，不謀求知識，對於事物沒有好惡的選擇，隨著它的法則去做。古代的道術，有這麼一派。彭蒙、田駢、慎到聽到這種風教而喜歡它。他們以萬物齊一為根本要義，說道：「天能夠覆蓋萬物，而不能托載萬物。地能托載萬物，而不能覆蓋萬物。大道能包容萬物，而不能分析它們。」他們知道萬物都有可以的地方，也有不可以的地方，所以說：「選擇就不會普遍，教人還有不到的地方，只有隨順大道，包容萬物才不會有遺漏。」所以慎到主張屏棄智慧，忘掉自己，而順著不得不然的道理去做，聽任順物以為終身奉行的法則。並且說：「知，就是不知，如果勉強去求知，結果反而毀傷了它。」所以他自己隨順物情無所專任，反而笑天下推重賢人，放縱解脫沒有作為，而非議天下的大聖人。推擊拍打，使其圓通，隨事物推移變化，拋棄是非的觀念，才可以避免物累，不私用自己的知識思慮，不知道前面後面，獨立無群罷了。要推它才前進，被拉拖才行動，好像風一樣的飄旋，像羽毛在空中飛舞，像磨石一樣回轉，這樣就安全而沒有錯誤，無論是動作還是靜止，都沒有過失，從不會有罪。這是什麼緣故呢？就像那無知的東西，沒有建立自己的標準，所以沒有憂患，沒有運用智慧的係累，無論動靜都不離開自然的道理，所以終身沒有毀譽。所以說：「做到像那無知的東西就可以了，不需要聖賢，那土塊也不失去大道的啊！」才智豪傑的人，相互嗤笑他說：「慎到的道理，不是活人所施行的，所講的是死人的道理，只是令人覺得怪異罷了！」田駢也是這樣的，向彭蒙求救，學到不言之教的道理。彭蒙的老師曾說：「古代有道的人，只是修養做到沒有是沒有非罷了。他的風教靜寂無形，哪裡可以說得出來呢？」他的學說常與別人意見相反，不被人所取法，仍不免於隨順物情宛轉。他所說的道不是道，而所說的是還是不免於非。彭蒙、田駢、慎到這些人，都不知什麼是道。不過，就大體的說，可以說是已略聞道術的概要罷了！

以天地的本源認為是精微的，以外物認為是粗略的，以有儲積認為是不足，心裡清虛淡泊，獨立與天地神明同在。古代的道術，有這麼一派。關尹、老聃聽到這種風教，非常喜歡它，於是建立常無、常有的兩元，而歸本於太一的學說，以柔和荏弱謙虛卑下的態度為外表，以常無常有為內在的實體。關尹說：「自己沒有一定的主見，隨順物性的自然，物類形態自會彰著，行動像流水的自然，靜止時像明鏡一樣的晶瑩，感應像響應聲一樣的迅速。恍惚像遺失，靜寂像清虛，和外物相同和諧不競逐，要想得著倒反失掉了。從不超越別人的前面，而常跟隨眾人的後頭。」老聃說：「自己雖然有才能，卻處於沒有才能的地位，這樣才能像天下的谿谷包容萬物。知道光榮，卻不和人爭光榮，甘心居於恥辱，這樣才能像萬物歸附的大谷。」眾人都爭先，自己獨居後。他說：「寧受天下人的詬辱。」眾人都求實際，自己獨守虛無，因為知足不儲藏，可以常有餘，獨立自足，因而有餘。他立身行事，是從容安適而不受損傷，沒有作為而嗤笑一般工巧的人，眾人都追求完備，自己獨委曲求全，他說：「姑且避免禍害。」以精深為根本，以儉約為綱紀，說道：「堅強就會遭到毀壞，鋒銳就會受到挫折。」常寬待萬物，不侵削別人，雖然還沒有到達至極的境界，也可算是懂得大道了，關尹、老聃，是古代博大的真人呀！

恍惚寂靜，沒有形體，變化沒有一定，沒有生沒有死的觀念，任自然的變化，與天地同體，精神與自然合一，返回太虛。恍恍惚惚，不知道到什麼地方去，也不知道何處安適，萬物都包羅在內，沒有什麼可歸宿的地方。古代的道術，有這麼一派。莊周聽到這種風教，很喜歡它。用迂遠無稽的論說，廣大虛無的語言，放曠不著邊際的文辭，時常任意放縱而不黨同伐異，不用一端片面的看法。他以為天下沉迷混濁，不能講述莊正的言論，所以用變化不定的言辭而推衍到無窮。以引重的話令人覺得是真實的，以寄託虛構的寓言來闡明他的學說。他獨自與天地精神往來而不鄙視萬物，不問是非，和世俗相處。他的書雖然是宏壯奇特，但宛轉說明，不妨害大道；他的言辭雖然虛實不一，但滑稽奇幻可觀；他的道德充實不可以窮究，他在上與造物者同體，在下與看破生死，沒有始終分別的人做朋友。他講述道的本源，是弘廣而通達，深遠而博大，道的宗旨，可以說是調和妥適而上達與自然化合了。不過，他在順應自然的變化解釋萬物的時候，道理仍不能透徹，說來還不能明顯，恍惚暗昧，還沒有達到至極的境界。

惠施的方術很多，讀書有五車那麼多，他所講的道理駁雜不純，言辭不合大道。他分析萬物的大要說：「最大到極點沒有外圍的，叫做大一；小到極點沒有內核的，叫做小一。無厚的東西不可以累積，然而它的大在空間上可以推展到千里。天和地是一樣的卑下，山和澤是一樣的齊平。太陽剛到正午的時候，它就偏斜了，生物剛生下來就走向死亡。大同和小同相差異，這叫做小同異；萬物完全相同，也完全相異，這叫做大同異。南方沒有窮盡，然卻有窮盡。今日剛到越地而是老早就起程動身的。連環是可以解開的。我知道了天下的中央，無論是在燕國的北方，或且越國的南方都是。普遍的愛護萬物，因為萬物是一體的呀！」惠施以為這些道理是最高明的了，曉示天下，而告訴辯論的人，天下的辯論者也都喜歡他這種學說。於是相互說：「蛋裡面有毛；雞有三隻腳；楚國的郢邑可以包括天下；狗可以是羊；馬是有卵的；蝦蟆是有尾巴的；火是不熱的；山是有口的；車輪是不著地的；眼睛看不見東西；物的名是得不到物的實際的；力量到達均等的時候，雖引千斤重物也不會斷絕；烏龜比蛇長；矩的本身不是方形，規的本身也不是圓形；鑿孔器的本身並不圍繞孔內的木頭；飛鳥的影子是不動的；箭鏃的飛馳也有不前進不停止的時候；狗不是犬；黃馬驪牛是三個；白狗是黑的；孤駒未曾有母親；一尺長的木杖，一天割去一半，一萬世也不會割完。」辯論的人，用這些詭論和惠施相呼應，終身沒有窮盡。桓團、公孫龍等一些辯論的人，他們善用詭辯來迷惑人的心理，改變人的看法。但是只能夠屈服人的言辭，不能使人心裡折服，這是辯論家自己的局限。惠施常常表現自己的才能和別人詭辯，獨自和天下的辯論者創造一些怪異的言論，這是他們的大略。但是惠施的口辯，自以為最高明了。他說道：「只有天地是偉大的。」惠施只想存心勝過別人，而沒有真正的學術。南方有一個奇異的人，名叫黃繚，他問惠施天不墜，地不陷，風、雨、雷、霆發生的原因。惠施不謙辭就應對，不加思慮就回答了。他遍說萬物的根由，說個不停，話多到沒有窮盡，他還以為說得太少了，更加些怪誕的言辭。他用違反人情當做是實在的道理，想取勝別人求取聲名，所以和眾人不能適合。他的道德修養很薄弱，卻努力追逐外物，他的學說是很褊狹的。從天地的大道來看惠施的才能，他好像一隻蚊子、一隻牛虻一樣的徒自勞苦，對於萬物有什麼用呢？他發揮一方面的技能，可以說是賢能了。假使再能專修大道，那就差不多了。但是惠施不能寧靜修養大道，反而散亂心神高談萬物而不厭倦，終竟只得到善辯的名聲罷了！可惜呀！惠施的才能，放蕩而無所歸宿，追逐萬物的粗跡，而不能反歸精妙的大道，就像是用聲音去止響，形體和影子競走，可悲呀！

古籍今注新譯叢書

【哲學類】

新譯四書讀本　謝冰瑩等編譯
新譯學庸讀本　王澤應注譯
新譯論語新編解義　胡楚生編著
新譯孝經讀本　賴炎元等注譯
新譯易經讀本　郭建勳注譯
新譯周易六十四卦經傳通釋　黃慶萱注譯
新譯乾坤經傳通釋　黃慶萱注譯
新譯易經繫辭傳解義　吳　怡著
新譯禮記讀本　姜義華注譯
新譯儀禮讀本　顧寶田等注譯
新譯孔子家語　羊春秋注譯
新譯老子讀本　余培林注譯
新譯帛書老子　趙　鋒注譯
新譯老子解義　吳　怡著
新譯莊子讀本　黃錦鋐注譯
新譯莊子讀本　張松輝注譯
新譯莊子本義　水渭松注譯
新譯莊子內篇解義　吳　怡著
新譯列子讀本　莊萬壽注譯
新譯管子讀本　湯孝純注譯
新譯墨子讀本　李生龍注譯
新譯公孫龍子　丁成泉注譯
新譯晏子春秋　陶梅生注譯
新譯鄧析子　徐忠良注譯
新譯荀子讀本　王忠林注譯
新譯尹文子　徐忠良注譯
新譯尸子讀本　水渭松注譯
新譯鶡冠子　趙鵬團注譯
新譯鬼谷子　王德華等注譯
新譯韓非子　傅武光等注譯
新譯呂氏春秋　朱永嘉等注譯
新譯韓詩外傳　孫立堯注譯
新譯淮南子　熊禮匯注譯
新譯春秋繁露　朱永嘉等注譯
新譯新書讀本　饒東原注譯
新譯新語讀本　王　毅注譯
新譯潛夫論　彭丙成注譯
新譯論衡讀本　蔡鎮楚注譯
新譯申鑒讀本　林家驪等注譯
新譯人物志　吳家駒注譯
新譯張載文選　張金泉注譯
新譯近思錄　張京華注譯
新譯傳習錄　李生龍注譯
新譯呻吟語摘　鄧子勉注譯
新譯明夷待訪錄　李廣柏注譯

【文學類】

新譯詩經讀本　滕志賢注譯
新譯楚辭讀本　林家驪注譯
新譯楚辭讀本　傅錫壬注譯
新譯文心雕龍　羅立乾注譯
新譯六朝文絜　蔣遠橋注譯
新譯世說新語　劉正浩等注譯
新譯昭明文選　周啟成等注譯
新譯古文觀止　謝冰瑩等注譯
新譯古文辭類纂　黃　鈞等注譯
新譯樂府詩選　溫洪隆注譯
新譯古詩源　馮保善注譯
新譯千家詩　邱燮友等注譯
新譯詩品讀本　成　林等注譯
新譯花間集　朱恒夫注譯
新譯南唐詞　劉慶雲注譯
新譯絕妙好詞　聶安福注譯
新譯唐詩三百首　邱燮友注譯
新譯宋詩三百首　陶文鵬注譯
新譯宋詞三百首　汪　中注譯
新譯宋詞三百首　劉慶雲注譯
新譯元曲三百首　賴橋本等注譯
新譯明詩三百首　趙伯陶注譯
新譯清詩三百首　王英志注譯
新譯清詞三百首　陳水雲等注譯
新譯唐人絕句選　卞孝萱等注譯
新譯唐才子傳　戴揚本注譯
新譯拾遺記　石　磊注譯
新譯搜神記　黃　鈞注譯
新譯唐傳奇選　束　忱等注譯
新譯宋傳奇小說選　束　忱注譯
新譯明傳奇小說選　陳美林等注譯

新譯容齋隨筆選 朱永嘉等注譯
新譯明散文選 周明初注譯
新譯明清小品文選 鄭　婷注譯
新譯人間詞話 馬自毅注譯
新譯白香詞譜 劉慶雲注譯
新譯幽夢影 馮保善注譯
新譯菜根譚 吳家駒注譯
新譯小窗幽記 馬美信注譯
新譯圍爐夜話 馬美信注譯
新譯郁離子 吳家駒注譯
新譯歷代寓言選 黃瑞雲注譯
新譯賈長沙集 林家驪注譯
新譯揚子雲集 葉幼明注譯
新譯曹子建集 曹海東注譯
新譯建安七子詩文集 韓格平注譯
新譯阮籍詩文集 林家驪注譯
新譯嵇中散集 崔富章注譯
新譯陸機詩文集 王德華注譯
新譯陶淵明集 溫洪隆注譯
新譯江淹集 羅立乾等注譯
新譯庾信詩文選 歸　青注譯
新譯初唐四傑詩集 李福標注譯
新譯駱賓王文集 黃清泉注譯
新譯王維詩文集 陳鐵民注譯
新譯孟浩然詩集 楊　軍注譯
新譯李白詩全集 郁賢皓注譯
新譯李白文集 郁賢皓注譯
新譯杜甫詩選 張忠綱等注譯

新譯杜詩菁華 林繼中注譯
新譯高適岑參詩選 孫欽善等注譯
新譯昌黎先生文集 周啟成等注譯
新譯劉禹錫詩文選 閻　琦注譯
新譯柳宗元文選 卞孝萱等注譯
新譯白居易詩文選 陶　敏等注譯
新譯元稹詩文選 郭自虎注譯
新譯李賀詩集 彭國忠注譯
新譯杜牧詩文集 張松輝注譯
新譯李商隱詩選 朱恒夫等注譯
新譯范文正公選集 王興華等注譯
新譯蘇洵文選 羅立剛注譯
新譯蘇軾文選 滕志賢注譯
新譯蘇軾詞選 鄧子勉注譯
新譯蘇轍文選 朱　剛注譯
新譯曾鞏文選 高克勤注譯
新譯王安石文選 沈松勤注譯
新譯唐宋八大家文選 鄧子勉注譯
新譯柳永詞集 侯孝瓊注譯
新譯李清照集 姜漢椿等注譯
新譯陸游詩文選 韓立平注譯
新譯辛棄疾詞選 聶安福注譯
新譯歸有光文選 鄔國平注譯
新譯唐順之詩文選 馬美信注譯
新譯徐渭詩文選 周　群等注譯
新譯薑齋文集 平慧善注譯
新譯顧亭林文集 劉九洲注譯
新譯納蘭性德詞 馮　乾注譯

新譯方苞文選 鄔國平等注譯
新譯鄭板橋集 朱宗才注譯
新譯袁枚詩文選 王英志注譯
新譯李慈銘詩文選 潘靜如注譯
新譯聊齋誌異選 任篤行等注譯
新譯閱微草堂筆記 嚴文儒注譯
新譯浮生六記 馬美信注譯
新譯弘一大師詩詞全編 徐正綸編著

【歷史類】

新譯史記 韓兆琦注譯
新譯漢書 吳榮曾等注譯
新譯後漢書 魏連科等注譯
新譯三國志 吳樹平等注譯
新譯資治通鑑 張大可等注譯
新譯史記—名篇精選 韓兆琦注譯
新譯尚書讀本 吳　璵注譯
新譯尚書讀本 郭建勳注譯
新譯周禮讀本 賀友齡注譯
新譯逸周書 牛鴻恩注譯
新譯左傳讀本 郁賢皓等注譯
新譯公羊傳 雪　克注譯
新譯穀梁傳 顧寶田注譯
新譯春秋穀梁傳 周　何注譯
新譯戰國策 溫洪隆注譯
新譯國語讀本 易中天注譯
新譯說苑讀本 左松超注譯
新譯說苑讀本 羅少卿注譯

新譯新序讀本　葉幼明注譯
新譯吳越春秋　黃仁生注譯
新譯西京雜記　曹海東注譯
新譯列女傳　黃清泉注譯
新譯越絕書　劉建國注譯
新譯燕丹子　曹海東注譯
新譯東萊博議　李振興等注譯
新譯唐六典　朱永嘉等注譯
新譯唐摭言　姜漢椿注譯

宗教類

新譯金剛經　徐興無注譯
新譯高僧傳　朱恒夫等注譯
新譯碧巖集　吳　平注譯
新譯百喻經　顧寶田注譯
新譯楞嚴經　賴永海等注譯
新譯梵網經　王建光注譯
新譯圓覺經　商海鋒注譯
新譯法句經　劉學軍注譯
新譯六祖壇經　李中華注譯
新譯禪林寶訓　李中華注譯
新譯維摩詰經　陳引馳等注譯
新譯經律異相　顏洽茂注譯
新譯阿彌陀經　蘇樹華注譯
新譯無量壽經　邱高興注譯
新譯無量義經　蘇樹華注譯
新譯妙法蓮華經　張松輝注譯
新譯景德傳燈錄　顧宏義注譯
新譯大乘起信論　韓廷傑注譯
新譯釋禪波羅蜜　蘇樹華注譯
新譯八識規矩頌　倪梁康注譯
新譯永嘉大師證道歌　蔣九愚注譯
新譯華嚴經入法界品　楊維中注譯
新譯地藏菩薩本願經　李承貴注譯
新譯悟真篇　劉國樑等注譯
新譯无能子　張松輝注譯
新譯坐忘論　張松輝注譯
新譯列仙傳　張金嶺注譯
新譯抱朴子　李中華注譯
新譯神仙傳　周啟成注譯
新譯性命圭旨　傅鳳英注譯
新譯老子想爾注　顧寶田等注譯
新譯周易參同契　劉國樑注譯
新譯道門觀心經　王　卡注譯
新譯養性延命錄　曾召南注譯
新譯樂育堂語錄　戈國龍注譯
新譯沖虛至德真經　張松輝注譯
新譯長春真人西遊記　顧寶田等注譯
新譯黃庭經・陰符經　劉連朋等注譯

軍事類

新譯司馬法　王雲路注譯
新譯尉繚子　張金泉注譯
新譯三略讀本　傅　傑注譯
新譯六韜讀本　鄔錫非注譯
新譯吳子讀本　王雲路注譯
新譯孫子讀本　吳仁傑注譯
新譯李衛公問對　鄔錫非注譯

教育類

新譯爾雅讀本　陳建初等注譯
新譯顏氏家訓　李振興等注譯
新譯聰訓齋語　馮保善注譯
新譯曾文正公家書　湯孝純注譯
新譯三字經　黃沛榮注譯
新譯百家姓　馬自毅等注譯
新譯幼學瓊林　馬自毅注譯
新譯增廣賢文・千字文　馬自毅注譯
新譯格言聯璧　馬自毅注譯

政事類

新譯商君書　貝遠辰注譯
新譯鹽鐵論　盧烈紅注譯
新譯貞觀政要　許道勳注譯

地志類

新譯山海經　楊錫彭注譯
新譯水經注　陳橋驛等注譯
新譯佛國記　楊維中注譯
新譯大唐西域記　陳　飛等注譯
新譯洛陽伽藍記　劉九洲注譯
新譯徐霞客遊記　黃　珅注譯
新譯東京夢華錄　嚴文儒注譯

◎新譯莊子內篇解義

吳怡／著

很多人讀《莊子》都以為莊子是懷疑論者，主張宿命思想和玩世不恭的人生觀。其實那不是莊子的本色，而是讀者們拿莊子的言論為藉口，來掩飾自己行為上的偏差。莊子的思想乃是要我們去發現真我，進而體認萬物的真實存在，這樣便能轉變這個世間為美麗的世外桃源。且看吳怡教授如何探本溯源，帶領讀者洞澈莊子的人生智慧。

國家圖書館出版品預行編目資料

新譯莊子讀本／黃錦鋐注譯.——二版十一刷.——臺北市：三民，2023
面；　公分.——(古籍今注新譯叢書)

ISBN 978-957-14-0733-3 （平裝）
1.莊子－注釋

121.331

古籍今注新譯叢書
新譯莊子讀本

注譯者　黃錦鋐
注音者　李家瑋　戴明坤

發行人　劉振強
出版者　三民書局股份有限公司
地　址　臺北市復興北路 386 號 (復北門市)
　　　　臺北市重慶南路一段 61 號 (重南門市)
電　話　(02)25006600
網　址　三民網路書店 https://www.sanmin.com.tw

出版日期　初版一刷 1974 年 1 月
　　　　　初版二十刷 2006 年 1 月
　　　　　二版一刷 2007 年 6 月
　　　　　二版十一刷 2023 年 10 月
書籍編號　S030230
ISBN　978-957-14-0733-3